# 自明性に関する
# 米国特許重要判例

### 弁理士法人 深見特許事務所
### 弁理士　佐々木 眞人　著

発明推進協会

# はしがき

　米国は、合衆国法典第35巻（Title 35 of the United States Code：35 U.S.C.）と呼ばれる制定法（以下「米国特許法」という。）を有する一方で、判例法主義を採用している。判例法主義は、主たる法源を過去の裁判例、すなわち判例に求める主義をいうと考えられている。判例によって判例法と呼ばれる不文法が形成されることから、米国においては、判例は制定法と同様に重要であるといえよう。

　米国における特許要件の1つに「自明性（Obviousness）」があり、この「自明性」は米国特許法103条（以下「103条」という。）に規定されている。103条は、1952年改正により米国特許法において規定された。米国特許法は1790年に制定されたことから、1790年から1952年までの100年以上もの間、制定法において「自明性」に関する規定が存在しなかったことになる。ところが、実際の裁判では特許の有効性が争われる事件もあり、特許の有効性を判断する際に、実質的に「自明性」に相当する要件が判断されていたといえる判決が下されていた。

　米国では、ある程度判例が蓄積された後に制定法において規定が設けられることがあるが、制定法において規定が設けられる前の判例の内容、この判例を踏まえた制定法の内容、制定法において規定が設けられた後の判例の内容を時系列で確認することで、その規定の内容の理解に役立つと考えられる。

　そこで、本書では、「自明性」に関する様々な判例を時系列で確認すると共に、制定法の内容も確認し、「自明性」がどのような経緯を経て立法化され、その後、「自明性」に関して裁判所がどのような判断を示したかを紹介したい。併せて、米国特許審査便覧（Manual of Patent Examining Procedure：MPEP）（以下「MPEP」という。）において紹介されている103条の理論的根拠や判例についても言及する。

　本書の出版に際しては，一般社団法人発明推進協会　知的財産情報サー

ビスグループ　出版チーム　原澤幸伸様に大変お世話になった。ここに記して謝意を表したい。

2025年4月

佐々木　眞人

# 凡　例

【機関等の略称】
USPTO：米国特許商標庁（United States Patent and Trademark Office）
最高裁：アメリカ合衆国最高裁判所（Supreme Court of the United States）
CAFC：連邦巡回区控訴裁判所（Court of Appeals for the Federal Circuit）
連邦地裁：連邦地方裁判所（United States District Court）
CCPA：関税特許控訴裁判所（Court of Customs and Patent Appeals）

【法令等の略称】
憲法：合衆国憲法（United States Constitution）
米国特許法：アメリカ合衆国　特許法　合衆国法典第35巻（Title 35 of the United States Code：35 U.S.C.）
米国特許規則：アメリカ合衆国　特許規則　連邦規則法典第37巻（Title 37-Code of Federal Regulations：37 C.F.R）
MPEP：Manual of Patent Examining Procedure Ninth Edition, Revision 07. 2022, Published February 2023

【条文等の表記例】
103条：米国特許法103条
規則1.56：米国特許規則1.56
憲法1章8条：アメリカ合衆国憲法　1章8条（United States Constitution, Art. I, § 8）
MEEP 716. 06 [R. 07. 2022]：2022年7月に改訂されたMEEP 716. 06

【書籍等】
法律用語辞典　第5版：法律用語辞典　第5版（法令用語研究会編　有斐閣　2020）

英米法辞典：英米法辞典（田中 英夫（編集）東京大学出版会　1991）

Black's Law Dictionary 11th Edition：Black's Law Dictionary 11th Edition（Bryan A. Garner（編集）Thomson Reuters West　2019）

石井　歴史のなかの特許：歴史のなかの特許（石井 正　晃洋書房　2009）

丸田　現代アメリカ法入門：現代アメリカ法入門（丸田 隆　日本評論社　2016）

田中　英米法総論　上：英米法総論　上（田中 英夫　東京大学出版会　1980）

田中　英米法総論　下：英米法総論　下（田中 英夫　東京大学出版会　1980）

広辞苑　第7版：広辞苑 第七版（新村 出（編）岩波書店　2018）

チザム　アメリカ特許法とその手続　改訂第二版：英和対訳　アメリカ特許法とその手続　改訂第二版（竹中俊子（訳）、ドナルド・S. チザム（著）丸善雄松堂　2000）

武重　米国特許法講義：米国特許法講義（武重 竜男（著）、荒木 昭子（著）商事法務　2020）

木村　判例で読む米国特許法：判例で読む米国特許法（木村 耕太郎（著）商事法務研究会　2001）

アメリカ改正特許法：アメリカ改正特許法　日米の弁護士・弁理士による実務的解説（Kirkland & Ellis LLP、弁理士法人深見特許事務所、弁護士法人第一法律事務所（編）　発明推進協会　2013）

山下　米国特許法：改訂版　米国特許法—判例による米国特許法の解説（現代産業選書—知的財産実務シリーズ）（山下弘綱（著）　経済産業調査会；改訂版　2011）

岸本　知財戦略としての米国特許訴訟：知財戦略としての米国特許訴訟（岸本芳也（著）　日経BPマーケティング　日本経済新聞出版　2016）

牧野　アメリカ特許訴訟実務入門：アメリカ特許訴訟実務入門（牧野 和夫（著）　税務経理協会　2009）

高岡　アメリカ特許法実務ハンドブック第5版：アメリカ特許法実務ハンドブック（第5版）（高岡亮一（著）　中央経済社　2017）

P. J. Federico, "Commentary on the New Patent. Act," 35 U.S.C.A (1954)

George M. Sirilla "35 U.S.C. 103: From Hotchkiss to Hand to Rich, the Obvious Patent Law Hall-of-Famers," 32 J. Marshall L. Rev. 437 (1999)

Charles Liu "Fixing secondary considerations in patent obviousness analysis," 60 IDEA 352 (2020)

# 目　次

はしがき
凡例

第1章　序章 ………………………………………………………… 1
　第1節　判例法主義 ……………………………………………… 1
　第2節　判例法と制定法 ………………………………………… 2
　第3節　103条の立法前の判例 ………………………………… 3
　　1．Hotchkiss 判決 ………………………………………………… 3
　　2．Reckendorfer 判決 …………………………………………… 4
　　3．Smith 判決 ……………………………………………………… 6
　　4．Atlantic Works 判決 ………………………………………… 9
　　5．Phillips 判決 …………………………………………………… 10
　　6．Concrete Appliances 判決 ………………………………… 12
　　7．Electric Cable Joint 判決 ………………………………… 14
　　8．Cuno Engineering 判決 …………………………………… 15
　　9．Great Atlantic 判決 ………………………………………… 18

第2章　103条の立法 ……………………………………………… 23
　第1節　1952年特許法改正まで ……………………………… 23
　第2節　1952年改正特許法における103条 ………………… 24
　第3節　103条の立法趣旨 ……………………………………… 26
　第4節　2011年特許法改正までの103条の改正 …………… 29
　　1．1984年特許法改正 …………………………………………… 30
　　2．1995年特許法改正 …………………………………………… 30
　　3．1999年特許法改正 …………………………………………… 32
　　4．2004年特許法改正 …………………………………………… 32
　　5．2011年特許法改正（AIA 改正）………………………… 33

目　次

## 第3章　103条の立法後KSR判決までの判例……………………37
### 第1節　自明性の判断手法を示した判例………………………37
1．Graham判決の概要……………………………………37
2．Graham判決で判示された自明性の判断の際の事実認定…39
3．関連する技術分野における技術レベル………………40
4．二次的考慮事項（Secondary considerations）………42
### 第2節　Graham判決以降KSR判決より前までの最高裁判例……45
1．Adams判決……………………………………………45
2．Calmar判決……………………………………………48
3．Anderson's-Black Rock判決…………………………49
4．Sakraida判決…………………………………………52
5．Dann判決………………………………………………54
### 第3節　KSR判決…………………………………………………56
1．KSR判決の概要………………………………………56
2．KSR判決において引用された3つの最高裁判決………58
3．TSMテスト……………………………………………61
4．KSR判決において示された自明性判断………………67

## 第4章　KSR判決後の判例………………………………………69
### 第1節　USPTOによる自明性判断のための審査ガイドライン……69
1．2007年審査ガイドライン………………………………69
2．2010年審査ガイドライン………………………………70
3．2024年審査ガイドライン………………………………71
### 第2節　MPEP2141における103条に基づく自明性判断のための
　　　　審査ガイドライン……………………………………74
1．KSR判決と自明性の法の原則…………………………74
2．Graham判決による基本的事実認定……………………75
3．103条による拒絶を裏付ける理論的根拠………………77
### 第3節　MPEP 2143　一応の自明性の基礎的要件の事例………79
1．一応の自明性……………………………………………80

2．一応の自明性の確立 …………………………………………………80
3．各理論的根拠に対応する事例……………………………………81
(1) 理論的根拠（A）「予測可能な結果」をもたらすための既知
　　の方法に従った先行技術の要素の組合せ……………………82
　事例1：Anderson's-Black Rock判決 …………………………82
　事例2：Ruiz判決 ………………………………………………84
　事例3：Omeprazole判決 ………………………………………87
　事例4：Crocs判決 ………………………………………………91
　事例5：Sundance判決 …………………………………………95
　事例6：Ecolab判決 ……………………………………………98
　事例7：Wyers判決 …………………………………………… 102
　事例8：DePuy Spine判決 …………………………………… 110
(2) 理論的根拠（B）「予測可能な結果」を得るための、既知の要
　　素の他の要素への単純な置換……………………………… 114
　事例1：Fout判決 ……………………………………………… 115
　事例2：O'Farrell判決 ………………………………………… 117
　事例3：Ruiz判決 ……………………………………………… 121
　事例4：Ex parte Smith事件 ………………………………… 122
　事例5：ICON Health判決 …………………………………… 125
　事例6：Agrizap判決 ………………………………………… 133
　事例7：Muniauction判決 …………………………………… 137
　事例8：Aventis Pharma判決 ………………………………… 141
　事例9：Eisai判決 ……………………………………………… 149
　事例10：Procter & Gamble判決 …………………………… 160
　事例11：Altana Pharma判決 ………………………………… 168
(3) 理論的根拠（C）類似の装置（方法又は製品）を同じ方法で改
　　良する既知の技術の使用…………………………………… 173
　事例1：Nilssen判決 …………………………………………… 174
　事例2：Ruiz判決 ……………………………………………… 177

目　次

(4) 理論的根拠（D）「予測可能な結果」をもたらす改良のための
　　既知の装置（方法又は製品）への既知の技術の適用……………　178
　　事例 1：Dann 判決 …………………………………………………　179
　　事例 2：Nilssen 判決 ………………………………………………　180
　　事例 3：Urbanski 判決 ……………………………………………　181
(5) 理論的根拠（E）「自明な試行」－成功が合理的に期待される、
　　特定され予測可能な有限数の解決策からの選択………………　185
　　事例 1：Pfizer 判決…………………………………………………　187
　　事例 2：Alza 判決 …………………………………………………　191
　　事例 3：Kubin 判決…………………………………………………　196
　　事例 4：Takeda 判決 ………………………………………………　199
　　事例 5：Ortho-McNeil 判決 ………………………………………　204
　　事例 6：Bayer 判決…………………………………………………　208
　　事例 7：Sanofi-Synthelabo 判決 …………………………………　212
　　事例 8：Rolls-Royce 判決 …………………………………………　217
　　事例 9：Perfect Web 判決…………………………………………　222
(6) 理論的根拠（F）ある分野における既知の研究は、その変形が
　　当業者に予測可能であれば、設計の際のインセンティブ又は市
　　場要因に基づいて、同じ分野又は別の分野での使用のためにそ
　　の変形を促す……………………………………………………………　229
　　事例 1：Dann 判決 …………………………………………………　229
　　事例 2：Leapfrog 判決 ……………………………………………　230
　　事例 3：KSR 判決 …………………………………………………　234
　　事例 4：Ex parte Catan 事件 ……………………………………　236
(7) 理論的根拠（G）先行技術文献を変形し、又は先行技術文献の
　　教示を組み合わせて、クレーム発明に到着するように当業者を
　　導いたであろう先行技術における教示、示唆、又は動機付け…　239

## 第5章　二次的考慮事項に関するMPEPの解説及び近年の判例 ……… 243
### 第1節　予期せぬ効果（Unexpected results） ……… 243
1．予期せぬ効果の主張 ……… 243
2．予期せぬ効果の証拠 ……… 244
3．出願人の立証責任 ……… 246
4．予想される効果と予期せぬ効果の証拠の比較検討 ……… 248
5．クレーム発明の範囲と相応する予期せぬ効果 ……… 249
6．予期せぬ効果について判断を示した近年の事例 ……… 250
### 第2節　商業的成功（Commercial success） ……… 253
1．クレーム発明と商業的成功の証拠との間で要求される関連性 … 253
2．クレーム発明の範囲と相応する商業的成功 ……… 254
3．クレーム発明に基づく商業的成功 ……… 256
4．商業的成功について判断を示した近年の事例 ……… 258
### 第3節　長年未解決の課題（Long felt but unsolved needs） ……… 261
1．長年未解決の課題の要件 ……… 261
2．長年未解決の課題の判断時 ……… 262
3．長年未解決の課題の存在に寄与する他の要因 ……… 262
4．長年未解決の課題について判断を示した近年の事例 ……… 263
### 第4節　専門家による懐疑論（Skepticism of experts） ……… 266
### 第5節　他人による模倣（Copying） ……… 267

## 第6章　近年の自明性に関する判例 ……… 271
### 第1節　成功の合理的期待（Reasonable expectation of success） … 271
1．Merck判決 ……… 271
2．Teva Pharm.判決 ……… 274
### 第2節　類似の技術（Analogous art） ……… 277
1．Klein判決 ……… 277
2．Donner Tech判決 ……… 280
### 第3節　先行技術を組合せる際の動機付け ……… 283

1．Ivera Medical 判決 ………………………………………… 283
　　2．Outdry Technologies 判決 ………………………………… 286
　　3．PersonalWeb 判決 …………………………………………… 290
　　4．Elekta 判決 …………………………………………………… 293
第4節　常識（Common sense）の適用 ……………………………… 298
　　1．Arendi 判決 …………………………………………………… 298
　　2．Van 判決 ……………………………………………………… 302
　　3．BE Aerospace 判決 ………………………………………… 307
第5節　先行技術の適用の阻害要因（teach away） ……………… 312
　　1．Allergan 判決 ………………………………………………… 312
　　2．Brandt 判決 …………………………………………………… 317
　　3．UCB 判決 ……………………………………………………… 325
第6節　先行技術の適格性等 …………………………………………… 327
　　1．Raytheon Technologies 判決 ……………………………… 327
　　2．Qualcomm 判決 ……………………………………………… 333
　　3．Parus Holdings 判決 ……………………………………… 337

## 索引

　　判例索引 ……………………………………………………………… 345
　　事項索引 ……………………………………………………………… 348

## 著者紹介

# 第1章　序章

## 第1節　判例法主義

　法の存在形式として、成文法（Written law）と不文法（Unwritten law）がある。成文法は、文字で書き表され、文書の形式を備えている法をいい、立法作用によって成分化され制定されたものであることから制定法（Statute law）ともいわれる[1]。不文法は、成文法以外の一切の法をいい、主なものに、慣習に基づいて成立する慣習法や、裁判所の判決の反復・蓄積によって成立する判例法等がある[2]。判例法は、判例[3]を原則的な法源[4]として認める法体系をいい、個々の判例の積重ねにより作り出される法を指す場合もある[5]。

　米国は、判例法主義を採用する。判例法主義については、法の基本的部分の大部分が制定法によってではなく判例法によって規律されていること、及び法律家が新しい法律問題に直面した場合にその立場の基礎をまず従来の判例に求め、それを類推し、拡張し、反対解釈し、…というやり方で解決を得ようとする傾向が強いということを意味するという見解がある[6]。判例法主義を採用する米国では、過去に下された判決は基本的に判例として扱われ[7]、同じ事実関係の判断において参照され得ることから、各判例

---

[1]　法律用語辞典　第5版　682頁。
[2]　法律用語辞典　第5版　1019頁。
[3]　「判例」とは、裁判の先例をいい、個々の判決をいう場合もある。英米法系諸国では判例法主義がとられ先例拘束性の原理により判例は法的拘束力を有するが、大陸法系諸国では、その拘束力は事実上のものにすぎない（法律用語辞典　第5版　967頁）。英米法の判例は、後の事件の先例となる。これを「先例拘束性の原則（Precedents doctrine of stare decisis）」という。訴訟において既に法的判断のなされた判例であれば、その法的推論（Legal reasoning）が先例（Precedent）となって同じ管轄内にある裁判所の類似の事件の法的判断において裁判官を拘束する（丸田　現代アメリカ法入門　67頁）。
[4]　「法源」とは、法の存在形式の意味で、法の解釈・適用にあたって援用することができる法形式をいう（法律用語辞典　第5版　1050頁）。
[5]　法律用語辞典　第5版　967頁。
[6]　田中　英米法総論　上　15頁。
[7]　判例として尊重されるのは、最高裁の判例に限らない。米国の court of

の内容を把握しておくことは重要であるといえよう。

## 第2節　判例法と制定法

　米国は判例法主義を採用するが、制定法としての特許法も立法されている[8]。合衆国法典第35巻（Title 35 of the United States Code：35 U.S.C.）が米国特許法に対応する。米国特許法は、1790年に成立した。当時の米国特許法では、特許要件として有用性（Utility）[9]と新規性（Novelty）が規定されていた[10]。しかし、「自明性（Obviousness）」については規定されていなかった。「自明性」がはじめて米国特許法において規定されたのは、1952年の米国特許法改正である。つまり、この1952年改正までは、「自明性」に関する規定は、米国特許法に存在しなかったことになる。「自明性」は、1952年の改正米国特許法103条（以下「103条」という。）において規定された。

---

　　appealsのように上訴制度の上で当該事件について権利として上訴できる最終の裁判所となることが多い裁判所はもとより、一審の裁判所の判決でも、先例として取り扱われることが多い。もっとも、下級裁判所の判例は、上級の裁判所によってくつがえされうるので、これを先例として援用するときには、それが上級審でも認められるか否かについて、注意が払われることになる（田中　英米法総論　下　476頁）。
8　米国では、判例が制定法化されていくことから、制定法と判例法が併存することとなる。制定法と判例法の関係については様々な見解があるが、制定法は、判例法を補完するという考え方や、議会によって制定された法は判例に優先するという考え方もある。なお、田中　英米法総論　上　15頁には、判例法主義に関して、「制定法は、その直接の対象とされている事項のみを扱ったものとされ、それを基礎に他の問題の解決の指針を得ようとされることは、例外的にしかなされない。このことは、法典をもっている法域でもそうである。法典は、いわば第一次的には従来の判例法をまとめて分かり易い形で述べたものであると推定され、明白に従来の判例法と一致しない点については、個々に立法で判例法を変更したのと同様の扱いがなされるのが通例である。」旨の解説がなされている。
9　「有用性」について、米国特許法は、（ⅰ）クレームされた製品や方法が実際に有用でなくてはならない、（ⅱ）発明の優先性を確保するために実施化した際に、発明の有用性が見出されなくてはならない、（ⅲ）特許出願は、クレーム発明を使用する方法を十分に開示していなくてはならない、という３つの要件を定めているといわれている（チザム　アメリカ特許法とその手続　改訂第二版　29頁参照）。また、「有用性」については、MPEP 2107 Guidelines for Examination of Applications for Compliance with the Utility Requirement [R-11.2013]に、「有用性要件」のための審査ガイドラインが紹介されている。
10　石井　歴史のなかの特許　93頁。

上記のように、1952年に米国特許法改正がなされるまで、米国特許法においては「自明性」に関する規定は存在しなかったが、1952年よりも前の幾つかの判例を見ると、裁判所は、既に「自明性」の基礎となる考え方に基づいた判断を示していた。そこで、次節では、103条が立法される前に、実質的に「自明性」の考え方に近い内容に基づいて判断を示していたと考えられる幾つかの判例を紹介し、各判例において、どのような判断が示されたかを概説する。

## 第3節　103条の立法前の判例

### 1．Hotchkiss 判決[11]

　当時の最高裁が「自明性」の基礎となる考え方に基づいて判断を示し、「自明性」の概念を米国特許法に導入する一因となったといわれている事件として1851年の Hotchkiss 判決がある。Hotchkiss 判決における対象特許は U.S.P. 2,197（以下「'197特許」という。）であり、ドアノブの製造方法の改良（An improved method of making knobs for locks, doors, cabinet furniture, and for all other purposes for which wood and metal, or other material knobs）に関する特許であった。

　1845年10月、Hotchkiss（原告）は、'197特許に基づいて Greenwood（被告）に対し特許権侵害訴訟を提起した。この訴訟において、Hotchkiss の有する '197特許の有効性についても争われた。当時、金属製や木製のドアノブが公知であったところ、'197特許は、金属製や木製のドアノブを、陶器製の独特な形状のドアノブに置換したものであった。つまり、'197特許は、公知であった金属製や木製のドアノブにおける工夫を、実質的に陶器製のドアノブに適用しただけのものであった。

　そこで、最高裁は、次のように判示し、'197特許が無効であると判断した。

「シャンクとノブを固定する古い手法を陶器製のノブに適用する際に、その業界に精通した通常の機械工が有する以上の創意工夫や技能を要しな

---

11　*Hotchkiss v. Greenwood*, 52 U.S. (11 How.) 248 (1851)

第 1 章　序章

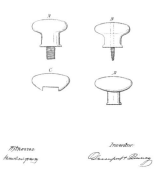

い場合には、全ての発明の必須の要素を構成する程度の創意工夫や技能に欠ける。言い換えれば、本件における改良は、熟練した機械工の仕事であって、発明者の仕事ではない[12]。」

## 2．Reckendorfer 判決[13]

　Lipman は、1858年3月、消しゴム付鉛筆についての特許（U.S.P. 19,783、以下「'783特許」という。）を取得した。'783特許は、鉛筆の一端に消しゴムを装着しただけのものであった。Lipman は、1862年、この特許を10万ドルで Reckendorfer に売却した。'783特許を取得した Reckendorfer（原告）は、鉛筆メーカーである Faber（被告）に対し、特許権侵害訴訟を提起した。

　Reckendorfer 判決においても、Hotchkiss 判決の場合と同様に、'783特

---

12　"… for unless more ingenuity and skill in applying the old method of fastening the shank and the knob were required in the application of it to the clay or porcelain knob than were possessed by an ordinary mechanic acquainted with the business, there was an absence of that degree of skill and ingenuity which constitute essential elements of every invention. In other words, the improvement is the work of the skillful mechanic, not that of the inventor."

13　*Reckendorfer v. Faber, 92 U.S. 347 (1875)*

# 第3節　103条の立法前の判例

許の有効性について最高裁の判断が示された。このReckendorfer判決では、様々な判決が引用されているが、上述のHotchkiss判決も引用されている[14]。これらの判例を引用しながら、最高裁は、「法は、特許性を付与するために、形状の変更、部品の並置や物の配置における変更、又はそれらが使用される順序の変更以上のものを要求し、二重用途（Double use）だけでは特許は認められず、単なる機械工の技能（Mechanical skill）の結果として得られる器具や製造物は特許を受けることができない。機械工の技能と発明は異なる。技能は、たとえ利便性を向上させ、使用期間を延長し、費用を削減するものであっても、特許を受けることはできない。機械工の技能と、発明の非凡な才能との違いは、全ての場合において認められる。[15]」と述べている。このようにReckendorfer判決では、「発明の非

---

14　Reckendorfer判決では、Hotchkiss判決について、「In *Hotchkiss v. Greenwood, 11 How. 248*, a patent had been granted for a "new and useful improvement in making door and other knobs, of all kinds of clay used in pottery and of porcelain," by having the cavity in which the screw, or shank, is inserted, by which they are fastened, largest at the bottom of its depth, in form of a dovetail, and a screw formed therein by pouring in metal in a fused state. The precise question argued in this Court and decided was of the patentability of this invention, and it was held not to be patentable. The only thing claimed as new was the substitution of a knob made of clay or porcelain for one made of wood. This, it was said, might be cheaper or better, but it was not the subject of a patent. The counsel for the defendants, in their points, there say, "The court now is called upon to decide whether this patent can be sustained for applying a well known material to a use to which it had not before been applied, without any new mode of using the material, or any new mode of manufacturing the article sought to be covered by the patent."」と述べられている。

凡な才能（Inventive genius）」という表現が用いられ、「機械工の技能」と「発明の非凡な才能」とを明確に区別している。

　以上を踏まえて最高裁は、Reckendorfer 判決において、消しゴムと鉛筆の組合せに関して、「その組合せを構成する、クレームされた各部分は、それぞれ別個のものであり、互いに離れている。これらは、新たな結果をもたらすものではなく、協働することもない。鉛筆の芯を使用する場合には、鉛筆の一端に消しゴムがない場合と同様に動作し、消しゴムが使用される場合も同様である[16]。」と述べ、'783特許の有効性を否定した。つまり、'783特許に係る発明は、特許法上の発明に該当しないと判断されたといえよう。

## 3．Smith 判決[17]

　1864年6月、Cummings は、人工歯肉（歯茎）及びプレート[18]に関する特許（U.S.P. 43,009、以下「'009特許」という。）を取得した。'009特許は、プレートと歯肉部を形成し、歯が取り付けられる歯肉部を、咀嚼のための十分な硬さと十分な柔軟性を備えた硬質ゴム（Vulcanite）又はその他の弾性材料で形成したものである。'009特許は、その後、Smith（原告）に

---

15　Reckendorfer 判決では、"The law requires more than a change of form, or juxtaposition of parts, or of the external arrangement of things, or of the order in which they are used, to give patentability. Curtis on Pat., sec. 50; *Hailes v. Van Wormer, 20 Wall. 353.* A double use is not patentable, nor does its cheapness make it so. *Curtis, secs. 56, 73.* An instrument or manufacture which is the result of mechanical skill merely is not patentable. Mechanical skill is one thing; invention is a different thing. Perfection of workmanship, however much it may increase the convenience, extend the use, or diminish expense, is not patentable. The distinction between mechanical skill, with its conveniences and advantages and inventive genius, is recognized in all the cases. *Rubber Tip Pencil Co. v. Howard and other cases, supra; Curtis, sec. 72b.*" とも述べられている。

16　"In the case we are considering, the parts claimed to make a combination are distinct and disconnected. Not only is there no new result, but no joint operation. When the lead is used, it performs the same operation and in the same manner as it would do if there were no rubber at the other end of the pencil; when the rubber is used, it is in the same manner and performs the same duty as if the lead were not in the same pencil."

17　*Smith v. Goodyear Dental Vulcanite Co., 93 U.S. 486 (1876)*

18　発明の名称は、"Improvement in artificial gums and plates（人工歯肉及びプレートの改良）" である。

第3節　103条の立法前の判例

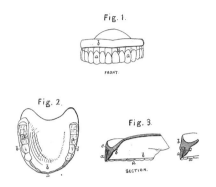

帰属することとなり、Smith は、Goodyear Dental Vulcanite（被告）に対し、特許権侵害訴訟を提起した。

　本件も、最高裁に上告され、Hotchkiss 判決等の場合と同様に、最高裁は、'009特許の有効性について判断を示した。本件では、歯肉部の材料として、従来使用されていた材料に代えて硬質ゴムを使用したことが特徴であると認定された。そして、このような材料の置換が発明に該当するか否かが判断された。その際に、最高裁は、Hotchkiss 判決を引用し、同じ用途のために実質的に同じ態様で単に硬質ゴムを採用し、他の材質の場合と同様の効果しか得られない場合には、発明に該当しないと述べた[19]。

　しかし、'009特許では、既知の材料やプロセスを単純に適用したのではなく、加硫可能な化合物から硬質ゴムの人工歯用プレートを作製し、その

---

19　"Among these the one perhaps most earnestly urged is the averment that the device described in the specification was not a patentable invention, but that it was a mere substitution of vulcanite for other materials, which had previously been employed as a base for artificial sets of teeth,—a change of one material for another in the formation of a product. If this is in truth all that the thing described and patented was, if the device was merely the employment of hard rubber for the same use, in substantially the same manner and with the same effect that other substances had been used for in the manufacture of the same articles, it may be conceded that it constituted no invention. So much is decided in Hotchkiss v. Greenwood, 11 How. 248."

中に人工歯を埋め込み、その後に加熱して加硫することで、歯と歯肉部とプレートとを隙間なく結合していた。そこで、最高裁は、次のように判示し、'009特許が有効であると判断した。

「本件では、プレートに以前に使用されていた材料の代わりに、明細書に記載された方法で硬質ゴムを使用することにより、長年求められていたが得られなかった製品、つまり軽くて弾性があり、容易に人の口に適応し、柔軟でありながら丈夫で、一体で構成され、歯とプレートの間に隙間なく、口の中の液体が浸透せず、化学作用の影響も受けず、清潔で健康的で、既存のあらゆるものとは異なる特異性がある人工歯セットが製造された。我々の意見では、これらの相違はあまりに大きいので、単なる機械工の技能であるとはいえない。これらは、発明に値する工夫の結果として正当化することができ、その製造物は新規なものであり、結果として特許の対象となる。[20]」

この Smith 判決において、最高裁は、後に「二次的考慮事項（Secondary considerations）」又は「自明／非自明の情況証拠（Indicia[21] of obviousness or nonobviousness）」と呼ばれることとなるものをはじめて採用したと考えられている[22]。

---

20 "So in the present case the use, in the manner described, of hard rubber in lieu of the materials previously used for a plate produced a manufacture long sought but never before obtained,—a set of artificial teeth, light and elastic, easily adapted to the contour of the mouth, flexible, yet firm and strong, consisting of one piece, with no crevices between the teeth and the plate, impervious to the fluids of the mouth, unaffected by the chemical action to which artificial teeth and plates are subjected when in place, clean and healthy, peculiarities which distinguish it from everything that had preceded it. These differences, in our opinion, are too many and too great to be ascribed to mere mechanical skill. They may justly be regarded as the results of inventive effort, and as making the manufacture of which they are attributes a novel thing in kind, and consequently patentable as such."
21 "Indicia" とは、指標、徴憑、情況証拠をいい、特定の事実が確実ではないが蓋然性あるものとする情況をいう。例えば、Indicia of title（権原証拠）は、財産の所有を証拠づけるものを意味する（英米法辞典　439頁）。
22 George M. Sirilla "35 U.S.C. 103: From Hotchkiss to Hand to Rich, the Obvious Patent Law Hall-of-Famers, 32 J. Marshall L. Rev. 437 (1999)" 463頁参照。

## 4．Atlantic Works 判決[23]

1867年12月、Bradyは、浚渫船[24]に関する特許（U.S.P. 72,360、以下「'360特許」という。）を取得した。'360特許に係る浚渫船は、船体を水中に沈めるためのタンクが設けられ、先端には浚渫のためのスクリューを備えるものであった。そして、スクリューが泥や砂に接触するまで船を沈めることで、スクリューの回転によって泥や砂が巻き上げられて河川の流れに混ざることとなる。

'360特許の権利者であるBrady（原告）は、Atlantic Works（被告）に対し特許権侵害訴訟を提起したところ、Atlantic Worksは、この特許権侵害訴訟において、'360特許が無効であると主張した。

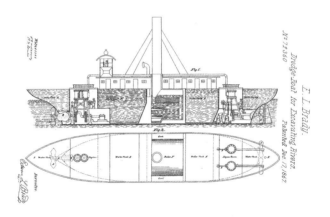

本件も、最高裁に上告され、Hotchkiss判決等の場合と同様に、最高裁が'360特許の有効性について判断を示した。裁判所に提出された様々な証拠から、'360特許の各構成は、いずれも既知のものであることが判明した。そこで、最高裁は、'360特許が無効であると判断した。具体的には、最高裁は、次のように判示した。

「発明が通常の機械工又は技術者の技能を超えたものであることが明らかである場合を除き、わずかな進歩の全てについて独占を許すことは原理的

---

23　*Atlantic Works v. Brady, 107 U.S. 192 (1883)*
24　発明の名称は、"Improved dredge-boat for exoavating rivers（河川の掘削用に改良された浚渫船）"である。

に不当であり、結果的に有害である。特許法は、我々の知識を増やし、有用な技術分野において進歩を促すような実質的な発見や発明をした者に報いるために立法されている。このような発明をした者は、あらゆる恩恵を受けるに値する。これらの法律の目的は、製造業の通常の進歩における熟練した機械工やオペレーターが自然に思いつくような、あらゆる些細な装置やアイデアに独占権を与えることではない。このような排他的権利を無差別に創設すると、発明を促進するというよりむしろ妨げることとなる[25]。」

## 5．Phillips 判決[26]

　1871年12月、Phillips らは、木質系舗装[27]に関する特許（U.S.P. 121,544、以下「'544特許」という。）を取得した。'544特許に係る木質系舗装は、適切な種類の木材をそのままの状態、又は樹皮を剥がした状態で使用し、これらを特定の大きさ及び形状として砕石層等の基礎の上に並べて配置したものである。'544特許の権利者である Phillips ら（原告）は、City of Detroit（デトロイト市：被告）に対し特許権侵害訴訟を提起した。

　本件も、最高裁に上告され、Hotchkiss 判決等の場合と同様に、最高裁が'544特許の有効性について判断を示した。最高裁は、'544特許が、舗装の作製において、3つの古くから良く知られた要素、つまり木製ブロック、基礎、及び木製ブロック間の砂や砂利等を組み合わせただけであると認定し、'544特許が無効であると判断した。本件において、最高裁は、次のよ

---

25　"To grant a single party a monopoly of every slight advance made, except where the exercise of invention somewhat above ordinary mechanical or engineering skill is distinctly shown, is unjust in principle and injurious in its consequences. The design of the patent laws is to reward those who make some substantial discovery or invention which adds to our knowledge and makes a step in advance in the useful arts. Such inventors are worthy of all favor. It was never the object of those laws to grant a monopoly for every trifling device, every shadow of a shade of an idea, which would naturally and spontaneously occur to any skilled mechanic or operator in the ordinary progress of manufactures. Such an indiscriminate creation of exclusive privileges tends rather to obstruct than to stimulate invention."
26　*Phillips v. Detroit, 111 U.S. 604 (1884)*
27　発明の名称は、"Improvement in wooden pavements（木質系舗装の改良）"である。

第 3 節　103条の立法前の判例

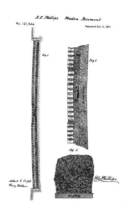

うに判示した。なお、本判決では、下記のように「発明者の非凡な才能 (Genius of the inventor)」という表現が用いられている。

「明細書に記載されている木製ブロックの使用は新規なものではなく、垂直に設置されたブロックが舗装の建設に長い間使用されてきたことを証拠が示している。上告人の特許に記載されている改良は、舗装の製造において よく 知られ長年使用されてきた材料、つまり垂直に設置された木製ブロックを使用し、それらを用いて長年使用されてきた方法で舗装を構築するだけである。したがって、特許に記載されている改良は、本件特許に関連する当業者であれば誰でも想到できる範囲内のものであり、それを具現化するために発明は必要なく、通常の判断と機械工の技能を活用しただけである。それは単なる作業者の技能によるものであり、発明者の非凡な才能によるものではない[28]。」

---

28　"It is conceded in the disclaimer embodied in the specification that the use of wooden blocks like those described in the specification is not new, and the evidence shows that such blocks, set vertically, had long been employed in the construction of pavements. The improvement described in the appellant's patent consists, therefore, in simply taking a material well known and long used in the making of pavements, to-wit, wooden blocks set vertically, and with them constructing a pavement in a method well known and long used. It is plain, therefore, that the improvement described in the patent was within the mental reach of anyone skilled in the art to which the patent relates, and did not require invention to devise it, but only the use of ordinary judgment and mechanical skill. It involves merely the skill of the workman, and not the **genius of the inventor**."

## 6．Concrete Appliances 判決[29]

1910年2月、Callahan らは、材料の搬送装置[30]に関する特許（U.S.P. 948,719、以下「'719特許」という。）を取得した。'719特許に係る搬送装置は、建設工事において搬送可能な素材を中央の高い位置から様々な作業場所に搬送する際に利用可能な装置である。'719特許の権利者は特許権侵害訴訟を提起した。

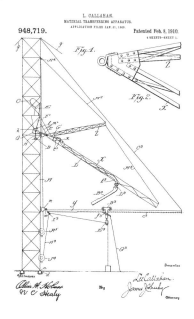

本件も、最高裁に上告され、Hotchkiss 判決等の場合と同様に、最高裁が '719特許の有効性について判断を示した。ここで、'719特許のクレーム発明における各要素は、それぞれ先行技術において既知のものであった。そこで、最高裁は、前述の Atlantic Works 判決[31]を引用して、「…この使用は、よく知られた機械要素を組み合わせただけのものであり、通常の機械工や技術者の技能によるものであって、独創的で非凡な才能によるも

---

29　*Concrete Appliances Co. v. Gomery, 269 U.S. 177 (1925)*
30　発明の名称は、"Improvement in material-transferring apparatus（材料の搬送装置の改良）"である。
31　*Atlantic Works v. Brady, 107 U.S. 192 (1883)*

のではない。(…this use, in combination of well-known mechanical elements, was the product only of ordinary mechanical or engineering skill, and not of inventive genius.)」と述べ、'719特許が無効であると判断した。具体的には、最高裁は、次のように判示した。

「それは、対処しなければならなかった状況をよく理解していた者の心の中に自然発生的に人間の論理的思考の必要性から生じる共通の経験に基づく提案にすぎない。これは周知の装置を新規ではあるが類似の用途に適用するものであって、多くは Callahan の出願以前から行われていたものであり、期待される職務上の技能を示すだけのもので、専門知識によって提供されたものに対する論理的思考の通常の才能の発揮にすぎず、その慣習的な実践から生じる操作能力である。Callahan の装置において採用された要素中に新規な要素はなかった。我々は、組合せにおけるそれらの使用が、技術の自然的発展・拡張の過程における機械工の技能の適用を超えるものを見出せなかった。[32]」

上記のように、Concrete Appliances 判決においても、Reckendorfer 判決[33]や Phillips 判決[34]の場合と同様に、"genius" という用語が用いられている。Phillips 判決では、"Genius of the inventor" と表現されていたが、Reckendorfer 判決や Concrete Appliances 判決では、"Inventive genius" という表現が用いられている。これらの判決が下された頃から、"genius" という用語が用いられていたようである。

---

32 "It is but "the suggestion of that common experience which arose spontaneously and by a necessity of human reasoning in the minds of those who had become acquainted with the circumstances with which they had to deal." *Hollister v. Benedict Manufacturing Co., 113 U. S. 59, 113 U. S. 72.* This progressive adaptation, much of which preceded and some of which was contemporaneous with the Callahan adaptation, of well-known devices to new but similar uses "is but the display of the expected skill of the calling, and involves only the exercise of the ordinary faculties of reasoning upon the materials supplied by a special knowledge, and the facility of manipulation which results from its habitual and intelligent practice." *Hollister v. Benedict Manufacturing Co., supra, at 113 U. S. 73.* No novel elements were used by Callahan in his device. We are unable to find that their use in combination in it was more than the application to them of mechanical skill in the course of a natural development and expansion of the art."
33 *Reckendorfer v. Faber, 92 U.S. 347 (1875)*
34 *Phillips v. Detroit, 111 U.S. 604 (1884)*

## 7. Electric Cable Joint 判決[35]

　1916年２月、Torchio は、電気ケーブルの接続部用の保護装置[36]に関する特許（U.S.P. 1,172,322、以下「'322特許」という。）を取得した。'322特許は、金属が被覆された高圧ケーブルの接続部の絶縁性を改善するための保護装置に関するものであった。'322特許の権利者である Electric Cable Joint（原告）は、Brooklyn Edison（被告）に対し特許権侵害訴訟を提起した。

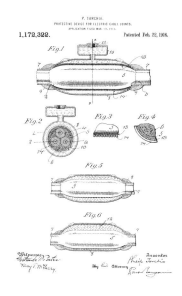

　本件も、最高裁に上告され、Hotchkiss 判決等の場合と同様に、最高裁が'322特許の有効性について判断を示した。'322特許のクレーム４に係る発明は、ケーブルの通常の使用温度で液状である絶縁液体（油）と、この油を保持する貯留槽（Reservoir）という構成を備えていたが、油の使用については先行技術に開示されていた。貯留槽については、先行技術に明記されてはいなかったが、貯留槽に拡張可能な考え方が開示されていた。そこで、最高裁は、'322特許のクレーム４に係る発明が無効であると判断

---

35　*Electric Cable Joint Co. v. Brooklyn Edison Co., Inc., 292 U.S. 69 (1934)*
36　発明の名称は、"Improvement in protective devices for electric cable joints（電気ケーブルの接続部用の保護装置の改良）"である。

し、その理由として、次のように判示した。

「先行技術によれば、貯留槽を拡張することは予見されていた。それはBaltimore Power & Light Companyにより、ケーブル絶縁用の油の含浸のために常用されていた。Lempは、変圧器の油絶縁用の接続容器における追加の保持スペースを開示していた。既存の(技術の)組合せにおいて、油の供給量を増加させるために、スリーブ内の油空間を拡張することは、特別な技術を要するものではなく、発明でもないことは明らかである。油の供給量を増加させるために、連結する油貯留槽という類似の装置において保持スペースの更なる拡張という等価な組合せをもたらすことは発明ではない。これは職務上の技能に過ぎない。採用された手段も得られた結果も新規なものではなかった。[37]」

## 8. Cuno Engineering 判決[38]

1929年11月、Meadは、シガーライター[39]に関する特許(U.S.P. 1,736,544、以下「'544特許」という。)を取得した。'544特許に係るシガーライターは、従来型の手動によるオン・オフ切り替えを、サーモスタットによる自動切

---

[37] "The prior art had also foreshadowed the enlargement in the form of a receptacle or reservoir. Such were the potheads used by the Baltimore Power & Light Company for oil impregnation of cable insulation. Lemp showed and described an additional holding space in the form of a connecting receptacle for the oil insulation of transformers. But, in any case, enlargement of the oil space in the sleeve in an existing combination, so as to increase the oil supply, would clearly not involve any special skill, to say nothing of invention. It was not invention to bring into the combination its equivalent, a further enlargement and extension of the holding space in the form of the familiar device of a connecting oil cup or reservoir, so as to increase the oil supply. No more than the skill of the calling was involved. *Concrete Appliances Co. v. Gomery, 269 U. S. 177; Saranac Automatic Machine Corp. v. Wirebounds Patents Co., 282 U. S. 704, 282 U. S. 713; DeForest Radio Co. v. General Electric Co., 283 U. S. 664, 283 U. S. 685*. Neither the means employed nor the result obtained was novel. See *Hailes v. Van Wormer, 20 Wall. 353; Smith v. Nichols, 21 Wall. 112; Machine Co. v. Murphy, 97 U. S. 120; Pickering v. McCullough, 104 U. S. 310; Westinghouse Electric & Mfg. Co. v. Pittsburgh Transformer Co., 10 F.2d 593; D. J. Murray Mfg. Co. v. Sumner Iron Works, 300 F. 911, 912. Compare R. Herschel Mfg. Co. v. Great States Corporation, 26 F.2d 362, 363.*"

[38] *Cuno Engineering Corp. v. Automatic Devices Corp., 314 U.S. 84 (1941)*

[39] 発明の名称は、"Cigar lighter (シガーライター)"である。

替にしたものである。'544特許の権利者であるAutomatic Devices（原告）は、Cuno Engineering（被告）に対し特許権侵害訴訟を提起した。

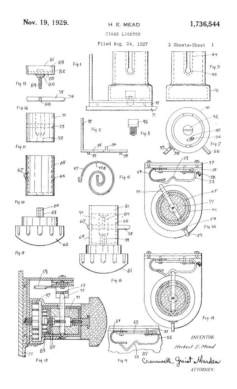

本件も、最高裁に上告され、Hotchkiss判決等の場合と同様に、最高裁が'544特許の有効性について判断を示した。'544特許に係るクレーム発明は、ワイヤレス・ライターに対し、加熱コイルの温度に応答するサーモスタット制御機能を追加したものであったが、加熱ユニットのサーモスタット制御は、Meadがライターを作製した時点で、当該技術分野において既に知られていた。そこで、最高裁は、'544特許のクレーム2,3,11が無効であると判断した。その理由として、最高裁は、次のように判示した。

「いわゆるワイヤレス又はコードレスのライターにサーモスタット制御を組み込むことは、特許法における発明又は発見には該当しない。サーモスタット制御の加熱ユニットと、加熱ユニットを含む取外し可能なプラグを備えたライターとの双方が、先行技術に開示されている。古いツールを

新規な組合せに至るものとするには、当該技術分野における技能の活用以上のことがなされなければならない[40]。…Mead('544特許)における組合せによって実行される機能が、新規で有用であったことは認められる。しかし、このことだけで特許可能となるわけではない。法令(35 U.S.C. §31, R.S. 4886)の下では、当該装置は、新規で有用であるだけでなく、発明又は発見でなければならない[41]。」

上記のように、Cuno Engineering判決によれば、新規性や有用性を有するというだけでは、特許法による保護に値する発明又は発見として不十分であることが明確に示された。このCuno Engineering判決のように特許に対して厳格な要件を課す判決が下されていた時代背景として、1930年代に世界的に起こった世界恐慌を挙げることができる。当時は、世界恐慌の原因の1つとして大企業による市場の独占が挙げられていた。このため、Cuno Engineering判決が下された時代は、「独占による弊害が強調されたアンチパテントの時代であった。」といわれている[42]。また、「世界恐慌を契機として米国が特許法の「抑制」と反トラスト法の「強化」に乗り出した。」ともいわれている[43]。

---

40 "To incorporate such a thermostatic control in a so-called "wireless" or "cordless" lighter was not to make an "invention" or "discovery" within the meaning of the patent laws. As we have shown, both the thermostatically controlled heating unit and the lighter with a removable plug bearing the heating unit were disclosed by the prior art. More must be done than to utilize the skill of the art in bringing old tools into new combinations. *Hailes v. Van Wormer*, 20 Wall. 353, 87 U. S. 368; *Pickering v. McCullough*, 104 U. S. 310; *Thatcher Heating Co. v. Burtis*, 121 U. S. 286, 121 U. S. 294; *Concrete Appliances Co. v. Gomery*, 269 U. S. 177, 269 U. S. 184-185; *Powers-Kennedy Contracting Corp. v. Concrete Mixing & Conveying Co.*, 282 U. S. 175, 282 U. S. 186; *Carbice Corp. v. American Patents Dev. Co.*, 283 U. S. 420."
41 "We may concede that the functions performed by Mead's combination were new and useful. But that does not necessarily make the device patentable. Under the statute, 35 U.S.C. § 31, R.S. § 4886, the device must not only be "new and useful," it must also be an "invention" or "discovery." *Thompson v. Boisselier*, 114 U. S. 1, 114 U. S. 11."
42 井桁 貞一 電機メーカーの特許戦略 組織科学 Vol.35 No.3:57-65 (2002)
43 關 智一 現代多国籍企業の技術管理戦略とMNE理論(6) 商学討究 第51巻第2・3号 (2001)

第1章　序章

"天才のひらめき（Flash of creative genius）テスト"

　Cuno Engineering 判決では、いわゆる"天才のひらめきテスト"が示された。具体的には、最高裁は、「新規な装置で、かつそれが有用であったとしても、"天才のひらめき"に該当するものでなければならず、単なる職務上の技能だけでは足りない。そうでなければ、パブリックドメイン[44]に私権を設定することは認められない。その原則に基づいて判断すると、Mead の装置は、特許可能なものではなかった。我々は、彼の技術が、憲法1章8条（United States Constitution, Art. I, § 8）において議会に対し発明者に報いる権限を与えた「独創的な天才のレベル」に到達するものであったと結論付けることはできない[45]。」と判示した。

## 9．Great Atlantic 判決[46]

　1941年5月、Turnham は、商品ハンドラー[47]に関する特許(U.S.P. 2,242,408、以下「'408特許」という。）を取得した。'408特許は、食料品店等において商品の取り扱いを支援するための商品ハンドラーに関するものであり、底部のない3辺フレーム（Bttomless three sided frame）を備え、顧客がセルフサービス店舗のチェックアウトカウンターを迅速に通過できるように設計されたものである。'408特許の権利者であった Bradley（原告）は、Great Atlantic & Pacific Tea（被告）に対し特許権侵害訴訟を提起した。

---

44　「パブリックドメイン（Public domain）」については、「公有の著作物（発明）、著作権・特許権などの分野で、著作者・発明者が排他的権利を主張できず、一般公衆の自由な利用が可能な—保護期間が過ぎた場合を含む—作品・物・方法は、in the public domain（公有に属する）といわれる。また、そのような作品・発明をさす。（英米法辞典　681-682頁）」と考えられている。広辞苑第7版　2384頁によれば、「パブリックドメイン」とは、著作物などでその知的財産権が存在せず、あるいは消滅して、公的なものとして誰でも使用可能な状態をいう。

45　"That is to say, the new device, however useful it may be, must reveal the flash of creative genius, not merely the skill of the calling. If it fails, it has not established its right to a private grant on the public domain. Tested by that principle, Mead's device was not patentable. We cannot conclude that his skill in making this contribution reached the level of inventive genius which the Constitution, Art. I, § 8, authorizes Congress to reward."

46　*Great Atlantic & Pacific Tea Co. v. Supermarket Equipment Corp., 340 U.S. 147 (1950)*

47　発明の名称は、"Merchandise handler（商品ハンドラー）"である。

## 第3節　103条の立法前の判例

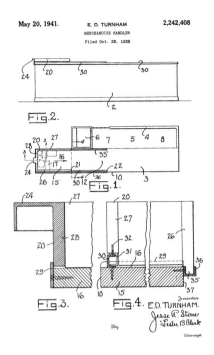

　本件も、最高裁に上告され、Hotchkiss判決等の場合と同様に、最高裁が'408特許の有効性について判断を示した。ここで、'408特許のクレーム発明の各要素は、先行技術において知られていた。そこで、最高裁は、'408特許のクレーム4,5,6に係る発明が無効であると判断した。その理由として、最高裁は、次のように判示した。

　「古い要素が協働する機械装置の特許性について重要なことは、発明に該当するか否かである。時間の経過とともに、専門家は、その存在を示唆する「組合せ」という用語を使用し、その不存在を意味する「寄集め」という用語を使用するようになり、日常会話では同義語に近いこれらの用語を、法律分野においては反意語として使用するようになった。各ユニットの組立体が発明に該当するか否かを簡潔に示す用語として有用ではあるが、発明の該当性のためのテストとしてこれらを使用すると混乱が生じるだけである。発明概念は、古い要素の組合せに適用された場合には本質的に把握し難いものとなる。我々の言語の不正確さと相まって、裁判所や執

第1章　序章

　筆者は、この主題に関する定義やルールについて慎重になっている[48]。多くの訴訟を経て凝縮された消極的ルールが、Lincoln Engineering 判決[49]において示されている。それは、「多数の古い部品や要素の単なる寄せ集めであって、その寄せ集められた集合体において実行又は創出される機能や動作に対して、新規又は異なる機能や動作を実行又は創出しないものは、特許を受けることができる発明ではない。」というものである[50]。Toledo Pressed Steel 判決[51]や Cuno Engineering 判決[52]も同様である。既知の要素の結合又は協働により何らかの貢献がなければならず、全体がその部分の総和を何らかの形で超えた場合にのみ、古い装置の蓄積が特許可能となる[53]。…ここで示されているような、それぞれの機能を変化させることなく古い要素を一体化するだけの組合せに対して特許を付与することは、既知のものを独占させることとなり、熟練工が利用可能なリソースを減少させる。

---

48 "It is agreed that the key to patentability of a mechanical device that brings old factors into cooperation is presence or lack of invention. In course of time, the profession came to employ the term "combination" to imply its presence, and the term "aggregation" to signify its absence, thus making antonyms in legal art of words which, in ordinary speech, are more nearly synonyms. However useful as words of art to denote in short form that an assembly of units has failed or has met the examination for invention, their employment as tests to determine invention results in nothing but confusion. The concept of invention is inherently elusive when applied to combination of old elements. This, together with the imprecision of our language, have counseled courts and text writers to be cautious in affirmative definitions or rules on the subject."
49 *Lincoln Engineering Co. of Illinois v. Stewart-Warner Corp., 303 U. S. 545 (1938)*
50 The negative rule accrued from many litigations was condensed about as precisely as the subject permits in *Lincoln Engineering Co. of Illinois v. Stewart-Warner Corp., 303 U. S. 545, 303 U. S. 549:*
"The mere aggregation of a number of old parts or elements which, in the aggregation, perform or produce no new or different function or operation than that theretofore performed or produced by them is not patentable invention."
51 *Toledo Pressed Steel Co. v. Standard Parts, Inc., 307 U. S. 350 (1939)*
52 *Cuno Engineering Corp. v. Automatic Devices Corp., 314 U.S. 84 (1941)*
53 "To the same end is *Toledo Pressed Steel Co. v. Standard Parts, Inc., 307 U. S. 350,* and *Cuno Engineering Corp. v. Automatic Devices Corp., 314 U. S. 84.* The conjunction or concert of known elements must contribute something; only when the whole in some way exceeds the sum of its parts is the accumulation of old devices patentable."

このような特許権者は、知識の蓄積に何ら貢献せず、単に先行技術の断片を集めて独占権として権利を主張しているだけである[54]。」

---

54 "A patent for a combination which only unites old elements with no change in their respective functions, such as is presented here, obviously withdraws what already is known into the field of its monopoly and diminishes the resources available to skillful men. This patentee has added nothing to the total stock of knowledge, but has merely brought together segments of prior art and claims them in congregation as a monopoly."

# 第2章　103条の立法

　1879年以来の米国特許法の大改正が行われ、1952年7月19日に議会で承認された。この1952年の特許法改正後の米国特許法は1953年1月1日に施行された。本章では、1952年改正までの米国特許法の各改正、この1952年改正による立法当初の103条の内容、103条の立法趣旨、及び2011年の特許法改正までの103条の改正を概説する。

## 第1節　1952年特許法改正まで[55]

　米国特許法は、憲法1章8条[56]によって付与された権限に従って議会によって制定された。最初の米国特許法は1790年4月10日に制定された。その後、1793年に米国特許法は改正され、特許の付与が事務的な役割とされた。1793年の改正特許法は、1836年に改正されるまで維持された。1836年の改正と共に米国特許庁[57]が創設され、審査主義が採用された。この1836年改正の後、1837年、1839年、1842年、1861年、1870年にも米国特許法は改正された。米国の全ての法令を改正する作業が継続され、1874年の改正特許法が1874年6月22日に施行された。1926年、議会は合衆国法典（United States Code[58]）を採択した。そして1949年、合衆国法典の特許セクションである第35巻（Title 35, the patent section of the Code）の制定に着手することが提案された。その後、法案が作成され、1950年7月17日付のH.R.[59]

---

[55] P. J. Federico, "Commentary on the New Patent. Act," 35 U.S.C.A（1954）参照。
[56] 憲法1章8条において、"The Congress shall have power ... To promote the progress of science and useful arts, by securing for limited times to authors and inventors the exclusive right to their respective writings and discoveries." と規定されている。
[57] "By the Patent Act of 1836 (5 Stat. 117), July 4, 1836, Patent Office established as a separate organization within the Department of State, with a Commissioner of Patents at its head. SEE 241.3."（Records of the Patent and Trademark Office（Record Group 241）1836-1973 23, 879 cu. ft. より）
[58] 合衆国憲法のほか連邦議会が制定した法律で、現在有効なものを、系統的に配列した法律集をいう。全体が50のTitle（編）及びConstitutionに分けられ、さらに各編が章、節に分けられている（英米法辞典　881頁）。

9133として第81回議会において提出された。この法案は修正され、1951年4月18日にH.R.3760として第82回議会において再提出された。この修正法案が再び修正されて1952年5月12日にH.R.7794として議会に再提出され、1952年5月19日に全会一致で下院を通過した後、上院での審議を経てさらに修正が加えられた。上院が行った修正案は同日に下院でも同意され、この可決された法案は1952年7月19日に大統領によって署名されるに至った。

## 第2節　1952年改正特許法における103条[60]

　1952年改正特許法には2つの目的があった。1つの目的は、特許法の様々な改正を行うことであり、他の目的は、特許法の法典化（Codification of the patent statutes）と先行する判例法（Prior case law）を成文化することであった。1952年の改正特許法は、第1～第3の3つの部に分けられた。第1部[61]では、USPTOの組織等に関連する法律セクションが規定され、第2部[62]では、特許要件等が規定され、第3部[63]では、発行された特許に基づく権利の保護等に関して規定された。

　自明性を規定する103条は、第2部において規定された。1952年改正特許法に関する当時の委員会報告書（Committee Report）では、その総論部分において、1952年の改正特許法における2つの「大きな変更又は革新」のうちの1つが、103条に発明の要件を組み込むことにあると述べられている。1952年の改正特許法における103条は、次の表1のとおりである。表1では、103条の日本語訳も並記する。

---

59　House of Representativesの略であり、連邦議会の下院のことである。
60　P. J. Federico, "Commentary on the New Patent. Act," 35 U.S.C.A (1954), General Description of Act 参照。
61　第1部には、"PART I. PATENT OFFICE" という表題が付された。
62　第2部には、"PART II PATENTABILITY OF INVENTIONS AND GRANT OF PATENTS" という表題が付された。
63　第3部には、"PART III. PATENTS AND PROTECTION OF PATENT RIGHTS" という表題が付された。

第 2 節　1952年改正特許法における103条

【表1】

| 1952年改正特許法における103条<br>（英文） | 同日本語訳 |
| --- | --- |
| 35 U.S.C. 103. Conditions for patentability; non-obvious subject matter<br>"A patent may not be obtained though the invention is not identically disclosed or described as set forth in section 102 of this title, if the differences between the subject matter sought to be patented and the prior art are such that the subject matter as a whole would have been obvious at the time the invention was made to a person having ordinary skill in the art to which said subject matter pertains. Patentability shall not be negatived by the manner in which the invention was made." | 103条　特許要件　非自明な主題<br><br>発明が、102条[64]に規定されるように開示又は記述されていない場合であっても、特許を受けようとする主題と先行技術との差異が、発明がなされた時点で、その主題全体として、当該主題の関連する技術分野において通常の知識を有する者（当業者）に自明であるときは、特許を受けることができない。特許性は、発明がなされた態様によっては否定されない。 |

64　1952年改正特許法における102条は次のとおりであった。
　§ 102. Conditions for patentability; novelty and loss of right to patent
　A person shall be entitled to a patent unless—
　(a) the invention was known or used by others in this country, or patented or described in a printed publication in this or a foreign country, before the invention thereof by the applicant for patent, or
　(b) the invention was patented or described in a printed publication in this or a foreign country or in public use or on sale in this country, more than one year prior to the date of the application for patent in the United States, or
　(c) he has abandoned the invention, or
　(d) the invention was first patented or caused to be patented by the applicant or his legal representatives or assigns in a foreign country prior to the date of the application for patent in this country on an application filed more than twelve months before the filing of the application in the United States, or
　(e) the invention was described in a patent granted on an application for patent by another filed in the United States before the invention thereof by the applicant for patent, or
　(f) he did not himself invent the subject matter sought to be patented, or
　(g) before the applicant's invention thereof the invention was made in this country by another who had not abandoned, suppressed, or concealed it. In determining priority of invention there shall be considered not only the respective dates of conception and reduction to practice of the invention, but also the reasonable diligence of one who was first to conceive and last to reduce to practice, from a time prior to conception by the other.

## 第3節　103条の立法趣旨[65]

　上記の委員会報告書の総論において、103条の立法に関して次のように述べられている。

　「103条は、我々の制定法ではじめて、法体系（判例法）において100年以上にわたって裁判所の判決理由によってのみ存在してきた要件を規定している。既になされた発明であって、以前になされなかったという意味で新規な発明であっても、その新規な発明と以前に知られていたものとの差異が特許を認めるのに十分なほど大きいとみなされない場合には、特許を受けることができない。このことは、裁判所の判決や文書において様々な方法で表現されてきた。103条は、本法において、この要件を規定している。これは、特許を受けようとする主題と、102条で規定されるように以前から知られていた先行技術との差異に言及している。こ差異が、主題全体として当業者に自明であった場合、その主題は特許を受けることができない。この規定は、裁判所の複数の判決において用いられてきた文言を言い換えたものであり、統一性と明確性のために本法に追加された。この条項により、安定化がもたらされ、幾つかの判例においてなされたように大きく逸脱することが最小限に抑えられるべきである。[66]」

　当時の103条で規定される要件は、「発明の存在要件（Requirement for the presence of invention）[67]」とも呼ばれていた。この要件を備えていない発明については、その主題は発明ではない（Subject matter involved lacks invention）と扱われていた。特許を受けようとする発明と対比されるのは、入手可能な法定の先行技術（Available statutory prior art material）であり、特許の付与を求める者（Claimant）がこの先行技術を知っているか否かは問題とされない。103条で規定される要件は、法的概念（Legal concept）であり、心理学的概念（Psychological one）ではない。

---

65　P. J. Federico, "Commentary on the New Patent. Act," 35 U.S.C.A (1954), PATENTABILITY OF INVENTIONS AND GRANT OF PATENTS (PART II)参照。

1952年の改正以前の制定法における103条の要件の根拠となるものとして、幾つか指摘されている。その1つが、改正前のR.S. 4886[68]において特許可能な主題を規定する101条の冒頭部分の「新規で有用な技術、機械…を発明又は発見した者は（"Any person who has invented or discovered any new and useful art, machine, etc."）」で始まる部分であると考えられている。ここでは、新規性（new）と有用性（useful）という2つの要件が規定されているが、「発明した（invented）」という用語が使用されていることから、これが第3の要件として主張された。これ以外にも、「新規性に対する法定要件の拡張（Extension of the statutory requirement for novelty）」という考え方があった。当時、「特許可能な新規性（Patentable novelty）」や「先行技術に対する特許可能な差異（Patentable difference over the prior art）」という表現がよく使用されており、新規性の要件について、量的又は質的な評価が既になされていたと考えられている。

---

66　The general part of the Committee Report states with reference to section 103:
"Section 103, for the first time in our statute, provides a condition which exists in the law and has existed for more than 100 years, but only by reason of decisions of the courts. An invention which has been made, and which is new in the sense that the same thing has not been made before, may still not be patentable if the difference between the new thing and what was known before is not considered sufficiently great to warrant a patent. That has been expressed in a large variety of ways in decisions of the courts and in writing. Section 103 states this requirement in the title. It refers to the difference between the subject matter sought to be patented and the prior art, meaning what was known before as described in section 102. If this difference is such that the subject matter as a whole would have been obvious at the time to a person skilled in the art, then the subject matter cannot be patented. "That provisions paraphrases language which has often been used in decisions of the courts, and the section is added to the statute for uniformity and definiteness. This section should have a stabilizing effect and minimize great departures which have appeared in some cases.""

67　ここでいう「発明の存在要件」は、「新規なものに特許を付与するためには、以前に知られていたものとの差異である新規性（の程度）が、その特性、量、又は質において十分なものでなければならない（The newness, that is the difference over what was previously known, must be sufficient in character, or in quantity, or in quality, in order that the new thing may be patented.）。」というものである。

68　Title 35, U.S.C., 1946 ed., § 31 (R.S. 4886, amended (1) Mar. 3, 1897, ch. 391, § 1, 29 Stat. 692, (2) May 23, 1930, ch. 312, § 1, 46 Stat. 376, (3) Aug. 5, 1939, ch. 450, § 1, 53 Stat. 1212).

## 第2章　103条の立法

　103条の要件が創設される要因の1つとなった最初の最高裁判例として、前述のHotchkiss判決[69]がしばしば引用される。同様に、前述のCuno Engineering判決[70]も引用される。Cuno Engineering判決については、この事件の判決において用いられた"天才のひらめき"という表現が、最高裁による「発明に対する厳格な基準（a new and stricter standard of invention）」についての多くの議論を巻き起こし、下級裁判所に多大な影響を与えたといわれている。議会が「発明のレベル」や「特許可能な新規性のレベル」における根本的な変更を意図したとは考えられていないが、過去数十年以上にわたって多くの司法的見解によって示された極端な厳格性を緩和する方向の修正が意図されていたようである。つまり、当時は特許が認められやすくなる方向への変化が期待されていた。このことは、103条において使用されている文言や、上記の委員会報告書におけるコメント等によって示されている。

　103条では、「102条に規定されるように開示又は記述されていない場合であっても」と規定されているように、103条は、102条に規定される新規性に対してさらに限定を加えるものであることから、当時は102条の一部に組み込むという議論もなされたようである。しかし、103条を102条の一部に組み込むと、102条の規定が文章的に長くなり、かつ複雑になることが予想され、また103条の重要性にも鑑み、102条とは独立して規定されることとなった。

　103条の文言については、「先行技術（Prior art）」という用語がはじめて採用された。この「先行技術」という用語の前には"the"が付されているので、「先行技術」という用語には、「先行詞（Antecedent）」に相当する記述が存在することとなる。そこで、103条の文言を見ると、「先行詞」の位置付けとなる文言は、「この法律の102条に規定されるように開示又は記述され（disclosed or described as set forth in section 102 of this title）」となるといえる。したがって、103条において比較対象とされる先行技術は、

---

69　*Hotchkiss v. Greenwood, 52 U.S. (11 How.) 248 (1851)*
70　*Cuno Engineering Corp. v. Automatic Devices Corp., 314 U.S. 84 (1941)*

102条に規定された発明等に対応するものとなる。103条の最終文には、「特許性は、発明のなされた態様によっては否定されない（Patentability shall not be negatived by the manner in which the invention was made.）。」と規定されている。「改正ノート（Revision Note）[71]」によれば、「それ（発明）が長年にわたる苦労や実験(Long toil and experimentation)によるものか、"天才のひらめき"によるものかは重要ではない。」と解説されている[72]。この最終文は、新たな特許法の制定における議会の姿勢を示したものであり、103条全体の解釈に影響を与えるものであると考えられていた。

## 第4節　2011年特許法[73]改正までの103条の改正

　103条については、1952年特許法改正により導入された後、複数回の改正がなされた。具体的には、103条は、1984年、1995年、1999年、2004年、2011年にそれぞれ改正された。本節では、これらの改正内容について概説する。

---

71 「改正ノート」は、「委員会報告書（Committee Report（82nd Congress, House Report No. 1923, May 12, 1952)）」の一部であり、法案のセクションに従って順に配置されていおり、特定の条項の由来となった旧法の引用を示し、旧法に対応する条項がない場合にはその条項が新しいものであると述べ、行われた改正を指摘して説明したものである。
72 "天才のひらめき"については、*Graham* 判決（*Graham v. John Deere Co., 383 U.S. 1 (1966)*）の判決文において、「議会が、103条の最終文において、Cuno Engineering 事件において最高裁が用いた"天才のひらめき"という物議を醸す表現によって公表したテストの廃止を意図していたことは明らかである（It also seems apparent that Congress intended by the last sentence of § 103 to abolish the test it believed this Court announced in the controversial phrase "flash of creative genius," used in *Cuno Engineering Corp. v. Automatic Devices Corp., 314 U. S. 84 (1941)*.）。」ことが判示されている。
73　2011年特許法は、「リーヒ・スミス米国発明法（AIA: Leahy-Smith America Invents Act)」と呼ばれ、2011年9月16日にオバマ大統領が法案に署名することで成立した。この「リーヒ・スミス米国発明法」による改正内容については、例えば「アメリカ改正特許法」などにおいて説明されている。例えば、2011年特許法改正（AIA改正）により、先発明主義から先発明者先願主義に移行された。また、発行された特許の見直し制度として、当事者系レビュー制度や付与後レビュー制度も導入された。これ以外にも、補足審査（Supplemental Examination）や冒認手続（Derivation proceeding）といった手続が設けられるなど多くの改正がなされた。

## 1.　1984年特許法改正

　1984年特許法改正により、下記の文言が103条に追記された[74]。具体的には、103条(c)(1)に対応する規定が追加され、「他人によって開発された主題が、102条(f)又は(g)のみに基づいて先行技術としての適格性を有し、当該主題とクレーム発明が、その発明がなされた時点において、同一人に所有され又は同一人への譲渡義務が課されていた場合には、当該主題によって本条に基づいて(クレーム発明の)特許性が排除されることはない。」旨が規定された。

---

"Subject matter developed by another person, which qualifies as prior art only under subsection (f) or (g) of section 102 of this title, shall not preclude patentability under this section where the subject matter and the claimed invention were, at the time the invention was made, owned by the same person or subject to an obligation of assignment to the same person."

---

## 2.　1995年特許法改正

　1995年特許法改正により、103条の第1段落がサブセクション(a)とされ、第2段落がサブセクション(b)とされ、下記の文言が追加された[75]。つまり103条の第1段落が103条(a)とされ、103条(b)(1)～(3)が規定された。この103条(b)(1)～(3)は、バイオテクノロジー技術に関する規定であり、生物工学的方法であって、新規性及び非自明性を有する組成物を使用するか又は生じさせるものについて、自明ではないものとみなされる場合が規定された。

---

74　PUBLIC LAW 98-622—NOV. 8, 1984 98 STAT. 3383 98th Congress 参照。
75　PUBLIC LAW 104-41—NOV. 1, 1995 109 STAT. 351 104th Congress 参照。

"(b)(1) Notwithstanding subsection (a), and upon timely election by the applicant for patent to proceed under this subsection, a biotechnological process using or resulting in a composition of matter that is novel under section 102 and nonobvious under subsection (a) of this section shall be considered nonobvious if—
 (A) claims to the process and the composition of matter are contained in either the same application for patent or in separate applications having the same effective filing date; and
 (B) the composition of matter, and the process at the time it was invented, were owned by the same person or subject to an obligation of assignment to the same person.
(2) A patent issued on a process under paragraph (1)—
 (A) shall also contain the claims to the composition of matter used in or made by that process, or
 (B) shall, if such composition of matter is claimed in another patent, be set to expire on the same date as such other patent, notwithstanding section 154.
(3) For purposes of paragraph (1), the term 'biotechnological process' means—
 (A) a process of genetically altering or otherwise inducing a single- or multi-celled organism to—
  ( i ) express an exogenous nucleotide sequence,
  ( ii ) inhibit, eliminate, augment, or alter expression of an endogenous nucleotide sequence, or
  (iii) express a specific physiological characteristic not naturally associated with said organism;
 (B) cell fusion procedures yielding a cell line that expresses a specific protein, such as a monoclonal antibody; and
 (C) a method of using a product produced by a process defined by subparagraph (A) or (B), or a combination of subparagraphs (A) and (B)."

## 3．1999年特許法改正

　1999年特許法改正により、103条(c)の一部の文言が改正された。具体的には、103条(c)において102条(e)の内容が追加された。この改正の結果、103条(c)における「他人によって開発された主題であって、102条(f)又は(g)に基づいてのみ先行技術としての適格性を有するもの」という記載が、「他人によって開発された主題であって、102条(e), (f), (g)の1つ以上に基づいてのみ先行技術としての適格性を有するもの」という規定に改正された。

---

"Subject matter developed by another person, which qualifies as prior art only under subsection (f) or (g) of section 102 of this title," という記載が、"Subject matter developed by another person, which qualifies as prior art only under one or more of subsections (e), (f), and (g) of section 102 of this title," に改正された

---

## 4．2004年特許法改正

　103条(c)が下記のように改正された。具体的には、103条(c)(2), (3)が新たに規定された。2004年特許法改正による103条(c)の改正は、共同研究技術推進法[76]によるものであるといわれている。2004年特許法改正により、他人によって開発された主題及びクレーム発明が同一人に所有され又は同一人への譲渡義務が課せられていたものとみなされる場合が規定された。具体的には、共同研究契約がクレーム発明の発明日より前になされており、その共同研究契約の範囲内の業務の結果としてそのクレーム発明がなされ、そのクレーム発明に係る特許出願において共同研究契約の当事者名を開示すれば、他人によって開発された主題及びクレーム発明が、同一人に所有され又は同一人への譲渡義務が課せられていたものとみなされることとなった。

---

76　Cooperative Research and Technology Enhancement (CREATE) Act (Public Law 108-453)

> "(c)(1) Subject matter developed by another person, which qualifies as prior art only under one or more of subsections (e), (f), and (g) of section 102, shall not preclude patentability under this section where the subject matter and the claimed invention were, at the time the claimed invention was made, owned by the same person or subject to an obligation of assignment to the same person.
> (2) For purposes of this subsection, subject matter developed by another person and a claimed invention shall be deemed to have been owned by the same person or subject to an obligation of assignment to the same person if—
> (A) the claimed invention was made by or on behalf of parties to a joint research agreement that was in effect on or before the date the claimed invention was made;
> (B) the claimed invention was made as a result of activities undertaken within the scope of the joint research agreement; and
> (C) the application for patent for the claimed invention discloses or is amended to disclose the names of the parties to the joint research agreement.
> (3) For purposes of paragraph (2), the term 'joint research agreement' means a written contract, grant, or cooperative agreement entered into by two or more persons or entities for the performance of experimental, developmental, or research work in the field of the claimed invention."

## 5．2011年特許法改正（AIA改正）

2011年特許法改正により、103条は、表2のように改正された[77]。この

---

[77] PUBLIC LAW 112-29—SEPT. 16, 2011 125 STAT. 284 112th Congress 参照。この改正により、103条(a)に対応する部分のみが維持され、バイオテクノロジー技術に関する103条(b)は削除された。併せて103条(c)も削除されたが、この103条(c)に対応する規定として102条(b)(2)(C)と102条(c)が新設された。

2011年特許法改正では、103条の「発明がなされた時点で（at the time the invention was made）」という記載が、「クレーム発明の有効出願日[78]前（before the effective filing date of the claimed invention）」に改正された。先発明主義から先願主義への移行[79]に伴う改正である。2011年の特許法改正後の103条の内容を日本語訳と共に表２に示す。[80]

---

78 「有効出願日」とは、優先権や先の出願の利益を受けることができる場合は最先の出願日となり、これらの利益が受けられない場合は実際の出願日と理解することができる。なお、詳細については、100条(i)の定義規定や、MPEP 2152.01 Effective Filing Date of the Claimed Invention [R-07.2022] を参照されたい。
35 U.S.C. 100 Definitions.
(i)(1) The term "effective filing date" for a claimed invention in a patent or application for patent means—
(A) if subparagraph (B) does not apply, the actual filing date of the patent or the application for the patent
   containing a claim to the invention; or
(B) the filing date of the earliest application for which the patent or application is entitled, as to such invention, to a right of priority under section 119, 365(a), 365(b), 386(a), or 386(b) or to the benefit of an earlier filing date under section 120, 121, 365(c), or 386(c).
(2) The effective filing date for a claimed invention in an application for reissue or reissued patent shall be determined by deeming the claim to the invention to have been contained in the patent for which reissue was sought.
79 厳密には、「先発明主義（First to invent system）」から「先発明者先願主義（First-inventor-to-file system）」へ移行されたのであり、純粋な「先願主義」への移行ではないという見解がある。
80 "Section 103 has remained substantively the same after the America Invents Act of 2011, except that the time of the invention has been amended to the effective filing date of the invention." (Charles Liu "Fixing secondary considerations in patent obviousness analysis," 60 IDEA 352 (2020)).

## 【表2】

| 2011年特許法改正後の103条（英文） | 同日本語訳 |
|---|---|
| 35 U.S.C. 103 Conditions for patentability; non-obvious subject matter.<br>"A patent for a claimed invention may not be obtained, notwithstanding that the claimed invention is not identically disclosed as set forth in section 102, if the differences between the claimed invention and the prior art are such that the claimed invention as a whole would have been obvious before the effective filing date of the claimed invention to a person having ordinary skill in the art to which the claimed invention pertains. Patentability shall not be negated by the manner in which the invention was made." | 103条　特許要件　非自明な主題<br><br>　クレーム発明が102条に規定されるように開示されていない場合であっても、クレーム発明と先行技術との間の差異が、そのクレーム発明の有効出願日前に、クレーム発明全体として、当該クレーム発明が関連する技術分野において通常の知識を有する者（当業者）に自明であるときは、クレーム発明について特許を受けることができない。特許性は、発明がなされた態様によっては否定されない。 |

# 第3章　103条の立法後 KSR 判決[81]までの判例

　本章では、1952年の103条の立法後に下された判決であって、2007年のKSR 判決までのものを紹介する。まず、自明性の判断手法を示したGraham 判決[82]を紹介する。Graham 判決では、自明性判断の際に認定すべき事実、関連する技術分野における技術レベル、二次的考慮事項についても判示された。この Graham 判決が下された後に、幾つかの最高裁判決が下されたので、これらの内容についても概説するが、その中でもKSR 判決では、最高裁により、当時の CAFC による自明性の判断手法が修正されることとなった。

## 第1節　自明性の判断手法を示した判例

　103条が規定された後10年以上経過した1966年、103条に関する4つの訴訟において最高裁の判断が示された。Graham 判決、Calmar 判決[83]、Colgate-Palmolive 判決[84]、Adams 判決[85]の4つの最高裁判決である。本節では、これらの4つの最高裁判決の中で自明性の判断基準が示されたGraham 判決を取り上げる。

### 1．Graham 判決の概要

　1953年2月、Graham は、鋤（すき）用クランプ[86]に関する特許（U.S.P. 2,627,798、以下「'798特許」という。）を取得した。'798特許は、土壌内の障害物に当たったときに鋤のシャンクを上方に押し上げ、障害物を乗り越えたときにシャンクを通常の位置に戻すスプリングクランプに関するもの

---

81　*KSR Int'l Co. v. Teleflex Inc.*, 550 U.S. 398 (2007)
82　*Graham v. John Deere Co.*, 383 U.S. 1 (1966)
83　*Calmar, Inc., v. Cook Chem. Co.*, 383 U.S. 1 (1966)
84　*Colgate-Palmolive Co. v. Cook Chem. Co.*, 383 U.S. 1 (1966)
85　*United States v. Adams*, 383 U.S. 39 (1966)
86　発明の名称は、"振動する鋤用クランプ（Clamp for vibrating Shank Plows）"である。

であった。

　Grahamは、John Deereに対し、特許権侵害訴訟を提起した。本件も最高裁に上告され、最高裁が'798特許の有効性について判断を示した。ここで、'798特許の有効性判断の際の主たる先行技術は、Graham自身のU.S.P. 2,493,811（以下「Graham先行特許」という。）であった。このGraham先行特許も、鋤に向けられた発明であった。先行技術であるGraham先行特許と'798特許との主な差異は、（ⅰ）ヒンジプレートへのシャンクのボルト接続がGraham先行特許では見られないこと[87]、（ⅱ）シャンクの位置が上下逆であり、Graham先行特許ではシャンクは、ヒンジプレートの上方に位置し、ヒンジプレートと上部プレートの間に挟まれること[88]であった。これらの差異の中で、最高裁による審理において権利者によって強調されたのは、相違点（ⅱ）による作用効果であった。この主張をも踏まえた上で、最高裁は、相違点に係る構成について、当業者が容易に気付いて実施し得る内容であり、当業者には自明であったと判断した[89]。その結果、'798特許は無効であると判断された。

---

[87]　（ⅰ）the stirrup and the bolted connection of the shank to the hinge plate do not appear in '811:（Graham判決より抜粋）。

[88]　（ⅱ）the position of the shank is reversed, being placed in patent '811 above the hinge plate, sandwiched between it and the upper plate.（Graham判決より抜粋）。

[89]　Graham判決において最高裁は、'798特許の自明性に関し次のように判示した。"Certainly a person having ordinary skill in the prior art, given the fact that the flex in the shank could be utilized more effectively if allowed to run the entire length of the shank, would immediately see that the thing to do was what Graham did, i.e., invert the shank and the hinge plate.･･･We find no nonobvious facets in the '798 arrangement. The wear and repair claims were sufficient to overcome the patent examiner's original conclusions as to the validity of the patent. However, some of the prior art, notably Glencoe, was not before him. There the hinge plate is below the shank, but, as the courts below found, all of the elements in the '798 patent are present in the Glencoe structure. Furthermore, even though the position of the shank and hinge plate appears reversed in Glencoe, the mechanical operation is identical. The shank there pivots about the underside of the stirrup, which in Glencoe is above the shank. In other words, the stirrup in Glencoe serves exactly the same function as the heel of the hinge plate in '798. The mere shifting of the wear point to the heel of the '798 hinge plate from the stirrup of Glencoe -- itself a part of the hinge plate -- presents no operative mechanical distinctions, much less nonobvious differences."

第1節　自明性の判断手法を示した判例

### 【'798特許と Graham 先行特許】

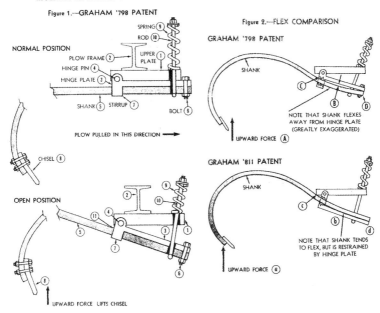

## 2．Graham 判決で判示された自明性の判断の際の事実認定

　特許の有効性に関する問題は法律問題の1つであることから、自明性の判断も法律問題となる。自明性に関する103条の要件は、幾つかの基本的な事実認定に基づいて判断される[90]。Graham 判決において、最高裁は、103条に規定される自明性を判断する際に認定すべき事実を明示した。認定すべき内容は、次の表3とおりである[91]。

---

[90] "While the ultimate question of patent validity is one of law, *Great A. & P. Tea Co. v. Supermarket Equipment Corp.*, supra, at 340 U. S. 155, the §103 condition, which is but one of three conditions, each of which must be satisfied, lends itself to several basic factual inquiries." (Graham 判決より抜粋)。

[91] これらの3つのファクターは、グラハムファクター（Graham Factors）とも呼ばれる（チザム　アメリカ特許法とその手続　改訂第二版　45頁参照）。

【表3】[92]

| 自明性判断の際の事実認定（英文） | 同日本語訳 |
|---|---|
| (1) the scope and content of the prior art are to be determined; | (1) 先行技術の範囲と内容を決定する。 |
| (2) differences between the prior art and the claims at issue are to be ascertained; | (2) 先行技術と対象となるクレームとの差異を確定する。 |
| (3) the level of ordinary skill in the pertinent art resolved. | (3) 関連する技術分野における技術レベルを特定する。 |

　表3に示すように、103条に基づいて自明性を判断する際には、(1) 先行技術の範囲と内容を決定し、(2) 先行技術と、対象となるクレームとの間の差異を確定し、(3) 関連する技術分野における技術レベルを特定することが必要となる。これらの事実認定を踏まえた上で、クレームされた主題について自明性の存否を法律問題として判断する[93]こととなる。

## 3．関連する技術分野における技術レベル

　自明性の判断の際の事実認定の1つである表3の(3) の「関連する技術分野における技術レベル」について、関連する技術分野の通常の知識を有する者（当業者）の技術水準であると解釈する見解がある[94]。当業者について、Graham判決においては明確な定義はなされていないが、MPEP[95] 2141では、「当業者は、該当する時点において関連する技術を知っていた

---

92　"Under § 103, the scope and content of the prior art are to be determined; differences between the prior art and the claims at issue are to be ascertained; and the level of ordinary skill in the pertinent art resolved. Against this background, the obviousness or nonobviousness of the subject matter is determined."（Graham判決より抜粋）。

93　自明性を法律問題として判断することに関し、「上訴審は、事実問題については、下級審の判断に「明らかな誤り（clear error）」がない限り破棄することができないが、法律問題であれば、下級審の判断全体を再度レビューすることができ（de novo）、より容易に破棄することができる。」との見解がある（武重　米国特許法講義　97頁）。

94　チザム　アメリカ特許法とその手続　改訂第二版　47頁。

95　「MPEP（Manual of Patent Examining Procedure）とは、アメリカ合衆国特許商標庁（USPTO）の審査官が審査手続を進めるための審査基準・便覧のことである。」（宮崎　賢司 MPEPの読み方〜日米審査基準の違い,引例適格性,効果の参酌〜特技懇　特許庁技術懇話会編 2019.11.26. no.295）。

第1節　自明性の判断手法を示した判例

と推定される仮想の人物である。」と定義されている[96]。KSR判決[97]では、この当業者について、「オートマトンではなく、通常の創造性を有する者でもある。多くの場合、当業者であれば、パズルのピースのように複数の特許の教示を組み合わせることができる（A person of ordinary skill in the art is also a person of ordinary creativity, not an automaton. In many cases a person of ordinary skill will be able to fit the teachings of multiple patents together like pieces of a puzzle.）。」という表現が用いられることもある。

関連する技術分野における「当業者の技術レベル（Level of ordinary skill in the art）」を認定するために考慮すべきファクターとして、MPEP 2141[98]において例示された5つのファクターを表4に示す。これらのファクターを含む様々な事項を考慮した上で、関連する技術分野における技術レベルが認定されることとなる。

【表4】[99]

| 当業者の技術レベルを認定するために考慮されるべき要因（英文） | 同日本語訳 |
|---|---|
|  |  |

---

[96] "The person of ordinary skill in the art is a hypothetical person who is presumed to have known the relevant art at the relevant time." (MPEP 2141 Examination Guidelines for Determining Obviousness Under 35 U.S.C. 103 [R-07.2022] II. THE BASIC FACTUAL INQUIRIES OF GRAHAM v. JOHN DEERE CO. C. Resolving the Level of Ordinary Skill in the Art より）。

[97] *KSR Int'l Co. v. Teleflex Inc., 550 U.S. 398 (2007)*

[98] MPEP 2141 Examination Guidelines for Determining Obviousness Under 35 U.S.C. 103 [R-07.2022]

[99] "Factors that may be considered in determining the level of ordinary skill in the art may include: (1) "type of problems encountered in the art;" (2) "prior art solutions to those problems;" (3) "rapidity with which innovations are made;" (4) "sophistication of the technology; and" (5) "educational level of active workers in the field." *In re GPAC, 57 F.3d 1573, 1579, 35 USPQ2d 1116, 1121 (Fed. Cir. 1995)*. "In a given case, every factor may not be present, and one or more factors may predominate." Id. See also *Custom Accessories, Inc. v. Jeffrey-Allan Indust., Inc., 807 F.2d 955, 962, 1 USPQ2d 1196, 1201 (Fed. Cir. 1986); Environmental Designs, Ltd. v. Union Oil Co., 713 F.2d 693, 696, 218 USPQ 865, 868 (Fed. Cir. 1983)*." (MPEP 2141 Examination Guidelines for Determining Obviousness Under 35 U.S.C. 103 [R-07.2022] より）。

| (1) "Type of problems encountered in the art;" | (1) 技術分野においてみられる課題の類型。 |
| --- | --- |
| (2) "Prior art solutions to those problems;" | (2) これらの課題に対する先行技術の課題解決手段。 |
| (3) "Rapidity with which innovations are made;" | (3) 技術革新がなされるスピード。 |
| (4) "Sophistication of the technology;" | (4) 技術の高度化。 |
| (5) "Educational level of active workers in the field." | (5) 当該分野における技術者の教育水準。 |

# 4．二次的考慮事項（Secondary considerations）

　Graham 判決によれば、表3に示される事実認定を行った上で、クレームされた主題について自明性が判断され、その際に二次的考慮事項を参酌することができる。二次的考慮事項について、Graham 判決では、「特許の付与を求める主題の根源となるものを取り巻く状況に光を当てるために、「商業的成功（Commercial success）」、「長年未解決の課題（Long felt but unsolved needs）」、「他人の失敗（Failure of others）」等の二次的考慮事項を用いることができる[100]。」と判示された。

　二次的考慮事項については、Graham 判決において、表3に示される3つのファクター（以下、「Graham ファクター」という。）と分けて記述されたことから、この3つの Graham ファクターとは区別して扱う考え方[101]と、自明性判断における第4番目の Graham ファクターとして扱う考え

---

100 "Such secondary considerations as commercial success, long felt but unsolved needs, failure of others, etc., might be utilized to give light to the circumstances surrounding the origin of the subject matter sought to be patented."（Graham 判決より抜粋）。

101 MPEP 2141 Examination Guidelines for Determining Obviousness Under 35 U.S.C. 103 [R-07.2022] では、"自明性の問題は、上記の事実認定に基づいてなされなければならない。それぞれの事件は異なり、独自の事実に基づいて判断する必要があるが、これらの事実認定は、存在する場合には二次的考慮事項と共に分析する必要がある。(The question of obviousness must be resolved on the basis of the factual inquiries set forth above. While each case is different and must be decided on its own facts, these factual inquiries, as well as secondary considerations when present, must be analyzed.)" と説明されている。

方[102]がある。近年の連邦巡回区控訴裁判所（CAFC：Court of Appeals for the Federal Circuit[103]）による幾つかの判決を見ると、二次的考慮事項を上記の３つのGrahamファクターと区別するか否かということよりも、自明性判断の最終的な結論に至る前に、これらに関する全ての証拠を考慮することが重要であると考えられているようである。

　例えば、Intercontinental Great Brands判決[104]では、自明性判断の結論に至る前に、客観的な情況証拠（Objective indicia）としての二次的考慮事項を考慮すべきであることが争われたところ、CAFCは、「連邦地裁が客観的な情況証拠を考慮する前に自明性に関する最終的な結論を導き出したわけではない。」と判示した[105]。また、Merck Sharp判決[106]では、「Merck等による非自明性に関する二次的考慮事項の証拠では、先行技術の教示に基づく強力な「自明性」を克服することができない[107]。」と連邦地裁が認

---

102　*Richardson-Vicks Inc. v. Upjohn Company 122 F.3d 1476 (Fed. Cir. 1997)*では、「これらのGrahamファクターは、(1)先行技術の範囲と内容、(2)クレーム発明と先行技術との差異、(3)当業者の技術レベル、(4)二次的考慮事項を含む。(These so-called Graham factors include: (1) the scope and content of the prior art; (2) the differences between the claimed invention and the prior art; (3) the level of ordinary skill in the art; and (4) certain secondary considerations.)」と判示された。*Uniroyal, Inc. v. Rudkin-Wiley Corp. 837 F.2d 1044 (Fed. Cir. 1988)*においても、同様に、二次的考慮事項が非自明性判断の際の第４番目のファクターとして扱われている。過去のCAFC（連邦巡回区控訴裁判所）の判例では、二次的考慮事項を非自明性判断の際の第４番目のファクターとして扱う傾向があったようである。

103　「連邦巡回区控訴裁判所は、米国の司法制度において設けられた特別裁判所の一つ。関税や知的財産権に関する訴訟の控訴審、米国特許商標庁の審判における審決に対する訴え等を専属管轄とする。」（特許庁　用語解説 https://www.jpo.go.jp/toppage/dictionary/alphabet_c.html 参照）

104　*Intercontinental Great Brands LLC v. Kellogg North America Co. 869 F.3d 1336 (Fed. Cir. 2017)*

105　"The court thus did not draw an ultimate conclusion regarding obviousness before considering the objective indicia. The contrary is not shown by the court's not-uncommon choice of words when conducting the ultimate weighing, namely, that the objective indicia "do not overcome Kellogg's extremely strong prima facie showing." Intercontinental, 118 F.Supp.3d at 1041. See, e.g., Ohio Willow, 735 F.3d at 1344 (similar usage); Perfect Web, 587 F.3d at 1333 (similar); cf. KSR, 550 U.S. at 426, 127 S.Ct. 1727 (secondary considerations do not "dislodge" the determination that the claim would have been obvious)."

106　*Merck Sharp & Dohme Corp. v. Hospira, Inc., 874 F.3d 724 (Fed. Cir. 2017)*

定したことの当否が争われ、CAFC は、この連邦地裁の判断に誤りはないと判示している。さらに、CAFC は、Leo Pharm 判決[108]において、「非自明性の客観的証拠の検討は、後付けのものではなく、自明性分析全体の一部であることを強調してきた[109]。」ことを判示し、Dako Denmark 判決[110]において、「審判部（Patent Trial and Appeal Board：PTAB）は、Dako Denmark の二次的考慮事項に関する証拠を評価し、クレーム発明が自明であったと最終的に決定する前に、それを適切に検討した[111]。」ことを判示している。加えて、二次的考慮事項について、自明性判断の際の必須の要素であり、非自明性の客観的証拠であると述べた判決もある[112]。

この点について、Graham 判決における実際の判示内容を見ると、上記のように3つの Graham ファクターが示された後に、「このような背景事情を踏まえて、主題の自明性又は非自明性が決定される（Against this background, the obviousness or nonobviousness of the subject matter is determined.）。」ことが記載され、その後に「二次的考慮事項を参酌することができる（Such secondary considerations as commercial success, long felt but unsolved needs, failure of others, etc., might be utilized…）。」旨が述べられている。この Graham 判決における判示内容を素直に読めば、3つの Graham ファクターを検討し、この3つの Graham ファクターに基づいて自明性判断を行い、その後に二次的考慮事

---

107 "Hospira responds that the district court correctly found that Merck's evidence of secondary considerations could not overcome Hospira's strong showing of obviousness based on the teachings of the prior art.…Considering all the evidence, we conclude that the court did not err in finding the invention to have been obvious at the time the invention was made."
108 *Leo Pharm. Prods., Ltd. v. Rea 726 F.3d 1346 (Fed. Cir. 2013)*
109 "Whether before the Board or a court, this court has emphasized that consideration of the objective indicia is part of the whole obviousness analysis, not just an afterthought."
110 *Dako Denmark A/S v. Leica Biosystems Melbourne Party Ltd. 662 F. App'x 990 (Fed. Cir. 2016)*
111 "Indeed, in its opinion, the Board expressly evaluated Dako's evidence of secondary considerations and appropriately considered it before ultimately determining that the claim was obvious."
112 例えば *In re Rouffet 149 F.3d 1350 (Fed. Cir. 1998)* 参照。

項を検討することができるという解釈も可能であると考えられるが、二次的考慮事項の証拠が存在する場合には、自明性に関する最終的な結論に至る前に、当該二次的考慮事項を検討すべきであることに変わりはないものと解される。

なお、具体的な二次的考慮事項としては、上述の「商業的成功」、「長年未解決の課題」、「他人の失敗」以外に、「他人による模倣（Copying）」、クレーム発明による「予期せぬ効果（Unexpected results）」、クレーム発明の「予期せぬ特性（Unexpected properties）」、業界の注目度を示す「ライセンス（Licenses showing industry respect for the invention）」、発明以前の「当業者による懐疑論（Skepticism of skilled artisans before the invention）」等もある[113]。

## 第2節　Graham判決以降KSR判決より前までの最高裁判例

Graham判決が下された1966年、既に述べたように、最高裁は、Graham判決以外に、自明性に関して複数の判決を下した。これ以降も、最高裁は、自明性に関して複数の事件について判決を言い渡した。本節では、これらの最高裁判決の内容を概説することで、当時の最高裁の自明性に関する考え方を概観したい。

### 1．Adams判決[114]

1943年6月、Adamsは、電池[115]に関する特許（U.S.P. 2,322,210、以下「'210特許」という。）を取得した。'210特許は、非充電式の湿式電池に関するものであり、電槽内に配置されたマグネシウム製の第1電極と、塩化銅（Cuprous chloride）製の第2電極とを備え、電解液として水や塩水を使

---

113　チザム　アメリカ特許法とその手続　改訂第二版　51頁、木村　判例で読む米国特許法　124頁参照。なお、「当業者による懐疑論」については、「専門家による懐疑論（Skepticism of experts）」と表現されることもある。
114　*United States v. Adams, 383 U.S. 39 (1966)*。Adams事件については、Graham事件と同日に最高裁の判断が示された。
115　発明の名称は、電池（Battery）である。

用可能なものであった。Adamsの発明に対し米国政府（Army and Navy）は興味を持ち、Adamsに資料を提出させたが、当時の米国政府の専門家は、電池の性能に対し懐疑的であった。そのため、米国政府は、Adamsからの再三の要請にもかかわらず、Adamsに対し何ら通知をしなかった。しかし、1943年11月、米国陸軍通信部隊（United States Army Signal Corps）がAdamsの電池について実現可能であると結論付けたことから、米国政府は、様々な電池企業と調達のための契約を締結した。そして1955年、米国政府は、Burgess社に電池を製造させ、その性能試験を行った。この時点になってAdamsは、はじめてこれらの米国政府の行為を知り、このような米国政府の行為に対して補償を請求した。ところが、1960年、その補償請求は拒否された。そこで、Adamsは、米国政府に対し、特許権侵害訴訟を提起した。

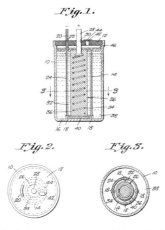

本件も、最高裁に上告され、Graham判決等の場合と同様に、最高裁が'210特許の有効性について判断を示した。当時の電池において、マグネシウム製の電極、塩化銅製の電極、電解液として水を使用することは、それぞれ既知の内容であった。しかし、これらの組合せは新規であった。このような状況で、最高裁は、'210特許が有効であると判断した[116]。その理由として、最高裁は、次のように判示した。

「我々は、Adamsの電池は自明ではなかったと結論付けている。Adamsの電池の動作特性は予想外であり、当時存在していた湿式電池をはるかに

上回っていた。Adams の電池の各要素は従来技術においてよく知られてはいたが、Adams が行ったようにそれらを組み合わせるには、当業者が、次の欠点を無視する必要があった。その欠点は、(ⅰ) 開回路状態で動作し続け、通常の使用状態において加熱される電池は実用的ではなかったこと、(ⅱ) 水で作動する電池は、マグネシウムの使用に害を及ぼす電解質と組み合わせた場合にのみ成功していたことである。これらの長年受け入れられてきた内容を総合すると、Adams が行ったような組合せについての調査・研究を思い止まらせることになったであろう。これは、古い発明の以前の欠点に目をつぶって、単に古い発明の新しい用途を見出すだけで、特許可能な革新を発見できるということではない。我々は、自明性を判断する際に、新しい発明の探究を通常は思い止まらせるであろう古い装置の既知の欠点が考慮され得ることを強調したい。[117]」

---

116 Adams 判決については、次のような弁護士のパフォーマンスがあったといわれている。
「Adams の弁護士は、最高裁の審理において、立ち上がり、グラスに入った水を飲み、Adams の小さな電池をグラスに落とした。その電池はすぐに点灯し、議論の間ずっと点灯し続けた。裁判官は、弁論の間、小さな光から目を離さなかった（Adams's attorney arose before the Supreme Court, took a drink from his glass of water, and then dropped a tiny Adams battery into the glass. The inventive battery immediately lit a tiny light that continued to burn throughout the argument. Some accounts suggest that the attorney knew he had won the case when the Justices kept their eyes on the tiny burning light throughout the remainder of the argument.）。」（Adelman et al., Patent Law: In A Nutshell 163（2008）等参照）。

117 "We conclude the Adams battery was also nonobvious. As we have seen, the operating characteristics of the Adams battery have been shown to have been unexpected, and to have far surpassed then-existing wet batteries. Despite the fact that each of the elements of the Adams battery was well known in the prior art, to combine them as did Adams required that a person reasonably skilled in the prior art must ignore that (ⅰ) batteries which continued to operate on an open circuit and which heated in normal use were not practical; and (ⅱ) water-activated batteries were successful only when combined with electrolytes detrimental to the use of magnesium. These long-accepted factors, when taken together, would, we believe, deter any investigation into such a combination as is used by Adams. This is not to say that one who merely finds new uses for old inventions by shutting his eyes to their prior disadvantages thereby discovers a patentable innovation. We do say, however, that known disadvantages in old devices which would naturally discourage the search for new inventions may be taken into account in determining obviousness."（Adams 最高裁判決より抜粋）。

## 2．Calmar 判決[118]

　1959年1月、Scoggin は、ポンプ式液体スプレー[119]に関する特許（U.S.P. 2,870,943、以下「'943特許」という。）を取得した。'943特許は、殺虫剤用のスプレーの蓋の上部表面に押し付けられたワッシャによるシールの配置に関するものであり、Cook Chemical に譲渡された。Cook Chemical と Calmar との間で特許権をめぐる紛争があり、その中で '943特許の有効性についても争われた。Cook Chemical は、'943特許と先行技術との差異と共に、「商業的成功」や「長年未解決の課題」についても主張していた。他方、Calmar は、'943特許と先行技術との差異が、蓋の設計にのみ関連し、取るに足りない（inconsequential）ものであるので、'943特許は、先行技術から自明であると主張した。

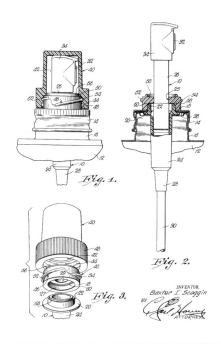

---

118　*Calmar, Inc. v. Cook Chemical Co.*, 383 U.S. 1 (1966)。Calmar 判決と Colgate-Palmolive 判決（*Colgate-Palmolive Co. v. Cook Chem. Co.*, 383 U.S. 1 (1966)）は、同一の特許（'943特許）の有効性が問題とされたことから、最高裁により併合審理され、Graham 判決において判断が示された。

119　発明の名称は、"押下げ蓋を有するポンプ式液体スプレー（Pump-type liquid sprayer having hold-down cap）"である。

第2節　Graham 判決以降 KSR 判決より前までの最高裁判例

　本件も、最高裁に上告され、Graham 判決等の場合と同様に、最高裁が'943特許の有効性について判断を示した。ここで、'943特許と先行技術との差異は、蓋と、蓋が装着されるボトルのネック部との間のスペースの有無や、シールを行うためにリブを用いるかガスケットを用いるかといった構造的な内容であった。最高裁は、Graham 事件の審理と並行して本件の審理を行い、'943特許が無効であると判断した。その理由として、最高裁は、次のように判示した。

　「Scoggin の発明は、USPTO によって限定（審査においてクレームを補正していた。）され、Scoggin もそれを承認したものであるが、当該技術分野における古い装置との、非常に小さく、かつ技術的ではない機械的差異に基づいている。これらの差異は、Livingstone 先行特許（U.S.P. 2,715,480）から明らかである。…我々にとって、Scoggin の特許の限定されたクレーム発明は、発明時の先行技術から明白である。したがって、我々は、Scoggin の特許（'943特許）で問題となっているクレーム発明は、関連する先行技術との相違点が当業者に自明であったことから、103条の要件を満たさないと結論付ける。[120]」

## 3．Anderson's-Black Rock 判決[121]

　1962年9月、Neville は、瀝青舗装[122]に関する特許（U.S.P. 3,055,280、以下「'280特許」という。）を取得した。'280特許は、コールドジョイント（Cold

---

[120] "The Scoggin invention, as limited by the Patent Office and accepted by Scoggin, rests upon exceedingly small and quite nontechnical mechanical differences in a device which was old in the art. At the latest, those differences were rendered apparent in 1953 by the appearance of the Livingstone patent, and unsuccessful attempts to reach a solution to the problems confronting Scoggin made before that time became wholly irrelevant.…To us, the limited claims of the Scoggin patent are clearly evident from the prior art as it stood at the time of the invention. We conclude that the claims in issue in the Scoggin patent must fall as not meeting the test of § 103, since the differences between them and the pertinent prior art would have been obvious to a person reasonably skilled in that art."（Graham 判決より抜粋）。
[121] *Anderson's-Black Rock, Inc. v. Pavement Salvage Co., 396 U.S. 57 (1969)*
[122] 発明の名称は、"瀝青舗装の処理手段（Means for Treating Bituminous Pavement）"である。

第3章　103条の立法後KSR判決までの判例

joint）と呼ばれる瀝青舗装における継目の問題を解決するために、輻射熱バーナー（Radiant-heat burner）と、スプレッダー（Spreader）と、タンパー及びスクリード（Tamper and screed）とを１つのシャーシ（Chassis）上で組み合わせたものである。'280特許の権利者であるPavement Salvageは、Anderson's-Black Rockに対し、特許権侵害訴訟を提起した。この訴訟において、'280特許の有効性が争われた。

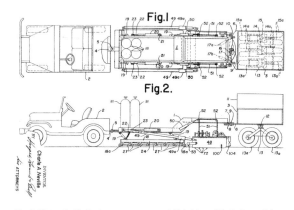

　本件も、最高裁に上告され、Graham判決等の場合と同様に、最高裁が'280特許の有効性について判断を示した。ここで、'280特許のクレーム発明における各要素は、先行技術において既知のものであった。そこで、最高裁は、'280特許が無効であると判断した。その理由として、最高裁は、次のように判示した。

　「この特許で組み合わされた各要素は、先行技術において既知のものである。この特許の特徴は輻射熱バーナーにあると主張されたが、バーナー自体では特許を取得することはできない。そこで、古い要素の組合せによって有効な組合せ特許が成立するか否かという問題に帰することとなった。… 発明の問題については、その組合せが重要な要件を提供するか否かに依存する。我々は、この組合せが当業者に合理的に自明であったと結論付ける。他の要素と共に同じ機械内に輻射熱バーナーが存在することは、コールドジョイントの問題を解決する際の輻射熱バーナーの機能にとって重要でも必須でもないという議論の余地のない証拠がある。タンデム方式で動作する輻射熱バーナーが同様に機能する。バーナーと他の要素を１台の機

械に組み込む組合せは、非常に便利ではあるが、組合せ特許の有効性テストにおいて、「新規又は異なる機能」を生み出すものではなかった。要素を組み合せることで、個々の要素が奏する効果の合計よりも大きな効果が得られる場合があるが、本件ではそのような「相乗効果」が示されていない。この組合せが長年の要望を満たし、「商業的成功」を収めたという主張があるが、これらの事項は、そもそも発明に該当しなければ、特許性には寄与しない。…古い要素の組合せは、有用な機能を果たすものの、特許が付与された輻射熱バーナーの性質や品質に何も付加しなかった。また、当業者にとって、組合せにおいて古い要素を使用することは、自明／非自明の基準の下では、発明といえるものではなかった。この重要な分野での輻射熱バーナーの使用により、事業として大きな成功を収めたが、発明といえるためには、それ以上のものが必要ある。[123]」

---

123 "Each of the elements combined in the patent was known in the prior art. It is urged that the distinctive feature of the patent was the element of a radiant-heat burner. But it seems to be conceded that the burner, by itself, was not patentable. And so we reach the question whether the combination of the old elements created a valid combination patent.…The question of invention must turn on whether the combination supplied the key requirement. We conclude that the combination was reasonably obvious to one with ordinary skill in the art. There is uncontested evidence that the presence of the radiant-heat burner in the same machine with the other elements is not critical or essential to the functioning of the radiant-heat burner in curing the problem of the cold joint. For it appears that a radiant-heat burner operating in a tandem fashion would work as well. The combination of putting the burner together with the other elements in one machine, though perhaps a matter of great convenience, did not produce a "new or different function," *Lincoln Co. v. Stewart-Warner Corp., 303 U. S. 545, 303 U. S. 549,* within the test of validity of combination patents. A combination of elements may result in an effect greater than the sum of the several effects taken separately. No such synergistic result is argued here. It is, however, fervently argued that the combination filled a long felt want, and has enjoyed commercial success. But those matters, "without invention, will not make patentability." *A. & P. Tea Co. v. Supermarket Corp., 340 U. S. 147, 340 U. S. 153.* …We conclude that, while the combination of old elements performed a useful function, it added nothing to the nature and quality of the radiant-heat burner already patented. We conclude further that to those skilled in the art the use of the old elements in combination was not an invention by the obvious-nonobvious standard. Use of the radiant-heat burner in this important field marked a successful venture. But, as noted, more than that is needed for invention." (Anderson's-Black Rock 判決より抜粋)。

## 4．Sakraida 判決[124]

1965年12月、Gribble らは、畜舎[125]に関する特許（U.S.P. 3,223,070、以下「'070特許」という。）を取得した。'070特許は、畜舎の床から牛等の家畜の排泄物を洗浄する洗浄システムを備えるものである。Ag Pro は、'070特許を取得し、Sakraida に対し特許権侵害訴訟を提起した。この訴訟において、'070特許の有効性が争われた。

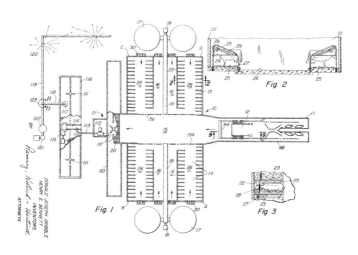

本件も、最高裁に上告され、Graham 判決等の場合と同様に、最高裁が '070特許の有効性について判断を示した。ここで、'070特許のクレームで規定されている各要素は、複数の先行技術において個別に開示されていた。つまり、'070特許のクレーム発明は先行技術を組み合わせることで得られるものであった。そこで、最高裁は、'070特許が無効であると判断した。その理由として、最高裁は、様々な判例を引用しながら、次のように判示した。

「控訴裁判所は、先行技術において欠如していた要素が、畜舎の床から動物の排泄物を洗い流すための水流を放出する古い要素の配置であり、被告の水洗システムは、複雑な技術的改良を取り入れてはいないが、新規な

---

124　*Sakraida v. Ag Pro Inc., 425 U.S. 273 (1976)*
125　発明の名称は、"畜舎（Dairy Establishment）"である。

組合せによって「相乗効果」を達成していると結論付けた。しかし、我々は、これらの古い要素を組み合わせて、貯蔵タンクから畜舎の床に直接水を放出することが、「相乗効果」、つまり「個々の要素が奏する効果の合計よりも大きな効果」を奏するものであると特徴付けることに同意できない。むしろ、この特許は、以前の組合せよりも優れた結果をもたらすものの、既知の機能と同じ機能をそれぞれが実行するだけの古い要素を単に配置しているだけである。このような組合せは、組合せ特許に適した基準の下では、特許を受けることができない。これらの規範の下では、パイプやホースを介するのではなく畜舎の床に水を直接供給するという古い要素のアセンブリは、発明者の仕事ではなく、熟練した機械工の仕事の部類に属する。組合せの要素のそれぞれの機能に変化がない場合、重力の原理を利用したとしても、有用な知識の総和に何も追加するものではなく、この古い要素のアセンブリの使用は、機械分野の当業者には自明であったであろう。非常に便利であることに疑いはなく、より安価かつ迅速に望ましい結果を生み出し、「商業的成功」をも収めてはいるが、畜舎は、組合せ特許の有効性テストにおいて、新規で異なる機能を奏することはなかった。これらの利点があっても、そもそも発明でなければ、特許性を有することはない。[126]」

---

126 "It concluded, however, that the element lacking in the prior art was any evidence of an arrangement of the old elements to effect the abrupt release of a flow of water to wash animal wastes from the floor of a dairy barn. Ibid. Therefore, "although the [respondent's] flush system does not embrace a complicated technical improvement, it does achieve a synergistic result through a novel combination." Id. at 173. We cannot agree that the combination of these old elements to produce an abrupt release of water directly on the barn floor from storage tanks or pools can properly be characterized as synergistic, that is, "result[ing] in an effect greater than the sum of the several effects taken separately." *Anderson's-Black Rock v. Pavement Co., 396 U. S. 57, 396 U. S. 61 (1969).* Rather, this patent simply arranges old elements with each performing the same function it had been known to perform, although perhaps producing a more striking result than in previous combinations. Such combinations are not patentable under standards appropriate for a combination patent. *Great A. & P. Tea Co. v. Supermarket Corp., supra; Anderson's-Black Rock v. Pavement Co., supra.* Under those authorities, this assembly of old elements that delivers water directly, rather than through pipes or hoses, to the barn floor falls under the head of "the work of the skilful mechanic, not that of the inventor." *Hotchkiss v. Greenwood, 11 How. at 52 U. S. 267.* Exploitation of the principle of

なお、Sakraida 判決では、Anderson's-Black Rock 判決を引用しながら、自明性判断の際の「シナジー・テスト（Synergy test)[127]」と呼ばれる考え方が示されたといわれている。

## 5．Dann 判決[128]

本件出願は USPTO の審査において拒絶されたことから、出願人は USPTO の審判部に対して審判を請求した。それに対し、審判部は、審査官による拒絶理由を維持し、本件出願について拒絶審決をした。そこで、出願人は、関税特許控訴裁判所（CCPA：Court of Customs and Patent Appeals[129]）に提訴した。CCPA は、審判部による拒絶審決を取り消した。そこで、USPTO 長官（Commissioner of Patents[130]）は、最高裁に上告した。

本件発明は、「銀行小切手及び預金の自動記録保持のための機械システム[131]」に関するものであり、USPTO では101条、102条、112条、及び103

---

gravity adds nothing to the sum of useful knowledge where there is no change in the respective functions of the elements of the combination; this particular use of the assembly of old elements would be obvious to any person skilled in the art of mechanical application. See *Dann v. Johnston, ante at 425 U. S. 229-230*. Though doubtless a matter of great convenience, producing a desired result in a cheaper and faster way, and enjoying commercial success, Dairy Establishment "did not produce a new or different function' . . . within the test of validity of combination patents." *Anderson's Black Rock v. Pavement Co., supra at 396 U. S. 60*. These desirable benefit "without invention will not make patentability." *Great A. & P. Tea Co. v. Supermarket Corp., 340 U.S. at 340 U. S. 153. See Dann v. Johnston, ante at 425 U. S. 230 n. 4.*"（Sakraida 裁判決より抜粋）。

127 「シナジー・テスト」については、「発明の機能的な効果が既存のものの総和を超えていることが判断基準となっており、結果として技術的な進歩が促進されたか否かが観点になっているようである。機能的な相乗効果は特許を付与する上で必要な要件とすべきでない。特許を付与するにあたって、発明者に対しては従来技術に対する機能的相乗効果が発揮されたか否かを意識させることなく、発明活動の創造性・困難性のみを評価することが、優れた発明を生み出し、結果として技術の進歩の促進につながると考える。103条も、発明者にとって自明であったか否かのみに言及し、発明の効果は要件となっていない（南　宏輔　進歩性／非自明性について～ＫＳＲ事件を契機とした非自明性の議論及び特許の質の観点から～特技懇　特許庁技術懇話会編 2007.5.22. no.245 59頁）。」との見解がある。
128　*Dann v. Johnston, 425 U.S. 219 (1976)*
129　関税特許控訴裁判所（CCPA）は、1929年に創設され、1982年に連邦巡回区控訴裁判所（CAFC）が創設されることで廃止された。

条に基づいて拒絶されていた。上記のように、CCPAは、審判部による拒絶審決を取り消して本件発明を許可したが、最高裁は、このCCPAの判決を破棄し、本件発明を拒絶した。103条に基づく自明性判断に際し、最高裁が主に依拠した先行技術は、U.S.P. 3,343,133（以下「Dirks先行特許」という。）であった。Dirks先行特許は、本件発明と類似のシステムを開示し、しかもDirks先行特許のシステムは、本件発明と同様の機能をも有していた。このような状況において、最高裁は、103条に基づいて本件発明を拒絶するに際し、次のように判示した。

「自明性を判断する際には、その基準は、素人に自明であるという観点ではなく、当業者に自明であるという観点で判断すべきである。本件におけるクレーム発明の主題に鑑み、そのような仮想の人物は、銀行業界におけるデータ処理システムの広範な使用の性質と、Dirks先行特許に含まれるシステムの双方を理解していた者であると想定することができる。コンピュータ技術は急速に発展しているが、特許による独占の利益が与えられる者に、その技術についての理解を課すことを要求するのは公正なことである。…そのような認識を前提とすると、被告のシステムは当業者に自明であったであろう。被告の発明と先行技術との間には差異があったかもしれない。被告は、多数の小規模ユーザーが大規模な電子コンピュータ機器の恩恵を受けながら、依然として個々の台帳フォーマットと簿記の記帳方法を使用し続けることを可能にするシステムの能力を重視している。その能力は、銀行業界の既存の機械システムにおいても、Dirks先行特許のシステムにおいても、同じ程度には備わってはいない。しかし、先行技術と発明との間に差異が存在するだけでは、その発明の非自明性は確立され

---

130 USPTOの幹部として、長官（Under Secretary of Commerce for Intellectual Property and Director of the United States Patent and Trademark Office）、副長官（Deputy Under Secretary of Commerce for Intellectual Property and Deputy Director of the United States Patent and Trademark Office）、特許局長（Commissioner for Patents）、商標局長（Commissioner for Trademarks）等が任命される。ここで、"Commissioner of Patents"は、これらの役職のいずれとも合致していないが、長官又は長官の代理として実質的に手続に関与する特許局長を意味すると解釈することができよう。
131 発明の名称は、"Machine system for automatic record-keeping of bank checks and deposits"である。

ない。先行技術と被告のシステムとの間の差異は、そのシステムが当業者に非自明となるほど大きいものではない。[132]」

## 第3節　KSR 判決[133]

### 1．KSR 判決の概要

　2001年5月、Engelgau は、自動車のアクセルペダル[134]に関する特許（U.S.P. 6,237,565、以下「'565特許」という。）を取得した。'565特許は、ペダルの位置が調整可能であり、かつ電子スロットル制御が可能なペダルアセンブリに関するものであった。'565特許は、Teleflex に譲渡され、Teleflex は、KSR に対し特許権侵害訴訟を提起した。この訴訟において、'565特許の有効性が争われた。

---

132　"In making the determination of "obviousness," it is important to remember that the criterion is measured not in terms of what would be obvious to a layman, but rather what would be obvious to one "reasonably skilled in [the applicable] art." Id. at 383 U. S. 37. In the context of the subject matter of the instant case, it can be assumed that such a hypothetical person would have been aware both of the nature of the extensive use of data processing systems in the banking industry and of the system encompassed in the Dirks patent. While computer technology is an exploding one, "[i]t is but an evenhanded application to require that those persons granted the benefit of a patent monopoly be charged with an awareness" of that technology. Id. at 383 U. S. 19. ‥‥Assuming such an awareness, respondent's system would, we think, have been obvious to one "reasonably skilled in [the applicable] art." There may be differences between respondent's invention and the state of the prior art. Respondent makes much of his system's ability to allow "a large number of small users to get the benefit of large-scale electronic computer equipment and still continue to use their individual ledger format and bookkeeping methods." Brief for Respondent 65. It may be that that ability is not possessed to the same extent either by existing machine systems in the banking industry or by the Dirks system. But the mere existence of differences between the prior art and an invention does not establish the invention's nonobviousness. The gap between the prior art and respondent's system is simply not so great as to render the system nonobvious to one reasonably skilled in the art."（Dann 判決より抜粋）。

133　*KSR Int'l Co. v. Teleflex Inc.*, 550 U.S. 398 (2007)

134　発明の名称は、"電子スロットル制御を備えた調整可能なペダルアセンブリ（Adjustable Pedal Assembly With Electronic Throttle Control）"である。

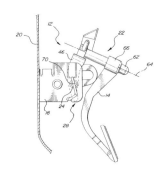

　問題とされた'565特許のクレーム4の有効性の判断の際に引用された主たる先行技術は、U.S.P. 5,010,782（以下「Asano先行特許」という。）であった。Asano先行特許は、「ペダルの位置を検出し、それをスロットル制御するコンピュータに送信するためのセンサの使用」という'565特許のクレーム4の構成を除いて、このクレーム4の全ての構成を教示していた。他方、Asano先行特許に開示されていないクレーム4の構成については、U.S.P. 5,385,068や、Chevroletが実施していたセンサや、U.S.P. 5,063,811（以下「Smith先行特許」という）等の先行技術に開示されていた。

　連邦地裁は、'565特許のクレーム4に係る発明が、上記の先行技術から自明であると判断した。この連邦地裁の判断に対し、Teleflexは、CAFCに控訴した。CAFCは、TSMテスト[135]の不適切な適用を指摘し、連邦地裁による略式判決[136]を取り消した。そこで、KSRは、最高裁に上告した。

　最高裁は、当時のCAFCによるTSMテストを、「厳格なアプローチ（Rigid approach）」であると評した。そして、「自明性の問題に対する法廷の取り組みを通じて、我々は、本件においてCAFCが行ったようなTSMテストの適用方法とは矛盾する「拡張的かつ柔軟なアプローチ

---

135 「TSMテスト」とは、先行技術を組み合わせて自明性の判断をする際に、先行技術における教示（Teaching）、示唆（Suggestion）、動機付け（Motivation）の有無を考慮するテストをいう（第3章　第3節　3．参照）。
136 「略式判決（Summary Judgment）」とは、正式事実審理を経ないでなされる判決であって、重要な事実について真正な争点（Genuine issue）がなく、法律問題だけで判決できる場合に、申立によりなされる判決をいう（英米法辞典　826頁）。

(Expansive and flexible approach)」を打ち出してきた。[137]」ことに言及した上で、最高裁は、「CAFCが行ったように、自明性の問題を限定解釈するような「厳格な基準」に一般的原理を変更することは誤りである。[138]」と判示した。そして結果的に、最高裁は、連邦地裁の判断を支持し、'565特許のクレーム4に係る発明が先行技術から自明であると判断した。その理由として、最高裁は、次のように判示した。

「我々は、連邦地裁による先行技術の記述及び当該分野における通常の技術レベルの認定に同意する。連邦地裁と同様に、我々は、Asano先行特許及びSmith先行特許の教示と、'565特許のクレーム4に記載されている調整可能な電子ペダルとの間にほとんど差異を見いだせない。当業者であれば、クレーム4に記載されている態様で、Asano先行特許を（先行技術の）ペダル位置センサと組み合わせることができ、そうすることの利点を理解したであろう。[139]」

## 2．KSR判決において引用された3つの最高裁判決

KSR判決において、3つの最高裁判決が引用された。第3章第2節で紹介したAdams判決と、Anderson's-Black Rock判決と、Sakraida判決である。最高裁は、この3つの最高裁判決において判示された内容を簡潔にまとめている。以下、KSR判決において、最高裁が、3つの最高裁判決を引用しながら説示した内容を概観したい。

---

137 "Throughout this Court's engagement with the question of obviousness, our cases have set forth an expansive and flexible approach inconsistent with the way the Court of Appeals applied its TSM test here."（KSR判決より抜粋）。
138 "But when a court transforms the general principle into a rigid rule that limits the obviousness inquiry, as the Court of Appeals did here, it errs."（KSR判決より抜粋）。
139 "We agree with and adopt the District Court's recitation of the relevant prior art and its determination of the level of ordinary skill in the field. As did the District Court, we see little difference between the teachings of Asano and Smith and the adjustable electronic pedal disclosed in claim 4 of the Engelgau patent. A person having ordinary skill in the art could have combined Asano with a pedal position sensor in a fashion encompassed by claim 4, and would have seen the benefits of doing so."（KSR判決より抜粋）。

## 第3節　KSR判決

### (1) Adams判決

　KSR判決において、最高裁は、Adams判決を引用しながら、次のように説示した。

　「Graham事件と対をなす訴訟事件であるAdams事件において、裁判所は、次の2つの点で先行技術とは異なる湿式電池の自明性を判示した。当該電池は、従来から蓄電池に採用されていた酸ではなく水を含み、この電池の電極として、亜鉛と塩化銀の組合せではなく、マグネシウムと塩化銅の組合せが採用されていた。裁判所は、特許が先行技術において既知の構造をクレームしており、ある要素を当該分野において既知の別の要素と単に置換することによって変形されたものである場合、その組合せは「予測可能な結果」以上のものを生み出す必要があることを認識していた。それにもかかわらず、裁判所は、Adamsの電池が自明であったという政府（USPTO）の主張を拒絶した。裁判所は、先行技術が既知の要素を組み合わせることを阻害する教示をする場合、それらの要素の組合せに成功した手段の発見は非自明である可能性が高いという当然の原理に依拠した。Adamsが電池を設計した当時、先行技術において、彼が採用した種類の電極の使用にはリスクが伴うことが懸念されていた。要素が予想外かつ有益な態様で協働したという事実により、Adamsによる（電池の）設計が当業者に自明ではないという結論が裏付けられた。[140]」。

---

140　"In United States v. Adams, 383 U. S. 39, 40 (1966), a companion case to Graham, the Court considered the obviousness of a "wet battery" that varied from prior designs in two ways: It contained water, rather than the acids conventionally employed in storage batteries; and its electrodes were magnesium and cuprous chloride, rather than zinc and silver chloride. The Court recognized that when a patent claims a structure already known in the prior art that is altered by the mere substitution of one element for another known in the field, the combination must do more than yield a predictable result. 383 U. S., at 50–51. It nevertheless rejected the Government's claim that Adams's battery was obvious. The Court relied upon the corollary principle that when the prior art teaches away from combining certain known elements, discovery of a successful means of combining them is more likely to be nonobvious. Id., at 51–52. When Adams designed his battery, the prior art warned that risks were involved in using the types of electrodes he employed. The fact that the elements worked together in an unexpected and fruitful manner supported the conclusion that Adams's design was not obvious to those skilled in the art."（KSR判決より抜粋）。

## (2) Anderson's-Black Rock 判決

また、最高裁は、Anderson's-Black Rock 判決を引用しながら、次のように説示した。

「裁判所での審理対象となった特許の主題は、輻射熱バーナーと舗装機械という2つの既存の要素を組み合わせた装置に関するものであった。裁判所は、この装置が新たな「相乗効果」を生み出すものではないと結論付けた。輻射熱バーナーは、バーナーとして期待されているように機能するだけであり、舗装機械も同様であった。この2つの要素を組み合わせたとしても、それらが個別に作動する以上の結果は得られない。このような状況において、古い要素の組合せは有益な機能を発揮したものの、既に特許されていた輻射熱バーナーの特性や品質に何も付加していないので、本件特許は103条の要件を満たさない。[141]」。

## (3) Sakraida 判決

さらに、最高裁は、Sakraida 判決を引用しながら、次のように説示した。「裁判所は、特許が、そのように機能することが知られていたのと同じ機能をそれぞれが実行するように古い要素を単純に配置したものであり、そのような配置から当業者が期待する結果以上のものが得られない場合には、その組合せは自明であるという結論を先例から導き出した。[142]」。

---

141 "In *Anderson's-Black Rock, Inc. v. Pavement Salvage Co., 396 U. S. 57 (1969)*, the Court elaborated on this approach. The subject matter of the patent before the Court was a device combining two pre-existing elements: a radiant-heat burner and a paving machine. The device, the Court concluded, did not create some new synergy: The radiant-heat burner functioned just as a burner was expected to function; and the paving machine did the same. The two in combination did no more than they would in separate, sequential operation. Id., at 60–62. In those circumstances, "while the combination of old elements performed a useful function, it added nothing to the nature and quality of the radiant-heat burner already patented," and the patent failed under §103."（KSR 判決より抜粋）。

142 "Finally, in *Sakraida v. AG Pro, Inc., 425 U. S. 273 (1976)*, the Court derived from the precedents the conclusion that when a patent "simply arranges old elements with each performing the same function it had been known to perform" and yields no more than one would expect from such an arrangement, the combination is obvious."（KSR 判決より抜粋）。

## 第3節　KSR判決

　KSR判決において、最高裁は、先行技術における要素の組合せをクレームする特許が自明であるか否かを判断する際に、上記の3つの最高裁判決において示された自明性に関する原則が有益であると述べている。また、Sakraida判決やAnderson's-Black Rock判決は理解の助けになるものであり、裁判所は、その改良されたものが、確立された機能に従った先行技術の要素の予測可能な使用を超えるものであるか否かを確認する必要があるとも述べている。

　KSR判決では、上記の3つの最高裁判決を引用しながら、「既知の方法によるありふれた要素の組合せは、「予測可能な結果」しか得られない場合には、自明である可能性が高い。(The combination of familiar elements according to known methods is likely to be obvious when it does no more than yield predictable results.)。」という考え方が強調されている。このような自明性判断の基本的な考え方が存在する中で、Adams判決では、特許発明の各要素が複数の先行技術にそれぞれ開示されていたが、先行技術の適用を阻害する要因や「予期せぬ効果」の存在により、当該特許発明が先行技術から自明ではないと判断された。それに対し、Sakraida判決やAnderson's-Black Rock判決では、特許発明が、先行技術における既知の要素の単純な組合せによるものであり、当業者によって予測可能な範囲内のものであったことから、当該特許発明が先行技術から自明であると判断された。

## 3．TSMテスト

　TSMテスト（Teaching-Suggestion-Motivation test）とは、先行技術を組み合わせて発明の自明性を判断する際に、先行技術における教示（Teaching）、示唆（Suggestion）、又は動機付け（Motivation）を参酌する考え方をいう。TSMテストについて、KSR判決では、「TSMテストは、発明の自明性の問題を、統一的かつ一貫性をもって解決することを目指してCAFCにより採用されたテストである[143]。」と説明されている。また、

---

[143] "Seeking to resolve the question of obviousness with more uniformity and consistency, the Court of Appeals for the Federal Circuit has employed an

第3章　103条の立法後 KSR 判決までの判例

TSM テストについては、発明の自明性判断の際の「後知恵（Hindsight）[144]」の影響に対抗するための法的手法であるという見解もある[145]。TSM テストに関しては、過去の様々な判例において判断が示された。そこで、これらの中から幾つかの判例を抽出して紹介する。

### (1) 1999年まで

例えば、ACS Hospital 判決[146]では、組合せを裏付ける教示又は示唆がなければ、先行技術を組み合わせてクレーム発明の自明性を確立することはできず、103条の下では、何らかの示唆又は動機付けがある場合にのみ、先行文献の教示を組み合わせることができることが判示された。また、

---

approach referred to by the parties as the "teaching, suggestion, or motivation" test (TSM test), under which a patent claim is only proved obvious if "some motivation or suggestion to combine the prior art teachings" can be found in the prior art, the nature of the problem, or the knowledge of a person having ordinary skill in the art. See, e.g., *Al-Site Corp. v. VSI Int'l, Inc., 174 F. 3d 1308 (CA Fed. 1999)*"（KSR 判決より抜粋）。厳密には、TSM テストは、CAFC の前身である CCPA により最初に採用されたともいわれている（In re Goepfrich. Court of Customs and Patent Appeals. *Jun 1, 1943. 136 F.2d 918 (CCPA 1943)*、In re Kahn 441 F.3d 977 (Fed. Cir. 2006) 等参照)。

144　例えば、MPEP 2142 Legal Concept of Prima Facie Obviousness [R-07.2022] では、「後知恵（hindsight）」について、下記のように、審査の性質上、「後知恵」を用いる傾向を回避するのが困難な場合もあるが、容認できない「後知恵」は回避しなければならないと解説されている。
"To reach a proper determination under 35 U.S.C. 103, the examiner must step backward in time and into the shoes worn by the hypothetical "person of ordinary skill in the art". That time is "before the effective filing date of the claimed invention" for 35 U.S.C. 103 or "at the time the invention was made" for pre-AIA 35 U.S.C. 103. In view of all factual information, the examiner must then make a determination whether the claimed invention "as a whole" would have been obvious at that time to a hypothetical person of ordinary skill in the art. Knowledge of applicant's disclosure must be put aside in reaching this determination, yet kept in mind in order to determine the "differences," conduct the search and evaluate the "subject matter as a whole" of the invention. The tendency to resort to "hindsight" based upon applicant's disclosure is often difficult to avoid due to the very nature of the examination process. However, impermissible hindsight must be avoided and the legal conclusion must be reached on the basis of the facts gleaned from the prior art."
なお、「容認できない「後知恵」(impermissible hindsight)」については、MPEP 2145 Consideration of Applicant's Rebuttal Arguments and Evidence [R-07.2022], X. ARGUING IMPROPER RATIONALES FOR COMBINING REFERENCES, A. Impermissible Hindsight において解説されている。

Pro Mold & Tool 判決[147]では、ACS Hospital 判決を引用して、先行技術文献の組合せに基づいて自明性の結論が下される前に、発明者がそれらの先行技術文献を組み合わせるように導く理由（Reason）、示唆、又は動機付けがなければならないことが十分に確立されていることが判示された。Al-Site 判決[148]では、自明性に基づいて特許の無効を求める者は、先行技術の教示を組み合わせる何らかの動機付け又は示唆を示さなければならず、先行技術を組み合わせる動機付け又は示唆は、一般に先行技術文献自体から生じるが、課題の性質や当業者の知識から推測されることもあることが判示された。また、Dembiczak 判決[149]では、「我々の判例法は、先行技術文献を組み合わせるための教示又は動機付けの提示要件を厳格に適用することが「後知恵」に基づく自明性分析の誘惑に対する最善の防御策であることを明確に示している。」ことが判示された[150]。

## (2) 2000年から2005年まで

　上記の各判例は1999年までのものであるが、2000年以降になると、TSM テストの適用における厳格化が目立つようになった[151]。例えば、

---

145　GREGORY N. MANDEL" Patently Non-Obvious: Empirical Demonstration that the Hindsight Bias Renders Patent Decisions Irrational" OHIO STATE LAW JOURNAL（2006）1421頁参照。
146　*ACS Hospital Systems, Inc. v. Montifiore Hospital, 732 F.2d 1572*（Fed. Cir. 1984）
147　*Pro Mold & Tool Co. v. Great Lakes Plastics, Inc., 75 F.3d 1568* (Fed. Cir. 1996)
148　*Al-Site Corp. v. VSI Int'l, Inc.174 F. 3d 1308*（Fed. Cir. 1999）
149　*In re Dembiczak, 175 F.3d 994*,（Fed. Cir. 1999）
150　Dembiczak 判決では、"Our case law makes clear that the best defense against the subtle but powerful attraction of a hindsight-based obviousness analysis is rigorous application of the requirement for a showing of the teaching or motivation to combine prior art references." と述べられており、その根拠として *C.R. Bard, Inc. v. M3 Sys., Inc., 157 F.3d 1340 (Fed. Cir. 1998)* や *In re Rouffet, 149 F.3d 1350 (Fed. Cir. 1998)* をはじめとする多くの判決が引用されている。
151　TSMテストの厳格な適用の背景には、当時の米国が「プロパテント政策」を打ち出したことも影響しているものと思われる。この「プロパテント政策」については、「1970年代終盤から、特許権をはじめとする知的財産権の保護・活用を強化する政策、いわゆる「プロパテント政策」が強力に推し進められた。」ことが報告されている（柳澤　智也　米国における知的財産政策の動向　～前編～特技懇　特許庁技術懇話会編 2021.9.24. no.302　27頁）

Sang-su Lee 判決[152]では、C.R. Bard 判決[153]を引用して、先行技術文献を組み合わせる示唆、教示、又は動機付けの提示は、自明性判断の必須の構成要素であることが判示された。また、Beasley 判決[154]では、Dembiczak 判決を引用して、「後知恵」に基づく自明性分析を回避すべく「厳格な TSM テスト」の適用が必要であること、また Sang-su Lee 判決を引用して、この TSM テストの「厳格な適用」が、実質的証拠[155]基準（Substantial evidence standard）に基づく司法審査を可能とする事実認定のために証拠の根拠を明確にする義務と合致することも判示された[156]。

### (3) 2006年から KSR 判決まで

2005年4月、KSR が裁量上訴（受理令状：サーシオレイライ（Certiorari）[157]）を提出したところ、最高裁は、2006年6月に受理した。このこともあって、2006年頃になると、「厳格な TSM テスト」の適用を修正するような CAFC 判決が見られるようになった。例えば、Dystar 判決[158]、Kahn 判決[159]、

---

152 *In re Sang-su Lee, 277 F.3d 1338（Fed. Cir. 2002）*
153 *C.R. Bard, Inc., v. M3 Systems, Inc., 157 F.3d 1340 (Fed. Cir. 1998)*
154 *In re Beasley, No. 04-1225 (Fed. Cir. 2004)*
155 "Substantial evidence" とは、実質的証拠をいい、一般的には、ある事実認定がその認定のために用いられた証拠から合理的に導かれうる結論の1つである場合に、その証拠をさす。行政法の分野で "Substantial evidence rule（実質的証拠法則）" とは、行政委員会その他の機関による事実認定は、その基礎に単なる "Scintilla of evidence（証拠の細片）" 以上の証拠があるときには、明らかに誤った、あるいは恣意的な判断でない限り、裁判所によって支持されるべきこと、すなわち提出された証拠から裁判所が独自に事実認定をすれば異なった結論に達するというだけでは破棄できない、言い換えれば裁判所が "Preponderance of evidence（証拠の優越）" ありと認めることは必要でないことを意味する（英米法辞典　821頁）。
156 Beasley 判決では、"Given the "subtle but powerful attraction of a hindsight-based obviousness analysis," we require a "rigorous application of the requirement for a showing of the teaching or motivation to combine prior art references." *Dembiczak, 175 F.3d at 999*. This is consonant with the obligation of the Board to develop an evidentiary basis for its factual findings to allow for judicial review under the substantial evidence standard that is both deferential and meaningful. See *In re Lee, 277 F.3d 1338 (Fed. Cir. 2002).*" と述べられている。
157 サーシオレイライ（Certiorari）とは、米国において、下級審からの上訴を受理するか否かが、上訴を受ける裁判所の完全な裁量にかかる場合をいう。上訴は、重要な法律問題を含むと上級審が判断した場合に許される。最高裁への上訴の大部分はこの手続によっている（英米法辞典　134頁）。

第3節　KSR判決

Ormco判決[160]、Alza Corp判決[161]である。

　Dystar判決において、CAFCは、KSR事件の裁量上訴が最高裁により受理されたことに言及した[162]上で、Bozek判決[163]を引用して、前身であるCCPAが30年以上前に「（先行技術を）組み合わせる動機付けを確立するためには一般的知識や「常識」で十分であった。[164]」こと、「我々の示唆テストが柔軟なものであり、一般的知識や「常識」に基づく考慮を許容するだけでなく要求してきた。[165]」ことを説示している。また、CAFCは、Dystar判決において、「我々は、示唆が先行技術全体から得られる場合だけでなく、改良が技術に支配されず、先行技術の組合によって望ましい製品やプロセスがもたらされる場合にも、（先行技術を）組み合わせるための黙示的な動機付けが存在することを繰り返し主張してきた。製品やプロセスを改良することでビジネス機会を広げたいという願望は、普遍的なものであり、また常識的ですらあることから、このような状況では、先行技術文献自体において組合せを示唆するようなヒントがなくても、先行技術文献を組み合わせる動機付けが存在すると考えてきた。[166]」とも説示している。

---

158　*DyStar Textilfarben GmbH & Co. Deutschland KG v. C.H. Patrick Co. 464 F.3d 1356 (Fed. Cir. 2006)*
159　*In re Kahn 441 F.3d 977*（Fed. Cir. 2006）
160　*Ormco Corp. v. Align Technology, Inc. 463 F.3d 1299*（Fed. Cir. 2006）
161　*Alza Corp. v. Mylan Laboratories, Inc. 464 F.3d 1286*（Fed. Cir. 2006）
162　"Indeed, the United States Supreme Court recently granted certiorari in a case involving this court's application of the suggestion test. *KSR Int'l Co. v. Teleflex, Inc.*, 548 U.S. 902, 126 S.Ct. 2965, 165 L.Ed.2d 949 (2006)."（Dystar判決より抜粋）。
163　*In re Bozek, 416 F.2d 1385*（CCPA1969）
164　"We noted that our predecessor court held more than thirty years earlier that "common knowledge and common sense" were sufficient to establish a motivation to combine, *In re Bozek, 57 C.C.P.A. 713, 416 F.2d 1385 (1969)*, and distinguished that case because, in *Bozek*, the examiner first "established that this knowledge was in the art". Id. at 1390."（Dystar判決より抜粋）。
165　"Our suggestion test is in actuality quite flexible and not only permits, but requires, consideration of common knowledge and common sense."（Dystar判決より抜粋）。
166　"Indeed, we have repeatedly held that an implicit motivation to combine exists not only when a suggestion may be gleaned from the prior art as a whole, but when the "improvement" is technology-independent and the

## 第3章　103条の立法後 KSR 判決までの判例

　Kahn 判決では、CAFC は、「教示、動機付け、又は示唆は、先行技術に明示的に記載されるよりむしろ、先行技術全体から黙示的に示され得るので、関連する先行技術の教示を組み合わせる示唆、教示、又は動機付けは、先行技術において明示的に見出される必要はない[167]。」こと、「自明性分析における動機付けを考慮する際に検討されるべき課題は、当該発明によって解決される特定の課題ではなく、発明がなされる前に発明者が直面した一般的課題である[168]。」ことを説示している。Ormco 判決においても、Kahn 判決を引用して、同様のことが説示されている。Alza 判決においても、Kahn 判決は引用されており、CAFC は、「先行技術において動機付けが黙示的に見出され得るので、我々の自明性に関する法律判断には柔軟性がある。当業者であれば先行技術文献を組み合わせることができたと結論付ける前に、組み合わせるための実際の教示を必要とする厳格なテストを我々は採用していない。このアプローチは、理論上だけでなく、実務においても存在しない。[169]」と説示している。

---

combination of references results in a product or process that is more desirable, for example because it is stronger, cheaper, cleaner, faster, lighter, smaller, more durable, or more efficient. Because the desire to enhance commercial opportunities by improving a product or process is universal-and even common-sensical-we have held that there exists in these situations a motivation to combine prior art references even absent any hint of suggestion in the references themselves. In such situations, the proper question is whether the ordinary artisan possesses knowledge and skills rendering him capable of combining the prior art references."（Dystar 判決より抜粋）。

167　"A suggestion, teaching, or motivation to combine the relevant prior art teachings does not have to be found explicitly in the prior art, as the teaching, motivation, or suggestion may be implicit from the prior art as a whole, rather than expressly stated in the references."（Kahn 判決より抜粋）。

168　"In considering motivation in the obviousness analysis, the problem examined is not the specific problem solved by the invention but the general problem that confronted the inventor before the invention was made."（Kahn 判決より抜粋）。

169　"There is flexibility in our obviousness jurisprudence because a motivation may be found implicitly in the prior art. We do not have a rigid test that requires an actual teaching to combine before concluding that one of ordinary skill in the art would know to combine references. This approach, moreover, does not exist merely in theory but in practice, as well. Our recent decisions in *Kahn* and in *Cross Medical Products* amply illustrate the current state of this court's views."（Alza 判決より抜粋）。

## 4．KSR 判決において示された自明性判断

　KSR 判決において、最高裁は、自明性判断について、まず Graham 判決において示された基本的な考え方を確認した。次に、最高裁は、Adams 判決、Anderson's-Black Rock 判決、Sakraida 判決という 3 つの最高裁判決を引用し、これらの最高裁判決において示された自明性判断の考え方も確認している。具体的には、「既知の方法によるありふれた要素の組合せは、「予測可能な結果」しか得られない場合には、自明である可能性が高い。」という自明性判断の考え方を確認している。その上で、TSM テストについて検討している。TSM テストについては、Bergel 判決[170]や上記の Kahn 判決が引用され、TSM テストの基本的な考え方が確認されている。例えば、「2 つの既知の要素をその確立された機能に従って組み合わせた発明について、当業者が、この発明がなされたように各要素を組み合わせるに至った理由を特定することが重要である。…（この場合の）有益な洞察は、厳格で形式的なものである必要はない。このように（厳格に）適用されると、TSM テストは我々の先例と相容れないものとなる。自明性分析は、教示、示唆、動機付けという文言の形式主義的概念や、公表された論文の重要性や発行された特許における明示的な内容についての過度の強調によって制限されるべきではない。[171]」ことが説示されている。その上で、最高裁は、「CAFC が本件で行ったように、裁判所が自明性分析を制限又は限定的なものとする「厳格なルール」に一般原則（柔軟

---

170　*Application of Bergel, 292 F. 2d 955 (1961)*。この Bergel 判決において、当時の CCPA が TSM テストをはじめて確立したといわれている。

171　"Although common sense directs one to look with care at a patent application that claims as innovation the combination of two known devices according to their established functions, it can be important to identify a reason that would have prompted a person of ordinary skill in the relevant field to combine the elements in the way the claimed new invention does.… Helpful insights, however, need not become rigid and mandatory formulas; and when it is so applied, the TSM test is incompatible with our precedents. The obviousness analysis cannot be confined by a formalistic conception of the words teaching, suggestion, and motivation, or by overemphasis on the importance of published articles and the explicit content of issued patents.… But when a court transforms the general principle into a rigid rule that limits the obviousness inquiry, as the Court of Appeals did here, it errs."（KSR 判決より抜粋）。

なルール）を変更することは誤りである。[172]」と述べ、CAFC による当時の TSM テストの「厳格な適用」が不適切であると判示した。しかし、最高裁は、TSM テストの「厳格な適用」に対して異議を唱えただけであり、TSM テスト自体を否定したわけではない。TSM テストの基本的な考え方と、Graham 判決における自明性判断の際の分析との間に矛盾がないことも確認されている。

---

172 "There is no necessary inconsistency between the idea underlying the TSM test and the Graham analysis. But when a court transforms the general principle into a rigid rule that limits the obviousness inquiry, as the Court of Appeals did here, it errs."（KSR 判決より抜粋）。

# 第4章　KSR判決[173]後の判例

　本章では、KSR判決後の103条に関する判例であってMPEP 2143[174]で紹介された判例を概説する。これらの判例について説明する前に、USPTOによる自明性に関する審査ガイドライン、MPEP 2141における103条に基づく自明性判断のための審査ガイドラインの内容を概観する。

## 第1節　USPTOによる自明性判断のための審査ガイドライン

　KSR判決を受けて、USPTOは、審査ガイドライン（Examination Guidelines）を公表した。審査ガイドラインは、USPTOによる当時の法に対する理解に基づいたものであり、拘束力のある最高裁の先例と一致していると考えられている。また、この審査ガイドラインは、実質的な規則を制定するものではなく、法としての強制力や効果もない。審査ガイドラインは、あくまでUSPTOの審査官等が103条に基づく自明性を適正に判断できるようにすることを目的として、USPTO内部の管理のために策定されたものである[175]。

### 1．2007年審査ガイドライン

　USPTOは、2007年10月に審査ガイドライン（以下「2007年審査ガイドライン」という。）を公表した[176]。「2007年審査ガイドライン」の主目的は、

---

173　*KSR Int'l Co. v. Teleflex Inc., 550 U.S. 398 (2007)*
174　MPEP 2143 Examples of Basic Requirements of a Prima Facie Case of Obviousness [R-07.2022]
175　"The guidelines are based on the Office's current understanding of the law, and are believed to be fully consistent with the binding precedent of the Supreme Court. These guidelines do not constitute substantive rule making and hence do not have the force and effect of law. They have been developed as a matter of internal Office management and are not intended to create any right or benefit, substantive or procedural, enforceable by any party against the Office." (Federal Register / Vol. 72, No. 195 / Wednesday, October 10, 2007 / Notices 57526より）。
176　DEPARTMENT OF COMMERCE Patent and Trademark Office [Docket No.: PTO-P-2007-0031] Examination Guidelines for Determining Obviousness Under 35 U.S.C. 103 in View of the Supreme Court Decision in KSR International Co. v. Teleflex Inc. (Federal Register / Vol. 72, No. 195 / Wednesday, October 10, 2007 / Notices 57526-57535より）。

103条に基づく自明性の問題を評価する方法について、USPTOの審査官等に実務的なガイダンスを提供することであった。この「2007年審査ガイドライン」は、MPEP 2141（2001年第8版：2007年9月改訂）に組み込まれた。「2007年審査ガイドライン」では、（ⅰ）KSR判決及び自明性に関する法の原理（I. The KSR Decision and Principles of the Law of Obviousness）、（ⅱ）Graham判決の基本的な事実認定（Ⅱ. The Basic Factual Inquiries of Graham v. John Deere Co）、（ⅲ）103条に基づく拒絶を裏付ける理論的根拠（Ⅲ. Rationales To Support Rejections Under 35 U.S.C. 103）、（ⅳ）出願人の応答（Ⅳ. Applicant's Reply）、（ⅴ）出願人の反証の考慮（V. Consideration of Applicant's Rebuttal Evidence）について解説されている。そして、「（ⅲ）103条に基づく拒絶を裏付ける理論的根拠」においては、103条に基づく拒絶を裏付ける理論的根拠として、7つの理論的根拠（A）〜（G）（第4章　第3節　3．参照）が紹介され、それぞれについて参考となる13件の判例が紹介された。

## 2．2010年審査ガイドライン

　2007年審査ガイドラインに基づいて審査を行う中で、USPTOは、様々な検討課題に対処する必要があった。そこで、2010年9月に「審査ガイドライン」が改訂された（以下「2010年審査ガイドライン」という。）[177]。「2010年審査ガイドライン」は、KSR判決後の自明性に関する判例法の展開に焦点を当てたものであり、KSR判決後に下されたCAFC判決において示された内容に鑑み、追加のガイダンスを提供することを主目的としている。この「2010年審査ガイドライン」は、MPEP 2141及び2143（2001年第8版：2010年7月改訂）に反映された。「2007年審査ガイドライン」が、クレーム発明の自明性についてUSPTOの審査官等が適正に判断できるようにし、また自明性の拒絶が適切である場合に裏付けとなる根拠を提供する際

---

177　DEPARTMENT OF COMMERCE Patent and Trademark Office [Docket No.: PTO-P-2010-0055] Examination Guidelines Update: Developments in the Obviousness Inquiry After KSR v. Teleflex（Federal Register / Vol. 75, No. 169 / Wednesday, September 1, 2010 / Notices 53643-53659）。

に役立つことを主目的とするものであったのに対し、「2010年審査ガイドライン」は、自明性に関する法についての追加の事例（判例）を提供することで、USPTOの審査官等や実務家に、自明性と非自明性との境界等についての追加のガイダンスを提供することを主目的とするものであったといえよう。この「2010年審査ガイドライン」では、自明性の問題について教育的価値が高いと考えられる24件の判例が選択され、これらの事例について詳細に論述されている。また、「2010年審査ガイドライン」では、「自明性に関する法は継続的に改善され、審査官等は、この分野におけるCAFCの先例による判例法や、USPTOの審判部の先行する審決に対する認識を維持することが奨励されている。USPTOは、審査官等を訓練し、最新の法を反映するためにMPEPを更新していく。[178]」と述べられている。

## 3．2024年審査ガイドライン

2024年2月、USPTOにより「審査ガイドライン」が改訂された（以下「2024年審査ガイドライン」という。）[179]。「2024年審査ガイドライン」は、KSR判決で要求される、自明性に対する「柔軟なアプローチ（Flexible approach）」をUSPTOの審査官等に再確認させることを主目的としたものである。「2024年審査ガイドライン」では、KSR判決において、最高裁が少なくとも次の2つの柔軟性を要求していると述べられている。第1の柔軟性は、先行技術の範囲の適正な理解に関するものであり、第2の柔軟性は、先行技術を変形するための適切な理由に関するものである[180]。第1の柔軟性に関して、先行技

---

178 "The law of obviousness will continue to be refined, and Office personnel are encouraged to maintain an awareness of precedential case law from the Federal Circuit and precedential decisions of the Board of Patent Appeals and Interferences (Board) in this area. The Office will train Office personnel and update the MPEP as necessary to reflect the current state of the law."（2010年審査ガイドラインより抜粋）。なお、本書では、"Office personnel" を「審査官等」と訳している。

179 DEPARTMENT OF COMMERCE Patent and Trademark Office [Docket No. PTO-P-2023-0053] Updated Guidance for Making a Proper Determination of Obviousness (Federal Register /Vol. 89, No. 39 /Tuesday, February 27, 2024 /Notices 14449- 14453)。

180 "The KSR court mandated flexibility in at least two respects: first with regard to the proper understanding of the scope of the prior art, and second

術の範囲を理解するために「柔軟なアプローチ」を採用するという最高裁の意図は、よく引用される「当業者は、オートマトンではなく、通常の創造性を有する者でもある。("A person of ordinary skill is also a person of ordinary creativity, not an automaton.")。」という表現に反映されていると説明されている。また、KSR判決において最高裁が、「当業者（PHOSITA[181]）は「常識」を有しており、その「常識」は、先行技術が生み出された主たる目的を超える示唆を収集するために使用できること、つまり先行技術の適正な理解は、当該先行技術が合理的に示唆する全てのものに拡張され、この先行技術が主として関連する特定の技術的課題を解決する方法に関する明確な教示に限定されるものではない。」旨を教示していることも指摘されている。第2の柔軟性については、KSR判決以降のCAFCによる判例法（Federal Circuit case law）に言及し、「自明性への「柔軟なアプローチ」には、先行技術の範囲を理解する方法だけでなく、クレーム発明が自明であったという結論を裏付ける「根拠を示した説得力のある説明（Reasoned explanation）」を提供する方法も含まれることが確認されている。」と述べられている。そしてPlantronics判決[182]を引用して、「自明性の理論的根拠を提供する「柔軟なアプローチ」に沿って、CAFCは、クレーム発明が自明であると判断するために先行技術を組み合わせ又は変形する理由を黙示的又は明示的に提供する多数の情報源を特定する際にKSR判決に従った。」こと、「これらには、「市場要因」「設計の際のインセンティブ」、「複数の特許の相互に関連する教示」、「発明時点でその分野において知られており、特許によって対処される必要性又は課題」、「当業者の背景知識、創造性、及び常識」が含まれる。[183]」ことも述べられている。さらに、Intel判決[184]が引用され、「エネルギー効率を高める目的で「成功の合理的期待（Reasonable expectation of success）[185]」があれば先行技術を変形することができるというIntelの主張に対して、「一般的な懸案事項（Generic concern）」に過ぎないとして当

---

with regard to appropriate reasons to modify the prior art." (Federal Register /Vol. 89, No. 39 /Tuesday, February 27, 2024 /Notices 14450より)。
181 論文等においては、当業者（a person having ordinary skill in the art）が、"PHOSITA"と略されることがある。
182 *Plantronics, Inc. v. Aliph, Inc., 724 F.3d 1343 (Fed. Cir. 2013)*

第1節　USPTO による自明性判断のための審査ガイドライン

該主張を却下した USPTO の審判部の判断を CAFC が否定し、そのような（先行技術の）改良は、技術に支配されない、普遍的で、かつ常識的」なものではあるが、先行技術文献を組み合わせる動機付けが存在する。[186]」と CAFC が判示したことが紹介されている。この判断の際に、DyStar 判決[187]が引用されている。以上を踏まえると、「2024年審査ガイドライン」によれば、先行技術の範囲について、「常識」等を考慮して比較的広く解釈することが可能であり、またクレーム発明が証拠に照らして自明であったという結論を裏付ける論拠についても、説得力のある説明は必要であるが、比較的広い範囲の根拠が認められる可能性があると理解することができるであろう。[188]

---

183　"In keeping with this flexible approach to providing a rationale for obviousness, the Federal Circuit has echoed KSR in identifying numerous possible sources that may, either implicitly or explicitly, provide reasons to combine or modify the prior art to determine that a claimed invention would have been obvious. These include "market forces; design incentives; the 'interrelated teachings of multiple patents'; 'any need or problem known in the field of endeavor at the time of invention and addressed by the patent'; and the background knowledge, creativity, and common sense of the person of ordinary skill." (Federal Register /Vol. 89, No. 39 /Tuesday, February 27, 2024 /Notices 14451より)。
184　*Intel Corp. v. Qualcomm Inc., 21 F.4th 784 (Fed. Cir. 2021)*
185　「成功の合理的期待」については、例えば MPEP 2143.02 Reasonable Expectation of Success Is Required [R-07.2022] において解説されている。
186　"Patent challenger Intel had argued in an inter partes review before the Board that some of Qualcomm's claims were unpatentable because a PHOSITA would have been able to modify the prior art, with a reasonable expectation of success, for the purpose of increasing energy efficiency. Id. at 796–97. The Board had disagreed with Intel, in part because it viewed Intel's energy efficiency rationale as "no more than a generic concern that exists in many, if not all, electronic devices" (emphasis in original). Id. at 797. Citing KSR and reversing the Board on this point, the Federal Circuit explained that "[s]uch a rationale is not inherently suspect merely because it's generic in the sense of having broad applicability or appeal." Id. The Federal Circuit further pointed out its pre-KSR holding "that because such improvements are 'technology-independent,' 'universal,' and 'even common-sensical,' 'there exists in these situations a motivation to combine prior art references even absent any hint of suggestion in the references themselves.""" (Federal Register /Vol. 89, No. 39 /Tuesday, February 27, 2024 /Notices 14451-14452より)。
187　*DyStar Textilfarben GmbH & Co. Deutschland KG v. C.H. Patrick Co. 464 F.3d 1356 (Fed. Cir. 2006)*
188　Federal Register /Vol. 89, No. 39 /Tuesday, February 27, 2024 /Notices では、「2024年審査ガイドライン」の内容が、将来的に MPEP に組み込まれる予定であることが記載されている (This updated guidance will be incorporated into the MPEP in due course.)。

## 第2節　MPEP 2141における103条に基づく自明性判断のための審査ガイドライン

　MPEP 2141には、「2007年審査ガイドライン」や「2010年審査ガイドライン」の内容を踏まえた、「103条に基づく自明性判断のための審査ガイドライン」が記載されている。MPEP 2141では、この審査ガイドラインが、現行法に対するUSPTOの現在の理解に基づいたものであり、最高裁の拘束力のある先例に従ったものであると述べられている。本節では、このMPEP 2141における審査ガイドラインの内容を概説する。

## 1．KSR判決と自明性の法の原則[189]

　MPEP 2141の「KSR判決と自明性の法の原則」において、KSR判決では、Graham判決において示された自明性判断の枠組が再確認され、CAFCによる「過度に厳格で形式的な（overly rigid and formalistic way）TSMテスト」の適用が誤りであることが指摘されている。また、MPEP 2141では、次のように説明されている。先行技術に開示されている要素の組合せに基づいて特許を成立させる際には注意が必要であり、既知の要素の組合せにより「予測可能な結果（Predictable results）」しか得られない場合、そのような組合せは自明であると判断される可能性が高くなる。また、過去の3つの最高裁判決[190]を参酌し、（ⅰ）既知の構造をクレームする特許であって、その分野において既知の要素に置換しただけの場合には、そのような組合せに係る特許は、「予測可能な結果」以上のものを生み出さなければならないこと、（ⅱ）2つの既存の要素を組み合わせただけでは各要素が個別に動作するのと同じものしか生み出さないこと、（ⅲ）既知の要素を単純に配置しただけの特許であって、各要素がそのように機能することが知られているように機能するだけであり、その配置から予想される結果し

---

[189] MPEP 2141 Examination Guidelines for Determining Obviousness Under 35 U.S.C. 103 [R-07.2022] I. THE KSR DECISION AND PRINCIPLES OF THE LAW OF OBVIOUSNESS
[190] Adams判決、Anderson's-Black Rock判決、Sakraida判決の3つの最高裁判決である。

第 2 節　MPEP 2141における103条に基づく自明性判断のための審査ガイドライン

か得られない場合、その組合せは自明であることが述べられている。

　さらに、MPEP 2141では、次のような説明もなされている。ある成果（Work）が1つの分野（Field of endeavor[191]）で利用可能である場合、設計の際のインセンティブや市場要因により、同じ分野又は別の分野で、その研究成果の変形が促され得る。当業者が予測可能な変形を実施できる場合には、103条により、その特許性は否定され得る。同じ理由で、ある技術が装置を改良するために使用され、当業者が、同様の方法で類似の装置を改良できることを認識した場合には、その実際の適用が「当業者の技術レベル」を超えない限り、そのような技術の使用は自明である。既知の要素の組合せの自明性を検討する場合に、重要なことは、「その改良が、それらについて確立された機能に従った先行技術の要素の予測可能な使用を超えるものであるか否か（whether the improvement is more than the predictable use of prior art elements according to their established functions）」である。

## 2．Graham 判決による基本的事実認定[192]

　Graham 判決で示された自明性の判断の際の基本的な事実認定として、(1) 先行技術の範囲と内容の決定、(2) 先行技術とクレーム発明との差異の確定、(3) 技術分野における技術レベルの特定が挙げられている。

### (1) 先行技術の範囲と内容の決定[193]

　先行技術の範囲と内容を決定する際に、USPTO の審査官等は、クレームを含む明細書を読むことにより、何が発明されたのかを理解し、審査対

---

191　"Field of endeavor" について、本書では「分野」と訳しているが、"endeavor" には、"A systematic or continuous effort to attain some goal; any effort or assay to accomplish some goal or purpose."（Black's Law Dictionary 11th Edition 668頁）という意味があることから、何らかの目標を達成するための「研究分野」、「技術分野」、「事業分野」というように訳すことも考えられる。
192　MPEP 2141 Examination Guidelines for Determining Obviousness Under 35 U.S.C. 103 [R-07.2022] II. THE BASIC FACTUAL INQUIRIES OF GRAHAM v. JOHN DEERE CO.
193　MPEP 2141 Examination Guidelines for Determining Obviousness Under 35 U.S.C. 103 [R-07.2022] II. THE BASIC FACTUAL INQUIRIES OF GRAHAM v. JOHN DEERE CO. A. Determining the Scope and Content of the Prior Art 参照。

象の出願における開示内容及びクレーム発明を完全に理解しなければならない。そして、明細書と合致した「最も広い合理的解釈（Broadest Reasonable Interpretation）[194]」を行うことにより、クレーム発明の範囲を明確に認定しなければならない。審査官等は、クレーム発明の範囲を認定した後に、どのように先行技術調査を実施するかを決定しなければならない。先行技術調査は、クレームされた主題をカバーし、かつクレームされることが合理的に予想される特徴をもカバーするように行う必要がある。具体的には、審査官等は、MPEP904〜904.03[195]に規定されている「調査ガイドライン（General search guidelines）」に従って先行技術調査を行うこととなる。

## (2) 先行技術とクレーム発明との差異の確定[196]

クレーム発明と先行技術との差異を確定するには、上記のようにクレー

---

[194] 「最も広い合理的解釈」とは、USPTOにおいて用いられるクレーム解釈に対する基本的な考え方であり、クレームの範囲を、単にクレームの文言に基づいて決定するのではなく、明細書に照らして当業者の観点で最も広く合理的な解釈を与えることで決定する手法である（"The Patent and Trademark Office ("PTO") determines the scope of claims in patent applications not solely on the basis of the claim language, but upon giving claims their broadest reasonable construction "in light of the specification as it would be interpreted by one of ordinary skill in the art." *In re Am. Acad. of Sci. Tech. Ctr.*, 367 F.3d 1359, 1364[, 70 USPQ2d 1827, 1830] (Fed. Cir. 2004)." MPEP 2111 Claim Interpretation; Broadest Reasonable Interpretation [R-10.2019] 参照）。

[195] MPEP904〜904.03は、以下のとおりである。

| |
|---|
| MPEP 904 How to Search [R-07.2022] |
| MPEP 904.01 Analysis of Claims [R-08.2012] |
| MPEP 904.01(a) Variant Embodiments Within Scope of Claim [R-07.2022] |
| MPEP 904.01(b) Equivalents [R-08.2012] |
| MPEP 904.01(c) Analogous Arts [R-08.2012] |
| MPEP 904.02 General Search Guidelines [R-07.2022] |
| MPEP 904.02(a) Classified Search [R-07.2022] |
| MPEP 904.02(b) Search Tool Selection [R-07.2015] |
| MPEP 904.02(c) Internet Searching [R-07.2022] |
| MPEP 904.03 Conducting the Search [R-07.2022] |

[196] MPEP 2141 Examination Guidelines for Determining Obviousness Under 35 U.S.C. 103 [R-07.2022], II. THE BASIC FACTUAL INQUIRIES OF GRAHAM v. JOHN DEERE CO., B. Ascertaining the Differences Between the Claimed Invention and the Prior Art 参照。

第2節　MPEP 2141における103条に基づく自明性判断のための審査ガイドライン

ムの文言の意味内容を解釈し、クレーム発明を全体として考慮する必要がある。クレーム発明を考慮する際に、その発明の要旨（Gist）又は要点（Thrust）にまで絞り込むことは、発明主題を全体として分析するという要件を無視することになり得る[197]ので、注意を要する。先行技術文献も、全体として、つまりクレーム発明から内容的に離れた部分を含む全体として考慮しければならない。このようにクレーム発明と先行技術の双方を全体として考慮した上で、審査官等は、先行技術とクレーム発明との差異を確定することとなる。

### (3) 技術分野における技術レベルの特定[198]

自明性の拒絶には、適用される先行技術を考慮して、明示的又は黙示的に、「当業者の技術レベル」の表示（Indication of the level of ordinary skill）が含まれるべきである。「当業者の技術レベル」に関する認定は、自明性の問題を解決するための根拠の一部として使用され得る。例えば、表4に示される5つのファクターを含む様々な事項を考慮した上で、関連する技術分野における技術レベルが特定されることとなる。

## 3．103条による拒絶を裏付ける理論的根拠[199]

Graham判決に従った事実認定を行った後に、クレーム発明が当業者に自明であったか否かが判断される。ここで、先行技術とクレーム発明との間に差異が存在するだけでは、クレーム発明の非自明性は確立されない[200]。

自明性を判断する際に、クレーム発明を創作するための特定の動機付けや、発明者が解決しようとする課題に支配されることはない。適正な分析

---

197　*W.L. Gore & Assoc., Inc. v. Garlock, Inc., 721 F.2d 303 (Fed. Cir. 1983)* 等参照。
198　MPEP 2141 Examination Guidelines for Determining Obviousness Under 35 U.S.C. 103 [R-07.2022] II. THE BASIC FACTUAL INQUIRIES OF GRAHAM v. JOHN DEERE CO. C. Resolving the Level of Ordinary Skill in the Art 参照。
199　MPEP 2141 Examination Guidelines for Determining Obviousness Under 35 U.S.C. 103 [R-07.2022] III. RATIONALES TO SUPPORT REJECTIONS UNDER 35 U.S.C. 103参照。
200　*Dann v. Johnston, 425 U.S. 219 (1976)*

は、全ての事実を考慮した後で、クレーム発明が当業者に自明であったか否かを判断することである。引用された先行技術の開示以外の要因であっても、先行技術とクレーム発明との間のギャップを埋めることが当業者に自明であったと結論付ける根拠を提供する可能性がある。

自明性に基づく拒絶は、証拠不十分な陳述（Conclusory statements）だけでは維持することはできず、自明性の法的結論（Legal conclusion of obviousness）を裏付ける合理的な根拠と共に明確な推論（Articulated reasoning[201]）が必要である[202]。そこで、MPEP 2141では、クレーム発明の自明性判断の際に、参考となる7つの理論的根拠（A）～（G）が例示されている。この理論的根拠を表5に示す。なお、各理論的根拠については、関連する判例とともに後で詳述する。

【表5】

| 理論的根拠（英文） | 同日本語訳 |
| --- | --- |
| (A) Combining prior art elements according to known methods to yield predictable results; | (A)「予測可能な結果」をもたらすための既知の方法に従った先行技術の要素の組合せ。 |
| (B) Simple substitution of one known element for another to obtain predictable results; | (B)「予測可能な結果」を得るための、既知の要素の他の要素への単純な置換。 |
| (C) Use of known technique to improve similar devices (methods, or products) in the same way; | (C) 類似の装置（方法又は製品）を同じ方法で改良する既知の技術の使用。 |
| (D) Applying a known technique to a known device (method, or product) ready for improvement to yield predictable results; | (D)「予測可能な結果」をもたらす改良のための既知の装置（方法又は製品）への既知の技術の適用。 |
| (E) "Obvious to try" – choosing from a finite number of identified, predictable solutions, with a reasonable expectation of success; | (E)「自明な試行」– 成功が合理的に期待される、特定され予測可能な有限数の解決策からの選択。 |

---

201 本書では、"reasoning" と "inference" の双方の訳語として「推論」という用語を使用する場合がある。
202 *In re Kahn 441 F.3d 977（Fed. Cir. 2006）*

| | |
|---|---|
| (F) Known work in one field of endeavor may prompt variations of it for use in either the same field or a different one based on design incentives or other market forces if the variations are predictable to one of ordinary skill in the art; | (F) ある分野における既知の研究は、その変形が当業者に予測可能であれば、設計の際のインセンティブ又は市場要因に基づいて、同じ分野又は別の分野での使用のためにその変形を促す。 |
| (G) Some teaching, suggestion, or motivation in the prior art that would have led one of ordinary skill to modify the prior art reference or to combine prior art reference teachings to arrive at the claimed invention. | (G) 先行技術文献を変形し、又は先行技術文献の教示を組み合わせて、クレーム発明に到達するように当業者を導いたであろう先行技術における教示、示唆、又は動機付け。 |

# 第3節 MPEP 2143 一応の自明性の基礎的要件の事例

　MPEP 2143には、「一応の自明性（Prima Facie Case of Obviousness）[203]」の基礎的要件の事例[204]と題して、上述の各理論的根拠と関連する事例が紹介されている。ここで、"Prima Facie"とは、「一応の、（反証のないかぎり）推定できる。」ことであり、"Prima Facie Case"とは、「一応有利な事件」をいい、被告の指示評決の申立て[205]（Motion for directed verdict）、訴え却下の申立て（Motion to dismiss）を免れるだけの証拠を原告が提出している事件をいう[206]。本節では、「一応の自明性」について概説した後に、MPEP 2143において各理論的根拠についてどのような説明がなされ、また事例が紹介されている場合には、その事例の概要を説明することで、各理論的根拠の内容を概観したい。

---

203　MPEP 2142 Legal Concept of Prima Facie Obviousness [R-07.2022] 参照。
204　MPEP 2143 Examples of Basic Requirements of a Prima Facie Case of Obviousness [R-07.2022] 参照。
205　原告による尋問を通した証拠提出の終了後、原告の証拠に法的根拠が存在しない（原告が訴因を立証できていない）ことを理由としてなされる、被告の勝訴を求める申立をいう（丸田　アメリカ法入門　244頁参照）。
206　英米法辞典　662頁。

## 1．一応の自明性

「一応の自明性」の法的概念については、MPEP 2142において解説されている。MPEP 2142によれば、「一応の自明性」の概念は、特許の審査において、自明性判断のための枠組と、当事者の立証責任とを定めるものである[207]。また、「一応の自明性」は、全ての創作活動に広く適用される審査手続上のツールであり、審査プロセスの各段階で証拠提出と共に手続を進める立証責任を割り当てるものでもある[208]。審査官等は、事実と推論を用いて「一応の自明性」の結論を確立するという最初の責任を負う。審査官等が「一応の自明性」を立証できていない場合、出願人は、非自明性を示す証拠や反論を提出する義務を負わない。しかし、審査官等が「一応の自明性」を立証した場合、証拠や反論を提出する責任は出願人に移り、出願人は、非自明性の追加証拠（クレーム発明が先行技術により期待されていない特性を有することを示す比較試験データ等）を提出することができる。

## 2．一応の自明性の確立

103条に基づいて拒絶をする際には、「一応の自明性」を確立しなければならない。「一応の自明性」を確立するためには、クレーム発明が自明で

---

207 "During patent examination and reexamination, the concept of prima facie obviousness establishes the framework for the obviousness determination and the burdens the parties face. Under this framework, the patent examiner must first set forth a prima facie case, supported by evidence, showing why the claims at issue would have been obvious in light of the prior art. Once the examiner sets out this prima facie case, the burden shifts to the patentee to provide evidence, in the prior art or beyond it, or argument sufficient to rebut the examiner's evidence. The examiner then reaches the final determination on obviousness by weighing the evidence establishing the prima facie case with the rebuttal evidence." *ACCO Brands Corp. v. Fellowes, Inc.*, 813 F.3d 1361 (Fed. Cir. 2016) (internal citations omitted)."
208 "The legal concept of prima facie obviousness is a procedural tool of examination which applies broadly to all arts. It allocates who has the burden of going forward with production of evidence in each step of the examination process. See *In re Rinehart*, 531 F.2d 1048 (CCPA 1976); *In re Lintner*, 458 F.2d 1013 (CCPA 1972); *In re Saunders*, 444 F.2d 599; *In re Tiffin*, 443 F.2d 394 (CCPA 1971), amended, 448 F.2d 791, 171 USPQ 294 (CCPA 1971); *In re Warner*, 379 F.2d 1011 (CCPA 1967), cert. denied, 389 U.S. 1057 (1968)."

ある理由を明確に示すことが必要とされる[209]。KSR判決[210]において、最高裁は、103条に基づいて拒絶を裏付ける分析が明示的（explicit）になされるべきであることを指摘した。自明性の判断は、各事件の事実関係に依存する[211]が、103条に基づいてクレーム発明を拒絶するための事実による裏付け（Factual support）があると判断した場合、審査官等は、明細書中の証拠や出願人が提出した他の証拠等、クレーム発明の特許性を裏付けるあらゆる証拠をも検討しなければならない。特許性の最終的な判断は、「証拠の優越（Preponderance of evidence）[212]」により、適正に記録された反論及び証拠の説得力を十分に考慮して記録全体に基づいて行われる[213]。「証拠の優越」の法的基準においては、証拠が、それに対抗すべく提出された証拠よりも確信を抱くに足る（convincing）ものであることが要求される。103条に基づく拒絶に関して、審査官等は、証明することが求められる法的判断（「一応の自明性」の確立）において、全体として蓋然性が高いことを示す証拠を提示しなければならない。

## 3．各理論的根拠に対応する事例

MPEP 2143では、理論的根拠（A）～（G）について、一部の例外（理論的根拠（G）については具体的な事例が紹介されていない。）を除いて、各理論的根拠に対応する具体的な事例が紹介されている。そこで、MPEP 2143における各理論的根拠の概要と共に、各理論的根拠に対応する具体的

---

209 "The key to supporting any rejection under 35 U.S.C. 103 is the clear articulation of the reason(s) why the claimed invention would have been obvious."
210 *KSR Int'l Co. v. Teleflex Inc., 550 U.S. 398 (2007)*
211 *Sanofi-Synthelabo v. Apotex, Inc., 550 F.3d 1075 (Fed. Cir. 2008)* 等参照。
212 「証拠の優越」とは、ある事実についての証拠の重さ、証明力が全体として、相手方のそれよりも優越していること。民事事件では、これによって当該事実の存在ないし不存在を認定してよいとされる（英米法辞典 658頁）。「証拠の優越」は、多くの民事裁判における立証責任であり、陪審員は、わずかな優位性であったとしても、全体としてより強力な証拠を保有する当事者を見つけるよう要請されている。(This is a burden of proof in most civil trials, in which the jury is instructed to find for the party that, on the whole, has the stronger evidence, however slight the edge may be.)（Black's Law Dictionary 11th Edition 1431頁）。
213 *In re Oetiker, 977 F.2d 1443 (Fed. Cir. 1992)* 等参照。

な事例についても概説する。

## (1) 理論的根拠（A）
「予測可能な結果」をもたらすための既知の方法に従った先行技術の要素の組合せ（Combining Prior Art Elements According to Known Methods To Yield Predictable Results）

　クレーム発明が自明であったという結論を裏付ける理論的根拠（A）は、クレームに記載されている全ての要素が先行技術において知られており、当業者であれば、それぞれの機能を変更することなく既知の方法に従ってクレームに記載されている要素を組み合わせることができ、また、この組合せは、当業者に「予測可能な結果[214]」以外のものをもたらさなかったということに関するものである[215]。関連する技術分野における当業者が、クレーム発明のように要素を組み合わせることを促される理由を特定することが重要である。これらの事実を認定できない場合、クレーム発明が当業者に自明であったという結論を裏付けるために理論的根拠（A）を使用することはできない。

### 事例1：Anderson's-Black Rock 判決[216]
　Anderson's-Black Rock 判決は、第3章　第2節　2．において既に紹介した。したがって、Anderson's-Black Rock 判決の具体的な内容については、上記箇所における説明を参照されたい。

---

214 「予測可能な結果」に関する近年の判決として、*Canfield Scientific, Inc. v. Melanoscan, LLC, No. 2019-1927 (Fed. Cir. 2021)* がある。
215 理論的根拠（A）について、MPEP 2143では、KSR 判決等を引用して、"The rationale to support a conclusion that the claim would have been obvious is that all the claimed elements were known in the prior art and one skilled in the art could have combined the elements as claimed by known methods with no change in their respective functions, and the combination yielded nothing more than predictable results to one of ordinary skill in the art." と説明されている。
216 *Anderson's-Black Rock, Inc. v. Pavement Salvage Co., 396 U.S. 57 (1969)*

## 【MPEP 2143における解説】

　Anderson's-Black Rock 判決については、MPEP 2143において、次のように解説されている。

　Anderson's-Black Rock 判決におけるクレーム発明は、既知の要素を単一のシャーシにおいて組み合わせた舗装機械に関するものである。この舗装機械には、連続ストリップ舗装中のコールドジョイントを防止する目的で、舗装機械の側面に、周知の要素である輻射熱バーナーが取り付けられていた。

　クレーム発明の全ての構成要素は先行技術において既知のものであり、クレーム発明と先行技術との間の唯一の差異は、既知の要素を1つのシャーシに搭載することで1つの装置に結合したことであった。最高裁は、ヒーターの動作は他の機器の動作に依存しておらず、別のヒーターを標準の舗装機械と組み合わせて使用しても同じ結果が得られると認定した。その結果、最高裁は、バーナーを他の要素とともに1台の機械に組み込むことの利便性はあるものの、新しい又は異なる機能を生み出すものではなく、クレーム発明は先行技術から自明であると結論付けた。

　MPEP 2143では、Anderson's-Black Rock 判決と対照的な事件として、Adams 判決[217]が紹介されている。Adams 判決のように先行技術における既知の要素の組合せであっても、その組合せの結果が当業者に予測不可能な場合には、クレーム発明は自明であるとはいえないことに留意すべきであると説明されている。Adams 判決におけるクレーム発明は、乾式貯蔵可能であり、水又は塩水を加えることによって活性化することができ、マグネシウム製の電極と塩化銅製の電極とを備えた電池に関するものであった。マグネシウム製の電極と塩化銅製の電極はいずれも既知の電池の要素であったが、最高裁は、クレームされた電池は自明ではないと結論付けた。この結論に至る理由として、最高裁は、「Adams の電池の各要素は先行技術において周知ではあったが、Adams が行ったように各要素を組み合わせるためには、当業者は、そのような電池が当時は非現実的なものであり、

---

217　*United States v. Adams, 383 U.S. 39 (1966)*

また水で活性化する電池は、マグネシウム製の電極の使用に有害な電解質と組み合わせた場合にのみ成功していたという先行技術による阻害要因を無視する必要があった。[218]」と判示した。

### 事例2：Ruiz判決[219]

Ruiz判決における対象特許は、U.S.P. 5,139,368（以下「'368特許」という。）とU.S.P. 5,171,107（以下「'107特許」という。）である。'368特許と'107特許のクレーム1に係る発明は、いずれも建物の基礎を安定化させる方法に関するものであり、既存の基礎を支えるためのアンカーボルト（Screw anchor）と、建物の荷重をアンカーボルトに伝達するための金属ブラケットを使用するシステムを対象としていた。

アンカーボルトの使用を教示する第1の先行技術（Richard FullerとStan RupiperによるFuller-Rupiper method）と、金属ブラケットの使用を教示する第2の先行技術（Gregory先行特許：U.S.P. 4,911,580及びU.S.P. 4,765,777）は存在していた。しかし、アンカーボルトと金属ブラケットを共に使用することは、いずれの先行技術にも開示されていなかった。

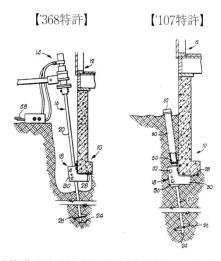

【'368特許】　　【'107特許】

Ruizは、特許権非侵害と特許の無効を主張して確認判決（Declaratory Judgment）[220]を求める訴訟を連邦地裁に提起した。それに対し、A.B.

第3節　MPEP 2143 一応の自明性の基礎的要件の事例

Chance は、特許権侵害を主張して反訴（Counterclaim）[221]を提起した。連邦地裁は、1999年4月、'368特許と'107特許の全てのクレームについて略式判決を言い渡した。具体的には、連邦地裁は、Ruiz の製品が'368特許と'107特許を侵害するが、これらの特許は、第1の先行技術と第2の先行技術に鑑み無効であると判断した。そこで、A.B. Chance は、CAFC に控訴した。CAFC は、連邦地裁による特許の自明性に関する認定判断以外の全ての認定判断を支持した上で、連邦地裁に差し戻した。そこで、連邦地裁は、再度審理を行い、'368特許と'107特許が自明であるため無効であると判断した。この判断に対し、A.B. Chance は、再度CAFC に控訴した。この2度目の控訴における主たる争点は、（ⅰ）先行技術の教示を組み合わせる動機付けの認定における誤りと、（ⅱ）二次的考慮事項の認定における誤りであった。

　2度目の控訴において、A.B. Chance は、McGinley 判決[222]を引用して、「連邦地裁は、「後知恵」を用いて、当業者が先行技術の教示を組み合わせる動機付けがあったと認定した。」ことを主張した。それに対し、CAFC は、Pro-Mold 判決[223]、Display Techs 判決[224]、Huang 判決[225]を引用して、「裁

---

218　MPEP 2143では、Adams 判決について、"The Court stated that "[d]espite the fact that each of the elements of the Adams battery was well known in the prior art, to combine them as did Adams required that a person reasonably skilled in the prior art must ignore" the teaching away of the prior art that such batteries were impractical and that water-activated batteries were successful only when combined with electrolytes detrimental to the use of magnesium electrodes." と述べられている。
219　*Ruiz v. A.B. Chance Co., 357 F.3d 1270 (Fed. Cir. 2004)*
220　確認判決訴訟とは、相手方特許権者からの警告を受けた被疑侵害者が、特許権非侵害や特許無効の確認を求める訴訟をいう（岸本　知財戦略としての米国特許訴訟　113頁）。宣言判決（当事者間の紛争において権利又は法的関係の存否を確認する判決）訴訟とも呼ばれる。
221　「反訴」とは、原告が被告に対して訴訟を提起した際に、被告から反対に原告に対して請求を提起することである。「反訴」には、強制的反訴（Compulsory counterclaim）と、任意的反訴（Permissive counterclaim）がある（岸本　知財戦略としての米国特許訴訟　215頁）。
222　*McGinley v. Franklin Sports, Inc., 262 F.3d 1339 (Fed. Cir. 2001)*
223　*Pro-Mold &Tool Co. v. Great Lakes Plastics, Inc., 75 F.3d 1568 (Fed. Cir. 1996)*
224　*Display Techs., Inc. v. Paul Flum Ideas, Inc., 60 Fed.Appx. 787 (Fed. Cir. 2002)*
225　*In re Huang, 100 F.3d 135 (Fed. Cir. 1996)*

判所又は審査官は、解決課題の性質に応じて先行技術文献を組み合わせる動機付けを見出すことができる。[226]」と述べた上で、「連邦地裁は、自明性分析において「後知恵」を用いたのではなく、２つの先行技術文献が構造物の基礎を支えるという同じ課題に対処しているので、組み合わせる動機付けがあることを適正に認定した。」旨を判示した。二次的考慮事項の認定について、CAFCは、「「商業的成功」は、A.B. Chanceが主張するようなユニークな組合せによるものではなく、むしろA.B. Chanceのアンカーボルトに関する経験と、市場に参入した最初の大型のアンカーボルトメーカーであることによるものである。[227]」と判断した。以上に鑑み、CAFCは、連邦地裁の判断に誤りはなかったと結論付けた。

## 【MPEP 2143における解説】

　Ruiz判決については、MPEP 2143において、次のように解説されている。Ruiz判決におけるクレーム発明は、既存の基礎を支えるためのアンカーボルトと、建物の荷重をアンカーボルトに伝達するための金属ブラケットを使用するシステムを対象としていた。第１の先行技術であるFuller等では、構造物の基礎を支えるためにアンカーボルトを使用していた。Fuller等は、コンクリート製のハンチ（Haunch）を使用して、基礎の荷重をアンカーボルトに伝達していた。他方、第２の先行技術であるGregory先行特許では、構造物の基礎を支えるためにピア（Push pier）を使用していた。Gregory先行特許は、ブラケットを使用して荷重を伝達する方法を教示し、この方法では、金属ブラケットが基礎の荷重をピアに

---

226　CAFCは、先行技術文献を組み合わせる動機付けについて、"Stated differently, this court has consistently stated that a court or examiner may find a motivation to combine prior art references in the nature of the problem to be solved."と述べている。

227　「商業的成功」について、CAFCは、"The record supports the trial court's finding that any commercial success was not due to Chance's alleged unique combination, but rather due to Chance's experience with screw anchors combined with being the first large screw anchor manufacturer to enter the underpinning market."と判示しているが、ここでいう"unique combination"とは、'368特許や'107特許におけるアンカーボルトと金属ブラケットの組合せのことを意味するもの解される。

伝達していた。ここで、ピアは荷重を支えるために地中に打ち込まれる。しかし、いずれの先行技術も、クレーム発明の2つの要素、つまり共に使用されるアンカーボルトと金属ブラケットを開示していなかった。

　CAFCは、「当業者は、基礎を支えるシステムにおいて、基礎を耐荷重部材（Load-bearing member）に接続する手段が必要であることを当業者は知っていたはずである。」と認定した。また、CAFCは、「不安定な基礎を支えるという解決課題の性質と、これを達成するために部材を基礎に接続する必要があることから、当業者は、適切な耐荷重部材及び互換性のある取付部材を選択することに導かれたであろう。」ことも認定した。その結果、不安定な基礎を支えるために、Gregory先行特許が教示する金属ブラケットを、Fuller等が教示するアンカーボルトと組み合わせて使用することは、当業者に自明であったと判断した。

### 事例3：Omeprazole 判決[228]

　Omeprazole 判決における対象特許は、U.S.P. 4,786,505（以下「'505特許」という。）とU.S.P. 4,853,230（以下「'230特許」という。）である。'505特許と'230特許のクレーム1に係る発明は、いずれも経口投与製剤（Oral pharmaceutical preparation）に関するものであり、医薬が意図する作用部位に到達する前に分解（disintegrate）しないように、錠剤の形の医薬に腸溶性コーティング（Enteric coatings）を施したものである。このクレーム発明は、有効成分を含むコア部分を覆うサブコーティング（反応不活性サブコーティング（Inert subcoating））と、その外側の腸溶性コーティングとを含む。薬品はオメプラゾール[229]である。腸溶性コーティングとオメプラゾールとの間にサブコーティングを適用した理由は、腸溶性コーティングがオメプラゾールと相互作用することで、有効成分の望ましくない分解を抑制するためであった。

　オメプラゾールに関しては、複数の侵害訴訟が連邦地裁に提起され、そ

---

228　*In re Omeprazole Patent Litigation*, 536 F.3d 1361 (Fed. Cir. 2008)
229　オメプラゾール（Omeprazole）は、プロトンポンプ阻害薬に属する胃酸抑制薬の1つであり、商標名 Prilosec®（プリロセック）で販売されていた。

れぞれについてCAFCに控訴されたことから、CAFCにおいて併合審理がなされた。控訴審の原告は、Astrazeneca等であり、控訴審の被告は、Apotex等であった。控訴審においては、様々な争点についてCAFCの判断が示されたが、ここでは、'505特許と'230特許の自明性に関する争点のみを取り上げる。

Apotex等は、'505特許と'230特許の全てのクレーム発明が、欧州特許出願 European Patent Application No. EP 124,495 A2（以下「'495欧州先行出願」という。）と、U.S.P. 2,991,226（以下「Millar先行特許」という。）やU.S.P. 4,470,980（以下「Higuchi先行特許」という。）等から自明であると主張した。'495欧州先行出願には、コーティングされたオメプラゾールの錠剤が開示されていた。また、医薬品製剤における副次的なサブコーティングも、Millar先行特許やHiguchi先行特許において開示されていた[230]。しかし、腸溶性コーティングとの相互作用によるオメプラゾールの分解という「負の相互作用（Negative interaction）」は、いずれの先行技術においても認識されていなかった。

そこで連邦地裁は、「当業者であっても、'495欧州先行出願から「負の相互作用」が生じることを予測できなかったであろう。[231]」と認定した。この事実認定に基づいて、連邦地裁は、「当業者が、先行技術（'495欧州先行出願の実施例12）に開示されている錠剤にサブコーティングを施す理由はなかった。」と結論付けた。CAFCは、この連邦地裁の認定判断に誤りはないと判断した。その結果、クレーム発明は、先行技術から自明ではないと判断された。

---

230 Omeprazole判決では、"The other references Apotex cites are the '226 patent, the '980 patent, the '815 European application, and two articles-Pharmaceutical Manufacturing Methods, in 1 Basic Course in Drug Development XI (Kyosuke Tsuda & Hsashi Nogami eds., 1971) ("Tsuda"), and Drug Coatings, in Up-to-Date Pharmaceutical Technology Series No. 1 (Kiichiro Kakemi ed., 1969) ("Up-to-Date")." と述べられているように、Millar先行特許やHiguchi先行特許以外に多くの先行技術が存在していたことから、副次的なサブコーティングが一般的に知られていたことが主張されている。

231 "The court further found that a person of ordinary skill in the art would not have inferred from the '495 European application that a negative interaction would occur."

## 【MPEP 2143における解説】

Omeprazole 判決については、MPEP 2143において、次のように解説されている。

Omeprazole 判決では、'505特許及び'230特許の問題とされたクレーム発明が、先行技術の要素の組合せから自明ではないと判断された。このクレーム発明は、製剤が意図する作用部位に到達する前に分解しないように、錠剤の形態の製剤に腸溶性コーティングを施したものであり、有効成分を覆う2層のコーティングを含んでいた。

連邦地裁は、Apotex 等による、'505特許及び'230特許の侵害を認め、これらの特許が先行技術から自明であるから無効であるという主張を却下した。Apotex 等は、「コーティングされたオメプラゾールの錠剤が先行技術から既知であり、医薬品製剤における二次的なサブコーティングも一般的に知られているので、クレーム発明は自明であると主張した。オメプラゾールに2つの異なる腸溶性コーティングを適用することに関して予測不可能性を示す証拠はなかったが、Astrazeneca 等が、先行技術のコーティングとオメプラゾールとの間に介在するサブコーティングを適用した理由は、先行技術のコーティングが実際にオメプラゾールと相互作用し、それによって有効成分の望ましくない分解を引き起こしていたためであった。先行技術のコーティングとの相互作用によるオメプラゾールの分解は、先行技術では認識されていなかったことから、連邦地裁は、証拠に基づいて、「当業者には、オメプラゾールの錠剤にサブコーティングを含める理由がなかった。」と判断した。

CAFC は、クレーム発明が自明ではないという連邦地裁の判断を支持し、「腸溶性製剤のサブコーティングが既知であり、過度な技術的ハードルや成功の合理的期待の証拠がなかったとしても、その製剤は自明ではなかった。[232]」と判示した。理由は、そのような変形を促したであろうと考

---

[232] CAFC は、"Even though subcoatings for enteric drug formulation were known, and there was no evidence of undue technical hurdles or lack of a reasonable expectation of success, the formulation was nevertheless not obvious because the flaws in the prior art formulation that had prompted the modification had not been recognized." と判示した。

えられる先行技術における製剤の欠陥が認識されていなかったからである。また、CAFC は、「たとえ変形が可能であったとしても、当初の製剤を変形する理由がなく、また当業者であれば、たとえ問題を認識していたとしても、異なる変形を選択したであろう[233]。」とも判示した。

　本件において、自明性の議論のために提示された先行技術の変形は、市販されて成功を収めた既知の製剤に対して要素を追加するものである。したがって、このような変形は、明確な理由もなく、余分な作業と大きな出費を伴うものであったことに留意すべきである。上記のような追加は、各々が最終製品に対して既知の特性を与えることが期待される場合に、先行技術における既知の要素 A 及び要素 B を組み合わせることと同一視することはできない。Omeprazole 事件の場合、当業者による期待という観点で検討すると、サブコーティングの追加によって最終製品に特定の望ましい特性が付与されることを、当業者は、期待しなかったであろう。むしろ、提案された変形により得られた最終製品は、単純に先行技術の製品と同じ機能的特性を有するということが期待されただけであろう[234]。Omeprazole 判決は、特許権者による、これまで知られていなかった課題の発見という観点から分析することもできる。活性剤(オメプラゾール)とコーティングとの間の「有害な相互作用」が既知のものであれば、サブコーティングを使用することは自明であったかもしれない。しかし、そのような課題が既知のものではなかったので、たとえ追加することが技術的に可能であっ

---

[233] また、CAFC は、"Thus there would have been no reason to modify the initial formulation, even though the modification could have been done. Moreover, a person of ordinary skill in the art likely would have chosen a different modification even if they had recognized the problem." とも判示した。

[234] USPTO は、"The proposed modification thus amounted to extra work and greater expense for no apparent reason. This is not the same as combining known prior art elements A and B when each would have been expected to contribute its own known properties to the final product. In the Omeprazole case, in view of the expectations of those of ordinary skill in the art, adding the subcoating would not have been expected to confer any particular desirable property on the final product. Rather, the final product obtained according to the proposed modifications would merely have been expected to have the same functional properties as the prior art product." と述べている。

たとしても、そのために時間と費用をかけてまで別の層を追加する理由はなかった[235]。

## 事例4：Crocs 判決[236]

　Crocs 判決における対象特許は、U.S.P. 6,993,858（以下「'858特許」という。）である。'858特許のクレーム1に係る発明は、履物（Footwear piece）に関するものであり、一体成型された発泡体（Foam）のベース部と、ベース部の上部開口に回動（pivot）可能に取り付けられた発泡体のストラップとを備える。ベース部とストラップは、共に発泡体で形成されているので、ベース部とストラップとの間の摩擦により、ストラップは、回動した後もその位置を維持することができる。したがって、ストラップは、ベース部の踵部近傍の位置まで重力の作用によって自然に回動しながら下降することはない。

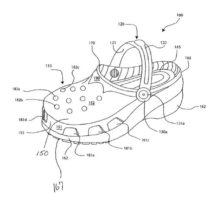

　本件は、米国国際貿易委員会（ITC[237]）に調査依頼がなされ、ITC は、

---

235　USPTO は、Omeprazole 判決について、"The Omeprazole case can also be analyzed in view of the discovery of a previously unknown problem by the patentee. If the adverse interaction between active agent and coating had been known, it might well have been obvious to use a subcoating. However, since the problem had not been previously known, there would have been no reason to incur additional time and expense to add another layer, even though the addition would have been technologically possible." とも分析している。
236　*Crocs, Inc. v. U.S. Int'l Trade Comm'n, 598 F.3d 1294 (Fed. Cir. 2010)*
237　ITC は、U.S. International Trade Commission の略で、米国内産業に対し

'858特許が先行技術から自明であると判断した。そこで、CAFC に提訴された。ここで、第1の先行技術は、Aqua Clog であり、'858特許のベース部に対応する要素を開示していた。第2の先行技術は、U.S.P. 6,237,249（以下「Aguerre 先行特許」という。）であり、弾性又は他の柔軟な素材で作製された踵ストラップを開示していた。

CAFC は、'858特許の自明性に関し、「'858特許は、先行技術における要素を単純に組み合わせたものではない。'858特許には、発泡体製のベース部に直接接触してリベット留めされた発泡体製のストラップが含まれており、これは先行技術にはない重要な部分である。記録によれば、先行技術は、発泡体のストラップの使用を思い止まらせ、その使用を阻害する教示をしていた。発泡体は伸びて変形しやすく、着用者に不快感を与えることがあった。また、先行技術では、発泡体はストラップに適さない旨の記述もあった。したがって、当業者は、Aqua Clog の発泡体のベース部に、発泡体のストラップを適用しなかったであろう。また、たとえ'858特許が、既知の要素の組合せであったとしても、この組合せは、「予測可能な結果」以上のものをもたらす。[238]」と判示した。

'858特許によれば、発泡体製の要素間に生じる独特の摩擦力によってストラップが所定の位置に保持され、着用者のアキレス腱に常に接触することなく、履物を足の正しい位置に保持することができた。また、'858特許における足の受動的な拘束システム（Passive restraint system）は、先

---

て損害を与えるダンピングや輸入品の商標、特許及び著作権等知的財産権の侵害等を調査分析し、不公正な貿易を是正することを目的に設立された連邦政府の独立機関である。知的財産権侵害を構成する輸入行為を禁止する排除命令（Exclusion orders）を出すことができる。

238　Crocs 判決において、CAFC は、"The 858 patent, however, is not simply a combination of elements found in the prior art. The 858 invention includes a foam strap riveted to a foam base with direct contact — an important part of the combination not in the prior art. The record shows that the prior art would actually discourage and teach away from the use of foam straps. An ordinary artisan in this field would not add a foam strap to the foam Aqua Clog because foam was likely to stretch and deform, in addition to causing discomfort for a wearer. The prior art depicts foam as unsuitable for straps.···Even if the 858 patent were a combination of known elements according to their established functions — which it is not as foam straps were not in the prior art — it yields more than predictable results; thus, it is non-obvious." と判示した。

行技術における伸縮性を有し又は長さ調整可能なストラップのように、足を履物の前方に押し込むように作用するのではなく、履物が足に正しく配置されることを維持するように、必要な場合にのみストラップに補助させることができるものであった。さらにCAFCは、二次的考慮事項として、「商業的成功」や「他人による模倣」についても認めた。以上を踏まえ、CAFCは、'858特許が先行技術から自明ではないと判断し、ITCの決定を取り消した。

## 【MPEP 2143における解説】

Crocs判決については、MPEP 2143において、次のように解説されている。

自明性の問題に関連するクレームは、'858特許に基づくものであり、上側部とソール部とを有し一体成型された発泡体製のベース部を備える履物に向けられていた。発泡体製のストラップが上部開口部に取り付けられ、このストラップは着用者の足のアキレス腱部分をサポートすることができる。ストラップは、ベース部と接触し、ベース部に対して回動可能となるように接続具を介して取り付けられていた。ベース部とストラップの双方が発泡体で作製されていたので、ストラップとベース部との間の摩擦により、ストラップは回動した後にその位置を維持することができた。

ITCは、'858特許のクレーム発明が2つの先行技術の組合せにより自明であると判断した。第1の先行技術は、Aqua Clog（'858特許のベース部に対応する要素を開示）であり、第2の先行技術は、Aguerre先行特許（弾性又は他の柔軟な素材で作成された踵ストラップを開示）であった。クレーム発明とAqua Clog（第1の先行技術）との差異はストラップの有無のみであり、適切なストラップがAguerre先行特許（第2の先行技術）によって教示されていたことから、ITCは、'858特許のクレーム発明が自明であると判断した。

しかし、CAFCは、このITCの判断に同意しなかった。CAFCは、先行技術が発泡体製の踵ストラップを教示していないか、あるいは先行技術では発泡体製の踵ストラップが発泡体製のベース部に接触するように配置

されるべきであると認定した。また、CAFCは、先行技術が、履物の踵ストラップの材料として発泡体を使用しないことを勧めていることも指摘した。記録によれば、先行技術は、発泡体のストラップの使用を思い止まらせ、その使用を阻害する教示をしていた。さらに、CAFCは、着用者に不快感を与えることに加え、発泡体は伸びて変形しや易いので、当業者は、Aqua Clogの発泡体のベース部に、発泡体のストラップを適用しなかったであろうことも述べている。

さらにCAFCは、たとえ事実に反して、クレーム発明が先行技術において既知の要素の組合せであったとしても、クレーム発明は自明ではなかったであろうと述べた。その理由として、CAFCは、踵ストラップが常に着用者の足に接触していた先行技術の履物よりも、踵ストラップの「緩いフィット（Loose fit）」により、着用者にとって履物がより快適になったという記録における証言（Testimony）[239]があり、'858特許においてクレームされた履物では、発泡体製の踵ストラップは、履物内で足を適切に再配置するのに必要な場合にのみ着用者の足に接触するので、ストラップが常に足に接触することで生じ得る着用者の不快感が軽減され、この望ましい特徴は、ストラップを着用者の足のアキレス腱部分の後方の所定位置に保持する、ベース部とストラップの間に作用する摩擦力の結果であることを説示した。このようにCAFCは、'858特許による要素の組合せが「予測可能な結果」以上のものをもたらしたことを説示した。またCAFCは、ベース部とストラップの間に作用する摩擦力が利点というより問題であることをAguerre先行特許が教示し、その摩擦力を減じるためにナイロン製のワッシャ（Washers）の使用を勧めていたことも指摘している。これらを踏まえてCAFCは、クレーム発明の全ての要素が先行技術によって教示

---

[239] 証言は、証人の供述をいう。ここで証人については、「証人には、大きく分けて、事実証人と専門家証人とがある。事実証人は、あくまで事実について自分が直接見聞きして知っており（personal knowledgeをもち）かつ覚えていることを証言する。一方、専門家証人は、専門家としての適格性を有する証人であり、例えば科学的専門家であれば、自己の知識や与えられた情報に基づき科学的な見解を証言する。」（エリック・フューズ、鈴木 亜矢 米国特許侵害訴訟における専門家証人 パテント 日本弁理士会編2016 Vol. 69 No. 13）と説明されている。

されていたとしても、その組合せが「予測可能な結果」以上のものをもたらしたということからも、'858特許のクレーム発明は自明ではなかったであろうと判断した。

MPEP 2143では、「Crocs判決におけるCAFCの議論は、先行技術において全てのクレーム要素の存在を単に指摘するだけでは、自明性の拒絶を完全に陳述したとはいえないことを審査官等に想起させる。[240]」という審査官等に対する注意喚起がなされている。また、「クレーム発明が先行技術の要素の組合せであるという理論的根拠に基づく適正な拒絶には、その組合せから生じる結果が当業者に予測可能であったことの認定も含まれる。[241]」こと、「結果が予測可能でなかった場合には、先行技術の要素の組合せの理論的根拠を使用して自明性に基づく拒絶をするべきではなく、そのような拒絶がなされた場合には取り下げるべきである。[242]」ことも述べられている。

### 事例5：Sundance判決[243]

Sundance判決における対象特許は、U.S.P. 5,026,109（以下「'109特許」という。）である。'109特許のクレーム1に係る発明は、貨物トレーラーやスイミングプール等の構造物又はコンテナ用の格納式セグメントカバーシステムに関するものであり、他のカバーセクションから独立して取り外すことが可能なカバーセクションを備える。この'109特許に係るセグメント

---

[240] MPEP 2143では、Crocs判決を引用して、"The Federal Circuit's discussion in Crocs serves as a reminder to Office personnel that merely pointing to the presence of all claim elements in the prior art is not a complete statement of a rejection for obviousness." と述べられ、審査官への注意喚起がなされている。

[241] MPEP 2143では、Crocs判決について、"In accordance with MPEP § 2143, subsection I. A. (3), a proper rejection based on the rationale that the claimed invention is a combination of prior art elements also includes a finding that results flowing from the combination would have been predictable to a person of ordinary skill in the art." と述べられている。

[242] Crocs判決については、MPEP 2143において、"If results would not have been predictable, Office personnel should not enter an obviousness rejection using the combination of prior art elements rationale, and should withdraw such a rejection if it has been made." とも述べられている。

[243] *Sundance, Inc. v. DeMonte Fabricating Ltd., 550 F.3d 1356 (Fed. Cir. 2008)*

カバーシステムにより、カバーシステム全体を交換することなく、損傷した部分だけを簡単に取り外して交換することができる。

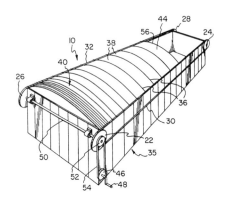

　Sundance は、DeMonte に対し連邦地裁に特許権侵害訴訟を提起したところ、連邦地裁は、'109特許が先行技術から自明であるため無効であると判断した。そこで、Sundance は CAFC に提訴した。'109特許の自明性判断の際には2つの先行技術が引用された。第1の先行技術である U.S.P. 4,189,178（以下「Cramaro 先行特許」という。）は、トラックに使用可能であり格納可能な防水シートカバーシステムを開示している。他方、第2の先行技術である U.S.P. 3,415,260（以下「Hall 先行特許」という。）は、容易に開放できるようにするために分割されたカバーを開示している。

　CAFC は、Cramaro 先行特許と Hall 先行特許を組み合わせることで、'109特許のクレーム1に係る発明の全ての構成が得られると認定した。その際に、CAFC は、Cramaro 先行特許による一体型カバーの機能や、Hall 先行特許によるセグメント化されたカバーの機能が、これらを組み合わせた後も、組合せる前と同様に機能することを指摘した[244]。そしてCAFC は、

---

244　Sundance 判決において CAFC は、"The elements of the cover system of Cramaro perform several functions, including protection of the cargo, containment of the cargo, and retraction of the cover. None of these functions changes upon the simple act of replacing the one-piece cover of Cramaro with the segmented cover of Hall. The segmented cover of Hall performs the function of allowing individual replacement of the cover sections. This function does not change upon incorporation into the Cramaro cover system." と指摘した。

第3節　MPEP 2143 一応の自明性の基礎的要件の事例

Hall 先行特許の取外し可能なカバーセクションを Cramaro 先行特許のカバーシステムに適用しても、結果として得られるカバーでは Hall 先行特許と同様の利点が得られるだけであり、これらの組合せは、当業者に期待される以上の何かを生み出すものではないと述べた[245]。さらに CAFC は、KSR 判決[246]の「多くの場合、当業者は、パズルのピースのように複数の特許の教示を組み合わせることができる。…そのような組合せは、古い要素を単純に配置して、それぞれが実行することが知られていたのと同じ機能を実行するだけであり、その配置から期待される以上のものを生み出さない場合には、自明である可能性が高い。[247]」ことをも引用し、'109特許が、先行技術に鑑み自明であると判断した。

## 【MPEP 2143における解説】

　Sundance 判決については、MPEP 2143において、次のように解説されている。

　Sundance 判決において対象とされた'109特許は、トラック、スイミングプール、その他の構造物のセグメント化及び機械化されたカバーに関するものである。'109特許のクレーム発明は、先行技術に鑑み自明であると判断された。第1の先行技術（Cramaro 先行特許）は、セグメント化されたカバーを作製する理由が修理の容易さにあり、単一の損傷したセグメントを必要に応じて容易に取り外して交換できることを教示し、第2の先行技術（Hall 先行特許）は、容易に開放できるようにするために、機械化さ

---

[245] CAFC は、Sakraida 判決を引用しながら、"Adding the removable cover sections of Hall to Cramaro would give the resulting design exactly the same benefit as Hall — individually replaceable cover sections. Neither party has suggested that the combination of the removable cover sections of Hall with the cover system of Cramaro yields anything "more than one would expect from such an arrangement," nor is any such result apparent. Sakraida, 425 U.S. at 282, 96 S.Ct. 1532." と述べた。

[246] *KSR Int'l Co. v. Teleflex Inc., 550 U.S. 398 (2007)*

[247] CAFC は、KSR 判決の "[I]n many cases a person of ordinary skill will be able to fit the teachings of multiple patents together like pieces of a puzzle. Such a combination is more likely to be obvious where it "'simply arranges old elements with each performing the same function it had been known to perform' and yields no more than one would expect from such an arrangement." という内容を引用している。

れた (mechanized) カバーの利点を教示している。

　CAFC は、第1の先行技術のセグメント化の観点 (Segmentation aspect) と、第2の先行技術の機械化の機能 (Mechanization function) は、これらを組み合わせた後も、組み合わせる前と同様に機能することを指摘している。また、CAFC は、「第1の先行技術文献で教示されている交換可能なセグメントを、第2の先行技術の機械化されたカバーと組み合わせることで、双方の先行技術のカバーの有利な特性を維持するカバーとなることを当業者は期待したであろう。」とも述べている。

　この Sundance 判決については、MPEP 2143において、「既知の先行技術の要素の組合せに基づいた適正な自明性拒絶であることの1つの証明は、既知の要素が組み合わせられた後も、それぞれの特性又は機能を維持することを、当業者が合理的に期待できたことである。[248]」という説明がなされている。

### 事例6：Ecolab 判決[249]

　Ecolab は、U.S.P. 6,010,729（以下「'729特許」という。）と、U.S.P. 6,103,286（以下「'286特許」という。）と、U.S.P. 6,113,963（以下「'963特許」という。）とを保有していた。他方、FMC は U.S.P. 5,632,676（以下「'676先行特許」という。）を保有していた。この状況で、Ecolab は、FMC に対し、上記の3件の特許に基づいて、連邦地裁に特許権侵害訴訟を提起した。それに対し、FMC は、'676先行特許に基づいて反訴を提起し、双方が相手方特許の無効を主張した。この訴訟は陪審[250] (Jury) により審理され、陪審は、Ecolab の '729特許のクレーム17、19、20、及び22、'286特許のクレーム1

---

[248] MPEP 2143では、Sundance 判決について、"Thus, the Sundance case points out that a hallmark of a proper obviousness rejection based on combining known prior art elements is that one of ordinary skill in the art would reasonably have expected the elements to maintain their respective properties or functions after they have been combined." と説明されている。
[249] *Ecolab, Inc. v. FMC Corp.*, 569 F.3d 1335 (Fed Cir. 2009)
[250] 「陪審制度」とは、司法手続において、選ばれた一般人から成る陪審員が、事件の事実関係につき証拠に基づいて審理し、評決して裁判官に答申し、裁判官は、これに基づいて法律的判断を行い、また刑を量定して判決を言い渡す制度をいう（法律用語辞典　第5版　946頁）。

第3節 MPEP 2143 一応の自明性の基礎的要件の事例

~4、並びに'963特許のクレーム7、17、19、20、及び22が、先行技術から自明であるため無効であると判断した。しかし、FMCの'676先行特許のクレームについては無効ではないと判断した。これ以外にも様々な判断が示されたが、ここでは、特許の有効性についての判断のみを取り上げる。連邦地裁は、陪審評決[251]（Jury's verdict）に基づいて判決を下した。なお、EcolabとFMCは、いずれも連邦地裁による「法律問題としての判決（JMOL[252]）」を求める申立てを行ったが、この申立ては却下された。連邦地裁による上記判決に対し、EcolabとFMCの双方がCAFCに控訴した。

控訴審では、他の争点と共に、連邦地裁による「法律問題としての判決」の申立てについての却下の当否が争われた。その中で、FMCは、Ecolabの'729特許のクレーム7と'963特許のクレーム25~28が無効であることを主張した。FMCは、連邦地裁に対し、'729特許のクレーム7と、'963特許のクレーム25~28が無効であるというJMOLを求める申立てを行っていたが、連邦地裁は、この申立てを却下していた。

控訴審において、CAFCは、'729特許のクレーム7については、新規性欠如のため無効であると判断し、'963特許のクレーム25~28については、JMOLを求める申立てについての連邦地裁の決定を破棄した。FMCは、'963特許のクレーム25~28に係る発明について、FMC自身の特許である'676先行特許を第1の先行技術とし、この'676先行特許と、第2の先行技術であるU.S.P. 5,143,739（以下「Bender先行特許」という。）から自明であると主張した。独立クレーム25に係る発明は、「肉製品中の微生物群を減少させるための肉製品の処理方法（A method of treating a meat product to reduce a microbial population in the meat product）」に関するものであり、この方法は、肉製品に特定の条件下で抗菌性組成物

---

[251] 「評決（verdict）」とは、合議制の裁判所において、評議した結果に基づき裁判に関し合議体としての意見を決めることをいう（法律用語辞典 第5版984頁）。陪審評議の結果、陪審が各争点につき全員一致の判断に至ると、陪審の評決がなされる（武重 米国特許法講義 218頁）。
[252] Judgment as a matter of law（JMOL）は、一方の当事者に不利な陪審評決を支持する十分な証拠が存在しない場合に、その一方の当事者の申立てに基づき、裁判所がなす判決である。陪審評決前のJMOLは連邦民事訴訟規則50(a)に、陪審評決後のJMOLは同規則50(b)に、それぞれ規定されている。

(Antimicrobial composition) を噴霧して処理するステップを含むものであった[253]。第1の先行技術であるFMCの'676先行特許は、抗菌性組成物を噴霧する際の圧力（少なくとも50 psi）以外の独立クレーム25の構成を開示していた。他方、第2の先行技術であるBender先行特許には、20～150 psiの圧力で抗菌性溶液を噴霧することが開示されている。したがって、'676先行特許に、Bender先行特許に開示された圧力を適用すると、独立クレーム25の全ての構成が得られることとなる。そこで、'676先行特許とBender先行特許とを組み合わせることができるか否かが問題となった。

CAFCは、KSR判決[254]を引用[255]し、「高圧で肉製品に抗菌性溶液を噴霧する利点は知られており、抗菌性組成物で肉を消毒する方法も知られていたことから、これらの既知の要素を組み合わせる明白な理由があった。[256]」と認定した。またCAFCは、「当業者であれば、このような組合せを行うことに気付いて、Bender先行特許において開示された機械式高圧噴霧器を適用することができたはずである。」と述べ、その理由として、「Bender先行特許が機械式高圧噴霧器の使用により肉製品に抗菌性溶液を噴霧する際の効率が向上することを教示していた。」ことを説示した[257]。さらに

---

253 なお、クレーム26～28は独立クレーム25の従属クレームである。
254 *KSR Int'l Co. v. Teleflex Inc., 550 U.S. 398 (2007)*
255 KSR判決の「問題となる特許によりクレームされている態様で既知の要素を組み合わせる明白な理由があった（"there was an apparent reason to combine the known elements in the fashion claimed by the patent at issue."）。」という内容が引用された。
256 Ecolab判決では、CAFCは、"The advantages of spraying antimicrobial solutions onto meat at high pressure were known, and methods for sanitizing meat with PAA were known. There was an apparent reason to combine these known elements — namely to increase contact between the PAA and the bacteria on the meat surface and to use the pressure to wash additional bacteria off the meat surface during the PAA treatment." と認定した。
257 Ecolab判決において、CAFCは、"Second, the person of ordinary skill would have known how to make this combination; he could have used the mechanical high pressure sprayer disclosed in the Bender patent." と述べ、その理由として、"Because the Bender patent disclosed using high pressure to improve the effectiveness of an antimicrobial solution when sprayed onto meat, and because an ordinarily skilled artisan would have recognized the reasons for applying PAA using high pressure and would have known how to do so, Ecolab's claims combining high pressure with other limitations disclosed in FMC's patent are invalid as obvious." と説示した。

CAFC は、「Bender 先行特許に開示された高圧処理と '676先行特許に開示された方法との組合せは、「予測可能な結果」をもたらす既知の要素の組合せにすぎない。[258]」ことにも言及した。これらの検討結果を踏まえて CAFC は、'963特許のクレーム25～28に係る発明が、先行技術から自明であると判断した。

## 【MPEP 2143における解説】

Ecolab 判決については、MPEP 2143において、次のように解説されている。

Ecolab 判決では、最適化するための技術的能力と関連して、組み合わせる「明白な理由」が、'963特許のクレーム発明が自明であったという結論に導いた。Ecolab 判決において、問題とされた発明は、特定の条件下で肉に抗菌性溶液を噴霧することにより、病原菌（Pathogens）の発生を減じる肉の処理方法に関するものであった。

両当事者は、「少なくとも50 psi」という圧力限定を除いて、第１の先行技術（'676先行特許）がクレーム発明の全ての要素を教示していることに異議を唱えなかった。連邦地裁での審理において、FMC は、異なる抗菌剤（Antibacterial agent）を用いて肉を処理する際に、20から150psi の圧力で噴霧処理する利点を教示した第2の先行技術（Bender 先行特許）と、上記の第１の先行技術とを考慮して、クレーム発明が自明であったであろうと主張した。しかし、連邦地裁は、FMC の主張に説得力がないと判断し、クレーム発明が自明であったという JMOL の申立てを退けた。

CAFC は、連邦地裁の判断に同意せず、これらの既知の要素を組み合わせる「明白な理由」があったと判断した。ここで、「明白な理由」は、抗菌性溶液と肉の表面の細菌との接触を増大し、圧力を利用して追加の細菌を肉の表面から洗い流すことであった。また、CAFC は、第２の先行

---

258 CAFC は、Ecolab 判決において、"Finally, the claims are invalid as obvious because the combination of the high pressure treatment disclosed in the Bender patent with the methods disclosed in FMC's patent is merely the combination of familiar elements to yield predictable results." ということにも言及している。

技術が、肉に噴霧する際に抗菌性溶液による効果を向上させるために高圧を使用することを教示し、当業者は、抗菌性溶液を高圧で使用する理由を認識し、そのようにする方法を知っていたであろうことから、高圧と、FMCの特許（'676先行特許）に開示された他の限定事項とを組み合わせたEcolabの特許は、自明であるため無効であると説示した。

本件について、MPEP 2143では、自明性判断の際に、当業者の能力を念頭に置くべきであることが説明されている[259]。またEcolab判決において、CAFCが、「Ecolabの専門家（Expert）が、当業者であれば、特定の解決策に対する最適なパラメータを決定するためのパラメータの調整方法を知っていたことを認めた。」と述べたことが紹介されている。なお、MPEP 2143では、パラメータの最適化が「当業者の技術レベル」の範囲内でなかった場合には、Ecolab判決の結論は異なっていた可能性がある[260]ことにも言及されている。

## 事例7：Wyers判決[261]

Wyers判決における対象特許は、U.S.P. 6,672,115（以下「'115特許」という。）、U.S.P. 7,165,426（以下「'426特許」という。）、U.S.P. 7,225,649（以下「'649特許」という。）であった。これらの特許は、トレーラーを乗用車やスポーツ用多目的車に固定するヒッチピンロック（Hitch pin locks）を対象としている。'426特許は、'115特許の分割出願に係る特許である。

**【'115特許】及び【'426特許】**

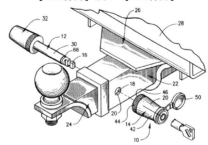

---

259 MPEP 2143では、Ecolab判決について、"When considering the question of obviousness, Office personnel should keep in mind the capabilities of a person of ordinary skill."と説明されている。

## 第3節 MPEP 2143 一応の自明性の基礎的要件の事例

**【'649特許】**

 Wyers は、Master Lock に対し、特許権侵害を主張して連邦地裁に提訴した。連邦地裁では、Wyers による侵害に関する JMOL の申立てが認められた。しかし、Master Lock による各特許の自明性に関する主張は認められなかった。そこで、Master Lock は、CAFC に控訴した。

 控訴審では、'115特許及び'426特許（以下「スリーブ特許」という。）と'649特許（以下「シール特許」という。）の自明性が主たる争点とされた。

 具体的な争点は、（ⅰ）先行技術が特許発明と同じ分野に属するか否か（whether the prior art references are in the same field of endeavor as the patented invention;）、（ⅱ）先行技術を組み合わせる十分な動機付けがあったか否か（whether there was sufficient motivation to combine the references;）、（ⅲ）関連する二次的考慮事項の存在と重要性（the existence and significance of pertinent secondary considerations.）であった。以下、各争点について、どのような判断がなされたかを説明する。

### （ⅰ）先行技術が特許発明と同じ分野に属するか否か

 この問題について、CAFC は、Comaper 判決[262]を引用して、先行技術が類似の技術に該当するか否かを判断する際の2つの基準を示している。第1の基準は、「その技術が、対処される課題に関係なく、同じ分野から

---

[260] Ecolab 判決に関しては、MPEP 2143において、"If optimization of the application parameters had not been within the level of ordinary skill in the art, the outcome of the Ecolab case may well have been different." とも述べられている。
[261] *Wyers v. Master Lock Co., 616 F.3d 1231 (Fed. Cir. 2010)*
[262] *Comaper Corp. v. Antec, Inc. 596 F.3d 1343 (Fed. Cir. 2010)*

のものであるか否か」であり、第2の基準は、「先行技術が発明者の属する分野内のものでない場合、その先行技術が発明者の関与する特定の課題に合理的に関連しているか否か」である[263]。

スリーブ特許については、先行技術である U.S.P. 3,963,264（以下「Down 先行特許」という。）が、トレーラー牽引の用途に向けられたものであり、自動車に適用可能であることから、CAFC は、スリーブ特許と同じ分野に属すると判断した。また、シール特許についても、CAFC は、先行技術である従来の南京錠（Padlock）が、シール特許の明細書の発明の背景の欄に記載されていたこと、またシール特許がその保護範囲を広く規定しており、クレーム発明が一般的な「ロック装置（Locking device）」に向けられていることを指摘し、従来の南京錠が、シール特許と同じ分野に属する先行技術であると判断した。なお、CAFC は、Clay 判決[264]を引用し、「従来の南京錠がシール特許と同じ分野に属しないとしても、発明者が解決しようとしていた課題に合理的に関連している。[265]」と述べ、従来の南京錠が、シール特許において発明者が解決しようとしていた課題と同じ課題（ロック機構への異物（Contaminants）の侵入を防止すること）を認識したものであったと認定している。

### (ⅱ) 先行技術を組み合わせる十分な動機付けがあったか否か

先行技術の組合せについては、CAFC は、KSR 判決[266]による「柔軟なアプローチ」に触れた上で、先行技術の組合せの動機付けについて、専門

---

263 CAFC は、Comaper 判決 を 引 用 し て、"Two criteria are relevant in determining whether prior art is analogous: "(1) whether the art is from the same field of endeavor, regardless of the problem addressed, and (2) if the reference is not within the field of the inventor's endeavor, whether the reference still is reasonably pertinent to the particular problem with which the inventor is involved.""のように先行技術が類似の技術に該当するか否かを判断する際の2つの基準を示している。
264 *In re Clay 966 F.2d 656 (Fed. Cir. 1992)*
265 CAFC は、Clay 判決 を引用して、"Even if the prior art padlocks were not within the same field of endeavor, they are nonetheless clearly "reasonably pertinent" to the problem that the inventor was trying to solve." と述べている。
266 *KSR Int'l Co. v. Teleflex Inc., 550 U.S. 398 (2007)*

家証言（Expert testimony）は必須ではなく、専門家証言が存在していたとしても、必ずしも重要な事実問題を引き起こすわけではないと述べている。また、CAFCは、Perfect Web判決[267]を引用し、「自明性の法的判断の際に、専門家証言の代わりに、「論理」、「判断」、「常識」に依拠することができる。[268]」ことにも言及している。その上で、CAFCは、先行技術の組合せについて次のように判断している。

まず、スリーブ特許については、CAFCは、牽引用アタッチメントの構造が類似することから、「常識」を用いて、Down先行特許で使用されているスリーブを、従来のバーベル形状(barbell-shaped)のヒッチピンロックと組み合わせることができると認定している。また、O'Farrell判決[269]を引用し、当業者であれば、先行技術における2つの要素の組合せにおいて、「成功の合理的期待」を認識していたことは明らかであるとも認定している。これらを踏まえ、CAFCは、スリーブ特許に到達するために、Down先行特許とバーベル形状のヒッチピンロックとを組み合わせることは「常識」の問題であり、当業者であれば、そうすることに「成功の合理的期待」を有していたであろうと結論付けた。

次に、シール特許については、バーベル形状のヒッチピンロックを外部シール機構と組み合わせる動機付けがあったか否かの問題が検討された。シール特許に係る発明がなされた時点で、ロックヘッドを異物の侵入から保護する方法として2つの方法が知られていた。この2つの方法は外部シールと内部シールであり、いずれも一般的であり、先行技術において広く使用されていた。これらの事実から、CAFCは、先行技術の南京錠で使用されていた外部シールを、バーベル形状のヒッチピンロックと組み合わせることは「常識」の問題であると認定した。以上を踏まえて、CAFCは、シール特許に到達するために、バーベル形状のヒッチピンロックを外

---

[267] *Perfect Web Tech., Inc. v. InfoUSA, Inc. 587 F.3d 1324 (Fed. Cir. 2009)*
[268] CAFCは、Perfect Web判決を引用して、"KSR and our later cases establish that the legal determination of obviousness may include recourse to logic, judgment, and common sense, in lieu of expert testimony."と述べている。
[269] *In re O'Farrell 853 F.2d 894 (Fed. Cir. 1988)*

部シール機構と組み合わせることは「常識」の問題であり、当業者であれば、そうすることに「成功の合理的期待」を有していたであろうと結論付けた。

### （ⅲ）関連する二次的考慮事項の存在と重要性

Wyers は、「商業的成功」、「他人による模倣」、「予期せぬ効果」といった非自明性の二次的考慮事項の証拠を提示した。「商業的成功」に関し、Wyers は、シール特許との関連性（Nexus）を立証することができず、またスリーブ特許については、Master Lock の製品の売上高が2000万ドルであったことに依拠するだけであり、スリーブの構成との直接的な関連性を確立することができず、「商業的成功」についての独立した証拠も提供できかった。これに対し、CAFC は、Huang 判決[270]を引用し、「特許権者が「商業的成功」の証拠と特許発明との間の関連性を確立しなければならない。[271]」ことを述べ、「商業的成功」を認めなかった。「他人による模倣」については、CAFC は、Iron Grip Barbell 判決[272]等を引用し、「特許の範囲に属する全ての競合製品が「他人による模倣」の証拠となるわけではない。[273]」こと、「模倣の立証には、特定の製品を複製していた証拠（Evidence of efforts to replicate a specific product）が必要であること。[274]」を判示して

---

270 *In re Huang 100 F.3d 135 (Fed. Cir. 1996)*
271 「商業的成功」について、CAFC は、Huang 判決を引用して、"Our case law clearly establishes that the patentee must establish a nexus between the evidence of commercial success and the patented invention." と述べている。
272 *Iron Grip Barbell Co. v. USA Sports, Inc. 392 F.3d 1317 (Fed. Cir. 2004)*
273 「他人による模倣」に関し、CAFC は、Iron Grip Barbell 判決等を引用して、"Not every competing product that arguably falls within the scope of a patent is evidence of copying; otherwise, "every infringement suit would automatically confirm the nonobviousness of the patent."" と述べている。
274 特定の製品を複製していたことを示す証拠として、社内文書、特許製品のプロトタイプの分解、その特徴を写真撮影したもの、複製品の作業用の写真の使用、特許製品との実質的な類似性を確保するための特許製品へのアクセスなどの直接的な証拠が例示されている（"Our case law holds that copying requires evidence of efforts to replicate a specific product, which may be demonstrated through internal company documents, direct evidence such as disassembling a patented prototype, photographing its features, and using the photograph as a blueprint to build a replica, or access to the patented product combined with substantial similarity to the patented product."）。

いる。Wyersは、「他人による模倣」についての証拠も提示できかった。

CAFCは、Asyst Techs判決[275]等を引用して、「非自明性についての二次的考慮事項では、「強力な一応の自明性」を克服することができない。[276]」ことを指摘している。またCAFCは、KSR判決を引用し、「発明が、確立された機能による先行技術の要素の予測可能な使用にすぎない場合、二次的考慮事項は、非自明性を確立するのに不十分である。[277]」ことを述べた上で、二次的考慮事項を考慮しても、スリーブ特許とシール特許は、いずれも先行技術から自明であると判断した。

## 【MPEP 2143における解説】

Wyers判決については、MPEP 2143において、次のように解説されている。

Wyers判決では、CAFCは、2つの異なるクレームセットについて審理したが、いずれも先行技術のヒッチピンロックの改良に向けられたものであった。第1の改良は、ヒッチピンロックのシャンク上に配置された取外し可能なスリーブ（スリーブ特許）に関するものであり、様々な大きさの牽引用開口部に対して使用できるようにするものであった。第2の改良は、内部ロック機構を異物から保護するように設けられた外部フラットフランジシール（シール特許）に関するものであった。Wyersは、複数の先行技術文献が、取外し可能なスリーブと外部カバー構造を除く、クレーム発明の全ての要素を教示していることを認めた。他方、Master Lockは、これらの先行技術文献と、欠如する要素を教示する追加の先行技術文献とを組み合わせることで、クレーム発明が自明であると主張した。

---

275 *Asyst Technologies, Inc. v. Emtrak, Inc. 544 F.3d 1310 (Fed. Cir. 2008)*
276 「一応の自明性」と二次的考慮事項との関係について、CAFCは、Asyst Techs判決等を引用して、"Moreover, secondary considerations of nonobviousness — considered here by the district court — simply cannot overcome a strong prima facie case of obviousness." ことを指摘した。
277 二次的考慮事項に関し、CAFCは、KSR判決を引用して、"Here, where the inventions represented no more than "the predictable use of prior art elements according to their established functions," KSR, 550 U.S. at 417, 127 S.Ct. 1727, the secondary considerations are inadequate to establish nonobviousness as a matter of law." とも述べている。

第4章　KSR判決後の判例

　MPEP 2143では、まず Master Lock が依拠した追加の先行技術文献が「類似の技術（Analogous art）[278]」に該当するか否かの問題を CAFC が取り上げたことが紹介されている。スリーブの改良を教示する先行技術文献に関し、CAFC は、トレーラーを牽引するための車両の使用に関するものであるので、Wyers によるスリーブの改良と同じ分野に属すると結論付けた。シールの改良を教示する先行技術は、牽引（Tow hitch）用のロックではなく南京錠のシールの改良を教示するものであったが、Wyers の明細書においてクレーム発明がロック装置の分野のものとして特徴付けられていたことから、CAFC は、シールされた南京錠に関する先行技術文献が、同じ分野に属することを少なくとも示唆していると認定した。また、たとえシールされた南京錠が同じ分野に属しないとしても、それらは牽引用のロック機構における異物混入を回避するという課題に合理的に関連すると CAFC は述べた。さらに CAFC は、KSR 判決において、「類似の技術」

---

[278]「類似の技術」については、MPEP 2141.01(a) Analogous and Nonanalogous Art [R-07.2022]において、「103条に基づく自明性の拒絶の際に使用される適正な引用文献であるためには、その引用文献はクレーム発明と「類似の技術」を開示するものでなければならない（In order for a reference to be proper for use in an obviousness rejection under 35 U.S.C. 103 , the reference must be analogous art to the claimed invention. ***In re Bigio, 381 F.3d 1320 (Fed. Cir. 2004)***.）。」と説明されている。また、MPEP 2141.01(a)では、***In re Bigio, 381 F.3d 1320 (Fed. Cir. 2004)*** を引用して、「類似の技術」に該当するための２つの要件（A reference is analogous art to the claimed invention if: (1) the reference is from the same field of endeavor as the claimed invention (even if it addresses a different problem); or (2) the reference is reasonably pertinent to the problem faced by the inventor (even if it is not in the same field of endeavor as the claimed invention). Note that "same field of endeavor" and "reasonably pertinent" are two separate tests for establishing analogous art; it is not necessary for a reference to fulfill both tests in order to qualify as analogous art.）が示されている。そして、審査官は、審査対象の主題の自明性を分析する際に、引用文献が「類似の技術」のものであるか否かを判断しなければならず、引用文献がクレーム発明に対して「類似の技術」に該当しない場合、その文献は103条に基づく自明性の拒絶に使用することができないと説明されている。ただし、102条に基づく新規性の拒絶の際に使用される引用文献に対しては、「類似の技術」の要件は適用されない（The examiner must determine whether a reference is analogous art when analyzing the obviousness of the subject matter under examination. If a reference is not analogous art to the claimed invention, it may not be used in an obviousness rejection under 35 U.S.C. 103. However, there is no analogous art requirement for a reference being applied in an anticipation rejection under 35 U.S.C. 102. ***In re Schreiber, 128 F.3d 1473 (Fed. Cir. 1997)***.）と説明されている。

の範囲を広く解釈するよう示唆されていることも説示した。これらを踏まえCAFCは、Master Lockが主張する先行技術文献は、「類似の技術」に該当し、自明性分析に関連するものであると認定した。

次に、CAFCが、先行技術の要素を組み合わせる十分な動機付けがあったか否かの問題を検討したことが紹介されている。その際に、CAFCは、「常識」に依拠することを否定してはならないという自明性に対する「拡張的かつ柔軟」なKSR判決後のアプローチを強調しながら、「KSR判決及びその後の判決により、自明性に関する法的判断の際に、専門家証言の代わりに、「論理」、「判断」、「常識」に依拠できることが確立されていることから、適切な場合には、先行技術文献を組み合わせる動機付けの存在に関する最終的な推論（Ultimate inference）が、略式判決やJMOLにおける解決に適した「常識」の問題に帰結する場合がある。[279]」と述べたことが紹介されている。

これらの原則を確認した後、CAFCは、本件において組合せのための十分な動機付けが確立された理由について説明している。まずスリーブの改良に関しては、異なるサイズのヒッチピンの必要性が当該技術分野において良く知られており、これがユーザーにとって不便と出費の原因となることが知られていたことを指摘した。またCAFCは、この問題に関する市場における状況にも言及し、店舗の棚のスペースは貴重であり、取外し可能なスリーブがこの経済的懸念に対処していることも指摘している。シールの改良については、CAFCは、内部シールと外部シールの双方が、異物からロック機構を保護する周知の手段であったと指摘している。これらを踏まえてCAFCは、複数の構成要素が、これらについて認識された機能に従って使用されており、Master Lockが提示するように組み合わされた場合に、それぞれの機能は予想通りに維持されたであろうと結論付けた。このとき、CAFCは、「成功の合理的期待」が自明性の適正な判断のための

---

[279] KSR判決において引用された *Perfect Web Tech., Inc. v. InfoUSA, Inc. 587 F.3d 1324 (Fed. Cir. 2009)* 以外に *Ball Aerosol & Specialty Container, Inc. v. Limited Brands, Inc., 555 F.3d 984 (Fed. Cir. 2009)* も引用されている。

要件であるという命題（Proposition）について O'Farrell 判決[280]を引用した。

　本件について、MPEP 2143では、「CAFC は、自明性の結論を裏付けるために「常識」を援用したが、そこで説明を終えたわけではなく、本件に関連する事実を考慮して、発明がなされた時点において、クレーム発明が自明であったと当業者が判断した理由を説明したことに留意すべきである。[281]」ことが説明されている。また、「103条に基づく拒絶を裏付けるために重要なことは、クレーム発明が自明であった理由を明確に表現することであり、KSR 判決において、最高裁が、103条に基づく拒絶を裏付ける分析を明確に示すべきであることを判示した。[282]」ことも述べられている。さらに、最高裁が、Kahn 判決[283]を引用して、「自明性に基づく拒絶は、単なる証拠不十分な陳述では維持できず、自明性の法的結論を裏付ける合理的根拠と共に明確な推論が必要である。[284]」と判示したことにも言及されている。

## 事例8：DePuy Spine 判決[285]

　DePuy Spine 判決における対象特許は、U.S.P. 5,207,678（以下「'678特許」という。）であった。'678特許は、異なるサイズの球状ヘッド上に配置できるように均一な受け部を使用することで、椎弓根ネジ（Pedicle screws）

---

280　*In re O'Farrell, 853 F.2d 894, 904 (Fed. Cir. 1988)*
281　Wyers 判決について、MPEP 2143において、"Office personnel should note that although the Federal Circuit invoked the idea of common sense in support of a conclusion of obviousness, it did not end its explanation there. Rather, the court explained why a person of ordinary skill in the art at the time of the invention, in view of the facts relevant to the case, would have found the claimed inventions to have been obvious." と説明されている。
282　MPEP 2143では、Wyers 判決について、"The key to supporting any rejection under 35 U.S.C. 103 is the clear articulation of the reason(s) why the claimed invention would have been obvious. The Supreme Court in KSR noted that the analysis supporting a rejection under 35 U.S.C. 103 should be made explicit." とも説明されている。
283　*In re Kahn, 441 F.3d 977, 988 (Fed. Cir. 2006)*
284　MPEP 2143では、最高裁が、Kahn 判決を引用して、"[R]ejections on obviousness cannot be sustained by mere conclusory statements; instead, there must be some articulated reasoning with some rational underpinning to support the legal conclusion of obviousness." と説示したことも紹介されている。
285　*DePuy Spine, Inc. v. Medtronic Sofamor Danek, Inc., 567 F.3d 1314 (Fed. Cir. 2009)*

第3節　MPEP 2143 一応の自明性の基礎的要件の事例

の在庫コストを削減するためになされたものであり、脊柱部分を安定させるための装置を対象としている。

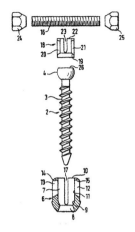

　DePuy Spine と Biedermann Motech は、それぞれ '678 特許の独占的ライセンシーと譲受人であった。Medtronic は、2003年1月に、'678特許について非侵害の略式判決を求める3件の申立てを連邦地裁に提出した。連邦地裁は、この3件の申立てのうちの1件について非侵害を認めた。この連邦地裁の判断に対してCAFCに控訴された。CAFCは、'678特許の文言解釈の誤りと均等論の適用の誤りを指摘し、連邦地裁による略式判決を破棄した。そこで、本件は連邦地裁に差し戻された。その後、連邦地裁により判決がなされたが、その判決に対しさらにCAFCに控訴された。その間にMedtronicは、均等論に対する「自由技術の抗弁（Ensnarement defense)[286]」を行った。この抗弁において、Medtronic は、'678特許の仮想クレーム（Hypothetical claim）1に係る発明が、U.S.P. 5,474,555（以下「Puno 先行特許」という）と U.S.P. 2,346,346（以下「Anderson 先行特許」という）の組合せから自明であると主張した。この仮想クレーム1

---

[286] 本書では、"ensnarement defense" を「自由技術の抗弁」と訳している（例えば、有馬佑輔他 ［米国］均等論に関する連邦巡回控訴裁判所（CAFC）判決　知財管理　Vol. 70　No. 7　2020参照）。"ensnarement defense" は、特許クレームに対する均等物の許容範囲が、先行技術を包含したり、先行技術を捕捉する（ensnare）ことはできないという原則に基づいている（*Wilson Sporting Goods Co. v. David Geoffrey & Associates, 904 F.2d 677 (Fed. Cir. 1990)* 等参照）。

に係る発明が、102条又は103条の下で特許性がない場合、被疑侵害品は非侵害であると判断されることとなる。

仮想クレーム1に係る発明は、「ネジの頭部を受け部に対して押し付けるための圧縮部材（Compression member for pressing the screw head against the receiver member）」という構成を備えているが、Puno先行特許には、この「圧縮部材」以外の仮想クレーム1の全ての構成が開示されていた。他方、Anderson先行特許には、上記の「圧縮部材」に対応する要素（スリーブ：Sleeve）が図4に開示されていた。したがって、Anderson先行特許のスリーブを、Puno先行特許に適用することができれば、仮想クレーム1に係る発明が得られることとなる。

ここで、Puno先行特許では、ネジの頭部は、衝撃吸収効果（Shock absorber effect）を達成するために受け部から分離されており、受け部と骨の間で、ある程度の動作が可能であった。この衝撃吸収機能により、ネジのロッドから、ネジと骨の界面に力が直接伝達されることが防止されるので、ネジと骨の界面における不具合を減じることが可能であった。ところが、Puno先行特許の装置にAnderson先行特許のスリーブを適用すると、衝撃吸収効果が消滅又は減少することとなる。つまり、Puno先行特許の装置にAnderson先行特許の圧縮部材を適用すると、ネジと骨の界面における不具合が発生する可能性が高まることとなる。そこで、連邦地裁は、このことがPuno先行特許とAnderson先行特許の組合せを阻害すると認定した。

CAFCは、上記の連邦地裁の認定に同意し、当業者は、Puno先行特許とAnderson先行特許を組み合わせることを思い止まったであろうと結論付けた。その結果、CAFCは、'678特許の仮想クレーム1に係る発明が、Puno先行特許とAnderson先行特許から自明ではないと判断した。

## 【MPEP 2143における解説】

DePuy Spine判決については、MPEP 2143において、次のように解説されている。

DePuy Spine判決におけるクレームは、脊椎手術（Spinal surgeries）

第3節　MPEP 2143 一応の自明性の基礎的要件の事例

で使用される多軸（polyaxial）椎弓根ネジに関するものであり、受け部に対してネジの部頭を押圧する圧縮部材を含む。

　先行技術であるPuno先行特許には、圧縮部材以外の'678特許のクレーム発明の全ての構成が開示されていた。Puno先行特許におけるネジの部頭は、衝撃吸収効果を達成するために、受け部から分離されており、受け部と椎骨（Vertebrae）の間で、ある程度の動きを許容するものであった。他方、Puno先行特許において欠如していた圧縮部材は、他の先行技術であるAnderson先行特許において開示されていた。Anderson先行特許は、圧縮部材によって強固に固定されるまで、多軸運動が可能なスイベルクランプで長骨を固定するための骨折部位の固定用副子を開示していた。

　連邦地裁のトライアル（Trial）[287]では、「当業者は、Anderson先行特許の圧縮部材をPuno先行特許の装置に追加することで、クレームに包含される強固に固定された多軸椎弓根ネジが得られることを認識したであろう。」と主張された。この点に関する分析を行うにあたってCAFCは、「KSR判決[288]において議論された「予測可能な結果」が、先行技術の要素を物理的に組み合わせ可能であるという期待だけでなく、その組合せの結果、意図した目的のために機能するという期待にも及ぶものである。[289]」と述べたことが紹介されている。

　本件においてCAFCは、Puno先行特許が剛性の高いネジの使用を阻害しているという主張を受け入れた。その理由は、Puno先行特許において、ネジの剛性（Rigidity）が高くなると、人体内でネジが破損して装置が意

---

[287] 米国での特許訴訟は、原告が連邦地裁へ訴状（Complaint）を提出することにより開始され、訴答（Pleading）段階、証拠開示（Discovery）段階、トライアル（公判：Trial）段階の3つの段階に大別される。訴答段階では、原告・被告間で交互に主張を行い、本案審理での争点が明確化される。証拠開示段階では、原告・被告が事件に関する情報を開示する。トライアル段階では、証拠開示段階で提出された証拠に基づき事実審理が行われる（岸本　知財戦略としての米国特許訴訟　186頁）。
[288] *KSR Int'l Co. v. Teleflex Inc.*, 550 U.S. 398 (2007)
[289] MPEP 2143 では、"In conducting its analysis, the Federal Circuit noted that the "predictable result" discussed in KSR refers not only to the expectation that prior art elements are capable of being physically combined, but also that the combination would have worked for its intended purpose." と述べられている。

図された目的で機能しなくなる可能性が高くなることが警告されていたからである。実際のところ、この先行技術文献は、単に衝撃吸収効果を有する椎弓根ネジに対する一般的な選択（General preference）を表明しているのではなく、故障に対する懸念をも述べており、「衝撃吸収のための構成により、骨とネジの界面（Bone-screw interface）へのロッドからの負荷が直接伝達されることが防止されるので、骨とネジの界面における故障の可能性を減じる。」ことに言及されている。したがって、Puno 先行特許と、Anderson 先行特許に記載された先行技術の要素とを組み合わせると、ネジの剛性を増大させることとなり、剛性を高めると故障の可能性が高くなることを教示した先行技術に反するものとなる。この教示と、先行技術における様々な教示の背景事情を考慮して、CAFC は、「Puno 先行特許が、主張された先行技術の組合せを阻害する教示をしており、当業者は、主張されたように先行技術文献を組み合わせることを思い止まったであろう。」と判断した。これに加え、本件では、「他人の失敗」や「他人による模倣」という二次的考慮事項についても CAFC は評価し、発明時点において先行技術の組合せが自明ではなかったという見解を裏付けることとなった。

## (2) 理論的根拠（B）

「予測可能な結果」を得るための、既知の要素の他の要素への単純な置換

（Simple Substitution of One Known Element for Another To Obtain Predictable Results）

　クレーム発明が自明であったという結論を裏付ける理論的根拠（B）は、既知の要素の他の要素への置換により、当業者に「予測可能な結果」を生じさせるということに関するものである[290]。この事実を認定できない場合、クレーム発明が当業者に自明であったという結論を裏付けるために理論的根拠（B）を使用することはできない。

---

290　理論的根拠（B）について、MPEP 2143では、"The rationale to support a conclusion that the claim would have been obvious is that the substitution of one known element for another yields predictable results to one of ordinary skill in the art." と説明されている。

## 第3節　MPEP 2143 一応の自明性の基礎的要件の事例

### 事例1：Fout判決[291]

Fout判決において対象となった特許出願[292]に係る本願発明は、コーヒーや紅茶からカフェインを除去してカフェイン抜きの植物性材料を製造する方法であるパグリアーロ法（Pagliaro process）を改良した方法の発明であった。パグリアーロ法では、カフェインレス（decaffeinated）の植物性材料が生成され、カフェインが油等の脂質（Fatty material）に取り込まれる。その後、水抽出（Aqueous extraction）によって脂質からカフェインが除去される。本願発明は、水抽出を蒸留抽出（Evaporative distillation）に置換して脂質を再生する工程を含む方法の発明であった。クレーム1に係る本願発明は、ジェプソン型クレーム（Jepson claim）[293]で記載され、このクレーム1の前文（Preamble）[294]において、カフェインを除去する方法（パグリアーロ法）が記載されていた。

Fout判決では、（ⅰ）クレーム1の前文に記載されている方法が103条の先行技術を構成するか（争点（ⅰ））、（ⅱ）前文に記載の方法が先行技術を構成する場合、クレームされた主題が、発明がなされた時点で、当業

---

291　*In re Fout*, 675 F.2d 297 (CCPA 1982)
292　この特許出願の出願番号は05/762,734（U.S.Patent Application serial No. 762,734）であった。
293　ジェプソン型クレーム（Jepson claim）は、発明の背景（前提）部分（前文：Preamble）を、発明の新規かつ非自明と考えられる部分から切り離した2つの構成部分からなるクレームである（United States Court of Customs and Patent Appeals.312 F.2d 821 (CCPA 1963)）。ジェプソン型クレームは、1917年のジェプソン事件（*Ex parte Jepson, 1917 C. D. 62*）に起因して認められるようになった形式のクレームである。MPEP 2129 Admissions as Prior Art [R-07.2022]では、ジェプソン形式でクレームを記載した場合、前文に記載された主題は、他人の先行技術であることの暗黙の承認（Implied admission）として受け止められることが記載されている。
294　クレームは、一般に、前文と、移行句（Transitional phrases）と、本文（Body）とで構成される。前文は、クレームの導入部分であり、この前文の効果に関しては、例えばMPEP 2111.02 Effect of Preamble [R-07.2022]において解説されている。移行句は、クレームの前文と本文を接続するものであり、"comprising"等の非限定的又は"open-ended"な移行句や、"consisting of"等の限定的又は"closed-ended"な移行句がある。移行句に関しては、例えばMPEP 2111.03 Transitional Phrases [R-07.2022]において説明されている。本文は、発明の要素を記載するものであり、本文に関しては、例えばMPEP 2173.05(e) Lack of Antecedent Basis [R-08.2017] III. A CLAIM IS NOT PER SE INDEFINITE IF THE BODY OF THE CLAIM RECITES ADDITIONAL ELEMENTS WHICH DO NOT APPEAR IN THE PREAMBLEにおいて、前文との関係で説明されている。

者に自明であったか否か（争点（ⅱ））、という２つの争点について判断が示された。複数の先行技術が引用されたが、主たる先行技術はU.S.P. 2,129,596（以下「Waterman先行特許」という。）であった。Waterman先行特許は、細かく挽いたコーヒー等の固体材料を植物油中に混合（suspending）し、その混合材料からカフェインを蒸留抽出する方法を教示していた。

　CCPAは、争点（ⅰ）について、上訴人（出願人）が、前文に記載されているパグリアーロ法についての知識を有していたことを認めたことから、その方法が先行技術であることを認めたことになると判示した。争点（ⅱ）について、CCPAは、パグリアーロ法とクレーム１の差異が、水抽出によりカフェインを除去するか、蒸留抽出によりカフェインを除去するかであると認定した。そして、先行技術であるWaterman先行特許について、CCPAは、重要な問題は、Waterman先行特許が蒸留抽出によって油からカフェインを分離できることを教示していたといえるか否かであるが、当業者であれば、油中のコーヒーからカフェインを蒸留できるのであれば、コーヒーを含まないがカフェインを含む油からカフェインを蒸留できることを認識するであろうと判断した。これらを踏まえ、CCPAは、パグリアーロ法とWaterman先行特許は、いずれも油からカフェインを分離する方法を教示しているので、一方の方法を他方の方法に置換することは当業者に自明であったであろうと結論付けた。その際に、CCPAは、Siebentritt判決[295]を引用し、「等価物同士を置換することが自明であると判断する際に、そのような置換のための示唆を明示する必要はない。[296]」と判示した。

### 【MPEP 2143における解説】

　Fout判決については、MPEP 2143において、次のように解説されている。

---

[295] *In re Siebentritt*, 372 F.2d 566 (CCPA 1967)
[296] Fout判決において、CCPAは、Siebentritt判決を引用して、"Express suggestion to substitute one equivalent for another need not be present to render such substitution obvious." と述べた。

第3節　MPEP 2143 一応の自明性の基礎的要件の事例

　Fout 判決におけるクレーム発明は、コーヒーや紅茶からカフェインを除去する方法に関するものであった。先行技術であるパグリアーロ法では、カフェイン抜きの植物材料が生成され、カフェインは油等の脂質に取り込まれる。その後、水抽出工程によって脂質からカフェインが除去される。出願人である Fout は、この水性抽出工程を蒸留抽出工程に置換した。ここで、先行技術である Waterman 先行特許は、コーヒーを油中に分散させ、その後、油を介した直接蒸留によりカフェインを分離するものであった。本件において、CCPA は、パグリアーロ法も Waterman 先行特許も、いずれも油からカフェインを分離する方法を教示していることから、一方の方法を他方の方法に置換することは、「一応の自明性」に該当すると判断した。なお、MPEP 2143では、CCPA による上記の「等価物同士を置換することが自明であると判断する際に、そのような置換のための示唆を明示する必要はない。」という判示内容が引用されている。

## 事例2：O'Farrell 判決[297]

　O'Farrell 判決において対象となった特許出願[298]に係る本願発明は、バクテリアの形質転換宿主（Transformed host species）においてタンパク質を安定的な形態で合成する方法に関するものであった。上訴人（出願人）は、バクテリアに挿入されたクローン化された異種遺伝子（Heterologous gene）の発現を制御する研究を行っており、その研究成果について刊行物を通じて公表していた。これが、Polisky 文献[299]（本願の3人の共同発明者のうちの2人による執筆。）であり、本願発明の先行技術とされた。Polisky 文献では、外来遺伝子を高度に制御された固有遺伝子に結び付け、宿主の通常の制御機構（Normal control mechanisms）によって固有遺伝子が発現すると、リンクされた異種遺伝子の発現が引き起こされる。

---

297　*In re O'Farrell, 853 F.2d 894 (Fed. Cir. 1988)*
298　この特許出願の出願番号は06/180,424（U.S.Patent Application Serial No. 180,424）であった。
299　Polisky, Bishop Gelfand, A plasmid cloning vehicle allowing regulated expression of eukaryotic DNA in bacteria, 73 Proc.Nat'l Acad.Sci. USA 3900 (1976)

クレーム1～3に係る本願発明の大部分の構成がPolisky文献に記載されており、本願発明とPolisky文献の差異は、Polisky文献では、異種遺伝子がリボソームRNA遺伝子（Gene for ribosomal RNA）であったのに対し、本願発明では、所定のタンパク質をコードする遺伝子で代替することであった。ここで、Polisky文献では、タンパク質をコードする遺伝子がリボソームRNA遺伝子の代わりに使用された場合にどのようになるかについて予測されていた。つまり、先行技術における構成を、この先行技術との差異となる本願発明の構成に置換する明示的な示唆が先行技術にあったといえる。

このような状況であったことから、本願発明は、USPTOの審査官により103条に基づいて拒絶され、この審査官の判断は審判部（BPAI：Board of Patent Appeals and Interferences[300]）によって支持された。審査官や審判部の判断は、本願発明の大部分がPolisky文献に開示されており、またPolisky文献において示唆されているように、タンパク質をコードする遺伝子にリボソームRNA遺伝子を置換してタンパク質を作製することは、本発明の時点で当業者には自明であったという認定に基づくものであった。

CAFCは、全ての証拠を考慮して、本願発明が当業者に自明であると判断した審判部の判断に同意した。また、CAFCは、Bahl文献[301]と、Polisky

---

[300] USPTOの審判部は、AIA改正より前は、Board of Patent Appeals and Interferences（BPAI）であったが、AIA改正により、Patent Trial and Appeal Board（PTAB）が新設された。「審判部」については、6条（AIA改正前：35 U.S.C. 6 (pre-AIA) Board of Patent Appeals and Interferences.、AIA改正後：35 U.S.C. 6 Patent Trial and Appeal Board.）において規定されている。AIA改正前の6条によれば、USPTOの長官、副長官、特許局長、商標局長、及び特許審判官（Administrative Patent Judge）が、審判部を構成する。AIA改正前の「審判部」については、「特許審判・インターフェアレンス部（以下、「審判部」）は、商標の審判部（Trademark Trial and Appeal Board）と共に、法律事項を全般に扱う"Office of General Counsel"に属しています。審判部の業務は、不服審判（審査官の処分のレビュー）、インターフェアレンス（発明日の前後の審理）の二つであり、約60人の審判官のうち、約3／4が不服審判、約1／4がインターフェアレンスを担当しています。」（田村　耕作「USPTOという組織」特技懇　特許庁技術懇話会編 2004.3.30. no.232 106頁）と説明されている。

[301] Bahl, Marians Wu, 1 Gene 81（1976）

第3節　MPEP 2143 一応の自明性の基礎的要件の事例

文献との組合せによっても、本願発明が自明であると判断した。Bahl文献では、化学的に合成されたDNAをプラスミド（Plasmid）に挿入する一般的な方法が開示され、合成されたDNAの一部をプラスミドに挿入する技術が、プラスミドに挿入されたDNA配列を適正なリーディングフレーム（Reading frame）にシフトさせるために使用できることが教示されていた。先行技術から自明であると判断した理由として、CAFCは、Polisky文献については、本願発明を実施するための実現可能で詳細な方法、先行技術を変形して本願発明とするための示唆、及びそれが成功することを裏付ける証拠が含まれていると述べている。またPolisky文献とBahl文献との組合せについては、「成功の合理的期待」があったと述べている。

## 【MPEP 2143における解説】

O'Farrell判決については、MPEP 2143において、次のように解説されている。

O'Farrell判決におけるクレーム発明は、宿主の固有遺伝子を異種遺伝子で置換することにより、形質転換されたバクテリアの宿主においてタンパク質を合成する方法に関するものであった。一般に、生体内でのタンパク質の合成はDNAからmRNAへの経路をたどる。第1の先行技術であるPolisky文献は、タンパク質の合成のために、当該文献において記載された方法を使用することを明示的に示唆していたが、この文献において例示された異種遺伝子は、通常はタンパク質の産生工程に進まず、mRNAで終了するものであった。他方、第2の先行技術であるBahl文献には、化学的に合成されたDNAをプラスミドに挿入する一般的な方法が記載されていた。このことから、「当業者には、先行技術の遺伝子を、タンパク質の産生をもたらすことが知られている別の遺伝子で置換することは自明であったであろう。」と説明されている。その理由として、「当業者であれば、そのような置換を行うことができ、またその結果は合理的に予測可能であったからである。」と述べられている。出願人は、本願発明の時点では、分子生物学（Molecular biology）の分野において予測可能ではなかったと主張したが、CAFCは、「技術レベルは非常に高く、Polisky文献の教示は、

単独でも、実施可能で詳細な方法を含んでおり、またその化学修飾によってタンパク質の合成に成功するであろうという示唆をも含んでいた。」と判示したことが紹介されている。

　MPEP 2143では、O'Farrell判決について、「本件は「自明な試行」であったと表明されるような事例ではなく、「成功の合理的期待」があったといえた事例であり、自明であると判断する際に、「成功の絶対的な予測性」までは必要とされない。[302]」と説明されている。

## 自明な試行（Obvious to try）

　O'Farrell判決において、上訴人は、本願発明を拒絶することが、分子生物学の分野に「自明な試行」の基準を適用することに等しいと主張した。この主張に対し、CAFCは、Fine判決[303]を含む複数の判決[304]を引用し、この基準が103条に基づく拒絶の理由としては不適切であることを認めている[305]。しかし、CAFCは、「この原則の意義が失われることがあり、実際に103条に基づいて自明であった発明が、「自明な試行」にも該当する場合があった。[306]」とも説示している。そしてO'Farrell判決において、CAFCは、「自明な試行」に関する２種類の誤りを例示している。第１の誤りは、先行技術において、どのパラメータが重要であるか、また多くの選択肢の中のどれが成功する可能性が高いかについての方向性について開

---

302　O'Farrell判決について、MPEP 2143では、"This is not a situation where the rejection is a statement that it would have been "obvious to try" without more. Here there was a reasonable expectation of success. "Obviousness does not require absolute predictability of success.""と説明されている。
303　In re Fine, 837 F.2d 1071 (Fed. Cir. 1988)
304　In re Geiger, 815 F.2d 686 (Fed. Cir. 1987); In re Merck Co., Inc., 800 F.2d 1091 (Fed. Cir. 1986); In re Antonie, 559 F.2d 618 (CCPA 1977)等。
305　CAFCは、「自明な試行」について、"They argue that the rejection amounts to the application of a standard of "obvious to try" to the field of molecular biology, a standard which this court and its predecessors have repeatedly rejected as improper grounds for a § 103 rejection."と述べている。
306　「自明な試行」に関して、CAFCは、"It is true that this court and its predecessors have repeatedly emphasized that "obvious to try" is not the standard under § 103. However, the meaning of this maxim is sometimes lost. Any invention that would in fact have been obvious under § 103 would also have been, in a sense, obvious to try."とも述べている。

示されていない場合に、成功する結果に到達するまで、全てのパラメータを変更するか、多数の選択肢のそれぞれを試すことが「自明な試行」に該当するというものである[307]。第2の誤りは、先行技術において、クレーム発明の特定の形式やその達成方法について一般的な指針しか開示されていない場合に、新しい技術や有望な実験分野であると考えられるアプローチを探求することが「自明な試行」に該当するというものである[308]。

### 事例3：Ruiz 判決[309]

Ruiz 判決は、理論的根拠（A）（「予測可能な結果」をもたらすための既知の方法に従った先行技術の要素の組合せ：Combining Prior Art Elements According to Known Methods To Yield Predictable Results）の事例2としても紹介した。したがって、Ruiz 判決の具体的な内容については、理論的根拠（A）の事例2を参照されたい。第1の先行技術であるFuller等では、基礎の荷重をアンカーボルトに伝達するためにコンクリート製のハンチを使用していた。他方、第2の先行技術であるGregory先行特許（U.S.P. 4,911,580及び4,765,777）では、金属ブラケットの使用を教示していた。

### 【MPEP 2143における解説】

MPEP 2143では、理論的根拠（B）（「予測可能な結果」を得るための、

---

[307] "In some cases, what would have been "obvious to try" would have been to vary all parameters or try each of numerous possible choices until one possibly arrived at a successful result, where the prior art gave either no indication of which parameters were critical or no direction as to which of many possible choices is likely to be successful. *In re Geiger, 815 F.2d 686 (Fed. Cir. 1987); Novo Industri A/S v. Travenol Laboratories, Inc., 677 F.2d 1202 (7th Cir. 1982); In re Yates, 663 F.2d 1054 (CCPA 1981); In re Antonie, 559 F.2d 618 (CCPA 1977)*" 参照。

[308] "In others, what was "obvious to try" was to explore a new technology or general approach that seemed to be a promising field of experimentation, where the prior art gave only general guidance as to the particular form of the claimed invention or how to achieve it. *In re Dow Chemical Co., 837 F.2d 469 (Fed. Cir. 1988); Hybritech, Inc. v. Monoclonal Antibodies, Inc., 802 F.2d 1367 (Fed. Cir. 1986); In re Tomlinson, 363 F.2d 928 (CCPA 1966)*" 参照。

[309] *Ruiz v. AB Chance Co., 357 F.3d 1270 (Fed. Cir. 2004)*

既知の要素の他の要素への単純な置換：Simple Substitution of One Known Element for Another To Obtain Predictable Results）の観点で、Ruiz 判決について、次のように解説されている。

「先行技術が、異なる耐荷重部材や、基礎を部材に取り付ける異なる手段を開示していたことから、荷重を伝達するという「予測可能な結果」を得るために、第2の先行技術である Gregory 先行特許で教示された金属ブラケットと、第1の先行技術である Fuller 等が教示するコンクリート製のハンチとを置換することは、当業者に自明であったであろう。[310]」と解説されている。

### 事例 4：Ex parte[311] Smith 事件[312]

Ex parte Smith 事件において対象となった特許出願[313]に係る本願発明は、製本された本に収容されるポケットインサート（Pocket insert）に関するものである。ベースシートに、ポケットシートの周縁を固定することでポケットが形成される。ポケットシートの周縁は、ベースシートの表面に固定され、「2枚重ねの連続した継ぎ目（Continuous two-ply seam）」を形成することでポケットを設けている。このポケットには、CD-ROM

---

310 Ruiz 判決について、MPEP 2143では、理論的根拠（B）の観点で、"The prior art showed differing load-bearing members and differing means of attaching the foundation to the member. Therefore, it would have been obvious to one of ordinary skill in the art to substitute the metal bracket taught in Gregory for Fuller's concrete haunch for the predictable result of transferring the load." と解説されている。
311 "Ex parte"とは、「一方的、一方当事者の」という意味であり、事件名は、"Ex parte A（Aの申し立てによる）"と表現される（英米法辞典 322頁）。USPTOにおいて特許の有効性を争う手続の1つとして査定系再審査（Ex Parte Reexamination）がある。査定系再審査は、特許の発行後、USPTO が先行技術に基づいてクレーム発明が特許性を有するか否かを再審査する制度をいう（301条）（高岡　アメリカ特許法実務ハンドブック第5版　342頁）。査定系再審査は、何人も請求することができ（Any person at any time may file a request for reexamination by the Office of any claim of a patent on the basis of any prior art cited under the provisions of section 301.（302条））、特許権者も第三者も請求することができる。
312 *Ex parte Smith, 83 USPQ2d 1509 (Bd. Pat. App. & Int. 2007)*
313 この特許出願の出願番号は09/391,869（U.S. Patent Application Serial No. 391,869）であった。

等のメディアを収納可能である。

　先行技術であるU.S.P. 5,540,513（以下「Wyant先行特許」という。）に記載の発明は、ファイルに挟まれるインデックスに関するものである。Wyant先行特許では、1枚のタブ生成パネルを折り曲げ、折り曲げ部に複数のタブを形成する。つまり、単一のシートを折り曲げ、任意の接着方法を使用して、内側縁部に沿って折り曲げ部を固定することにより形成された少なくとも1つの2枚重ねのポケット（Two-ply pocket）を開示している。Wyant先行特許は、クレーム1に係る本願発明の「2枚重ねの連続した継ぎ目」以外の全ての構成を開示していた。他方、他の先行技術であるU.S.P. 1,495,953（以下「Dick先行特許」という。）に記載の発明は、ルーズリーフ用のシートに関するものであり、ベースシートの両面に、別のシートの3辺を固定することでポケットを形成していた。より詳しくは、Dick先行特許には、4つの縁部のうちの3つの縁部に沿って2枚のシートを縫着等の方法で固定することにより、残りの1つの縁部に沿って開口部を有する閉じたポケットを形成することが開示されていた。Dick先行特許について、審判部（BPAI）は「2枚重ねの連続した継ぎ目」を教示していると認定した。

　本件における争点は、Wyant先行特許の「2枚重ねのポケット」から検討を開始した当業者が、本願発明がなされた時点で、より安全なポケットを提供するために、Dick先行特許が教示するように「2枚重ねの連続した継ぎ目」を含むようにWyant先行特許のポケットインサートを変形することが自明であると認識していたか否かであった。審判部は、Wyant先行特許とDick先行特許の教示を検討し、（ⅰ）クレームされた要素のそれぞれが先行技術の範囲内のものであること、（ⅱ）当業者は、本願発明がなされた時点で、既知の方法によって、クレームされているように各要素を組み合わせることができたこと、（ⅲ）本願発明がなされた時点で、その組合せによる性能又は機能（Capabilities or functions）が予測可能であったことを当業者が認識していたことを認定した。これらを踏まえて審判部は、「Wyant先行特許の「折り曲げられた継ぎ目」をDick先行特許の「2枚重ねの連続した継ぎ目」に置換することは、既知の要素の他の要素への単純な置換、又は改良の余地がある先行技術の一部への既知の技術

の単純な適用にすぎない[314]ので、本願発明がなされた時点で、Wyant 先行特許のポケットインサートを変形してベースシートに別個のポケットシートを取り付け、Dick 先行特許により教示されているように「2枚重ねの連続した継ぎ目」を有するポケットインサートを形成することは当業者に自明であったであろう。」と判断した。

### 【MPEP 2143における解説】

Ex parte Smith 事件については、MPEP 2143において、次のように解説されている。

Ex parte Smith 事件におけるクレーム発明は、ベースシートに、ポケットシートを接着することで閉じたポケットを規定する「2枚重ねの連続した継ぎ目」を形成する製本のためのポケットインサートに関するものであった。

先行技術である Wyant 先行特許は、単一のシートを折り曲げ、任意の接着方法を使用して、内側縁部に沿って折り曲げ部を固定することにより形成された少なくとも1つのポケットを開示していた。しかし、Wyant 先行特許は、シートを接着して「2枚重ねの連続した継ぎ目」を形成することを開示していなかった。他方、他の先行技術である Dick 先行特許は、4つの縁部のうちの3つの縁部に沿って2枚のシートを縫着等の方法で固定することにより、残りの4番目の縁部に沿って開口部を有する閉じたポケットを規定するように作製されたポケットを開示している。

MPEP 2143では、審判部が、Wyant 先行特許と Dick 先行特許の教示を考慮した上で、前述の3つの事項（ⅰ）～（ⅲ）を認定し、KSR 判決[315]を引用しながら、「Wyant 先行特許の「折り曲げられた継ぎ目」を Dick 先行特許の「2枚重ねの連続した継ぎ目」に置換することは、既知の要素の

---

314 Ex parte Smith 事件において、審判部（BPAI）は、"The substitution of the continuous, two-ply seam of Dick for the folded seam of Wyant thus is no more than "the simple substitution of one known element for another or the mere application of a known technique to a piece of prior art ready for improvement.""と判断した。
315 *KSR Int'l Co. v. Teleflex Inc., 550 U.S. 398 (2007)*

他の要素への単純な置換、又は改良の余地がある先行技術の一部への既知の技術の単なる適用に過ぎない。[316]」と結論付けたことが紹介されている。

### 事例5：ICON Health 判決[317]

ICON Health 判決における対象特許は、U.S.P. 5,676,624（以下「'624特許」という。）であった。'624特許は、折り畳み可能なトレッドベースを備えたトレッドミル（Treadmill）に関するものであり、トレッドベースを回転させて直立した収納位置（Storage position）に保持することができる。クレーム1に係る本願発明は、トレッドベースを直立位置に安定して保持する機能を有するガススプリングを備える。

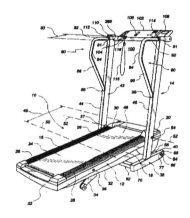

本件については、再審査（Reexamination）[318]が請求され、再審査において、

---

316 Ex parte Smith 事件については、MPEP 2143において、KSR 判決を引用しながら審判部（BPAI）が、"Citing KSR, the Board concluded that "[t]he substitution of the continuous, two-ply seam of Dick for the folded seam of Wyant thus is no more than the simple substitution of one known element for another or the mere application of a known technique to a piece of prior art ready for improvement." と結論付けたことが紹介されている。

317 *In re ICON Health & Fitness, Inc., 496 F.3d 1374 (Fed. Cir. 2007)*

318 2011年の AIA 改正より前は、特許発行後に、特許の有効性を再検討するための手続として、査定系再審査と当事者系再審査（Inter Partes Reexamination）が創設されていた。査定系再審査は何人も請求可能であるので、利害関係を有しない第三者も請求することができる。しかし、第三者が請求した場合、この第三者による査定系再審査の手続への関与が限定的であったことから、1999年の特許法改正により、第三者の関与が保証された当事者系再審査が創設された。ところが、AIA 改正により、この当事者系再審査に

本願発明は、先行技術から自明であると判断された。先行技術は、Damark Internationalによる広告（以下「Damark広告」という。）と、U.S.P. 4,370,766（以下「Teague先行特許」という。）であった。Damark広告は、折り畳み式トレッドミルの広告であり、本願発明の「ガススプリング」以外の全ての要素を開示していた。Teague先行特許は、折り畳んでキャビネットや凹みに収納可能なベッドについての特許であり、従来の単動作用バネ（Single-action spring）ではなく、新規な複動作用バネ（Dual-action spring）を使用することにより、バランス機構を改良することを目的としている。単動作用バネによれば、常にベッドを閉じる方向のバネ力しか得られないが、複動作用バネによれば、ベッドが中立位置を通過することで、ベッドに加わるバネ力の方向が逆転することとなる。この複動作用バネにより、ベッドを開いた位置と閉じた位置との双方で、ベッドを支えることができ、ベッドを開いた位置から持ち上げる際に必要な力を軽減し、かつベッドを閉じた位置から開く際に必要な力をも軽減することができるという効果が得られる。

　再審査において、USPTOの審判部（BPAI）により本願発明が先行技術から自明であると判断されたことから、ICON HealthはCAFCに提訴した。ICON Health判決では、主に2つの争点についてCAFCの判断が示された。第1の争点は、Teague先行特許が「トレッドミル」の技術分野と関連する先行技術（Relevant prior art）[319]に該当するか否かということである。第2の争点は、先行技術を組み合わせることができるか否かとい

---

　代わり、当事者系レビュー（Inter Partes Review）が創設された（アメリカ改正特許法　113〜114頁参照）。

319　MPEP 707.05 Citation of References [R-08.2017] によれば、「特許出願の審査または特許の再審査において、USPTOの審査官は、クレームの主題に最も近い適切な先行技術を引用する必要があり、このような先行技術を引用する場合には、その関連性を説明する必要がある（During the examination of an application or reexamination of a patent, the examiner should cite appropriate prior art which is nearest to the subject matter defined in the claims. When such prior art is cited, its pertinence should be explained.）。」ことが説明されている。つまり、審査官は、審査対象となるクレーム発明に「関連する先行技術」を調査し、先行技術を引用する場合には、その関連性を説明する必要があるといえよう。他方、先行技術を引用しない場合には、審査対象となる特許出願の開示に関連するものとして記録に残されることとなる（The prior art made of record and not relied upon is considered pertinent to applicant's disclosure.）。

うことである。以下、それぞれの争点についてのCAFCの判断を概説する。

### (i) 第1の争点（関連する先行技術）

ICON Healthが、折り畳み式ベッドに関するTeague先行特許に係る発明が「トレッドミル」の技術分野に属するものではないと主張したところ、CAFCは、このICON Healthの主張に同意した。しかし、Teague先行特許が異なる課題に対処するという点については、CAFCは同意しなかった。この点に関し、CAFCは、まずPaulsen判決[320]を引用し、「Icon Healthの'624特許が対処する課題に合理的に関連している場合、Teague先行特許は「類似の技術」となる可能性がある。[321]」と述べている。また、CAFCは、Clay判決[322]を引用し、「発明者が属する分野と異なる分野であっても、発明者がその課題を検討する際に、対処する事項に鑑み、論理的に発明者の注意を惹くこととなる場合、その先行技術は合理的に関連する。[323]」とも述べている。

これらを踏まえ、CAFCは、「ICON Healthの出願では、トレッドベースを閉じた位置に向けて付勢する力を付与する「リフト補助アセンブリ（Lift assistance assembly）」の一部としてのガススプリングについ説明しており、折り畳み機構については、トレッドミルに特に焦点を当てているわけではない。このような機構による重量を支える一般的な問題に対処し、安定した静止位置（Resting position）を提供しようとしているだけである。折り畳み機構とガススプリングの限定事項を考慮した場合に、ICON

---

[320] *In re Paulsen, 30 F.3d 1475 (Fed. Cir.1994)*
[321] CAFCは、Paulsen判決 を引用して、"If reasonably pertinent to the problem addressed by Icon, Teague may serve as analogous art."と述べている。なお、「関連する先行技術」に該当するか否かの問題について、CAFCは、その先行技術が「類似の技術」に該当すれば、「関連する先行技術」にも該当すると解釈しているようである。
[322] *In re Clay, 966 F.2d 656 (Fed. Cir.1992)*
[323] CAFCは、Clay判決 を引用して、"A reference is reasonably pertinent if, even though it may be in a different field from that of the inventor's endeavor, it is one which, because of the matter with which it deals, logically would have commended itself to an inventor's attention in considering his problem."とも述べている。

Healthの出願に類似する技術は、Teague先行特許における折り畳み式ベッドのように、ヒンジ、バネ、ラッチ、釣り合い重りその他の類似の機構を記載する様々な分野から生じ得る。」と説示し、Teague先行特許が、本願発明と「類似の技術」に該当すると結論付けた。

(ⅱ) 第2の争点（先行技術の組合せ）

 先行技術の組合せについて、CAFCは、KSR判決[324]を引用し、「発明時点で、その分野において知られており、その特許によって対処されている必要性や課題は、クレームされている態様で要素を組み合わせる理由となる。[325]」と述べている。そして、CAFCは、Teague先行特許が、ベッドを常に閉じた位置に向けて押す先行技術の単動作用のコイルバネについて議論しており、このようなベッドにおいて、コイルバネは、完全に閉じた位置にあるベッドを保持する力を作用させるのに対し、本願発明におけるガススプリングは、トレッドベースを閉じた位置に向けて常に押す力を生成し、これはICON Healthのクレームにおいて要求されるタイプの機構であると認定している。また、Teague先行特許の特定の記載箇所を引用しながら、CAFCは、「ここではガススプリングではなくコイルバネに関して記載されているが、Teague先行特許が、ガススプリングとコイルバネの互換性について議論している。」ことも指摘している。これらのことより、CAFCは、Teague先行特許が、ICON Healthのクレーム発明における限定事項を満たす機構の例を提供していると判断している。

 さらに、CAFCは、「ICON Healthの出願では、「リフト補助アセンブリ」に関連したガススプリングが記載され、同様に、Teague先行特許は、ベッドを開閉する際のベッドの重量を支えるための「カウンターバランス機構（Counterbalancing mechanism）」に向けられており、当業者であれば、本願発明と同じ課題に対処する先行技術に自然に注目し、適切な解決策を

---

324 *KSR Int'l Co. v. Teleflex Inc., 550 U.S. 398 (2007)*
325 KSR判決の "Indeed, "any need or problem known in the field of endeavor at the time of invention and addressed by the patent can provide a reason for combining the elements in the manner claimed.""という説示が引用されている。

見出すであろう。」とも述べている。加えて、CAFC は、「Teague 先行特許が、類似の課題に対処することによって、ICON Health の出願に「類似の技術」を提供することとなるという認定は、2 つの先行技術を組み合わせる理由を立証するのに役立つ。」ことに言及した上で、ICON Health のクレームが、広範なものであるため、Teague 先行特許に記載されている課題に対処する実施例を読むことができ、Teague 先行技術が、その教示を組み込む理由を示していると認定している。

以上を踏まえ、CAFC は、ICON Health の出願と Teague 先行特許の類似性のため、これらが対処する課題やその解決手段の類似性を示すこととなり、「当業者が、Teague 先行特許と、(折り畳み式トレッドミルを開示する) Damark 広告とを組み合わせたであろう。」という考え方をさらに裏付けることになると判示している。

### 先行技術の適用の阻害要因（teach away）

ICON Health は、Teague 先行特許が当業者を ICON Health のクレーム発明に導くというよりむしろ、次の 2 つの点で Teague 先行特許が ICON Health のクレーム発明を阻害すると主張した。具体的には、ICON Health は、(a) Teague 先行特許が当業者に単動作用バネを使用しないように導いていること、(b) Teague 先行特許が教示する複動作用バネは ICON Health のクレーム発明を動作不能にすることを主張した。

それに対し、CAFC は、Gurley 判決[326]を引用して、「当業者が、その文献を読んだときに、その文献に記載された思考経路に従うことを思い止まる場合、又は出願人により採用された思考経路とは異なる方向に導かれる場合に、先行技術が阻害するということができる。[327]」こと、McGinley 判決[328]

---

326 *In re Gurley, 27 F.3d 551 (Fed. Cir.1994)*
327 Gurley 判決の "A reference may be said to teach away when a person of ordinary skill, upon reading the reference, would be discouraged from following the path set out in the reference, or would be led in a direction divergent from the path that was taken by the applicant," という説示が引用されている。
328 *McGinley v. Franklin Sports, Inc., 262 F.3d 1339 (Fed. Cir.2001)*

を引用して、「先行技術は、組み合わせて使用した結果として動作不能となる場合に、その組合せによる使用を阻害し得る。[329]」ことに言及している。その上で、CAFC は、上記（a）の主張について、Teague 先行特許は、単動作用バネが ICON Health の用途に望ましくないことを示しているわけではなく、ICON Health のクレーム発明において単動作用バネの使用を阻害することを教示しているとはいえないと判断した。また、上記（b）の主張について、CAFC は、ICON Health のクレーム発明が、単動作用バネに限定されておらず、トレッドベースを安定して保持可能なあらゆるものを包含するほど広範な発明であることから、ICON Health の主張は受け入れられないこと、当業者であれば、Teague 先行特許の機構（複動作用バネ）がトレッドベースを安定して保持するのに役立つことを理解することができることを説示した。つまり、Teague 先行特許が教示する複動作用バネによってもトレッドベースを安定して保持することができるので、この複動作用バネが ICON Health のクレーム発明を動作不能にするわけではないと CAFC が判断したものと理解することができる。

### 【MPEP 2143における解説】

ICON Health 判決については、MPEP 2143において、次のように解説されている。

ICON Health 判決におけるクレーム発明は、直立した収納位置に回動可能な折り畳み式トレッドベースを備え、トレッドベースと直立構造の間を接続し、トレッドベースを収納位置に安定して保持するガススプリングを含むトレッドミルに関するものであった。

再審査において、審査官は、ガススプリング以外の全てのクレーム発明の要素を開示する折り畳み式トレッドミルの Damark 広告と、ガススプリングを含む Teague 先行特許とを含む先行技術文献の組合せに基づいて自明であるとして、クレーム発明を拒絶した。ここで、Teague 先行特許は、

---

[329] McGinley 判決の "Additionally, a reference may teach away from a use when that use would render the result inoperable." という説示が引用されている。

新規な複動作用バネを用いてキャビネットに折り畳んで収納可能なベッドに関する特許である。この複動作用バネは、ベッドが中立位置を通過する際に付与する力の方向を逆転させるものであり、ベッドに対して常に閉じる方向の力を付与する単動作用バネではない。複動作用バネは、ベッドを閉じた位置から開く際に必要な力を減少させ、またベッドを開いた位置から持ち上げる際に必要な力も減じる。

Teague先行特許は、本願発明とは異なる分野に属するものであったことから、CAFCは、先行技術文献の組合せの妥当性について検討した。その結果、CAFCは、Teague先行特許が本願発明で対処された課題に合理的に関連していると判断した。理由は、本願発明の折り畳み機構がトレッドミルに特に焦点を当てる必要のないものであり、むしろそのような機構の重量を支え、安定した静止位置を提供するという課題に一般的に対処するものであったからである。

CAFCは、当業者がDamark広告とTeague先行特許の教示を組み合わせるように導かれたか否かについても検討した。この点について、ICON Healthは、Teague先行特許の教示が本願発明を阻害するものであると主張した。その理由として、ICON Healthは、Teague先行特許が当業者に単動作用バネを使用しないよう示唆しており、また複動作用バネを採用すると、本願発明が動作不能となるので、クレーム発明の限定事項を満たさないと述べている。CAFCは、これらの主張を検討して、「Teague先行特許は、ベッドを開く際の力を減じるためには単動作用バネの使用が望ましくない旨を教示してはいるが、実際には単動作用バネは、重力によって与えられるベッドを開く方向の力を増大させるものの発明者が望む結果をもたらす。[330]」と説示した。動作不能となるとの主張に関しては、

---

[330] CAFCは、"The Federal Circuit considered these arguments and found that, while Teague at most teaches away from using single-action springs to decrease the opening force, it actually instructed that single-action springs provide the result desired by the inventors, which was to increase the opening force provided by gravity." と説示しており、この中で "at most teaches away" という表現を使用しているが、ここでいう "teaches away" は、「阻害する」というよりむしろ「避ける（望ましくない）」という意味に解釈すべきであろう。

CAFCは、クレーム発明が単動作用バネに限定されておらず、またTeague先行特許が達成した機能である、トレッドベースを安定して保持するのに役立つ「任意のもの」を包含するほどクレーム発明は広範に記載されていたと説示している。

MPEP 2143において、ICON Health判決は、「類似の技術」の範囲を理解するのに役立つ事例であると解説されている。具体的には、「適用された技術は、トレッドミルではなく、折り畳み式ベッドの保持機構に関するものであった。先行技術が異なる分野の発明に適用可能か否かを判断する際には、解決すべき課題を考慮する必要がある。先行技術の教示の有用性については狭く限定解釈される可能性があるが、ICON Health判決において解決すべき課題は、トレッドミルという概念による教示に限定されなかった。Teague先行特許と本願発明のいずれも折り畳み機構を安定して保持する必要性に取り組んでおり、またICON Healthの折り畳み機構に関しては、トレッドミルに特別に焦点を当てたものはないので、Teague先行特許は、「類似の技術」に該当するといえるものであった。[331]」と解説されている。

また、ICON Health判決は、解決すべき課題と、先行技術を組み合わせる理由の存在との関係を考える上でも有益な事件であると解説されている。この点については、「Teague先行特許が、類似の課題に対処することによって、ICON Healthの出願に「類似の技術」を提供することとなるという認定は、2つの先行技術を組み合わせる理由を立証するのに役立

---

331 ICON Health判決について、MPEP 2143では、"ICON is another useful example for understanding the scope of analogous art. The art applied concerned retaining mechanisms for folding beds, not treadmills. When determining whether a reference may properly be applied to an invention in a different field of endeavor, it is necessary to consider the problem to be solved. It is certainly possible that a reference may be drawn in such a way that its usefulness as a teaching is narrowly restricted. However, in ICON, the problem to be solved was not limited to the teaching of the "treadmill" concept. The Teague reference was analogous art because "Teague and the current application both address the need to stably retain a folding mechanism," and because "nothing about ICON's folding mechanism requires any particular focus on treadmills.""と解説されている。

つこととなる。また ICON Health の広範なクレームは、Teague 先行特許において記載された課題に対処する実施形態を包含することとなるので、先行技術は、その教示を組み込む理由を示しているともいえる。さらに、ICON Health 判決における CAFC の議論から、その組合せが望ましくないことを先行技術が教示していない場合には、先行技術の組合せを阻害するとはいえない。組合せによって装置が動作不能になるか否かの判断においては、先行技術から抽出した装置に対し、当業者が行ったであろうと考えられる変形を無視してはならない。[332]」と解説されている。

### 事例 6 : Agrizap 判決[333]

Agrizap 判決における対象特許は、U.S.P. 5,949,636（以下「'636特許」という。）であった。'636特許は、ネズミ等の害獣を感電死させる方法及び装置に関するものであった。'636特許に係る発明では、抵抗式スイッチを用いて害獣の存在が感知される。害獣が高電圧電極及び基準電極に接触すると、その害獣の体を電流が流れることで電気回路が完成され、発電機が始動する。この発電機は、害獣を感電死させるのに充分な高電圧及び高電流を生成する。

---

[332] MPEP 2143では、ICON Health 判決について、"ICON is also informative as to the relationship between the problem to be solved and existence of a reason to combine. "Indeed, while perhaps not dispositive of the issue, the finding that Teague, by addressing a similar problem, provides analogous art to ICON's application goes a long way towards demonstrating a reason to combine the two references. Because ICON's broad claims read on embodiments addressing that problem as described by Teague, the prior art here indicates a reason to incorporate its teachings." Id. at 1380-81, 83 USPQ2d at 1751. The Federal Circuit's discussion in ICON also makes clear that if the reference does not teach that a combination is undesirable, then it cannot be said to teach away. An assessment of whether a combination would render the device inoperable must not "ignore the modifications that one skilled in the art would make to a device borrowed from the prior art." Id. at 1382, 83 USPQ2d at 1752." とも解説されている。

[333] *Agrizap, Inc. v. Woodstream Corp., 520 F.3d 1337 (Fed. Cir. 2008)*

## 第4章　KSR判決後の判例

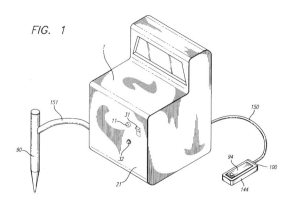

FIG. 1

　Agrizapは、Woodstreamに対し'636特許の侵害を主張して連邦地裁に提訴した。それに対し、Woodstreamは、'636特許が無効であると主張した。連邦地裁において、陪審は、Woodstreamによる特許無効の主張を認めず、特許権侵害を認める評決をした。この評決に対し、WoodstreamがJMOLを要求したところ、連邦地裁は、陪審評決を覆して非侵害の判決を下した。そこで、AgrizapとWoodstreamは、共にCAFCに控訴した。

　CAFCは、'636特許の自明性の問題が全ての争点に影響を及ぼすことから、自明性の問題について検討した。自明性判断に際し、CAFCは、Graham判決[334]を引用して、自明性の判断の際に悩まされる「後知恵バイアス（Hindsight bias）」を十分に認識していることに言及した上で、KSR判決[335]を引用して、「既知の方法によるありふれた要素の組合せは、「予測可能な結果」しか得られない場合には、自明である可能性が高い。」と述べている。

　USPTOにおける審査段階では、'636特許に係る出願は、Agrizap自身によるU.S.P. 5,269,091（以下「Agrizap先行特許」という。）と、U.S.P. 4,048,746（以下「Dye先行特許」という。）と、U.S.P. 4,200,809（以下「Madsen先行特許」という。）により、自明型二重特許（Obviousness-type double patenting）[336]を根拠として拒絶された。ここで、Agrizap先行特許は、電

---

[334] *Graham v. John Deere Co., 383 U.S. 1 (1966)*
[335] *KSR Int'l Co. v. Teleflex Inc., 550 U.S. 398 (2007)*
[336] 米国において、二重特許は、発明者又は所有者が共通する複数の特許又は

気回路を完成するための抵抗式スイッチの代わりに機械式スイッチを用いること以外は、'636特許のクレーム発明の全ての構成を開示していた。他方、Dye先行特許は、ネズミ等の害獣が２つの接触点に触れることで電気回路が完成する電気的駆除装置を開示し、Madsen先行特許は、牛の体等の外部負荷が２つの電極を介して抵抗電流を生成することによって電気回路を完成させる際に電荷を生成する装置を開示していた。自明型二重特許の拒絶理由に対処すべく、Agrizapは、'636特許とAgrizap先行特許の発明者が同一となるように、'636特許の発明者の地位（Inventorship[337]）を補正し、ターミナルディスクレーマ（Terminal disclaimer）[338]を提出した。これによりUSPTOにおける拒絶理由は解消された。

控訴審において、Woodstreamは、'636特許が、Gopher Zapper（Agrizap先行特許の実施品）と、Dye先行特許と、Madsen先行特許から自明であると主張した。Gopher Zapperは、Agrizap先行特許の実施品であること

---

特許出願の間で、クレーム発明の主題が同一又は自明である場合に生じる。二重特許には、同一発明型二重特許（Same invention type double patenting）と非法定型二重特許（Nonstatutory type double patenting）がある。非法定型二重特許の代表的なものが自明型二重特許（obviousness type double patenting）である。同一発明型二重特許は、101条に基づくものであり、非法定型二重特許は裁判所が作ったものである（山下　米国特許法　304頁参照）。

[337]「発明者の地位」については、MPEP 2109 Inventorship [R-07.2022] において、「「発明者の地位」を決定する際の基準となる問題は、誰が発明を着想（案出）したかである。発明の着想に貢献しない限り、その者は発明者であるとはいえない。発明者の定義に関する限り、実施化は原則として無関係である。発明者となるためには、着想に貢献しなければならない（The definition for inventorship can be simply stated: "The threshold question in determining inventorship is who conceived the invention. Unless a person contributes to the conception of the invention, he is not an inventor. … Insofar as defining an inventor is concerned, reduction to practice, per se, is irrelevant [except for simultaneous conception and reduction to practice, *Fiers v. Revel*, 984 F.2d 1164, 1168 (Fed. Cir. 1993)]. One must contribute to the conception to be an inventor." *In re Hardee*, 223 USPQ 1122 (Comm'r Pat. 1984).）。」と解説されている。

[338] 非法定型二重特許による拒絶は、ターミナルディスクレーマ（期間放棄）を提出することにより解消することができる（MPEP §804.02 Avoiding a Double Patenting Rejection [R-07.2022] II. NONSTATUTORY参照）。ターミナルディスクレーマは、特許権の存続期間の一部を放棄する手続であり、一方の特許の存続期間の終期を他方の特許の存続期間の満了日と一致させることにより特許権の存続期間の実質的な延長を回避するものである（37 CFR 1.321(c), MPEP §1490 Disclaimers [R-07.2022]）。

から、'636特許のクレーム発明における抵抗式スイッチ以外の全ての構成を開示していた。本件についてCAFCは、既知の方法によるありふれた要素の組合せを含むクレーム発明が「予測可能な結果」しか得られない場合の教科書的な事例（Textbook case）であると述べている。そしてCAFCは、Gopher Zapperと'636特許のクレーム発明との間の唯一の差異が、発電機を起動する電気回路を完成するために使用されるスイッチのタイプであり、Gopher Zapperの機械式スイッチを抵抗式スイッチに置換しただけであると認定した。また、CAFCは、Dye先行特許やMadsen先行特許に開示されているように、動物の体を抵抗式スイッチとして使用して電荷を生成する電気回路を完成させることは先行技術において既に知られており、Dye先行特許とMadsen先行特許の双方が、汚れや湿気の多い環境での機械式スイッチの誤動作を解決するという'636特許の課題と同一の課題を解決するために、機械式スイッチよりも抵抗式スイッチを好適なものとしていることも認定した。これらの客観的証拠に鑑み、CAFCは、'636特許が先行技術から自明であるため無効であると判断した。

## 【MPEP 2143における解説】

　Agrizap判決については、MPEP 2143において、次のように解説されている。

　Agrizap判決は、ネズミ等の害獣を感電死させるための定置型の害獣駆除装置（Pest control device）に関するものであった。この装置は害獣が発生し易い場所に設置される。'636特許のクレーム発明に係る装置と、先行技術の害獣駆除装置との唯一の差異は、クレーム発明が抵抗式電気スイッチを使用しているのに対し、先行技術では機械式圧力スイッチを使用していることであった。ここで、抵抗式電気スイッチは、携帯式の害獣駆除装置や牛追い棒（Cattle prod）に関する2つの先行特許において教示されていた。

　クレーム発明の自明性判断の際に、CAFCは、主張されたクレーム発明は、先行技術の装置において使用されていた機械式圧力スイッチを抵抗式電気スイッチに置換しただけのものであると認定した。本件において、

携帯式の害獣駆除装置に関する先行技術は、置換された抵抗式電気スイッチの機能が周知であって予測可能であり、害獣駆除装置において使用可能であることを明示していた。CAFCによれば、携帯式の害獣駆除装置を教示する先行技術は、電荷を生成する電気回路を完成させるために動物の体を抵抗式スイッチとして使用することが先行技術において周知であったことを示していた。またCAFCは、従来の携帯式の害獣駆除装置における抵抗式スイッチを用いることによって解決される課題(「汚れや湿気による機械式スイッチの誤動作」)は、従来の定置型の害獣駆除装置にも当てはまることも認定した。

MPEP 2143では、「CAFCが、Agrizap判決を、「クレーム発明が、既知の方法によるありふれた要素の組合せを含む場合であって、「予測可能な結果」しか得られない場合の教科書的な事例である。」と認識している。」ことにも言及されている。また、Agrizap判決については、「提供された非自明性の客観的証拠では克服されなかった、「単純な置換に基づく強力な自明性」が推認される典型例である。[339]」ことも説明されている。さらにAgrizap判決については、「動物の体を抵抗式スイッチとして使用して電荷を生成する電気回路を完成させる先行技術の1つが害獣駆除の分野のものではないことから、「類似の技術」が発明者の属する分野に限定されるものではないことをも示す事例である。[340]」という説明もなされている。

### 事例7：Muniauction判決[341]

Muniauction判決における対象特許は、U.S.P. 6,161,099(以下「'099特許」という。)であった。'099特許は、「金融商品の原発行者オークション」を

---

[339] MPEP 2143では、Agrizap判決について、"Agrizap exemplifies a strong case of obviousness based on simple substitution that was not overcome by the objective evidence of nonobviousness offered."と説明されている。

[340] Agrizap判決については、MPEP 2143において、"It also demonstrates that analogous art is not limited to the field of the inventor's endeavor, in that one of the references that used an animal body as a resistive switch to complete a circuit for the generation of an electric charge was not in the field of pest control."という説明もなされている。

[341] *Muniauction, Inc. v. Thomson Corp., 532 F.3d 1318 (Fed. Cir. 2008)*

行うための電子的方法を対象とする。具体的には、ウェブブラウザを使用した電子ネットワーク、例えばインターネットを介した原発行体の地方債オークションを対象とする。このタイプのオークションでは、例えば地方自治体（発行者）が、金融商品となる債券を売り出し、入札により債券を購入する。

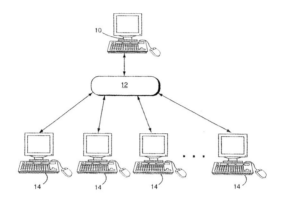

　Muniauctionは、Thomsonに対し特許権侵害訴訟を提起した。連邦地裁における審理の後、陪審は、特許権侵害が主張された'099特許のクレーム発明が先行技術から自明なものではないと判断し、かつThomsonによる故意侵害（Willful infringement）[342]をも認めた。そこで、Thomsonは、JMOL又は新たな裁判を求める申立てを提出し、'099特許のクレーム発明が先行技術から自明であり、かつ非侵害であると主張した。しかし、連邦地裁は陪審評決を支持した。そこで、本件はCAFCに控訴された。

　自明性に関し、Thomsonは、'099特許のクレーム発明が、先行技術であるParity®システムを変形したものから自明であると主張した。

---

342 「故意侵害（Willful infringement）」とは、侵害者に故意が認められる場合に、損害額を3倍まで増額できるという懲罰的損害賠償の制度をいう。284条では、「損害賠償額について陪審による評決が行われなかった場合は、裁判所がそれを査定しなければならない。何れの場合も、裁判所は、損害賠償額を、評決又は査定された額の3倍まで増額することができる。」ことが規定されている。故意侵害に基づく損害賠償額の増額は、懲罰的損害を認めたものであり、故意又は不誠実な侵害行為が行われた場合に認められる（Aro Manufacturing Co. v. Convertible Top Replacement Co., 377 U.S. 476 (1964)）（武重　米国特許法講義　182~183頁参照）。

第3節　MPEP 2143 一応の自明性の基礎的要件の事例

Parity® システムでは、入札者がモデムを使用して独自のコンピュータネットワークを介して中央サーバ上の入札計算ソフトウェアにアクセスし、データを入力して特定の入札の際の利息（TIC：True Interest Cost）を計算することができる。その後、入札者は電子ネットワークを介して中央サーバに入札申請を提出することができ、中央サーバは TIC に従って入札を発注し、表示のために入札を発行者のコンピュータに送信する。

　CAFC は、まず先行技術である Parity® システムが '099特許の独立クレームに記載される方法の全てのステップを開示するか否かを検討した。その結果、ウェブブラウザの使用以外の '099特許の独立クレームに係る発明の構成が、Parity® システムに含まれると認定した。次に、CAFC は、Parity® システムを変形して '099特許の独立クレームに係る発明の全ての構成を得ることが当業者に自明であったか否かを検討した。具体的には、ウェブブラウザ機能を組み込むように Parity® システムを変形することが、当業者に自明であったか否かを検討した。その際に、CAFC は、KSR 判決[343]を引用して、「自明性判断の際の中心原理は、「その改良が、それらについて確立された機能に従った先行技術の要素の予測可能な使用を超えるものであるか否かを、裁判所が確認しなければならない。」ということである。[344]」と説示している。その上で、CAFC は、U.S.P. 5,794,219 や U.S.P. 5,835,896等の複数の先行技術を提示して、電子オークションを行うためにインターネット及びウェブブラウザ技術を使用することは '099特許の出願時点で十分に確立されていたことを認定し、ウェブブラウザ機能を組み込むように Parity® システムを変形することは、当業者に自明であったと判断した。

　以上より、CAFC は、'099特許の独立クレームに係る発明が先行技術から自明であると判断した。この判断に際し、CAFC は、Muniauction 判決

---

343　*KSR Int'l Co. v. Teleflex Inc., 550 U.S. 398 (2007)*
344　Muniauction 判決において、CAFC は、"A central principle in this inquiry is that a court must ask whether the improvement is more than the predictable use of prior art elements according to their established functions." と判示した。

における既知の要素の組合せの考え方が、Leapfrog 判決[345]における既知の要素の組合せの場合と非常に似ていると述べている。Leapfrog 判決では、CAFC は、子供に音声で読むことを教えるという目的を達成する先行技術の機械式装置に、最新の電子機器を適用することは、子供用学習装置を設計する当業者に自明であると判断していた。その理由として、CAFC は、市場の圧力（Market pressures）により、当業者は、先行技術である機械式の子供用学習装置に最新の電子機器を適用するよう促されたであろうと説示した。

## 【MPEP 2143における解説】

Muniauction 判決については、MPEP 2143において、次のように解説されている。

Muniauction 判決において問題となった発明は、インターネット上で地方債を競売する方法に関するものであった。地方自治体は、様々な元本価格と満期日の公債を発行することができ、これに興味を持った買い手が各満期日の価格と利息を含む入札申請を提出することができる。このとき買い手は、公募の一部について入札することもできる。'099特許のクレーム発明は、最良の入札を決定するために、パラメータの全てを考慮するものであった。当該発明は従来のウェブブラウザ上で動作し、参加者はオークションの進行状況を監視することができた。

先行技術の入札システムとクレーム発明との唯一の差異は、従来のウェブブラウザを使用したことであった。連邦地裁は、トライアルにおいて、'099特許のクレーム発明が自明ではないと判断した。連邦地裁の審理において、Thomson は、クレーム発明が、先行技術のオークションシステムにウェブブラウザを組み込むだけのものであり、したがってKSR判決に照らして自明であると主張していた。それに対し、Muniauction は、「専門家による懐疑論」、「他人による模倣」、「賞賛（Praise）」、「商業的成功」

---

345 *Leapfrog Enterprises, Inc. v. Fisher-Price, Inc., 485 F.3d 1157 (Fed. Cir. 2007)*

の証拠を提示して反論したところ、連邦地裁は、非自明性を主張して提出された証拠に説得力があると判断した。

しかし、CAFC は、連邦地裁の判断に同意しなかった。CAFC は、「争点となっているクレーム発明と証拠とが、同一の広がりを持つものではなかったため、クレーム発明と提出された証拠との間の関連性が欠如している。[346]」ことを指摘した上で、二次的考慮事項に関する Muniauction の証拠が重視されるべきものではないと判断した。

MPEP 2143では、CAFC が、Muniauction 判決を Leapfrog 判決と類似する事件であると認識していることが紹介されている。そして、Leapfrog 判決では、先行技術である機械式の子供用学習装置に最新の電子機器を適用しただけであったことから、クレーム発明が自明であると判断されたこと、また市場の圧力により、当業者は、先行技術の装置において最新の電子機器を使用するよう促されたであろうと CAFC が認定したことに言及して上で、Muniauction 判決においても同様に、当業者は、市場の圧力のため、地方債の競売方法において、従来のウェブブラウザを使用するよう促されたであろうと説明されている。

### 事例8：Aventis Pharma 判決[347]

Aventis Pharma 判決における対象特許は、U.S.P. 5,061,722（以下「'722特許」という。）であった。'722特許は、他の異性体（Isomer）を実質的に含まない製剤中の医薬化合物ラミプリル（Ramipril）に関するものであった。ラミプリルは、立体異性体（Stereoisomer）の１つである。立体異性体は、異性体の一種であり、構造式は同じであるが、３次元空間において原子配置が異なるため重ね合わせることができない異性体をいう。

---

346 MPEP 2143では、CAFC が、"It noted that a nexus between the claimed invention and the proffered evidence was lacking because the evidence was not coextensive with the claims at issue." と指摘したことが紹介されている。
347 *Aventis Pharma Deutschland v. Lupin Ltd., 499 F.3d 1293 (Fed. Cir. 2007)*

$$X-C-CH_2-CH-NH-CH-CO-N\phantom{---}CH^1-CH_2$$

(structural formula with labels: Y, Z on left carbon; $CO_2R^2$; $R^1$; $CH_3$, $CH^5$, $CH_2$; HOOC, $CH_2$, $CH_2$)

　ラミプリルの先発医薬品（Predecessor）にエナラプリル（Enalapril）があり、エナラプリルは、1980年にMerckによって発表されたACE阻害剤（Inhibitor）であった。Aventis Pharmaと、その競合他社であるScheringは、エナラプリルをベースにした新たなACE阻害剤の開発を目指していたところ、Scheringの発明者が、エナラプリルと同じ全体構造を有するが、異なる部分を含むラミプリルの構造を思い付いた。そこで、Scheringは、1980年10月に米国特許出願を行い、U.S.P. 4,587,258（以下「Schering '258先行特許」という。）及びU.S.P. 5,348,944（以下「Schering '944先行特許」という。）を取得した。Schering '944先行特許には、ラミプリルの32の立体異性体の中の8つが含まれていたが、実際には4つの立体異性体しか生成しなかったことが記録において示唆されていた。他方、Aventis Pharmaの発明者は、1981年10月にラミプリルの合成に成功した。そして、1981年11月、Aventis Pharmaは、ラミプリルについて、まずドイツで特許出願を行った。このドイツの特許出願に対し優先権を主張して、1982年11月、後に'722特許となる出願を含む一連の米国特許出願の最初の出願を行った。

　1986年5月、Scheringに対し上記のSchering '258先行特許が付与された。その後、Scheringは、Aventis Pharmaに対し、このSchering '258先行特許のライセンスを許諾した。ほぼ同時期に、USPTOは、Schering '258先行特許と、継続中のAventis Pharmaの出願との間のインターフェアレンス（Interference）[348]を宣言した。このインターフェアレンスは、当事者

---

348　インターフェアレンスとは、特許と特許出願、又は特許出願同士の間で「同一の特許可能な発明」がクレームされている場合に、発明の先後を争う手続をいう。インターフェアレンスは、AIA改正により先発明主義から先発明者先願主義へ移行することで、先の発明者を決定する手続である冒認手続（Derivation proceedings）が導入されたことに伴い廃止された（アメリカ改正特許法　99頁参照）。

の交渉を通じて解決し、Aventis Pharma は、他の異性体を実質的に含まない製剤中のラミプリルの5(S)立体異性体に関して出願をする権利を保有することとなった。そこで、Aventis Pharma は、ラミプリルの5(S)立体異性体について、FDA[349]の承認を求める手続を進めた。1991年1月に FDA の承認を得た後、Aventis Pharma は、Altace® という商品名でラミプリルの販売を開始した。また、Schering の代理人として、Aventis Pharma は、FDA による審査期間（Regulatory review period）に基づいて、Schering '258先行特許の存続期間の延長を求めた。

Schering '258特許は2005年1月に失効した。2005年3月、Lupin は、ラミプリルのジェネリック品の承認を求める簡易新薬申請（ANDA：Abbreviated New Drug Application）[350]を提出した。これに応じて、271条 (e)(2)(A)に基づき、Aventis Pharma は、故意侵害を含む '722特許の侵害を理由として、Lupin に対し連邦地裁に特許権侵害訴訟を提起した。'722特許は1991年10月に発行されており、Aventis Pharma は '722特許の権利者であり、Pharmaceuticals, Inc.（King）は '722特許の独占的ライセンシーであった。連邦地裁は、'722特許の有効性を認めた上で、均等論に基づく侵害の略式判決を言い渡した。この結果に対し、当事者はCAFCに控訴した。

控訴審において、CAFC により、'722特許の有効性についての判断が示された。先行技術として、多くの文献等が主張されたが、BPP5aとして知られる化合物、最初に合成された ACE 阻害剤であるカプトプリル（Captopril）、Merck のエナラプリルに関する文献が先行技術として採用された。これらの先行技術の化合物の最も治療的に有効な立体異性体の立体中心（Stereocenter）は全てS配置であり、この事実は、学術誌 Nature における Merck のエナラプリルに関する論文によっても教示され

---

349 FDA とは、アメリカ食品医薬品局（Food and Drug Administration）の略称で、食品などを取り締まる米国の政府機関である。
350 ANDA とは、米国におけるジェネリック医薬品の承認申請をいう。米国では、ハッチ・ワックスマン法により、先発医薬品に関連する特許の存続期間満了前に、FDA に対し、発売しようとするジェネリック医薬品の承認申請を行うことができる。

ていた。これらに加え、CAFCは、Schering '944先行特許や、102条(g)[351]の先行技術である「スミス博士によるSCH 31925の合成に関する記録」も、先行技術として採用した。

　自明性判断に際し、CAFCは、「重要な問題は、ラミプリルの5(S)立体異性体が、他の異性体を実質的に含まない形態であることが、'722特許の優先日の時点で、先行技術に鑑み当業者に自明であったか否かである。」と認定している。そしてCAFCは、Takeda判決等[352]を引用しながら、「化学分野において、先行技術がクレームされた組成物を作製する理由や動機付けを与え、先行技術の組合せ等によって立証された場合には、クレーム発明の主題と先行技術の主題との間の構造的類似性（Structural similarity）[353]が、「一応の自明性」を誘因する。[354]」と考えてきたことを述

---

[351] 102条はAIA改正により大幅に改正された。AIA改正より前は、102条は102(a)〜102(g)により構成されていたが、AIA改正により102(a)〜102(d)に集約された。旧法における102(g)の内容は、次のとおりである。
「(1) 135条又は291条に基づいて行われるインターフェアレンス手続において、その手続に関与する他の発明者が、104条によって許容される範囲で、その者の発明前に、他の発明者によってその発明がなされ、かつ放棄、隠匿若しくは隠蔽されていなかったことを立証した場合、又は (2) そのような者の発明前に、その発明が米国において他の発明者によってなされ、かつその発明者が放棄、隠匿若しくは隠蔽していなかったことを証明する場合。本項に基づいて発明の優先度を決定するためには、発明の着想日及び実施化の日のみならず、その発明を最初に着想し最後に実施化した者による、他人による着想の日前からの合理的な努力も考慮しなければならない。」

[352] *Takeda Chem. Indus., Ltd. v. Alphapharm Pty., Ltd.*, 492 F.3d 1350 (Fed. Cir.2007)（quoting *In re Dillon*, 919 F.2d 688 (Fed. Cir.1990) (en banc)）と共に、*In re Papesch* 315 F.2d 381 (CCPA 1963) も引用されている。

[353] 化合物の「構造的類似性」は、自明性判断の際に考慮されてきた。例えば、*In re Deuel*, 51 F.3d 1552 (Fed. Cir. 1995) では、「構造的関係は、既知の化合物を改変して新しい化合物を得るために必要な動機付けや示唆を提供する可能性がある。例えば、先行技術の化合物は、同族体が類似の特性を有することが多いため、その同族体を示唆する可能性があり、したがって通常の技術を有する化学者は、改良された特性を有する化合物を得ようと試みる際に、それら（同族体）を作製することを検討するであろう ("Structural relationships may provide the requisite motivation or suggestion to modify known compounds to obtain new compounds. For example, a prior art compound may suggest its homologs because homologs often have similar properties and therefore chemists of ordinary skill would ordinarily contemplate making them to try to obtain compounds with improved properties.")。」と判示されている。また、MPEP 2144.08 Obviousness of Species When Prior Art Teaches Genus [R-07.2022], II. DETERMINE WHETHER THE CLAIMED SPECIES OR SUBGENUS WOULD HAVE BEEN OBVIOUS TO ONE OF ORDINARY SKILL IN THE PERTINENT

べている。またCAFCは、Dillon判決等[355]を引用して、「理由又は動機付けを認定するために、クレームされた化合物が特定の用途を有するという明示的な教示は必要ではなく、クレームされた化合物と先行技術の化合物が、先行技術全体を考慮して、新たな化合物が古い化合物と類似の特性を有するであろうという期待を持たせるのに「十分に密接な関係」を有することを証明すれば十分である。[356]」とも述べている。

さらにCAFCは、クレームされた組成物が先行技術に存在していた混合物の精製された形態である場合も、同様の分析を行えると述べている。そして、May判決等[357]を引用しながら、「この精製された化合物は、混合物に対して、必ずしも「一応自明」に該当するとは限らないが、混合物の望ましい特性がその成分の特定の1つに全体又は部分的に由来することが知られている場合、また先行技術が当業者に対し、そのように信じる理由を提供する場合には、明示的な教示がなくても、精製された化合物は、先行技術の混合物から自明であると判断され得る。また、濃縮又は精製さ

---

ART AT THE RELEVANT TIME, A. Establishing a Prima Facie Case of Obviousness, 4. Determine Whether One of Ordinary Skill in the Art Would Have Been Motivated To Select the Claimed Species or Subgenus, (c) Consider the Teachings of Structural Similarity において、「構造的類似性」を検討することが記載されている。さらに、MPEP 2144.09 Close Structural Similarity Between Chemical Compounds (Homologs, Analogues, Isomers) [R-07.2022]では、密接な「構造的類似性」について解説されている。

354 Takeda判決等において、CAFCは、"In the chemical arts, we have long held that "structural similarity between claimed and prior art subject matter, proved by combining references or otherwise, where the prior art gives reason or motivation to make the claimed compositions, creates a prima facie case of obviousness." と説示している。

355 *In re Dillon, 919 F.2d 688 (Fed. Cir. 1990) (en banc)* と共に *In re Wilder, 563 F.2d 457 (C.C.PA. 1977)* も引用されている。ここで、"en banc" とは、「所属裁判官全員で、全員法廷で、大法廷で。」という意味である（英米法辞典294頁）。"en banc" については、裁判所の裁判官全員で裁判体を構成して審理や裁判を行う制度であると解説されることもある。また、裁判所の種類により「大法廷」や「大合議」と訳されることもある。

356 Dillon判決等において、CAFCは、"The "reason or motivation" need not be an explicit teaching that the claimed compound will have a particular utility; it is sufficient to show that the claimed and prior art compounds possess a "sufficiently close relationship . . . to create an expectation," in light of the totality of the prior art, that the new compound will have "similar properties" to the old." とも説示している。

357 *In re May 574 F.2d 1082 (CCPA 1978), In re Adamson 275 F.2d 952 (CCPA 1960), In re Merz 97 F.2d 599 (CCPA 1938)* 等が引用されている。

れた成分は、混合物中で示されたのと同じ特性を保持することが期待されるが、成分が濃縮又は精製された場合に特性が増幅されると、そのような興味深い化合物を単離することは、化学者が属する技術分野において中核的な存在となる。そのような単離を実行する方法が既に知られている場合、それを実行することは、革新の産物ではなく、「通常の技術（Ordinary skill）[358]」や「常識」の産物であると判断される可能性が高くなる。[359]」とも述べている。

　以上を踏まえて、CAFC は、記録から、「スミス博士が SCH 31925 を合成した際に、ラミプリルの混合物において 5（S）立体異性体が治療効果のある有効成分であることを理解していた。」こと、「先行技術が、5（S）立体異性体に着目する十分な理由を提供していた。」ことを認定した。ここで、SCH 31925 組成物には、ラミプリルの 5（S）及び SSSSR 立体異性体のみが含まれていた。また、これらの形態は 1 つの炭素原子の配置のみが異なり、その原子は橋頭炭素（Bridgehead carbon）の 1 つではなかった。さらに、その炭素原子は、エナラプリル分子と共通するラミプリル分子の部分に

---

[358] 「通常の技術（Ordinary skill）」という用語は、「当業者」と訳されることがある "a person having ordinary skill in the art" という用語の中で用いられている。この「通常の技術」に関連するものとして、例えば、MPEP 2141.03 Level of Ordinary Skill in the Art [R-07.2022] では、「技術分野における（通常の）技術レベル」について解説されている。MPEP 2141.03 では、「技術分野における（通常の）技術レベル」を決定する際に考慮され得る 5 つのファクターが紹介されている。この 5 つのファクターについては、本書の表 4 において紹介している。

[359] May 判決等において、CAFC は、"Such a purified compound is not always prima facie obvious over the mixture; for example, it may not be known that the purified compound is present in or an active ingredient of the mixture, or the state of the art may be such that discovering how to perform the purification is an invention of patentable weight in itself. However, if it is known that some desirable property of a mixture derives in whole or in part from a particular one of its components, or if the prior art would provide a person of ordinary skill in the art with reason to believe that this is so, the purified compound is prima facie obvious over the mixture even without an explicit teaching that the ingredient should be concentrated or purified.···Ordinarily, one expects a concentrated or purified ingredient to retain the same properties it exhibited in a mixture, and for those properties to be amplified when the ingredient is concentrated or purified; isolation of interesting compounds is a mainstay of the chemist's art. If it is known how to perform such an isolation, doing so "is likely the product not of innovation but of ordinary skill and common sense." とも述べている。

あった。そして、エナラプリルでは、カプトプリルやそれ以前のBPP5a立体異性体と同様、全ての立体中心がS配置にあり、Merckの論文は、エナラプリルのSSS型がSSR型の700倍強力であることを教示していた。

CAFCは、5(S)及びSSSSR立体異性体のラミプリルと、SSS型及びSSR型のエナラプリルとの間の構造的類似性は、当業者であれば、5(S)及びSSSSR立体異性体のラミプリルの効力が同様に相違すると予測可能であると判断した。さらに、CAFCは、ラミプリルの立体異性体が、従来のクロマトグラフィー又は分別結晶化法によって分離できることをSchering '944先行特許が具体的に教示していると認定し、5(S)及びSSSSR立体異性体のラミプリルを単離することが、当業者の能力の範囲外であったことを示す証拠はないと判断した。以上より、CAFCは、他の異性体を実質的に含まない組成物中のラミプリルの5(S)立体異性体を対象とする'722特許は無効であると判断した。

## 【MPEP 2143における解説】

Aventis Pharma判決については、MPEP 2143において、次のように解説されている。

Aventis Pharma判決では、クレーム発明は、高血圧症治療薬（Blood pressure drug）であるラミプリルの立体化学的（stereochemically）に純粋な5(S)立体異性体、組成物及び方法に関するものであった。5(S)立体異性体は、ラミプリル分子の5つの立体中心の全てがR配置ではなく、S配置にある立体異性体である。5(S)立体異性体のラミプリルを含む様々な立体異性体の混合物が先行技術において教示されていた。

CAFCの審理における争点は、精製された単一の立体異性体が、既知の立体異性体の混合物に鑑み自明であったか否かであった。記録によれば、ラミプリルに類似する医薬における複数のS立体中心の存在が治療効果の向上と関連していることが知られていた。例えば、関連する医薬であるエナラプリルでは全ての立体中心がS型である場合（SSS型エナラプリル）と、S型の立体中心が2つだけの場合（SSR型エナラプリル）では、治療効果において700倍の差があった。また、従来の方法を使用してラミプリ

ルの様々な立体異性体を単離できることを示す証拠もあった。

　連邦地裁は、先行技術に5(S)ラミプリルを単離する明確な動機付けを見出せなかったことから、際どい争点の事件ではあるものの非自明であると判断した。しかし、CAFCは、連邦地裁の判断を支持せず、クレーム発明が自明であると判断した。その際にCAFCは、5(S)ラミプリルを単離するための明確な動機付けを先行技術において要求することは、KSR判決[360]に反すると警告されていることに言及した上で、「有効成分である5(S)立体異性体を混合物から精製するための明示的な教示を要求することは、KSR判決において批判されたTSMテストの厳格な適用の一種となる。」と述べたことが紹介されている[361]。また、Aventis Pharma判決において、CAFCが「化学系の事件において、構造的類似性が先行技術の教示を変形するために必要な理由を提供し得る。」という解決済の原則に依拠した[362]こと、さらにCAFCが、化合物が特定の効用を有するという明示的な教示がなくても先行技術に照らして類似の特性に対する期待を持つことができれば十分な場合があることを説明しながら、先行技術に基づいて明示的に述べられた動機付けが存在しなくても十分であるタイプの教示に対処したことも紹介されている[363]。

---

360　*KSR Int'l Co. v. Teleflex Inc., 550 U.S. 398 (2007)*
361　MPEP 2143では、Aventis Pharma判決において、CAFCが、"The Federal Circuit cautioned that requiring such a clearly stated motivation in the prior art to isolate 5(S) ramipril ran counter to the Supreme Court's decision in KSR, and the court stated:Requiring an explicit teaching to purify the 5(S) stereoisomer from a mixture in which it is the active ingredient is precisely the sort of rigid application of the TSM test that was criticized in KSR." と述べたことが紹介されている。
362　MPEP 2143では、Aventis Pharma判決について、"The Aventis court also relied on the settled principle that in chemical cases, structural similarity can provide the necessary reason to modify prior art teachings." と解説されている。この解説より、USPTOにおける審査等では、化学系の事件において構造的類似性が認められる場合に、そのことを理由として先行技術の教示を変形することができる場合があるといえるであろう。
363　MPEP 2143では、Aventis Pharma判決において、CAFCが、"The Federal Circuit also addressed the kind of teaching that would be sufficient in the absence of an explicitly stated prior art-based motivation, explaining that an expectation of similar properties in light of the prior art can be sufficient, even without an explicit teaching that the compound will have a particular utility." と対処したことも紹介されている。

## 第3節　MPEP 2143 一応の自明性の基礎的要件の事例

　MPEP 2143では、化学分野において、いわゆる「リード化合物（Lead compounds）」に関連する事件が、置換に基づく自明性の重要なサブグループを形成すると解説されている。KSR 判決以降、CAFC において、クレームされた化合物に到達するために既知の化合物を変形することが自明である状況について議論する多くの機会があったことも述べられている。次の事例（Eisai 判決）に関する解説において、「リード化合物」の選択、提案された変形の理由の必要性、及び結果の予測可能性について検討がなされている。

### 事例9：Eisai 判決[364]

　Eisai 判決における対象特許は、U.S.P. 5,045,552（以下「'552特許」という。）であった。'552特許はラベプラゾール（Rabeprazole）に向けられたものである。ラベプラゾールは、胃潰瘍及び関連疾患を治療するためのプロトンポンプ阻害剤（Proton pump inhibitor）として知られる医薬の一種で、胃酸の生成を抑制する。

　Dr. Reddy's と Teva Pharm. はそれぞれ、'552特許の存続期間の満了前に、ハッチ・ワックスマン法（Hatch-Waxman Act）[365]に基づいて簡易新薬申請を提出した。簡易新薬申請の提出は手続的に可能（artificial）であるが、法的には特許権侵害に該当する行為（legally cognizable act of

---

364　*Eisai Co. Ltd. v. Dr. Reddy's Labs., Ltd.*, 533 F.3d 1353 (Fed. Cir. 2008)
365　ハッチ・ワックスマン法（Hatch-Waxman Act）は、「医薬品の価格競争と特許期間延長法（The Drug Price Competition and Patent Term Restoration Act）」の略称である。ハッチ・ワックスマン法は、特許が失効するまで、競合他社が特許を取得した方法を使用して FDA の承認に必要な試験を実施することを禁止した、Roche Products 事件（*Roche Products, Inc. v.*

patent infringement）となる[366]ことから、Eisai は、Dr. Reddy's と Teva Pharm. に対して特許権侵害訴訟を提起した。Dr. Reddy's と Teva Pharm. は、'552特許のクレーム１〜６の侵害を認めたが、'552特許は、「不衡平行為（Inequitable conduct）」のため、権利を行使することができない（unenforceable）ことを主張した。本書では、「不衡平行為」に関する争点についての具体的な判示内容の紹介は省略するが、「不衡平行為の原則（Doctrine of inequitable conduct）」については概説しておく。

エクイティ（Equity[367]：衡平法）による救済を受けようとする者は、不正を行ってはならないとされている。これを「クリーンハンズの原則（Doctrine of clean hands）[368]」という。したがって、フロード（Fraud[369]）

---

*Bolar Pharmaceutical Co., 733 F.2d 858 (Fed. Cir. 1984)*）の判決に対処するものであった。この判決により、ジェネリック医薬品メーカーは、先発医薬品メーカーの特許期間が満了するまで、その後発品の試験を開始することができなくなった。その結果、ジェネリック医薬品は、先発医薬品メーカーの特許期間が満了してから約2年後まで FDA の承認を得ることができなくなった。そこで、議会は、Roche Products 事件の判決に対処すべく、ハッチ・ワックスマン法を制定した（Robertson, Alexandra "The Future of Patent Protection for Post-FDA-Approved Generics: A Look at the Federal Circuit's Incongruous Interpretations of the "Safe Harbor" Provision in 35 U.S.C. § 271(e)(1)," Seton Hall Circuit Review: Vol. 10: Iss. 2, Article 7.（2014）Available at: https://scholarship.shu.edu/circuit_review/vol10/iss2/7　443〜444頁参照）。

366　*Glaxo Group Ltd. v. Apotex, Inc.* 376 F.3d 1339 (2004) 参照。

367　「エクイティ」とは、衡平、公正を意味する。英米法の歴史的端源のうち、コモン・ローと並ぶ重要なものである。中世において、国王裁判所が運用したコモン・ローでは救済が与えられないタイプの事件であっても正義と衡平の見地から当然自分に救済が与えられて然るべきであると考えた者は、正義の源泉である国王にその旨の請願を提出した。このような請願を受けた大法官は、事件ごとに裁量で救済を与えていたが、そのような例が増加すると、人々の間に、ある事実関係があれば救済が得られるという期待が生じる。こうして「エクイティ」は、コモン・ローと並ぶ1つの独立した法体系とみられるようになった（英米法辞典　302頁）。

368　「クリーンハンズ」とは、「汚れのない手（の原則）」のことであり、「エクイティ裁判所に救済を求めに来る者は、その手が汚れていてはならない。(He who comes into a court of equity must come with clean hands.)」という法格言で表現される原則をいう。エクイティ裁判所は、良心の裁判所として当該事案に関連して原告側に良心に反する行為、信義誠実を欠く行為、その他衡平の原理にもとる行為がある場合には、たとえこのような行為がなければ原告の主張に正当性が認められる場合であっても、救済を拒否する原則である。このようなときには、例えばコモン・ロー上の救済手段である損害賠償は認められても、差止命令（Injunction）や特定履行（Specific performance）などのエクイティ上の救済は認められないことになる（英米法辞典　151頁）。

第3節　MPEP 2143　一応の自明性の基礎的要件の事例

やラッチェス（Laches[370]）のようなエクイティ上の問題がある場合、差止や仮処分等の救済を求めることはできない[371]。「クリーンハンズの原則」に基づく判断が示された判例として、Keystone判決[372]、Hazel-Atlas判決[373]、Precision判決[374]等が挙げられる。これらの判決で示された考え方が「不衡平行為の原則」の基礎を築いたといわれている。例えば、Precision判決では、「裁判所に衡平を求める者は、クリーンハンズ（汚れのない手）でなければならない。たとえ被告の行為が不法行為であったとしても、救済を求める事項について不衡平又は不誠実であった者に対しては衡平のための裁判は受けられない。[375]」旨が示された。裁判のみならず、特許出願についても、「不衡平行為の原則」は適用される。特許出願に関する「不衡平行為」は、USPTOに対し、実直・誠実・正直（Candor, Good faith, and Honesty）である義務違反があった場合に生じる。例えば、規則1.56(a)[376]により、特許出願の手続に関与する者には、「特許性に関して重要な

---

[369] 「フロード」とは、詐欺のことであり、虚偽の事実を伝え又は開示すべき事実を秘匿することによって他人を欺罔し、その者に損害を与えることをいう。現実の詐欺（Actual Fraud）と擬制詐欺（Constructive Fraud）とに分類される（英米法辞典　363頁）。

[370] 「ラッチェス」とは、消滅時効のことであり、エクイティ上の請求権についての消滅時効が含まれる。コモン・ロー上の請求権についての出訴期限法（Statute of limitations）と同様、出訴期限という構成をとるが、裁判所が、原告がこれまで訴訟をしなかった事情、原告が訴訟を提起しなかった間に被告の法律上又は事実上の地位が変動し、今さら原告の請求を認めると被告に酷であるという事情があるか否かなど、一切の事情を考慮して、今まで訴訟を提起しなかったのが不合理といえるか、ここで訴訟を認めることが正義に反しないかという観点から弾力的に運用する（英米法辞典　495頁）。

[371] 岸本　知財戦略としての米国特許訴訟　64頁参照。

[372] *Keystone Driller Co. v. General Excavator Co., 290 US 240 (1933)*

[373] *Hazel-Atlas Co. v. Hartford Co., 322 U.S. 238 (1944)*

[374] *Precision Co. v. Automotive Co., 324 U.S. 806 (1945)*

[375] Precision判決では、"The guiding doctrine in this case is the equitable maxim that 'he who comes into equity must come with clean hands.' This maxim is far more than a mere banality. It is a self-imposed ordinance that closes the doors of a court of equity to one tainted with inequitableness or bad faith relative to the matter in which he seeks relief, however improper may have been the behavior of the defendant." と判示された。

[376] 規則1.56(a)では、「特許出願及びその手続の遂行に関与する各個人は、USPTOに対して誠実義務があり、その義務は特許性に重要である全ての情報をUSPTOに開示する義務を含む（Each individual associated with the filing and prosecution of a patent application has a duty of candor and good faith in dealing with the Office, which includes a duty to disclose to the Office all

情報（Information being material to patentability）」をUSPTOに開示する義務である情報開示義務[377]（Duty to disclose information）が課され、「特許性に関して重要な情報」については、規則1.56(b)[378]において規定されている。この情報開示義務を意図的に怠った場合に「不衡平行為」に該当することとなる[379]。なお、「不衡平行為」については、例えば、MPEP 1448[380]、MPEP 2001[381]、MPEP 2010[382]、MPEP 2016[383]等においても言及されている。

Eisai 事件において、Dr. Reddy's は、'552特許の有効性を争わなかったが、Teva Pharm. は、'552特許が先行技術から自明であるので無効であると主張した。そこで、CAFC は、'552特許が自明であるか否かを判断した。

---

information known to that individual to be material to patentability as defined in this section.）」と規定されている。
[377] 情報開示義務は、USPTO に対して特許性に重要である全ての情報を開示する義務をいう。情報開示義務を果たすために、出願人は、情報開示陳述書（IDS：Information Disclosure Statement）を提出することができる。この情報開示義務を怠った場合には権利行使ができなくなる。（MPEP 2016 Fraud, Inequitable Conduct, or Violation of Duty of Disclosure Affects All Claims [R-08.2017] 参照）
[378] 規則1.56(b)では、「本項において情報は、その情報がその出願に関して既に記録され又は記録されようとしている情報に累積されるものでなく、かつ次の条件に該当するときは、特許性に関して重要である。(1) その情報が、それ自体又は他の情報との組合せによって、クレームの一応の不特許性を確立する場合、又は (2) その情報が、出願人が次に掲げる行為においてとっている立場を反駁又はそれと矛盾する場合。ここで、当該行為とは、(i) USPTO が依拠する不特許性の議論に異議を唱える行為、又は (ii) 特許性の議論を主張する行為をいう」（(b) Under this section, information is material to patentability when it is not cumulative to information already of record or being made of record in the application, and (1) It establishes, by itself or in combination with other information, a prima facie case of unpatentability of a claim; or (2) It refutes, or is inconsistent with, a position the applicant takes in: (i) Opposing an argument of unpatentability relied on by the Office, or (ii) Asserting an argument of patentability.）」と規定されている。
[379] 山下　米国特許法　325頁参照。
[380] MPEP 1448 Fraud, Inequitable Conduct, or Duty of Disclosure Issues [R-08.2017]
[381] MPEP 2001 Duty of Disclosure, Candor, and Good Faith [R-08.2017]
[382] MPEP 2010 Office Handling of Duty of Disclosure/Inequitable Conduct Issues [R-08.2017]
[383] MPEP 2016 Fraud, Inequitable Conduct, or Violation of Duty of Disclosure Affects All Claims [R-08.2017]

## 第3節　MPEP 2143 一応の自明性の基礎的要件の事例

自明性判断に際し、CAFCは、Eli Lilly判決[384]を引用して、「対象特許が化合物をクレームしている場合、第3のグラハムファクター（クレーム発明と先行技術の差異）の分析により、構造的類似性や、クレームされた化合物と先行技術の化合物との間の相違点が判明する。」こと、Takeda判決[385]を引用して、「構造的類似性に基づく自明性は、クレームされた化合物に到達するために、当業者が既知の化合物（「リード化合物」）を選択し、その後、特定の方法で改変するに至った動機付けを特定することによって立証され得る。」ことを述べている。また、前述のAventis Pharma判決[386]を引用しながら、「必要な動機付けは任意の数の情報源から得ることができ、先行技術において必ずしも明示的である必要はない。」こと、「（必要な動機付けについては）クレームされた化合物と先行技術の化合物が、先行技術全体を考慮して、新たな化合物が古い化合物と類似の特性を有するであろうという期待を持たせるのに「十分に密接な関係」を有することを証明すれば十分である。」ことにも言及している。ここで、「リード化合物分析」（Lead compound analysis）について概説する。

「リード化合物分析」は、Yamanouchi判決[387]においてCAFCにより確立されたといわれている。それ以来、新たな化合物、特に医薬品特許における新たな化合物が、先行技術の化合物に対し一応自明であるか否かを裁判所が判断する際に使用されてきた。USPTOも、様々な手続において、「リード化合物分析」を適用している。「リード化合物[388]（Lead compounds）」に

---

[384] *Eli Lilly Co. v. Zenith Goldline Pharms., Inc. 471 F.3d 1369 (Fed. Cir. 2006)*
[385] *Takeda Chem. Indus. v. Alphapharm Pty., Ltd. 492 F.3d 1350 (Fed. Cir. 2007)*
[386] *Aventis Pharma Deutschland GmbH v. Lupin, Ltd., 499 F.3d 1293, 1301 (Fed. Cir. 2007)*
[387] *Yamanouchi Pharm. Co. v. Danbury Pharmacal, Inc. 231 F.3d 1339 (Fed. Cir. 2000)*
[388] 「リード化合物」については、「薬理活性のプロファイルが明らかであり、これを化学的に修飾することで活性の向上、毒性の減弱が期待できる新規化合物。」や、「医薬品開発において、生理活性を持つ化合物で、その化学構造は、有効性、結合選択性、薬物動態学上の指標などを改良するための出発点として用いられる。」という定義もなされている。

ついては、上述のTakeda判決において、「より良い効能の化合物を得るように、またその効能(抗糖尿病活性)を改善するように改変するのが最も有望である先行技術における化合物(…a compound in the prior art that would be most promising to modify in order to improve upon its antidiabetic activity and obtain a compound with better activity.)。」と定義されている。「リード化合物分析」は、２段階の分析に従って行われる。まず、当業者が、さらなる開発のための「リード化合物」として先行技術の化合物を選択したか否かを判断する。次に、何らかの理由又は動機付けが存在することにより、当業者が「成功の合理的期待」を持って「リード化合物」を改変してクレーム化合物を製造することを促されたか否かを判断する[389]。「リード化合物分析」については、次のような見解もある[390]。「リード化合物分析」では、まず「リード化合物」を選択するが、「リード化合物」を選択した後、対象となる化合物の自明性を主張する者は、その対象となる化合物となるように「リード化合物」を改変するための動機付けを示さなければならない。「リード化合物」を改変する動機付けは、先行技術における明示的な教示から見出すことができるが、先行技術全体から見出すこともできる。「リード化合物」の選択と同様に、改変の可能性の数が重要となる場合もあるが、単なる日常的なテストの結果は改変とはなり得ない。また、「一応の自明性」を立証するには、改変が機能するという合理的な期待がなければならず、「リード化合物」を改変する動機付けに加えて、「リード化合物」の改変による成功の可能性(Likelihood of success)がなければならない。予測することが困難であることは、「一応の自明性」の立証に不利に働く可能性がある。

---

[389] Li Gao, Lead Compound Analysis for Chemicals: Obvious or Nonobvious? Submitted in partial fulfillment of the requirements of the King Scholar Program Michigan State University College of Law Under the direction of Professor Carter-Johnson Spring (2017)参照。
[390] Briana Barron, Structural Uncertainty: Understanding the Federal Circuit's Lead Compound Analysis, 16 Intellectual Property L. Rev. 401 (2012)参照。

第３節　MPEP 2143 一応の自明性の基礎的要件の事例

　Eisai 事件において、Teva Pharm. は、３つの先行技術を組み合わせることで、'552特許が自明であると主張した。第１の先行技術は、ランソプラゾール（Lansoprazole）をクレームする欧州特許 European Patent No. 174,726（以下「Takeda 欧州先行特許」という。）であり、第２の先行技術は、オメプラゾール（Omeprazole）をクレームする U.S.P. 4,255,431（以下「Junggren 先行特許」という。）であり、第３の先行技術は、Brändström らの論文[391]（以下「Brändström 文献」という。）であった。

　第１の先行技術である Takeda 欧州先行特許は、潰瘍治療化合物（Ulcer treatment compound）であるランソプラゾールを教示していた。このランソプラゾールは、ラベプラゾールと同じ適応症に有用であった。ランソプラゾールは、ピリジン環の第４位（4-position on the pyridine ring）において、ラベプラゾールとは構造的に異なっている。ランソプラゾールはトリフルオロエトキシ（Trifluoroethoxy：$OCH_2CF_3$）置換基を有するのに対し、ラベプラゾールはメトキシプロポキシ（Methoxypropoxy：$OCH_2CH_2CH_2OCH_3$）置換基を有するものであった。これ以外は、ランソプラゾールとラベプラゾールは構造的に同一であるといえた。他方、第２の先行技術である Junggren 先行特許は、Prilosec® として販売されていた最初の市販プロトンポンプ阻害剤であるオメプラゾール[392]を含む、胃酸分泌を抑制する広範な化合物（Gastric acid inhibiting compounds）を開示しており、第３の先行技術である Brändström 文献は、ベンゾイミダゾール・スルフィニルメチル・ピリジンコア（Benzimidazole-sulfinylmethyl-pyridine core：Brändström コア構造）を有する抗潰瘍化合物（Anti-ulcerative compounds）を教示していた。

　ラベプラゾール、ランソプラゾール、オメプラゾールは、全て Brändström コア構造の化合物であった。つまり、これらの化合物は共通のコア構造を有していた。CAFC は、Takeda 欧州先行特許に従ってラッ

---

391　A Brändström, P Lindberg, U Junggren "Structure Activity Relationships of Substituted Benzimidazoles" Scandinavian Journal of Gastroenterology（1985）
392　*In re Omeprazole Patent Litigation, 536 F.3d 1361 (Fed. Cir. 2008)* 参照。

トにおけるインドメタシン誘発性胃病変試験（Indomethacin-induced gastric lesion assay）により測定された抗潰瘍作用について、ランソプラゾールがオメプラゾールより20倍優れていること、ランソプラゾールのトリフルオロエトキシ置換基が親油性（Lipophilicity）を与えることから、ランソプラゾールが、親油性（脂質膜（Lipid membranes）を通過する化合物特性）を有し、かつ低分子化合物であり、このためランソプラゾールが当業者にとって望ましいものとなったであろうことを認定した。これらのことから、CAFC は、当業者が、抗潰瘍化合物を探求する際の「リード化合物」の候補として、ランソプラゾールを検討したかもしれないと述べている。

　その一方で、CAFC は、KSR 判決[393]を引用して、「発明時点で、その分野において知られており、その特許によって対処されている必要性や課題は、クレームされている態様で要素を組み合わせる理由となる。」ことに言及した上で、新たな胃酸抑制剤との比較において、ランソプラゾールを新たな抗潰瘍化合物を開発する出発点の候補とすることでは、少なくとも不適応のものが存在する場合には、「リード化合物分析」による解決にならないことを認定している[394]。この認定の際に、CAFC は、Takeda 判決[395]を引用し、「負の副作用により、当業者が特定の化合物を出発点として使用することを思い止まる可能性がある。」ことに触れている。

　ここで、Takeda 欧州先行特許では、ランソプラゾールのフッ素系置換基（Fluorinated substituent）が、親油性を達成するための特別な指針（Special path）を提供することを教示していた。また、記録には、当業者が、ランソプラゾールを出発点として、有利な特性である親油性を与える構成であるフッ素系置換基を省略するための明確な理由は示されていなかった。これらのことをも踏まえ、CAFC は、当業者が、認識可能かつ

---

[393] *KSR Int'l Co. v. Teleflex Inc., 550 U.S. 398 (2007)*
[394] Eisai 判決において、CAFC は、"Thus lansoprazole's candidacy as a starting point to develop new anti-ulcer compounds versus new gastric acid inhibitors does not resolve the lead compound analysis, at least not in the absence of any contrary indications." と述べている。
[395] *Takeda Chem. Indus. v. Alphapharm Pty., Ltd. 492 F.3d 1350 (Fed. Cir. 2007)*

予測可能な解決策として、親油性を与えるフッ素系置換基を除去することによるランソプラゾールの改変を検討したという理由が記録にはないことから、'552特許の自明性を裏付ける証拠がないと結論付けた。つまり、CAFCは、先行技術との構造的類似性が認められる事例であったにもかかわらず、非自明性に関する連邦地裁の略式判決を支持し、「有利な特性を台無しにするような態様で先行技術の化合物(「リード化合物」)を改変する理由はなかった。」と判示した。

## 【MPEP 2143における解説】

　Eisai判決については、MPEP 2143において、次のように解説されている。

　Eisai判決は、医薬品であるラベプラゾールに関する事件である。ラベプラゾールは、胃潰瘍やその関連疾患を治療するためのプロトンポンプ阻害剤である。CAFCは、連邦地裁による非自明の略式判決を支持し、有利な特性を台無しにするような方法で先行技術の化合物を改変する理由はなかったと判示した。

　共同被告であるTeva Pharm.は、ラベプラゾールとランソプラゾールの構造的類似性に基づいて自明性を主張した。ラベプラゾールとランソプラゾールが共通のコア構造を有していると認められたことから、CAFCは、ランソプラゾールを「リード化合物」として選定した。先行技術の化合物であるランソプラゾールは、ラベプラゾールと同じ適応症に有用であり、ランソプラゾールがピリジン環の第4位にトリフルオロエトキシ置換基を有するのに対し、ラベプラゾールはメトキシプロポキシ置換基を有するという点においてのみ構造的に相違していた。ここで、ランソプラゾールのトリフルオロエトキシ置換基は、化合物に親油性を与えるため有益であることが知られていた。しかし、メトキシプロポキシ置換基を導入する化学修飾を行う当業者の能力や、結果の予測可能性については対処されていなかった。そこでCAFCは、構造間の顕著な類似性にもかかわらず、「リード化合物」を改変する理由を見出せなかった。このことに関し、MPEP 2143では、CAFCによる次のような説示内容が紹介されている。

第4章　KSR判決後の判例

「構造的類似性に基づく自明性は、クレームされた化合物に到達するために、当業者が既知の化合物（「リード化合物」）を選択し、その後、特定の方法で改変するに至った動機付けを特定することによって立証され得る。自明性判断の「柔軟なアプローチ」に適合するように、必要な動機付けは任意の数の情報源から得ることができ、先行技術において必ずしも明示的である必要はない。むしろ、クレームされた化合物と先行技術の化合物が、先行技術全体を考慮して、新たな化合物が古い化合物と類似の特性を有するであろうという期待を持たせるのに「十分に密接な関係」を有することを証明すれば十分である。[396]」

先行技術では、フッ素系置換基の導入により親油性が高められることが教示されていた。したがって、当業者であれば、トリフルオロエトキシ置換基をメトキシプロポキシ置換基に置換することで、化合物の親油性を台無しにするということを期待し得たであろう。このことから、（Teva Pharm.により）提案された化学修飾は、先行技術である化合物の有利な特性を台無しにすることとなるので、先行技術は、ラベプラゾールが胃潰瘍やその関連疾患を治療するための治療薬としてランソプラゾールよりも有用ではないという期待を生み出したといえる。本件の全ての事実を考慮すると、Teva Pharm.が議論したような理由、つまり本件発明の発明時点において当業者がラベプラゾールを合成するためにランソプラゾールを改変する理由がなかったといえるので、'552特許に係る化合物は自明ではなかった。

MPEP 2143では、「USPTOの審査官等は、「リード化合物」という用語

---

[396] MPEP 2143では、Eisai判決について、CAFCが、"Obviousness based on structural similarity thus can be proved by identification of some motivation that would have led one of ordinary skill in the art to select and then modify a known compound (i.e. a lead compound) in a particular way to achieve the claimed compound.... In keeping with the flexible nature of the obviousness inquiry, the requisite motivation can come from any number of sources and need not necessarily be explicit in the art. Rather "it is sufficient to show that the claimed and prior art compounds possess a 'sufficiently close relationship ... to create an expectation,' in light of the totality of the prior art, that the new compound will have 'similar properties' to the old." Id. at 1357, 87 USPQ2d at 1455. (citations omitted)" と説示したことが紹介されている。

第3節　MPEP 2143 一応の自明性の基礎的要件の事例

が、医薬関連の研究者等がこの用語を使用する際の意味とは異なる意味を持つ可能性があることに注意すべきである。[397]」と注意喚起がなされている。そして、製薬化学の分野では、「リード化合物」について様々に定義されていることが述べられ、具体的な定義の例が紹介されている[398]。そして、Eisai判決において、CAFCが、「自明性の観点からは、既知の化合物はいずれも「リード化合物」として機能する可能性がある。」と述べていることを引用しながら、「構造的類似性に基づく自明性は、クレームされた化合物に到達するために、当業者が、既知の化合物（「リード化合物」）を選択し、その後に特定の方法で改変するに至った動機付けを特定することによって立証できることから、審査官等は、例えば先行技術の化合物を改変してクレーム化合物に到達する理由が薬理活性とは無関係である場合に、医薬として有用であるクレーム化合物について自明性に基づいて拒絶する際に、不活性な化合物から開始できることを認識すべきである。[399]」という説明もなされている。また、「不活性な化合物は、医薬関連の研究者には、「リード化合物」となるとは考えられないかもしれないが、自明性判断の際には、不活性な化合物であっても、潜在的に「リード化合物」

---

397　MPEP 2143では、「リード化合物」に関し、"Office personnel are cautioned that the term "lead compound" in a particular opinion can have a contextual meaning that may vary from the way a pharmaceutical chemist might use the term." のような注意喚起がなされている。
398　「リード化合物」の定義について、MPEP 2143では、"In the field of pharmaceutical chemistry, the term "lead compound" has been defined variously as "a chemical compound that has pharmacological or biological activity and whose chemical structure is used as a starting point for chemical modifications in order to improve potency, selectivity, or pharmacokinetic parameters;" "[a] compound that exhibits pharmacological properties which suggest its development;" and "a potential drug being tested for safety and efficacy."" が紹介されている。
399　MPEP 2143では、Eisai判決について、""Obviousness based on structural similarity thus can be proved by identification of some motivation that would have led one of ordinary skill in the art to select and then modify a known compound (i.e. a lead compound) in a particular way to achieve the claimed compound." Eisai, 533 F.3d at 1357, 87 USPQ2d at 1455. Thus, Office personnel should recognize that a proper obviousness rejection of a claimed compound that is useful as a drug might be made beginning with an inactive compound, if, for example, the reasons for modifying a prior art compound to arrive at the claimed compound have nothing to do with pharmaceutical activity." という説明もなされている。

として使用され得る。」こと、「審査官等は、費用、取り扱い上の問題、その他のビジネス上の考慮事項のために医薬関連の研究者が「リード化合物」として選択しないであろう既知の化合物を自明性に基づく拒絶の基礎とすることができるが、「リード化合物」が存在するという単なる事実以外に、その特定の「リード化合物」から開始する理由が必要である。」ことも説明されている[400]。

### 事例10：Procter & Gamble 判決[401]

Procter & Gamble 判決における対象特許は、U.S.P. 5,583,122（以下「'122特許」という。）であった。'122特許は、化合物リセドロネート（Risedronate）に向けられたものである。リセドロネートは、ビスホスホネート（Bisphosphonates）と呼ばれる薬品分類に属する。一般に、ビスホスホネートは骨吸収（Bone resorption）阻害に有効であることが知られている。リセドロネートは、骨粗鬆症治療薬である Actonel® の有効成分である。1985年12月、リセドロネートの発明者らは、「ジェミナル・ジホスホネートを含む医薬組成物（Pharmaceutical Compositions Containing Geminal Diphosphonates）」という発明の名称で特許出願を行い、1996年12月に'122特許が発行された。Procter & Gamble は、'122特許の譲受人である。

2004年8月、Teva Pharm. は、リセドロネートを Actonel® のジェネリック品として販売する計画であることを Procter & Gamble に通知した。その後、Procter & Gamble は、'122特許の侵害を理由として、Teva Pharm.

---

400 MPEP 2143では、Eisai 判決について、"The inactive compound would not be considered to be a lead compound by pharmaceutical chemists, but could potentially be used as such when considering obviousness. Office personnel might also base an obviousness rejection on a known compound that pharmaceutical chemists would not select as a lead compound due to expense, handling issues, or other business considerations. However, there must be some reason for starting with that particular lead compound other than the mere fact that the "lead compound" exists." という説明もなされている。この説明に関して、Altana Pharma AG v. Teva Pharm. USA, Inc., 566 F.3d 999（Fed. Cir. 2009）や Ortho-McNeil Pharm., Inc. v. Mylan Labs, Inc., 520 F.3d 1358（Fed. Cir. 2008）が引用されている。
401 *Procter & Gamble Co. v. Teva Pharm. USA, Inc., 566 F.3d 989 (Fed. Cir. 2009)*

## 第3節　MPEP 2143 一応の自明性の基礎的要件の事例

に対し特許権侵害訴訟を提起した。この特許権侵害訴訟において、Teva Pharm. は、'122特許が先行技術から自明であると主張した。

　CAFC は、本件の自明性判断に際し、Pfizer 判決[402]を引用し、「自明性に基づいて特許を無効にすることを求める当事者は、「明白かつ説得力のある証拠（Clear and convincing evidence）」[403]により、先行技術文献の教示を組み合わせてクレーム発明に到達するように動機付けられたこと、及びそのようにする際に「成功の合理的期待」を当業者が有していたことを立証しなければならない。[404]」と述べている。また、Colorado 判決[405]を引用し、「「明白かつ説得力のある証拠」は、事実を認定する者に、事実についての主張が真実である可能性が非常に高いという確信を与える。」ことにも言及している。さらに、Takeda 判決[406]を引用し、「クレームされた新規な化合物の「一応の自明性」を確立するためには、既知の化合物を特定の方法で改変するように化学者を導いた理由を特定することが必要である。」とも述べている。

　以上を踏まえた上で、CAFC は、まず「リード化合物」について検討している。この点について、Teva Pharm. は、U.S.P. 4,761,406（以下「Flora

---

402　*Pfizer, Inc. v. Apotex, Inc., 480 F.3d 1348 (Fed.Cir.2007)*
403　特定の事実は、「明白かつ説得力のある証拠」によって証明する必要があるが、これは高い立証責任であるといわれている。このことは、その事実が真実である可能性が高いことを当事者が立証する必要があることを意味する（"Certain facts must be proved by clear and convincing evidence, which is a higher burden of proof. This means the party must persuade you that it is highly probable that the fact is true." (CACI No. 201. Highly Probable—Clear and Convincing Proof Judicial Council of California Civil Jury Instructions (2023 edition)参照)。また、「明白かつ説得力のある証拠」については、「証拠の優越（Preponderance of evidence）」よりも厳格な基準が必要となる場合に適用され、「どちらかというとかなりあり得る（Much More Likely Than Not）」という表現に近いといわれている（岸本　知財戦略としての米国特許訴訟　129頁）。
404　Procter & Gamble 判決において、CAFC は、"A party seeking to invalidate a patent based on obviousness must demonstrate "by clear and convincing evidence that a skilled artisan would have been motivated to combine the teachings of the prior art references to achieve the claimed invention, and that the skilled artisan would have had a reasonable expectation of success in doing so.""と述べている。
405　*Colorado v. New Mexico, 467 U.S. 310 (1984)*
406　*Takeda Chem. Indus. v. Alphapharm Pty., Ltd. 492 F.3d 1350 (Fed. Cir. 2007)*

先行特許」という。）を先行技術として主張した。Flora 先行特許は、リセドロネート自体を開示してはいないが、その代わりに骨粗鬆症に潜在的に有効である2-pyr EHDP（Etidronate）を含む36種の化合物を開示していた。Teva Pharm. は、この Flora 先行特許において、2-pyr EHDP が骨吸収阻害に最も有望な分子であると認定されていたと主張した。連邦地裁は、この主張に同意せず、証拠から、当業者であれば2-pyr EHDP を骨粗鬆症の治療のための「リード化合物」として特定しなかったであろうと判断した。この点について、CAFC は、「リード化合物」の特定について明確な判断は示さず、たとえ2-pyr EHDP が「リード化合物」であったとしても、2-pyr EHDP を改変してリセドロネートを想到することが、発明時点において当業者に自明であったという証拠はないと判示した。

　次に、CAFC は、先行技術に照らしたリセドロネートの自明性についての検討結果を記載している。ここでは、CAFC は、PharmaStem Therapeutics 判決[407]を引用して、「リセドロネートが先行技術に照らして自明であるか否かを決定するために、裁判所は、発明時点で、当業者がリセドロネートとして知られている組成物を調製しようとする理由、またそうすることに「成功の合理的期待」があったことを判断しなければならない。」と述べている。そして、この点について連邦地裁が、「2-pyr EHDP が「リード化合物」であったとしても、当業者には先行技術に基づいてリセドロネートを調製する理由がないため、リセドロネートに関する'122特許のクレームは自明ではない。」と判断したこと、また連邦地裁が「成功の合理的期待」もなかったと判断したことに言及している。ここで、CAFC は、Eisai 判決等[408]を引用して、「自明性の問題は、「クレームされた化合物と先行技術の化合物との間の構造的類似性と相違点に焦点を当てることが多い。」ことに言及した上で、次のように認定している。

---

[407] *PharmaStem Therapeutics, Inc. v. ViaCell, Inc., 491 F.3d 1342 (Fed. Cir.2007)*

[408] *Eisai Co. Ltd. v. Dr. Reddy's Labs., Ltd., 533 F.3d 1353 (Fed. Cir. 2008)* に加えて *Sanofi-Synthelabo v. Apotex, Inc., 550 F.3d 1075 (Fed.Cir.2008)、In re Mayne, 104 F.3d 1339, 1343 (Fed.Cir.1997)、In re Payne, 606 F.2d 303 (CCPA 1979)* も引用されている。

## 第3節　MPEP 2143 一応の自明性の基礎的要件の事例

「本件においては、リセドロネートは、先行技術である2-pyr EHDPの位置異性体（Positional isomer）であり、これらは異なる方法で配置された同じ原子を含むものである。リセドロネートでは、ヒドロキシエタンジホスホネート基（Hydroxy-ethanediphosphonate group）が、ピリジン環の第3位に結合しているのに対し、2-pyr EHDPでは、ヒドロキシエタンジホスホネート基（Hydroxy-ethane-diphosphonate group）が、第2位に結合している。これら2つの分子では、窒素原子の位置が異なるため、三次元構造、電荷分布、水素結合特性が異なる。」

上記のような認定をする一方で、CAFCは、再びTakeda判決を引用して、「新たな化合物が自明であると主張する際に、クレーム発明に到達するために必要な特定の分子修飾（Molecular modifications）を行うことを先行技術が示唆していたことを示すことができる。」こと、再びEisai判決を引用して、「自明性判断の柔軟性（Flexible nature of the obviousness inquiry）に鑑みれば、改変するために必要な動機付けは、様々な情報源から得ることができる。」こと、さらにGrabiak判決[409]を引用して、「化合物間の構造的類似性に加えて、構造の変化に対する先行技術における十分な裏付けによって、「一応の自明性」が示される場合がある。」ことを述べている。そしてCAFCは、Takeda判決において、「既知の化合物は、類似の特性を有することが多いことから、その相同体、類似体、又は異性体を示唆するといえる場合があるので、通常の知識を有する化学者は、改良された特性を備えた化合物を得ようして、相同体等を作製することを普通に検討するであろう。しかし、クレームされた新規な化合物の「一応の自明性」を確立するためには、化学者が、既知の化合物を特定の方法で改変するに至った理由を特定する必要がある。[410]」と判示したことを紹介している。

---

409　*In re Grabiak, 769 F.2d 729 (Fed.Cir.1985)*
410　Procter & Gamble判決では、CAFCが、Takeda判決において、"A known compound may suggest its homolog, analog, or isomer because such compounds often have similar properties and therefore chemists of ordinary skill would ordinarily contemplate making them to try to obtain compounds with improved properties. [However,] it remains necessary to identify some reason that would have led a chemist to modify a known compound in a particular manner to establish prima facie obviousness of a new claimed compound." と判示したことが紹介されている。

## 第4章　KSR 判決後の判例

　連邦地裁のトライアルにおいて、Procter & Gamble の専門家証人（Expert witness）[411]は、ビスホスホネートの構造に基づいて、ビスホスホネートの特性を予測することは困難であると証言した。これに対し連邦地裁は、当時、ビスホスホネートに関する権威（Preeminent Authority）として認識されていた Herbert Fleisch 氏の著作[412]に依拠して、「全ての化合物は、ビスホスホネートでありながら、独自の物理化学的、生物学的及び治療学的特性を示すため、各ビスホスホネートは単独のものとして考慮する必要がある。ある化合物から別の化合物の効果を推測することは危険であり、誤解を招く可能性がある。」ことを認定した。また本件では、Procter & Gamble が、2-pyr EHDP、リセドロネート（3-pyr EHDP）、及び他の構造異性体である4-pyr EHDP を合成して試験を行ったところ、4-pyr EHDP については、効能のある（他の）化合物と密接な（構造的）関連性がある（Close relationship with potent compounds）にもかかわらず、骨吸収阻害活性がないことが判明した。このことも、ビスホスホネートの予測不可能性を裏付けることとなった。

　以上を踏まえ、CAFC は、再度 Eisai 判決を引用して、「化学技術においてしばしばそうであるように、技術が予測不可能な場合には、潜在的な解決策の予測可能性も本来的に低くなることから、KSR 判決[413]において焦点が当てられた「特定されかつ予測可能な解決策」にとって大きな障害となり得る。[414]」と述べた上で、「当業者がリセドロネートを合成して試験

---

[411] 米国の訴訟において、専門家証人による証言は普通に使用されているようである。連邦証拠規則702によれば、「知識、技能、経験、訓練又は教育により専門家としての適格性を有する証人は、意見又は他の形式で証言することができる。」ことが規定されている（エリック・フューズ、鈴木　亜矢　米国特許侵害訴訟における専門家証人　パテント　日本弁理士会編 2016 Vol. 69 No. 13参照）。
[412] Herbert Fleisch, Chemistry and Mechanisms of Action of Bisphosphonates, in Bone Resorption, Metastasis, and Diphosphonates 33-40 (S. Garattini ed., 1985)
[413] *KSR Int'l Co. v. Teleflex Inc., 550 U.S. 398 (2007)*
[414] Procter & Gamble 判決において、CAFC は、Eisai 判決を引用しながら、"In light of the Supreme Court's instruction in KSR, the Federal Circuit has stated that, "[t]o the extent an art is unpredictable, as the chemical arts often are, KSR's focus on [ ] 'identified, predictable solutions' may present a difficult hurdle because potential solutions are less likely to be genuinely predictable.""と述べている。

する動機付けが不十分である。」という連邦地裁による認定に誤りはないと判断した。また、CAFC は、先行技術を改変してリセドロネートを得る際の「成功の合理的期待」についても十分な立証がなされなかったと判断した。

　本件では、Procter & Gamble が、クレームされた組成物（リセドロネート）が予想外に改善された特性を有することを示す試験データを提出することで、「予期せぬ効果」が認められた。また他の二次的考慮事項である「長年未解決の課題」についても認められた。以上より、CAFC は、連邦地裁の判断を支持し、'122特許が先行技術から自明ではないと判断した。

## 【MPEP 2143における解説】

　Procter & Gamble 判決については、MPEP 2143において、次のように解説されている。

　Procter & Gamble 判決では、クレームされた化合物は非自明であると判断された。問題となった化合物は、リセドロネートであり、Procter & Gamble の骨粗鬆症治療薬である Actonel® の有効成分である。リセドロネートは、骨吸収を阻害することが知られている化合物の分類に属するビスホスホネートの一例である。

　Procter & Gamble が Teva Pharm. を特許権侵害で訴えた際に、Teva Pharm. は、Procter & Gamble に付与された先の複数の特許の中の1つに鑑み自明であるとして'122特許の無効を主張した。'122特許の無効を主張する際に用いられた先行技術である Procter & Gamble の特許は、リセドロネートそのものを教示していなかったが、骨粗鬆症に潜在的に有効である2-pyr EHDP を含む36の類似の化合物を教示していた。Teva Pharm. は、リセドロネートの位置異性体である2-pyr EHDP との構造的類似性に基づいて自明性を主張した。

　連邦地裁は、技術分野における予測不可能性に鑑み、「リード化合物」として2-pyr EHDP を選択する理由はなく、またリセドロネートを得るために2-pyr EHDP を改変する理由もないと判断した。さらに、効能や毒性（Toxicity）に関して「予期せぬ効果」も得られた。このため、連邦地裁は、

Teva Pharm. が「一応の自明性」を確立していないと認定した。また、たとえ「一応の自明性」を確立していたとしても、「予期せぬ効果」の証拠によって反証された旨を判示した。

　CAFC は、連邦地裁の判断を支持した。CAFC は、本件において、2-pyr EHDP が「リード化合物」として適切に選択されたか否かという問題を考慮する必要はないと判断した。その理由として CAFC は、2-pyr EHDP が適切な「リード化合物」であると推認されるためには、リセドロネートを製造するために 2-pyr EHDP を改変する理由と、この改変の際の「成功の合理的期待」との双方がなければならないと述べた。しかし、必要な改変が日常的に行われていたという証拠はなく、また「成功の合理的期待」もなかった。

　Procter & Gamble 判決は、非自明性の判断の際の二次的考慮事項の議論に関しても有益であると MPEP 2143 において解説されている[415]。CAFC は、「一応の自明性」を確立できる証拠が提出されていないと判断したが、「一応の自明性」に反論するために Procter & Gamble が提出した証拠について詳細に分析し、その証拠を適切に扱った。CAFC は、たとえ「一応の自明性」が確立されたとしても、それに対して反証するのに十分な「予期せぬ効果」の証拠が提出されたことを認定した。トライアルにおいて、証人は、研究者が効能と少量での効果のいずれも予期していなかった旨の証拠を提示して、リセドロネートの特性が予測可能ではなかったと証言した。リセドロネートと、先行技術の化合物とを比較した試験により、リセドロネートが、その特性において先行技術の化合物よりも大幅に優れており、観察可能な毒性作用なしに大量に投与することができ、先行技術の化合物と同じレベルで死に至らしめることがないことが立証された。証拠の重要性と証人の信頼性は、自明性判断に反駁する「予期せぬ効果」を立証するのに十分であった。このようにクレーム発明が先行技術と比較して予想外に優れた特性を有することが立証されれば、非自明性は立

---

[415] MPEP 2143 では、Procter & Gamble 判決について、"Procter & Gamble is also informative in its discussion of the treatment of secondary considerations of non-obviousness." と解説されている。

## 第3節　MPEP 2143 一応の自明性の基礎的要件の事例

証され得る。

次に、CAFCは、リセドロネートの「商業的成功」や「長年未解決の課題」に関する証拠についても検討した。まず「商業的成功」について、CAFCは、競合製品もProcter & Gambleに譲渡されていたため、「商業的成功」は重視されるべきではないことを指摘した。しかし、「長年未解決の課題」については、CAFCは、リセドロネートについて「長年未解決の課題」に該当するという連邦地裁の結論を支持した。CAFCは、Actonel®よりも前に競合製品が入手可能であったので、発明が充足すべき「長年未解決の課題」が存在しなかったというTeva Pharm.の主張を却下した。CAFCは、「長年未解決の課題」については、発明品の市場投入時点ではなく、クレーム発明の出願日の状況に基づいて評価されるべきであることを強調した[416]。

MPEP 2143では、「リード化合物」について、「化合物に関する全ての自明性拒絶の際に、単一の「リード化合物」の特定が必要であるというわけではない。[417]」ことも述べられている。そして2つの例が示されている。一例は、「当業者は、特定の構造的に規定された部分又は特性を有する部分を含む化合物を作製するために先行技術における示唆を推測することができ、また当業者が、そのような化合物の合成方法を知っており、構造的及び／又は機能的効果を合理的に予測可能であった場合、「リード化合物」を特定することなく、クレームされた化合物の「一応の自明性」が存在する場合はある。[418]」というものである。他の例は、「化学リンカーを介して

---

[416] MPEP 2143のProcter & Gamble判決に関連する解説において、「長年未解決の課題」について、CAFCが、"The court emphasized that whether there was a long-felt but unsatisfied need is to be evaluated based on the circumstances as of the filing date of the challenged invention – not as of the date that the invention is brought to market." ということを強調したことが紹介されている。

[417] MPEP 2143のProcter & Gamble判決に関連する解説では、「リード化合物」について、"It should be noted that the lead compound cases do not stand for the proposition that identification of a single lead compound is necessary in every obviousness rejection of a chemical compound." と述べられている

[418] MPEP 2143では、Procter & Gamble判決について、自明性判断の際に単一の「リード化合物」を特定しなくてもよい場合の一例として "For example,

結合された2つの既知の化合物から構成されたものとしてクレーム化合物を解釈することができ、この2つの化合物を結合する理由が存在し、当業者がそのように結合する方法を知っており、及びその結合した結果得られる化合物が結合過程において予測可能であった場合、クレームされた化合物は自明であったと適正に判断され得る。[419]」というものである。MPEP 2143では、このように例示しながら、「審査官等は、特定の状況では、単一の「リード化合物」を特定しなくても、クレームされた化合物が自明であるとして適正に拒絶することができることを認識すべきである。」と説明されている。

### 事例11：Altana Pharma 判決[420]

Altana Pharma 判決における対象特許は、U.S.P. 4,758,579（以下「'579特許」という。）であった。'579特許は1988年2月に発行された。2004年1月、USPTOは、156条[421]に従って5年間の特許存続期間の延長（Extension of patent term）[422]を認めたので、'579特許の存続期間は2010年7月まで延

---

one might envision a suggestion in the prior art to formulate a compound having certain structurally defined moieties, or moieties with certain properties. If a person of ordinary skill would have known how to synthesize such a compound, and the structural and/or functional result could reasonably have been predicted, then a prima facie case of obviousness of the claimed chemical compound might exist even without identification of a particular lead compound." が紹介されている。

419 MPEP 2143では、Procter & Gamble 判決について、自明性判断の際に単一の「リード化合物」を特定しなくてもよい場合の他の例として "As a second example, it could be possible to view a claimed compound as consisting of two known compounds attached via a chemical linker. The claimed compound might properly be found to have been obvious if there would have been a reason to link the two, if one of ordinary skill would have known how to do so, and if the resulting compound would have been the predictable result of the linkage procedure." が紹介されている。

420 *Altana Pharma AG v. Teva Pharm. USA, Inc.*, 566 F.3d 999 (Fed. Cir. 2009)

421 35 U.S.C. 156 Extension of patent term.

422 「特許存続期間の延長」については、USPTO のホームページにおいて、次のように解説されている。
156条に基づく特許存続期間の延長のための出願は、規制当局からの市販前承認のために失った期間を回復するために、医薬品、食品、着色添加物、医療機器、動物用医薬品、獣医学用生物学的製品に関する特許に対して出願することができる（Applications for patent term extension under 35 U.S.C. § 156

第3節　MPEP 2143　一応の自明性の基礎的要件の事例

長された。'579特許は、Altana Pharmaの抗潰瘍薬（Antiulcer drug）であるProtonix®の有効成分である化合物パントプラゾール（Pantoprazole）に関するものである。パントプラゾールは、胃酸障害（Gastric acid disorders）の治療に使用されるプロトンポンプ阻害剤として知られる化合物の分類に属する。

2004年4月、Teva Pharm.はハッチ・ワックスマン法に基づいて簡易新薬申請を提出し、'579特許の存続期間満了前にProtonix®のジェネリック品の販売承認をFDAに求めた。簡易新薬申請の提出後、Altana Pharmaは、Teva Pharm.に対し特許権侵害訴訟を提起した。この特許権侵害訴訟において、Altana Pharmaは、仮差止命令（Preliminary injunction）[423]を申し立てた。それに対し、Teva Pharm.は、'579特許が4

---

may be filed for patents on certain human drugs, food or color additives, medical devices, animal drugs, and veterinary biological products to restore to the terms of those patents some of the time lost while awaiting premarket government approval from a regulatory agency. See the Manual of Patent Examining Procedure (MPEP) section 2750 et seq. for more information. The USPTO plans to update the list of applications for patent term extension and list of patent terms extended under 35 U.S.C. § 156 on a quarterly basis. https://www.uspto.gov/patents/laws/patent-term-extension/patent-terms-extended-under-35-usc-156)。

423　差止命令（Injunction）は、当事者に生じる回復不能な損害（Irreparable harm）を防止するために、相手方当事者に特定の行為又は不作為を命じるエクイティ上の救済措置である。米国の裁判での救済措置は、法による金銭的賠償が原則であり、それが不十分な場合にのみ、例外的にエクイティによる救済が認められる。したがって、金銭賠償での救済が十分である以上、差止による救済が認められないのが原則である。ここで、差止命令には、永久的差止命令（Permanent injunction）、仮（予備的）差止命令（Preliminary injunction）、暫定的禁止命令（Temporary restraining order）の3種類がある。仮差止命令は、中間的・暫定的に発令されるものである（岸本　知財戦略としての米国特許訴訟　336頁参照）。仮差止命令が認められるためには、①本案勝訴の蓋然性、②回復不能な損害、③仮処分を認められない場合の特許権

つの先行技術から自明であると主張した。第1の先行技術は、Altana Pharma の U.S.P. 4,555,518（以下「Rainer 先行特許」という。）であり、第2の先行技術は、Sachs 文献[424]であり、第3の先行技術は、Bryson 文献[425]であり、第4の先行技術は、U.S.P.4,255,431（以下「Junggren 先行特許」という。）であった。

　CAFC は、自明性判断に際し、Yamanouchi 判決[426]を引用して、「新たな化合物に関する事件において「一応の自明性」を確立するには、被疑侵害者は、化学者が既知の化合物を特定の方法で改変するに至った理由を特定しなければならない。」こと、また、Eisai 判決[427]を引用して、「構造的類似性に基づく自明性は、クレームされた化合物に到達するために、当業者が、既知の化合物を選択して特定の方法で改変するに至った動機付けを特定することによって立証され得る。必要な動機付けは任意の数の情報源から得ることができ、先行技術において必ずしも明示的である必要はない。」こと、さらに Dillon 判決[428]を引用して、「その代わりに、クレームされた化合物と先行技術の化合物が、先行技術全体を考慮して、新たな化合物が古い化合物と類似の特性を有するであろうという期待を持たせるのに「十分に密接な関係」を有することを証明すれば十分である。」ことに言及している。

　まず、第1の先行技術である Rainer 先行特許について、CAFC は、更なる開発の出発点（「リード化合物」）として、Rainer 先行特許の化合物12を選択することは、当業者に自然なことであったと認定した。ここで、

---

者の不利益が、仮処分を認められた場合の被告の不利益より大きいこと、④仮処分の影響が公益に反しないこと、の4つの要件を立証する必要があるといわれている（牧野　アメリカ特許訴訟実務入門　51頁）。
424　George Sachs, Pump Blockers and Ulcer Disease, 310 New Eng. J. Med. 785（1984）
425　Dr. A. Bryson, The Ionization Constants of 3-Substituted Pyridines, 3-Substituted Quinolines and 4-Substituted Isoquinolines, 82 J. Am. Chem. Soc. 4871（1960）
426　*Yamanouchi Pharm. Co. v. Danbury Pharmacal, Inc. 231 F.3d 1339 (Fed. Cir. 2000)*
427　*Eisai Co. Ltd. v. Dr. Reddy's Labs., Ltd., 533 F.3d 1353 (Fed. Cir. 2008)*
428　*In re Dillon, 919 F.2d 688 (Fed. Cir. 1990) (en banc)*

Rainer 先行特許の化合物12とパントプラゾールとの構造的相違点は、ピリジン環の第3位（上記の化学構造式では R2の位置）における置換基の種類のみであった。具体的には、パントプラゾールのピリジン環の第3位がメトキシ基（Methoxy group）（-OCH$_3$）であるのに対し、化合物12のピリジン環の第3位はメチル基（Methyl group）（-CH$_3$）である点でのみ相違していた。次に、CAFC は、第2の先行技術である Sachs 文献が、当業者に、pKa（酸解離定数）値4を達成するために化合物12を改変する動機付けを与えることも認定した。また、第3の先行技術である Bryson 文献が、ピリジン環の第3位にメトキシ基を有する化合物のpKa値は、ピリジン環の第3位にメチル基を有する化合物のpKa値よりも低下することを教示していることも認定した。さらに、第4の先行技術である Junggren 先行特許が、プロトンポンプ阻害剤においてピリジン環の第3位にメチル基に代えてメトキシ基を置換することができることを教示していることも認定した。

本件では、連邦地裁は、Altana Pharma による仮差止命令の申立てを却下し、CAFC は、この連邦地裁の判断を支持した。本件において連邦地裁は、自明性に関する認定が予備的（preliminary）なものであると説明していたこともあり、CAFC は、上述のような様々な事実認定をしてはいるが、'579特許が先行技術から自明であるとの明確な判断は示していない。

## 【MPEP 2143における解説】

Altana Pharma 判決については、MPEP 2143において、次のように解説されている。

Altana Pharma 判決における CAFC の決定は仮差止命令を含むものであったが、自明性の最終的な判断は示されなかった。しかし、本件は、「リード化合物」の選択の問題に関して有益である。Altana Pharma 判決に関連する技術は、Altana Pharma の抗潰瘍薬 Protonix® の有効成分であるパントプラゾールに関するものであった。パントプラゾールは、胃酸障害の治療に使用されるプロトンポンプ阻害剤として知られる化合物の分類に

属する。

　Altana Pharma は、特許権侵害により Teva Pharm. を訴えたが、連邦地裁は、Altana Pharma による仮差止命令の申立てを却下した。その理由として、連邦地裁は、Altana Pharma の先行特許の１つに照らして、Teva Pharm. が自明性に基づく無効に関する実質的問題を立証したので、本案勝訴の可能性（Likelihood of success on the merits[429]）を確立できなかったと説示した。

　Altana Pharma の先行特許である Rainer 先行特許では、化合物12と呼ばれる化合物について議論されており、これは開示された18個の化合物のうちの１つであった。'579特許に係る化合物であるパントプラゾールは、化合物12と構造的に類似していた。連邦地裁は、当業者であれば、改変のための「リード化合物」として化合物12を選択したであろうと認定し、CAFC もこれを支持した。

　先行技術の化合物との構造的類似性を考慮した化合物の自明性は、当業者が、クレームされた化合物を製造するために、先行技術の化合物を選択し、特定の方法で改変するように導かれたであろうという推論を特定することによって示され得る。必要な推論は、任意の数の情報源から導き出すことができ、記録にある先行技術において明示的に示されている必要はない。CAFC は、化合物12が、更なる開発のための自然な選択であるという連邦地裁の認定を裏付ける十分な証拠があると判断した。例えば、Altana Pharma の先行特許では、化合物12を含む複数の化合物が先行技術を改良したものであると述べられていた。また、化合物12は、開示された18個の化合物の中で効能が優れた化合物の１つとして開示されていた。さらに、USPTO の審査官は、特許出願の審査において、Altana Pharma

---

[429] "Likelihood of success on the merits" に関しては、Black's Law Dictionary 11th Edition 1113頁において、"Likelihood of success on the merits test" が説明されている。"Likelihood of success on the merits test" とは、民事手続であり、仮差止命令を求める訴訟当事者又は控訴中の判決の影響を回避しようとする訴訟当事者は、訴訟又は控訴において合理的な勝訴の蓋然性を示さなければならないというルールをいう（Civil procedure. The rule that a litigant who seeks a preliminary injunction, or seeks to forestall the effects of a judgement during appeal, must show a reasonable probability of success in the litigation or appeal.）。

第3節　MPEP 2143　一応の自明性の基礎的要件の事例

の先行特許の化合物が関連すると考えていた。また、専門家らは、当業者であればプロトンポンプ阻害剤としての可能性について更に研究するために18個の化合物を選択したであろうという意見を述べた。

　Altana Pharma は、「更なる研究開発のために、先行技術は、単一の「リード化合物」のみを指摘しなければならない。」と主張したが、この Altana Pharma の主張に対し、CAFC は、「「リード化合物テスト」についての限定的な考え方は、KSR 判決[430]において最高裁が明確に否定した「厳格な TSM テスト」と類似したものとなるであろう。[431]」と述べた。そして CAFC は、「本件において連邦地裁が、「柔軟なアプローチ」を採用し、当業者であれば、Altana Pharma の先行特許において化合物12を含む効能の優れた複数の化合物を、更なる研究開発の出発点として使用したであろうという実質的問題を被告らが提起したことを認定し[432]、この連邦地裁による認定は、明らかな誤りといえるものではなかった。」と判示した。

## (3) 理論的根拠（C）

　類似の装置（方法又は製品）を同じ方法で改良する既知の技術の使用（Use of Known Technique To Improve Similar Devices (Methods, or Products) in the Same Way）

　クレーム発明が自明であったという結論を裏付ける理論的根拠（C）は、特定の分類の装置（方法又は製品）の質を向上させる方法が、他の状況におけるそのような改良の教示に基づいた当業者の通常の能力の一部となっ

---

430　*KSR Int'l Co. v. Teleflex Inc., 550 U.S. 398 (2007)*
431　CAFC は、"…a "restrictive view of the lead compound test would present a rigid test similar to the teaching-suggestion-motivation test that the Supreme Court explicitly rejected in KSR ." と判示した。
432　MPEP 2143では、Altana Pharma 判決において、CAFC が、"The district court in this case employed a flexible approach—one that was admittedly preliminary—and found that the defendants had raised a substantial question that one of skill in the art would have used the more potent compounds of [Altana's prior art] patent, including compound 12, as a starting point from which to pursue further development efforts." と判示したことが紹介されている。

ていたということに関するものである[433]。当業者であれば、この既知の方法を、先行技術における「基本的な装置（方法又は製品）」に適用することができ、その結果は当業者に予測可能であったであろう。KSR判決[434]において最高裁は、実際に適用された技術が「当業者の技術レベル」を超えたものであった場合には、その技術を使用したことは自明であったとはいえないことを判示した。これらの事実を認定できない場合、クレーム発明が当業者に自明であったという結論を裏付けるために理論的根拠（C）を使用することはできない。

### 事例1：Nilssen判決[435]

Nilssen判決において対象となった特許出願[436]に係る本願発明は、電力線を通じて操作されるインバータ型蛍光灯安定器内の自励発振インバータからの出力電流が予め設定された閾値レベルを超えた場合に無効化される手段に関するものであった。本願発明は、2つの先行技術、つまりUSSR Certificate[437] No. 729,738（以下「'738先行発明者証」という。）と、U.S.P. 3,305,793（以下「Kammiller先行特許」という。）の組合せから自明であるとしてUSPTOの審判部（BPAI）により拒絶された。そこで、NilssenはCAFCに提訴した。

CAFCによる審理において、Nilssenは、審判部の判断における手続上の誤りと実体的な誤りを主張した。まず手続上の誤りについて、Nilssenは、

---

[433] 理論的根拠（C）について、MPEP 2143では、"The rationale to support a conclusion that the claim would have been obvious is that a method of enhancing a particular class of devices (methods, or products) has been made part of the ordinary capabilities of one skilled in the art based upon the teaching of such improvement in other situations." と説明されている。
[434] *KSR Int'l Co. v. Teleflex Inc., 550 U.S. 398 (2007)*
[435] *In re Nilssen, 851 F.2d 1401 (Fed. Cir. 1988)*
[436] この特許出願の出願番号は06/476,150（U.S.Patent Application Serial No. 476,150）であった。
[437] ソビエト社会主義共和国連邦は、特許制度と併存させて発明者証制度を設けていた。ここで、「発明者証制度」については、「発明者証制度とは、発明を実施する権利を国家に帰属せしめ、発明者には金銭的、名誉的報酬を与える制度を言う。」（富澤孝「ソ連特許制度の変革」ソ連・東欧学会年報（通号20）1991 41頁）と説明されている。

審判部を構成する特許審判官の法的適格性（Competency）[438]について争った。具体的には、Nilssen は、「クレーム発明の主題に関連する技術分野の通常の技術知識を有していない審判官は、その技術分野の通常の技術を有する者に自明であるか否かということに関する法的に意義のある意見を述べる資格はない。」と主張した。CAFC は、この主張を認めず、Accord Lange 判決[439]を引用しながら、次のように判示した。

「特定の特許審判官（Examiners-in-Chief）[440]の技術的背景やその他の専門的資格は、134条(1982)に基づく審判部に対する審判には法的に重要（legally relevant）ではない。このことは、CAFC に対する141条に基づく上訴や、コロンビア特別区連邦地裁（District Court for the District of Columbia）に対する145条に基づく訴訟において、裁判官の技術的資格が無関係であるのと同様である。特許審判官について、特定の技術分野のクレーム発明についての特許性を判断する資格があるといえるために、その技術分野における通常の技術知識を保有している必要はない。審判部の審決が正当であることは、審決をした特許審判官の技術的背景ではなく、その決定が記録によって裏付けられるか否かに依存する。」

また、Nilssen は、「審判部によって、（クレーム発明の）特徴的構成が、仮想の当業者（Hypothetical person of ordinary skill in the art）」に起因する（レベルの）ものとされることは明らかに不合理であり、このことは103条の不適正な解釈となる。」と主張した。特に、Nilssen は、そのような「仮想の当業者」が特定の技術に関連する全ての先行技術に精通してい

---

[438] "Competency" という用語について、ここでは「法的適格性」と訳しているが、この用語の意味内容としては、（証人又は証拠）能力があること、（証人又は証拠の）適格性、陪審等の事実認定者が証拠の Credibility（信用性）の判断を行うが、その前提となる証拠の許容性（Admissibility）のことをいうと説明されている（英米法辞典 173頁）。

[439] *Accord Lange v. Commissioner of Patents, 352 F. Supp. 116 (D.D.C. 1972)*

[440] 米国特許法では、"Examiners-in-Chief" という表現は使用されていないが、審判部の判断に関する内容であることから、説明の便宜上、ここでは「特許審判官」と訳している。なお、6条によれば、特許審判官（Administrative Patent Judge）は、「法律知識と科学能力を有する者（The administrative patent judges shall be persons of competent legal knowledge and scientific ability who are appointed by the Secretary, in consultation with the Director.）」である。

ると仮定することは明らかに現実と矛盾すると主張した。この Nilssen の主張に対し、CAFC は、「審判部は、発明者の分野における全ての先行技術と、その分野外であっても共通の課題に対する先行技術における解決策とに関する「仮想の当業者」の知識に依拠している。この見解は、CAFC の先例[441]における見解と一致し、103条に抵触するものではなく、むしろ議会によって作成された特許性の基準を適用するための実際的なアプローチである。」と判示した。

次に、実体的な誤り、つまり本願発明の自明性について、CAFC は、審判部の判断に同意した。具体的には、CAFC は、本願発明が、Kammiller 先行特許に鑑み、'738先行発明者証から自明であると判断した。'738先行発明者証には、制御手段（13）を介して非開示の方法でインバータ回路を保護する装置が記載され、Kammiller 先行特許は、関連する回路保護装置を開示し、高負荷電流状態の場合にインバータを無効化することを教示していた。このような先行技術の内容に鑑み、CAFC は、Kammiller 先行特許が教示するように、'738先行発明者証に係る装置において生成された閾値信号を使用して遮断スイッチを作動させてインバータを動作不能にすることは当業者には自明であると判断した。

## 【MPEP 2143における解説】

Nilssen 判決については、MPEP 2143において、次のように解説されている。

Nilssen 判決におけるクレーム発明は、自励発振インバータからの出力電流が、非常に短い期間以上、予め設定された閾値レベルを超えた場合に、電力線を通じて操作されるインバータ型蛍光灯安定器における自励発振インバータが無効化される手段を対象としていた。つまり、電流出力が監視され、その電流出力が、特定の短い時間、特定の閾値を超えた場合に、作動信号が送信され、損傷から保護するためにインバータが無効化されると

---

441 例えば、*In re Deminski, 796 F.2d 436 (Fed. Cir. 1986)*、*Standard Oil Co. v. American Cyanamid Co., 774 F.2d 448 (Fed. Cir. 1985)*、*In re Wood, 599 F.2d 1032 (CCPA 1979)* が例示されている。

いうものであった。

　先行技術である '738先行発明者証には、制御手段を介して、開示されていない態様でインバータ回路を保護するための装置が記載されていた。'738先行発明者証に係る装置は、制御手段によって高負荷状態を示すものであったが、過負荷保護（Overload protection）の具体的な態様は開示されていなかった。しかし、他の先行技術である Kammiller 先行特許は、インバータ回路を保護するために、高負荷電流状態の場合にインバータを無効化することを開示していた。ここで、過負荷保護は、遮断スイッチによってインバータを無効化することによって達成される。

　このような状況で CAFC は、「Kammiller 先行特許によって教示されるように、'738先行発明者証に係る装置において生成された閾値信号を使用して遮断スイッチを作動させてインバータを動作不能にすることは当業者に自明であったであろう。」と判断した。この CAFC の判断を踏まえて、MPEP 2143では、「'738先行発明者証のインバータ回路を保護するために、回路を保護するための遮断スイッチに関する既知の技術を使用することは、当業者には自明であったであろう。[442]」と解説されている。

### 事例2：Ruiz 判決[443]

　Ruiz 判決は、理論的根拠（A）（「予測可能な結果」をもたらすための既知の方法に従った先行技術の要素の組合せ：Combining Prior Art Elements According to Known Methods To Yield Predictable Results）の事例2及び理論的根拠（B）（「予測可能な結果」を得るための、既知の要素の他の要素への単純な置換：Simple Substitution of One Known Element for Another To Obtain Predictable Results）の事例3としても紹介した。この Ruiz 判決の具体的な内容については、理論的根拠（A）の事例2を参照されたい。

---

442　MPEP 2143では、Nilssen 判決について、"That is, using the known technique of a cutoff switch for protecting a circuit to provide the protection desired in the inverter circuit of the USSR document would have been obvious to one of ordinary skill." と解説されている。
443　*Ruiz v. AB Chance Co., 357 F.3d 1270 (Fed. Cir. 2004)*

## 【MPEP 2143における解説】

MPEP 2143では、理論的根拠（C）（類似の装置（方法又は製品）を同じ方法で改良する既知の技術の使用：Use of Known Technique To Improve Similar Devices (Methods, or Products) in the Same Way）の観点で、Ruiz判決について、「解決課題の性質によって、発明者は、その課題に対する可能な解決策に関する文献を参照するように導かれ得る。したがって、不安定な基礎を支えるために、アンカーボルト（Fullerに開示）と共に、金属ブラケット（Gregory先行特許に開示）を使用することは自明であったであろう[444]。」と解説されている。

## (4) 理論的根拠（D）

「予測可能な結果」をもたらす改良のための既知の装置（方法又は製品）への既知の技術の適用(Applying a Known Technique to a Known Device (Method, or Product) Ready for Improvement To Yield Predictable Results)

クレーム発明が自明であったという結論を裏付ける理論的根拠（D）は、特定の既知の技術が当業者の通常の能力の一部として認識されていたということに関するものである[445]。当業者であれば、既知の技術を、改良の余地のある既知の装置（方法又は製品）に適用することができ、その結果を予測可能であったであろう。これらの事実を認定できない場合、クレーム発明が当業者に自明であったという結論を裏付けるために理論的根拠（D）を使用することはできない。

---

[444] MPEP 2143では、Ruiz判決について、理論的根拠（C）の観点で、"The nature of the problem to be solved may lead inventors to look at references relating to possible solutions to that problem. Id. at 1277, 69 USPQ2d at 1691. Therefore, it would have been obvious to use a metal bracket (as shown in Gregory) with the screw anchor (as shown in Fuller) to underpin unstable foundations." と解説されている。

[445] 理論的根拠（D）について、MPEP 2143では、"The rationale to support a conclusion that the claim would have been obvious is that a particular known technique was recognized as part of the ordinary capabilities of one skilled in the art." と説明されている。

第3節　MPEP 2143 一応の自明性の基礎的要件の事例

### 事例1：Dann判決[446]

Dann判決については、第3章　第2節　4．において既に説明した。したがって、Dann判決についての最高裁の具体的判断については、上記箇所における説明を参照されたい。

### 【MPEP 2143における解説】

Dann判決については、MPEP 2143において、次のように解説されている。

Dann判決におけるクレーム発明は、銀行小切手と預金の自動記録保持のためのシステム（コンピュータ）を対象としていた。このシステムでは、顧客は、小切手や預金伝票にカテゴリ・コードの数値を付与する。小切手処理システムは、金額や口座情報と同様に、これらを磁気インクで小切手に記録する。このシステムを導入すると、銀行は顧客に明細を分類して各カテゴリの小計を提示することができる。クレームされたシステムにより、顧客が要求したスタイルに従ってレポートを印刷することもできた。被告の発明では、汎用コンピュータ（General purpose computer）が、個別化され分類された取引の内訳を顧客に提供するようにプログラムされている。

業界の基本システムとして、銀行業界におけるデータ処理機器とコンピュータ・ソフトウェアの使用の性質上、銀行は、日常的に記録管理の多くを自動的に行っていた。日常の小切手処理では、システムは、口座とルーティング（Routing）を識別する磁気インク文字を読み取り、また小切手の金額を読み取り、その金額を小切手の指定された領域に印刷する。その後、小切手は、磁気インクによる情報を用いて、取引及び適切な口座への転記のための適切な記録を生成する更なるデータ処理ステップを経て送られる。これらのシステムには、当座預金口座の顧客に送られる月次取引明細書のように、口座ごとに定期的に取引明細書を作成する機能も含まれていた。

上記の基本システムに対する改良システムとして、クレーム発明は、カテゴリごとの出費を追跡するために使用できるカテゴリ・コードを記録することによって基本システムを補足した。カテゴリ・コードは、小切手（又

---

446　*Dann v. Johnston, 425 U.S. 219 (1976)*

は預金伝票）に記録された番号であり、これが読み取られて磁気インクによる刻印（Imprint）に変換され、カテゴリ・コードが含まれるようにデータシステムで処理される。これにより、口座番号によるレポートのみが許容されるのとは対照的に、カテゴリごとのデータのレポートが可能となる。既知の先行技術では、予算を細分化するように支出のカテゴリを追跡する方法に関する課題を解決するために口座番号を使用していた。つまり、口座番号を使用して異なる顧客を区別していた。また、銀行は、長い期間、サービス料金に起因する負債を特定の別口座に分離し、顧客にサービス料金の小計を提示してきた。以前は、カテゴリごとに個別のアカウントを設定していたので、個別のレポートを受け取る必要があった。しかし、追加の数字（カテゴリ・コード）を用いて口座情報を補足し、追跡及びレポートサービス用の個別の口座として扱うことができる1つの口座を作成することで、上記課題を解決した。つまり、カテゴリ・コードは、以前は個別の口座であったものを、レポートに示された多くのサブ口座科目と共に1つの口座として処理できるようにしたものである。

　このような先行技術を踏まえると、標準的な並べ替え、検索、及びレポート作成を可能にするようにデータに指標を付するという基本的な手法は、当業者がこの一般的な取引ツールを使用して達成できるであろうと予想される結果以上のものを生み出さず、自明の手法であるといえた。したがって、最高裁は、「先行技術と被告のシステムとの間の差異は、そのシステムが当業者に非自明となるほど大きいものではない。」と判示した[447]。

### 事例2：Nilssen 判決[448]

　Nilssen 判決は、理論的根拠（C）（類似の装置（方法又は製品）を同じ

---

447　MPEP 2143では、Dann 判決について、"The basic technique of putting indicia on data to enable standard sorting, searching, and reporting yielded no more than the predictable outcome which one of ordinary skill would have expected to achieve with this common tool of the trade and was therefore an obvious expedient. The Court held that "[t]he gap between the prior art and respondent's system is simply not so great as to render the system nonobvious to one reasonably skilled in the art.""と解説されている。

方法で改良する既知の技術の使用：Use of Known Technique To Improve Similar Devices（Methods, or Products）in the Same Way）の事例1としても紹介した。したがって、具体的な内容については、理論的根拠（C）の事例1を参照されたい。

### 【MPEP 2143における解説】

Nilssen 判決については、理論的根拠（D）（「予測可能な結果」をもたらす改良のための既知の装置（方法又は製品）への既知の技術の適用：Applying a Known Technique to a Known Device（Method, or Product）Ready for Improvement To Yield Predictable Results）の観点で、次のように解説されている。

Nilssen 判決において CAFC が、Kammiller 先行特許が教示するように、'738先行発明者証に係る装置で生成された閾値信号を使用し、遮断スイッチを作動させてインバータを動作不能にすることは、当業者に自明であったであろうと判断したことを引用した上で、「遮断スイッチを使用するという既知の技術により、予想通り、インバータ回路を保護するという結果が得られたであろう。したがって、インバータを保護するために作動信号に応答して遮断スイッチを使用することは、当業者の技能の範囲内であったであろう[449]。」と解説されている。

### 事例3：Urbanski 判決[450]

Urbanski 判決において対象となった特許出願[451]に係る本願発明は、食

---

448 *In re Nilssen, 851 F.2d 1401 (Fed. Cir. 1988)*
449 MPEP 2143では、Nilssen 判決について、理論的根拠（D）の観点で、"The known technique of using a cutoff switch would have predictably resulted in protecting the inverter circuit. Therefore, it would have been within the skill of the ordinary artisan to use a cutoff switch in response to the actuation signal to protect the inverter." と解説されている。ここでは当業者について、"the ordinary artisan" という表現が用いられているが、当業者については、"A person of ordinary skill in the art" 以外に、"a skilled artisan"、"a person reasonably skilled in the prior art"、"one skilled in the art"、"an ordinarily skilled artisan" 等の様々な表現が使用されることがある。

品添加物（Food additives）としての使用に適し、減じられた保水力を製品が有するように大豆繊維の酵素加水分解（Enzymatic hydrolysis）を行う方法を対象としている。本願発明は、大豆繊維と酵素を水中で60〜120分間混合して、加水分解し、所定の保水力及び単糖含有量を有する製品を提供するという構成を備える。USPTO の審査官は、本願発明が、主に２つの先行技術から自明であると判断した。第１の先行技術は、PCT Application Publication WO96/32852（以下「Gross 先行出願公開」という。）であり、第２の先行技術は、U.S.P. 5,508,172（以下「Wong 先行特許」という。）であった。Gross 先行出願公開と Wong 先行特許のいずれも、食物繊維の酵素加水分解方法を開示している。Gross 先行出願公開は、例えば５〜72時間の比較的長い加水分解時間を採用し、食物繊維を安定した均質なコロイド分散液又はゲルに変換する方法を教示している。他方、Wong 先行特許は、繊維量を実質的に減少させることなく、官能特性が改善された大豆製品を製造する方法を開示し、この方法では、例えば100〜240分間、好ましくは120分間の比較的短い加水分解時間を採用している。

　Urbanski は、審査官による自明性に基づく拒絶に対し、USPTO の審判部（PTAB）に審判請求を行ったが、審判部は、審査官による拒絶を支持した。そこで、Urbanski は CAFC に提訴した。この訴訟において、CAFC は、本願発明の自明性判断に際し、複数の判例を引用しながら、次のように述べている。

　「自明性は、基礎となる事実認定に基づく法律問題であり[452]、事実認定は先行技術が教示する内容を含み[453]、先行技術を組み合わせる理由の存在[454]や、先行技術がクレーム発明を阻害する教示をしているか否か[455]に基づいて判断される。」

---

450　*In re Urbanski, 809 F.3d 1237 (Fed. Cir. 2016)*
451　この特許出願の出願番号は11/170,614（U.S.Patent Application Serial No. 170,614）であった。
452　*In re Baxter, 678 F.3d 1357 (Fed.Cir.2012)*
453　*In re Beattie, 974 F.2d 1309 (Fed.Cir.1992)*
454　*In re Hyon, 679 F.3d 1363 (Fed.Cir.2012)*
455　*In re Mouttet, 686 F.3d 1322 (Fed.Cir.2012)*

これらを踏まえた上で、CAFC は、Wong 先行特許で開示された特性が食物繊維の好ましい特性であることから、Wong 先行特許を考慮すれば、当業者には、より短い反応時間を採用するように Gross 先行出願公開の方法を変形する動機付けがあると判断した。また、Wong 先行特許には、反応時間を短くし、加水分解の度合いを低くすると、繊維含有量を大幅に減らすことなく、大豆製品の官能特性が向上することが示唆され、Gross 先行出願公開には、反応時間を長くし、加水分解の度合いを高めると、安定した分散液を形成できる繊維が得られることが示唆されていることから、CAFC は、反応時間を調整することにより加水分解の程度及び繊維の特性が変化することを当業者が予期できたことも認定した。その結果、CAFC は、本願発明の加水分解、保水性、及び単糖含有量は、加水分解生成物における予測可能な特性であったと認定した。

Gross 先行出願公開と Wong 先行特許の組合せについて、CAFC は、いずれの先行技術も食物繊維の酵素加水分解に関するものであり、繊維の特性を調整するために反応時間と加水分解の程度を変化させることができることを認識していることから、Gross 先行出願公開と Wong 先行特許を組み合わせることは可能であると判断した。

先行技術がクレーム発明を阻害する教示をしているか否かについては、先行技術には、本願発明によって提案されたような改変が操作不能なプロセスや望ましくない特性を有する食物繊維製品をもたらすことを教示していないこと、Gross 先行出願公開は、安定した分散液を作製可能な繊維をもたらす比較的長い反応時間を開示してはいるが、より短い反応時間の使用について批判又は疑問を呈するような（criticize or discredit）ことはしていないこと等に言及した上で、CAFC は、先行技術がクレーム発明を阻害する教示をしていないと認定した。以上の検討を経て、CAFC は、本願発明が先行技術から自明であると判断した。

## 【MPEP 2143における解説】

Urbanski 判決について、MPEP 2143では、次のように解説されている。Urbanski 判決における本願発明は、保水力を低下させるための大豆繊維の酵

素加水分解方法に関するものであり、大豆繊維と酵素を水中で約60〜120分間反応させることが必要である。本願発明は、2つの先行技術により拒絶され、主引例（Primary reference）[456]であるGross先行出願公開では、5〜72時間の反応時間が教示され、副引例（Secondary reference）[457]であるWong先行特許では、100〜240分、好ましくは120分の反応時間が教示されていた。

　Urbanskiは、副引例が示唆する方法で主引例を変形すると、主引例によって教示される利点を失うこととなるので、これらの組合せを阻害すると主張した。それに対し、CAFCは、これらの文献の双方が反応時間と加水分解の程度を、「結果を得るために有効な変数（Result-effective variables）[458]」として認識しており、最終製品に予測可能な効果を与える

---

[456] "Primary reference" は、本書では「主引例」と訳しているが、MPEPでは、幾つかの箇所で "Primary reference" という表現が使用されている。例えば、MPEP 2144.04 Legal Precedent as Source of Supporting Rationale [R-07.2022] では、"The claims were rejected over a primary reference which disclosed an anticorrosion composition of epoxy resin, hydrocarbon diluent, and polybasic acid salts wherein said salts were taught to be beneficial when employed in a freshwater environment, in view of secondary references which clearly suggested the addition of petroleum sulfonate to corrosion inhibiting compositions." ことが記載されている。ここでは、審査対象のクレーム発明は、「主引例」と「副引例」との組み合わせに基づいて拒絶されているが、クレーム発明は、「副引例」を考慮して「主引例」に鑑み拒絶されている。

[457] "Secondary reference" は、本書では「副引例」と訳しているが、クレーム発明の自明性判断においては、「主引例」と組み合わせて、クレーム発明と「主引例」との相違点を補填等するために使用される引例であると理解することができる。

[458] "Result-effective variables" については、「結果を得るために有効な変数」と訳しているが、ここでいう「変数」は、「変化可能なもの」と解釈可能であろう。例えばMPEP 2144.05 Obviousness of Similar and Overlapping Ranges, Amounts, and Proportions [R-07.2022] で は、"The Supreme Court has clarified that an "obvious to try" line of reasoning may properly support an obviousness rejection. In In re Antonie, 559 F.2d 618 (CCPA 1977), the CCPA held that a particular parameter must first be recognized as a result-effective variable, i.e., a variable which achieves a recognized result, before the determination of the optimum or workable ranges of said variable might be characterized as routine experimentation, because "obvious to try" is not a valid rationale for an obviousness finding." と述べられており、ここでは「結果を得るために有効な変数」は、認識された結果を達成する変数のことであると説明されている。また、MPEP 2144.05では、「KSR判決の後では、「結果を得るために有効な変数」の存在は、当業者が他の実行可能な製品又は方法に到達するために実験する動機付けの1つであるが、唯一のものではない（Thus, after KSR, the presence of a known result-effective variable would be one, but not the only, motivation for a person of ordinary skill in the art to

第3節　MPEP 2143 一応の自明性の基礎的要件の事例

ためにその変数を変化させることができるので、先行技術文献の組合せには十分な動機付けがあること、また主引例には、この主引例を変形することを阻害する明確な教示は含まれていないことを認定した。

　以上を踏まえ、CAFC は、Wong 先行特許（副引例）で開示された望ましい特性を得るために、当業者は、より短い反応時間を使用して Gross 先行出願公開（主引例）のプロセスを変形するよう動機付けられたであろうという審判部の認定を実質的証拠が裏付けていると判断した。

**(5)　理論的根拠（E）**
**「自明な試行」－成功が合理的に期待される、特定され予測可能な有限数の解決策からの選択（"Obvious To Try" - Choosing From a Finite Number of Identified, Predictable Solutions, With a Reasonable Expectation of Success）**

　クレーム発明が自明であったという結論を裏付ける理論的根拠（E）は、「当業者であれば、技術的理解の範囲内で既知のオプションを追求する理由[459]がある。[460]」ということに関するものである。「予期された成功（Anticipated success）」につながるものである場合、その製品は、革新的なものではなく、通常の技術や「常識」によるものである可能性が高くなる。そのような場合に、（先行技術の）組合せが「自明な試行」であった

---

experiment to reach another workable product or process.）。」こと、「出願人は、クレームされた変数が先行技術において「結果を得るために有効な変数」であると認識されていなかったことを示すことにより、先行技術の範囲内で開示された変数の最適化に基づく「一応の自明性」に対し反論することができる（Applicants may rebut a prima facie case of obviousness based on optimization of a variable disclosed in a range in the prior art by showing that the claimed variable was not recognized in the prior art to be a result-effective variable. E.I. Dupont de Nemours & Company v. Synvina C.V., 904 F.3d 996 (Fed. Cir. 2018).）。」ことも述べられている。

459　ここでは、"Good reason" を「理由」と訳しているが、"Good" という用語には、"1. Sound or reliable, 2. Valid, effectual, and enforceable; sufficient under the law." (Black's Law Dictionary 11th Edition　836頁) という意味があるので、この意味内容を踏まえて解釈すべきであろう。

460　理論的根拠（E）について、MPEP 2143では、"The rationale to support a conclusion that the claim would have been obvious is that a person of ordinary skill has good reason to pursue the known options within his or her technical grasp." と説明されている。

という事実は、103条に基づいて自明であることを示す可能性がある。これらの事実を認定できない場合、クレーム発明が当業者に自明であったという結論を裏付けるために理論的根拠（E）を使用することはできない。

　クレーム発明が「自明な試行」の推論に基づいて自明であることを証明できるか否かという問題については、KSR判決[461]以降、CAFCによって幾つかの事件において検討されてきた。このタイプの判例法は化学分野で急速に発展しているが、その理論的根拠は他の技術分野でも同様に適用されてきた。専門家（Commentators）の中には、発明行為は、常に過去になされたこととの関連においてなされ、過去と関わりを持たないものではないので、「自明な試行」基準の下では、審査に耐え得る発明は、ほとんどないのではないかとの懸念を表明する者もある。しかし、KSR判決以降に下された判決により、この懸念が根拠のないものであることが証明された。裁判所は、予測可能性と当業者の合理的期待に特に重点を置く形で、「有限数の特定されかつ予測可能な解決策（Finite number of identified predictable solutions）」に対するKSR判決の要件を適用しているようである。CAFCは、「自明な試行」の議論を検討する際に、「当業者によってなされた選択が望ましい結果に結びついた場合に、そのような選択を評価することは、どのように技術的進歩が特定の科学又は技術分野において達成されたかについての法的理解への挑戦である。」ことを指摘した[462]。またCAFCは、「自明な試行」の理論的根拠に基づく自明性については、科学又は技術の特性、その進歩の状況、既知の選択肢の性質、先行技術の特異性又は一般性、及び関連分野における結果の予測可能性を含む、対象となる主題の背景を考慮しなければならないことも警告している。

---

461　*KSR Int'l Co. v. Teleflex Inc., 550 U.S. 398 (2007)*
462　Abbott判決を引用して、"The Federal Circuit pointed out the challenging nature of the task faced by the courts – and likewise by Office personnel – when considering the viability of an obvious to try argument: "The evaluation of the choices made by a skilled scientist, when such choices lead to the desired result, is a challenge to judicial understanding of how technical advance is achieved in the particular field of science or technology."*Abbott Labs. v. Sandoz, Inc.*, 544 F.3d 1341（Fed. Cir. 2008）" と述べられている。

第３節　MPEP 2143 一応の自明性の基礎的要件の事例

## 事例１：Pfizer 判決[463]

　Pfizer 判決における対象特許は、U.S.P. 4,879,303（以下「'303特許」という。）であった。1986年４月、Pfizer は、英国においてベシル酸アムロジピン（Amlodipine besylate）について英国特許出願を行った（この出願は最終的に U.K. Patent No. 160833として発行された。）。1987年３月、Pfizer は、上記の英国特許出願に対し優先権を主張して、ベシル酸アムロジピンについて米国において特許出願[464]を行った。この出願が最終的に拒絶されたことから、Pfizer は、継続出願（Continuation application）[465]を行い、原出願を放棄した。Pfizer は、この継続出願と共に、予備的補正（Preliminary amendment）[466]を行い、規則1.132[467]に基づく宣言書

---

463　*Pfizer, Inc. v. Apotex, Inc.*, 480 F.3d 1348 (Fed. Cir. 2007)
464　この特許出願の出願番号は07/030,658（U.S.Patent Application serial No. 030,658）であった。
465　米国では、継続的出願（Continuing Application）と呼ばれる出願が認められている（規則1.53(b)）。この継続的出願は、先の出願の出願日の利益を引き継ぐ出願であり、継続出願（Continuation application）、分割出願（Divisional application）、一部継続出願（Continuation-in-part application：CIP 出願）が含まれる（高岡　アメリカ特許法実務ハンドブック第5版　301頁参照）。継続出願については、MPEP 201.07 Continuation Application [R-08.2017] において、"A continuation application is an application for the invention(s) disclosed in a prior-filed copending nonprovisional application, international application designating the United States, or international design application designating the United States. The disclosure presented in the continuation must not include any subject matter which would constitute new matter if submitted as an amendment to the parent application." と説明されている。分割出願については、MPEP 201.06 Divisional Application [R-07.2022] において、"A later application for an independent or distinct invention, carved out of a nonprovisional application (including a nonprovisional application resulting from an international application or international design application), an international application designating the United States, or an international design application designating the United States and disclosing and claiming only subject matter disclosed in the earlier or parent application, is known as a divisional application." と説明されている。一部継続出願については、MPEP 201.08 Continuation-in-Part Application [R-07.2022] において、"A continuation-in-part is an application filed during the lifetime of a prior-filed nonprovisional application, international application designating the United States, or international design application designating the United States repeating some substantial portion or all of the prior-filed application and adding matter not disclosed in the prior-filed application." と説明されている。
466　予備的補正は、米国特許出願において局指令（Office Action）を受ける前に自発的に行う補正をいう（規則1.115(a)）。
467　規則1.132（§1.132 Affidavits or declarations traversing rejections or

(Declarations)[468]を提出した。この宣言書において、Pfizer は、アムロジピンベシル酸塩（Besylate salt of amlodipine）が医薬品に必要な全ての望ましい特性を備え、アムロジピンベシル酸塩だけが市販品に必要な特性を全て備えていたことは自明ではなかった旨を主張した。その結果、継続出願は許可され、1989年11月に '303特許として発行された。'303特許は、アムロジピンベシル酸塩に関するものであった。

Apotex は、Pfizer 製品のジェネリック品について FDA に簡易新薬申請を提出したことから、Pfizer は、2003年7月、Apotex に対し、連邦地裁に特許権侵害訴訟を提起した。連邦地裁では、他の争点と共に '303特許の自明性も争われた。主たる先行技術は、U.S.P. 4,572,909（以下「Campbell 先行特許」という。）と、Berge 文献[469]であった。連邦地裁は、'303特許が先行技術から自明ではないと判断した。そこで、Apotex は、CAFC に控訴した。

控訴審において、Apotex は、'303特許が無効であること、及び Pfizer による USPTO への「不衡平行為」を主張した。しかし、本件では、CAFC は、「不衡平行為」について明確な判断を示さなかった。CAFC は、'303特許の自明性判断に際し、連邦地裁の判断が法的に誤っているだけでなく、特許訴訟において各当事者が負う適正な立証責任に関する重大な誤解（Serious misconception）を反映したものであると判示した。そしてCAFC は、Fromson 判決[470]を引用し、判例法が、特許出願に関する査定系手続（Ex parte patent application proceeding）における審査官の認定に裁判所が拘束されないことを一貫して示してきたことに言及した上で、USPTO の審査官による「一応の自明性」に関する中間的な認定（Interim

---

objections.）は、審査等における拒絶を克服するための宣誓供述書又は宣言書について規定する。
468　規則1.132では、宣誓供述書と宣言書が規定されているが、宣誓供述書（Affidavits）は、事実に関する任意になされた供述で、書面化され、しかも Oath（宣誓）又は Affirmation（確約）によって真実であることが担保されたものをいい、宣言書は、事実・権利・法律関係等の存在を確認し、これを正式に表明すること、ないしはそれを記した文書をいう（英米法辞典　33頁、232頁）。
469　Berge, "Pharmaceutical Salts," J. Pharm. Sci., 66(1):1-19 (Jan. 1977)
470　*Fromson v. Advance Offset Plate, Inc., 755 F.2d 1549 (Fed.Cir.1985)*

第3節　MPEP 2143 一応の自明性の基礎的要件の事例

finding）によって、発行された特許のクレームが「一応自明」に該当するとみなされることはないと述べている。また、CAFC は、Purdue Pharma 判決[471]や Structural Rubber 判決[472]を引用して、USPTO の決定については、282条[473]に基づいて特許の有効性の推定（Presumption of validity）が認められることに触れた上で、法律によって発行の際に特許は有効であると推定され、その有効性の推定に非自明性の推定も含まれるといえることも述べている。さらに、CAFC は、Hybritech 判決[474]を引用し、特許が有効であると推定されることから、特許が無効であると主張する者は、「明白かつ説得力のある証拠」により特許が無効であるという事実について立証責任を負うこととなり、特許の有効性についての立証責任は、特許権者にシフトしないと述べている。

　これらを踏まえて CAFC は、まず主引例である Campbell 先行特許と'303特許との相違点について検討し、Campbell 先行特許が、ベシル酸アムロジピンやベンゼンスルホン酸アニオン（Benzene sulphonate anion）を明記していないことを認定している。また CAFC は、Campbell 先行特許が、これらを排除しておらず、Campbell 先行特許のクレームの文言がこれらを包含する（literally encompass）ことも認定している。この相違点については、Berge 文献を含む他の先行技術に記載されていた。

　そこで、CAFC は、Berge 文献と Campbell 先行特許の組合せについて検討した。その結果、CAFC は、全ての証拠を考慮した上で、アムロジピンベシル酸塩を製造するために、当業者は、Berge 文献と Campbell 先行特許を組み合わせるよう動機付けられたであろうと判断した。また CAFC は、「成功の合理的期待」についても検討した。この点に関し、連邦地裁は、化合物の活性部分に対する特定の塩種の影響を予測する信頼で

---

[471] *Purdue Pharma L.P. v. Faulding Inc., 230 F.3d 1320 (Fed.Cir.2000)*
[472] *Structural Rubber Prods. Co. v. Park Rubber Co., 749 F.2d 707 (Fed. Cir.1984)*
[473] 282条（35 U.S.C. 282 Presumption of validity; defenses.）により、米国においては、特許は有効であると推定される。
[474] *Hybritech Inc. v. Monoclonal Antibodies, Inc., 802 F.2d 1367 (Fed. Cir.1986)*

きる方法がなかったため、当業者がアムロジピンベシル酸塩の製造に成功することを期待できなかったと認定した。しかし、CAFCは、Corkill判決[475]を引用して、合理的な成功の可能性がある限り、技術分野におけるある程度の予測不能性を示すだけでは自明性を回避できないことが判例法から明らかであることに言及し[476]、全ての証拠を考慮すると、当業者であれば、アムロジピンベシル酸塩の製造に成功するであろうという合理的期待を有していたと認定した。さらにCAFCは、「自明な試行」についても検討した。この点に関し、CAFCは、ベンゼンスルホン酸塩（Benzene sulphonate）を試みることが自明であるだけでなく、ベシル酸アムロジピンの製造を試みることも自明であると判断した。その理由として、（ⅰ）Sanofi判決[477]を引用して、塩の形成にはある程度の予測不能性があるが、幾つかの塩が形成されない可能性があるというだけでは非自明の結論に結びつかないこと、（ⅱ）先行技術が単に将来有望な実験分野であると予想される一般的なアプローチを教示するケースにも該当しないこと等を述べている。本件では、二次的考慮事項として「予期せぬ効果」についても検討されたが、CAFCは、最終的に'303特許が先行技術から自明であると結論付けた。

## 【MPEP 2143における解説】

　Pfizer判決について、MPEP 2143では、次のように解説されている。

　Pfizer判決におけるクレーム発明は、ベシル酸アムロジピン医薬品に関するものであった。この医薬品は、Norvasc® という商標で米国において錠剤の剤形で販売されていた。アムロジピンとベシル酸アニオン（Besylate anions）の使用は、いずれも'303特許の発明時点で知られていた。アムロ

---

[475] *In re Corkill, 771 F.2d 1496 (Fed.Cir.1985)*
[476] Pfizer判決では、CAFCは、Corkill判決を引用して、"The problem with the district court's ultimate conclusion of non-obviousness based on that factual finding, however, is that case law is clear that obviousness cannot be avoided simply by a showing of some degree of unpredictability in the art so long as there was a reasonable probability of success." と述べている。
[477] *Sanofi-Synthelabo v. Apotex, Inc., 470 F.3d 1368 (Fed.Cir.2006)*

第3節　MPEP 2143 一応の自明性の基礎的要件の事例

ジピンは、ベシル酸アムロジピンと同じ治療効果を有することが知られていたが、Pfizerは、ベシル酸塩が優れた製造上の特性（「粘着性」の低下）を有することを発見した。

　本件において、Pfizerは、ベシル酸アムロジピンを製造した結果が予測不能であるため'303特許が自明ではないと主張したが、CAFCは、特性改善のために試験される薬学的に許容される塩の数が有限（53個）であったことから、予測不能とはいえないと判断した。MPEP 2143では、Pfizer判決について、裁判所が「アムロジピンの加工性の課題に直面する当業者であれば、その組成物（アムロジピン）の塩の形成に注目し、薬学的に許容される塩を形成するための潜在的な塩構成物（Salt-formers）のグループを既知の53個のアニオンのグループに絞り込むことができ、この数は「成功の合理的期待」の存在を許容可能な数である。[478]」と判断したことが紹介されている。

### 事例2：Alza 判決[479]

　Alza判決における対象特許は、U.S.P. 6,124,355（以下「'355特許」という。）であった。'355特許は、George V. Guittardらに対して発行され、Alzaに譲渡された。'355特許は、徐放性オキシブチニン製剤（Extended release[480] oxybutynin formulation）に関するものである。オキシブチニンは尿失禁の治療に使用される医薬である。

---

478　MPEP 2143では、Pfizer判決について、裁判所が、"The court found that one of ordinary skill in the art having problems with the machinability of amlodipine would have looked to forming a salt of the compound and would have been able to narrow the group of potential salt-formers to a group of 53 anions known to form pharmaceutically acceptable salts, which would be an acceptable number to form "a reasonable expectation of success.""と判断したことが紹介されている。
479　*Alza Corp. v. Mylan Labs., Inc., 464 F.3d 1286 (Fed. Cir. 2006)*
480　'355特許のクレームでは、"sustained-release"という用語が用いられている。ところが、判決文においては、"sustained-release"という用語と、"extended release"という用語とが混在していることに加えて、"sustained/extended-release"という表現も使用されている。これらのことから、この判決においては、"sustained-release"という用語と、"extended release"という用語とは、明確に区別されていないといえよう。

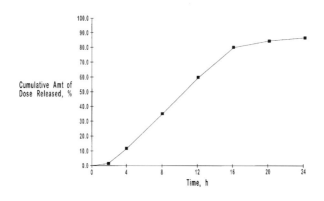

　Mylan が徐放性オキシブチニン製剤に関する簡易新薬申請を提出したことから、Alza は連邦地裁に特許権侵害訴訟を提起した。この訴訟において、'355特許が無効であると主張されたので、連邦地裁は、'355特許の有効性について判断した。'355特許は、先行技術から自明であると主張されたが、この主張の際に、3つの先行技術が提出された。具体的には、U.S.P. 5,399,359（以下「Baichwal 先行特許」という。）、U.S.P. 5,082,688（以下「Wong '688先行特許」という。）、U.S.P. 5,330,766（以下「Morella 先行特許」という。）である。連邦地裁は、'355特許がこれらの先行技術から自明であるので無効であると判断した。そこで、Alza は CAFC に控訴した。

　CAFC は、自明性判断に際し、Gartside 判決[481]や Winner Intern 判決[482]を引用し、自明性判断において先行技術を組み合わせる動機付けの有無は純粋な事実問題であること、また Medichem 判決[483]を引用して、そのような組合せを行う際の「成功の合理的期待」の有無に言及している。さらに、McGinley 判決[484]を引用して、「282条により特許について有効性の推定がなされることから、申立人（Movant）は、基礎となる事実に関する「明白かつ説得力のある証拠」によってクレーム発明の無効性を立証する責任がある。」ことにも触れている。これらに加えて CAFC は、Graham 判決

---

481　*In re Gartside, 203 F.3d 1305 (Fed. Cir.2000)*
482　*Winner Int'l Royalty Corp. v. Wang, 202 F.3d 1340 (Fed. Cir.2000)*
483　*Medichem, S.A. v. Rolabo, S.L., 437 F.3d 1157 (Fed. Cir.2006)*
484　*McGinley v. Franklin Sports, Inc., 262 F.3d 1339 (Fed. Cir. 2001)*

やKahn判決[485]等を引用して、自明性判断の際に「後知恵」を排除することの重要性について詳細に検討している[486]。

これらを踏まえて、CAFCは、'355特許の自明性について検討することとなるが、概ね連邦地裁の認定判断を確認した判示内容となっている。まず先行技術については、Morella先行特許が、水への溶解度（Solubility）が高い活性成分を含む持続放出性医薬組成物（Sustained-release pharmaceutical composition）を開示し、Baichwal先行特許が、24時間の徐放性オキシブチニン製剤を教示し、Wong '688先行特許が、'355特許の好ましい実施形態で使用される二層浸透圧ポンプ剤形（Bilayer osmotic pump dosage form：OROSシステム）を開示すると認定された。また、「当業者の技術レベル」についても特定している。本件では、当業者とは、薬学、生物学、化学、又は化学工学の修士号（Advanced degree）を有し、かつ制御放出の技術分野で少なくとも2年の経験を有する者、又はこれらの分野の1つ以上で学士号（Bachelor's degree）を有し、かつ制御放出の技術分野で5年の経験を有する者であると認定された。また、当業者が「成功の合理的期待」を持って先行技術を組み合わせる動機付けがあったか否かについても検討され、さらに二次的考慮事項についても検討がなされている。これらの事項の検討結果として、連邦地裁は、Mylanが「強力な一応の自明性」を確立し、Alzaがそれに反駁できなかったと判断していたが、CAFCは、この連邦地裁の判断に同意した。

上記のようにCAFCは、連邦地裁の判断にほぼ同意しているが、先行技術を組み合わせる動機付けについてのみ、詳細な検討結果を示している。この判断に際し、CAFCは、Alzaの主な主張が、「徐放性オキシブチニン製剤に治療的価値（Therapeutic value）があると期待する理由がないので、

---

485 *In re Kahn* 441 F.3d 977（Fed. Cir. 2006）
486 Alza判決では、CAFCは、「後知恵」に関し、「我々の反後知恵に関する法理は、自明性の法的判断が単なる推測や臆測ではなく証拠に基づくべきであるという前提に基づいたテストである（At its core, our anti-hindsight jurisprudence is a test that rests on the unremarkable premise that legal determinations of obviousness, as with such determinations generally, should be based on evidence rather than on mere speculation or conjecture.）。」ことを述べ、Kahn判決においてなされたTSMテストに関する分析内容を引用している。

当業者は、Morella 先行特許、Baichwal 先行特許、及び Wong '688先行特許の技術を、オキシブチニンに対して採用する動機付けがない。」ということであるが、本件の自明性判断についての主たる問題は、「1995年当時の当業者が、オキシブチニンが吸収されることについて合理的期待をもって、クレームされた徐放性製剤を製造するよう動機付けられたか否か。」ということであると認定した。そして、「厳格ではない TSM テスト（Non-rigid "motivation-suggesting-teaching" test）」では、先行技術を組み合わせる動機付けを先行技術において見出す必要はないことに言及した上で、専門家証人の証言が、当業者が特定の時点で有していた知識に関連する場合、これは「一応の自明性」の評価についての証拠となると述べている。CAFC は、専門家証人である Dr. Amidon による「親油性の予測（Predictive value of lipophilicity）」に関する証言[487]について、Alza による様々な反論があるものの、「1995年当時の当業者が、薬剤の親油性と吸収性との一般的相関関係を期待したであろう。」ことを認定した[488]。これらの認定を踏まえて、CAFC は、吸収性について保証されてはいないものの、証拠全体として見れば、当業者が「成功の合理的期待」を持って吸収性を認識していたことは明確でありかつ説得力があり、先行技術を組み合わせる動機付けがあったという連邦地裁の事実認定に明らかな誤りを認めることはできないと判示した。その結果、'355特許は先行技術から自明であると判断された。

### 【MPEP 2143における解説】

　Alza 判決について、MPEP 2143では、次のように解説されている。
　Alza 判決におけるクレーム発明は、オキシブチニン医薬の持続放出型

---

[487] Dr. Amidon は、"I would say there were some unknowns, but again lipophilic drugs would be well absorbed. That would be — that was the general understanding at the time." と証言した。
[488] CAFC は、"Far from teaching away or detracting from the weight of Dr. Amidon's testimony, these prior art references, taken as a whole, are entirely consistent with the finding that in 1995 a person of ordinary skill in the art would have expected a general, albeit imperfect, correlation between a drug's lipophilicity and its colonic absorptivity." と判示した。

製剤（Sustained-release[489] formulations）に関するものであった。この医薬は、特定の速度で24時間にわたって放出される。オキシブチニンについては、高い水溶性を有することが知られており、このような医薬についての持続放出型製剤の開発の際には特別な問題があることが'355特許明細書において指摘されていた。

　Morella先行特許は、モルヒネの持続放出型製剤で例示されるような高水溶性医薬の持続放出型組成物を教示していた。また、Morella先行特許は、オキシブチニンが高水溶性医薬の分類に属することも教示していた。他方、Baichwal先行特許は、'355特許のクレーム発明とは異なる放出速度を有するオキシブチニンの持続放出型製剤を教示していた。Wong '688先行特許は、24時間にわたって医薬を送達する一般的な方法を教示していた。Wong '688先行特許では、この特許において開示された方法が、オキシブチニンが属する複数の医薬のカテゴリに適用可能であることが言及されていたが、オキシブチニンへの適用については明記されていなかった。

　これらの事実を踏まえ、CAFCは、オキシブチニンの吸収特性が'355特許の発明時点で合理的に予測可能であったため、クレームされたオキシブチニンの持続放出型製剤の開発について「成功の合理的期待」があったと認定した。先行技術は、'355特許明細書からも明らかなように、高水溶性医薬についての持続放出型医薬の開発には障害があることを認識し、この障害を克服するための有限数の方法を提示していた。これらを踏まえて、MPEP 2143では、「「成功の合理的期待」を持って、持続放出型組成物を製剤化するための既知の方法を試みることは自明であったから、'355特許のクレーム発明は自明であった。[490]」と解説されている。また、MPEP 2143では、「CAFCは、絶対的な予測可能性が欠如しているという

---

489　MPEP 2143におけるAlza判決の解説では、CAFC判決とは異なり、'355特許のクレーム発明において使用されている"sustained-release"という用語で統一されている。

490　MPEP 2143では、Alza判決について、"The claims were obvious because it would have been obvious to try the known methods for formulating sustained-release compositions, with a reasonable expectation of success." と解説されている。

第4章　KSR判決後の判例

主張に振り回されることはなかった。[491]」とも述べられている。

### 事例3：Kubin判決[492]

　Kubin判決において対象となった特許出願[493]に係る本願発明は、ナチュラルキラー細胞活性化誘導リガンド（Natural Killer Cell Activation Inducing Ligand：NAIL）として知られるタンパク質「ポリペプチド（Polypeptide）」をコードするDNA分子「ポリヌクレオチド（Polynucleotides）」に関するものである。

　本願発明がUSPTOにおける審査で拒絶されたことから、Kubinは、審判部（BPAI）に審判請求をしたが、審判部は、103条と112条の双方に基づいて拒絶を維持した。自明性に関し、本願発明は、2つの先行技術により拒絶された。第1の先行技術は、U.S.P. 5,688,690（以下「Valiante先行特許」という。）であり、第2の先行技術は、Joseph Sambrookらによる文献[494]（以下「Sambrook文献」という。）であった。Valiante先行特許は、ヒトNK細胞（Human NK cells）の表面に見られる「p38」と呼ばれる受容体タンパク質（Receptor protein）を開示し、受容体p38のDNA配列及びタンパク質配列が、当業者に既知である従来の方法によって得られることを教示している。他方、Sambrook文献には、特定の遺伝子のクローン作製方法については記載されていないが、クローン作製の材料と技術については詳細な説明がなされている。

　審判部は、次のような様々な事実を認定した。まず、Kubinが、NAILをコードする遺伝子を単離して配列を決定するために、Sambrook文献で説明されているような先行技術を使用したことを認定した。また、審判部は、Kubinの主張するDNA配列が、Valiante先行特許によって開示され製品化されているモノクローナル抗体（Monoclonal antibody）C1.7を用

---

491　Alza判決については、MPEP 2143において、"The court was not swayed by arguments of a lack of absolute predictability." とも述べられている。
492　In re Kubin, 561 F.3d 1351 (Fed. Cir. 2009)
493　この特許出願の出願番号は09/667,859（U.S.Patent Application Serial No. 667,859）であった。
494　Joseph Sambrook et al., Molecular Cloning: A Laboratory Manual 43-84 (2d ed. 1989)

いて cDNA ライブラリー（Library）から単離されたことも認定した。さらに、審判部は、ヒトの免疫応答（Human immune response）における NAIL の重要な役割のため、当業者であれば NAIL cDNA を単離する価値を認識し、そのようにするために、Sambrook 文献に記載され、Valiante 先行特許において用いられたような従来の方法を適用する動機付けがあったであろうことも認定した。これらの事実認定に基づき審判部は、出願人のクレーム発明は、革新の産物ではなく、通常の技術と「常識」の産物であり、NAIL cDNA を単離することは自明であったと結論付けた。このように審判部が判断したことから、Kubin は、CAFC に提訴した。

　CAFC は、自明性判断に際し、Graham 判決を引用して必要な事実認定に言及し、また Parar-Ordnance 判決[495]を引用して、先行技術文献の教示は、自明性判断の際の事実認定の基礎となるものであると述べている。また CAFC は、NAIL DNA を得る方法における類似点又は相違点を強調することは、自明性の問題の主要な点を見逃すことにつながるとも述べている。さらに CAFC は、Valiante 先行特許の実施例12が、当業者に対し、クレームされたポリヌクレオチドを生成することを繰り返し教示していることも認定している。これらを踏まえ、CAFC は、NAIL の遺伝子配列を単離するために、Valiante 先行特許及び Sambrook 文献で教示されているような先行技術を使用したと結論付ける相当な証拠を審判部が有していたと述べ、本願発明の自明性に関する審判部による認定判断に誤りはないと判断した。なお、本件では、Deuel 判決[496]を引用しながら、「自明な試行」について詳細に論じられている。

## 【MPEP 2143における解説】

　Kubin 判決について、MPEP 2143では、次のように解説されている。

　Kubin 判決において、CAFC は、Ex parte Kubin 事件[497]における

---

495　*Parar-Ordnance Mfg., Inc. v. SGS Imp. Int'l, Inc., 73 F.3d 1085 (Fed. Cir. 1995)*
496　*In re Deuel, 51 F.3d 1552 (Fed. Cir. 1995)*
497　*Ex parte Kubin, 83 USPQ2d 1410 (Bd. Pat. App. & Int. 2007)*

USPTOの決定を支持した。Kubin判決において問題となったクレーム発明は、単離された核酸分子（Nucleic acid molecule）に関するものであり、先行技術に鑑み自明であると判断された。このクレームでは、特定のポリペプチドをコードした核酸が規定されていた。コードされたポリペプチドは、部分的に特定された配列及び特定のタンパク質の結合能（Ability to bind）によって規定されていた。

　Valiante先行特許は、クレームされた核酸によってコードされたポリペプチドを教示していたが、ポリペプチド配列や、クレームに記載されていたような単離された核酸分子は開示していなかった。しかし、Valiante先行特許は、Sambrook文献による先行技術の実験マニュアル（Laboratory manual）で開示されているような従来の方法を使用することによって、ポリペプチドの配列を決定することができ、核酸分子を単離できることを開示していた。

　Valiante先行特許によるポリペプチドの開示、並びにポリペプチドの配列決定（Sequencing）及び核酸分子の単離のための慣用的な先行技術の方法等を考慮して、審判部は、当業者であれば、クレームされた核酸分子を得ることに成功するという合理的期待を有していたであろうと判断した。それに対し、審判請求人（Kubin）は、上記のDeuel判決に依拠して、審判部がValiante先行特許のポリペプチドと、Sambrook文献に記載された方法とを用いて、構造的に類似した核酸分子を示唆等する先行技術文献を提示することなく、特定の核酸分子に向けられた本願発明を拒絶するのは不適切であると主張した。この審判請求人の主張に対し、審判部は、KSR判決[498]を引用して、「課題を解決する動機付けがあり、かつ「有限数の特定されかつ予測可能な解決策」がある場合、当業者は、自己の技術的理解の範囲内で既知の選択肢を追求する十分な理由がある。これが予想される成功につながるのであれば、それは革新の産物ではなく、通常の技術と「常識」の産物である可能性が高い。」と述べた。その上で、審判部は、当業者が直面していた課題は特定の核酸を単離することであり、そうする

---

498　*KSR Int'l Co. v. Teleflex Inc.*, 550 U.S. 398 (2007)

ために利用できる方法の数は限られていたことを認定し、当業者が、「成功の合理的期待」を持ってこれらの方法を試す理由があったと結論付けた。

MPEP 2143では、上述した審判部による推論が、CAFCによって実質的に採用されたことが述べられている。ここでKubin判決に関して重要なこととして、「KSR判決において最高裁は、自明性の判断において、クレームの構成要素の組合せが「自明な試行」であったと考えることができないということを示唆する限りにおいて、Deuel判決におけるCAFCの判断に懐疑的であった[499]。」ことが紹介されている。また、「Kubin判決では、KSR判決がO'Farrell判決[500]におけるCAFCの卓識（Wisdom）を復活させたことに言及されるとともに、O'Farrell判決において、「自明な試行」の適正な適用と不適正な適用を区別するために、「自明な試行」が103条に基づく自明性と誤って同一視される２種類の状況が概説された[501]。」ことも紹介されている。

### 事例４：Takeda判決[502]

Takeda判決における対象特許は、U.S.P. 4,687,777（以下「'777特許」という。）であった。'777特許は、薬理学的効果と、毒性又は望ましくない副反応（Side reactions）との間で広い安全域を有する糖尿病薬（Antidiabetic agents）として実際に使用可能な化合物を対象としている。'777特許のクレーム発明には、ピオグリタゾン（Pioglitazone）が含まれていた。

---

499 "However, it is important to note that in the Kubin decision, the Federal Circuit held that "the Supreme Court in KSR unambiguously discredited" the Federal Circuit's decision in Deuel, insofar as it "implies the obviousness inquiry cannot consider that the combination of the claim's constituent elements was 'obvious to try.'""
500 *In re O'Farrell 853 F.2d 894 (Fed. Cir. 1988)*
501 ここでいう「２種類の状況」については、理論的根拠（Ｂ）の事例２．O'Farrell判決の説明における"自明な試行（Obvious to try)"の中の「２種類の誤り」として既に紹介しているので、この「２種類の誤り」の内容を参照されたい。
502 *Takeda Chem. Indus., Ltd. v. Alphapharm Pty., Ltd., 492 F.3d 1350 (Fed. Cir. 2007)*

ジェネリック医薬品メーカーである Alphapharm は、ピオグリタゾンのジェネリック品を製造販売するために、ハッチ・ワックスマン法に基づき、FDA の承認を求めて簡易新薬申請を提出した。また、Alphapharm は、パラグラフⅣ証明[503]を提出し、'777特許が103条により無効であると主張した。そこで、Takeda は、Alphapharm らを被告として、連邦地裁に'777特許に基づいて特許権侵害訴訟を提起した。

2006年1月、連邦地裁は、'777特許の有効性と権利行使可能性の問題のみについてベンチトライアル（Bench trial）[504]を開始した。Alphapharm は、'777特許が先行技術から自明であると主張したが、Alphapharm による自明性の主張は、もっぱら'777特許の表1において化合物 b として引用されている先行技術の TZD（Thiazolidinedione）化合物に基づいていた。連邦地裁は、Alphapharm の主張を退け、'777特許は先行技術から自明ではないと判断した。この連邦地裁の判断に対し、Alphapharm は CAFC に控訴した。

'777特許の自明性を判断するに際し、CAFC は、化合物 b を「リード化合物」として選択することと、クレームされた化合物の選択について、それぞれ判断を示した。まず、先行技術により、当業者は化合物 b を「リード化合物」として選択することに導かれたであろうという Alphapharm の主張について、CAFC は、Takeda の先行特許である U.S.P. 4,287,200（以下「Takeda'200先行特許」という。）について検討し、Takeda'200先行特許が、数億もの TZD 化合物を開示し、化合物 b を含む54の化合物を具体

---

[503] Paragraph Ⅳ certification with its ANDA pursuant to § 505(j)(2)(B)(ii)
[504] ベンチトライアルとは、陪審審理を経ることなく、裁判官により審理を行うことをいう（丸田　現代アメリカ法入門　174~175頁参照）。

的に特定していると認定した。審査経過（Prosecution history）において、化合物 b を含む 9 つの化合物の試験結果が開示されていたが、この 9 つの化合物が糖尿病薬として最良の化合物であることを当業者に示唆する証拠がなかった。また、CAFC は、T. Sodha らの論文[505]（以下「Sodha 文献」という。）をも検討したが、Sodha 文献には、101 種類の TZD 化合物の血糖降下作用（Hypoglycemic activity）及び血漿トリグリセリド低下作用（Plasma triglyceride lowering activity）に関するデータが開示されていた。ピオグリタゾンは、これらの化合物に含まれていなかったが、化合物 b は含まれていた。また、Sodha 文献では、毒性と活性の観点で最も望ましいと考えられる 3 つの化合物が特定されていたが、化合物 b は、この最も望ましい化合物として特定されていなかった。CAFC は、Takeda の他の先行特許である U.S.P. 4,444,779（以下「Takeda '779 先行特許」という。）についても検討した。Takeda '779 先行特許の最も広いクレームは、多数（over one million compounds）の化合物をカバーしており、Takeda '779 先行特許の審査経過には、これらの複素環（Heterocyclic rings）が置換されている化合物、特に化合物 b が重要になっているという記述が含まれていた。しかし、Sodha 文献における否定的な教示をも踏まえて、全ての証拠を考慮した結果、CAFC は、当業者であれば、糖尿病治療の「リード化合物」として化合物 b を選択しなかったであろうと認定した。また、CAFC は、以上の証拠を踏まえ、「自明な試行」にも該当しないと判断した。

次に、クレームされた化合物の選択に関し、CAFC は、まず「リード化合物」の化学修飾（modifying）プロセスが、発明時点で日常的ではなかったことを認定した。ピオグリタゾンは 2 つの点（ピリジン環の置換基及びその位置）で化合物 b と異なっており、ピオグリタゾンを得るには、化合物 b のメチル基をエチル基に置換し（homologate）、このエチル基をピリジル環の 5 位に移動させる必要がある。ここで、CAFC は、化合物 b のメチル基をエチル基に置換すると、毒性が軽減又は除去されるという合

---

[505] T. Sodha et al. "Studies on Antidiabetic Agents. II. Synthesis of 5-[4-(1-Methylcyclohexylmethoxy)-benzyl]thiazolidine-2,4-dione（ADD-3878）and Its Derivatives"（1982）

理的期待を与える先行技術を発見することができなかった。また、エチル基をピリジル環の5位に移動させること（Ring-walking）に関し、CAFCは、ピリジル環上の置換基の位置を変更することが有益な変化をもたらすという合理的期待が当該技術分野には存在しないと認定した。これらを踏まえ、CAFCは、当業者が、上記のように化合物bを改変して、クレームされた化合物（ピオグリタゾン）を合成するようには促されなかったであろうと判断した。以上より、'777特許は、先行技術から自明ではないと判断された。

## 【MPEP 2143における解説】

Takeda判決について、MPEP 2143では、次のように解説されている。

Takeda判決は、クレーム発明が自明ではないとCAFCが判断した化学関連の事件の一例である。クレームされた化合物はピオグリタゾンであり、Takedaが2型糖尿病（Type 2 diabetes）の治療薬として販売しているTZDとして知られる医薬の一種である。MPEP 2143では、「Takeda判決は、「リード化合物」の概念と「自明な試行」の議論とを結びつけた事件である。[506]」と解説されている。

Alphapharmは、FDAに簡易新薬申請を提出したが、それはTakedaの'777特許の侵害の技術的行為（Technical act of infringement）に該当するものであった。Takedaが侵害訴訟を提起したところ、Alphapharmは、Takedaの'777特許が自明であるため無効であると反論した。Alphapharmは、既知の化合物bの、ホモログ化（Homologation）及び（置換基の移動による）転位（Ring-walking）を含む2段階の化学修飾によってピオグリタゾンが生成されたはずであり、したがってピオグリタゾンは先行技術から自明であると主張した。

これに対し、連邦地裁は、化合物bを「リード化合物」として選択する理由はないとの判断を下した。ここで、「類似の技術」であるTZD化

---

[506] MPEP 2143では、Takeda判決について、"The Takeda case brings together the concept of a "lead compound" and the obvious-to-try argument." と解説されている。

第3節　MPEP 2143 一応の自明性の基礎的要件の事例

合物は多数存在しており、Takedaの先行特許では54個のTZD化合物が特定されていたが、連邦地裁は、多数（hundreds of millions）のTZD化合物が開示されていると認定した。両当事者は化合物bが最も近い先行技術であることに同意していたが、ある先行技術文献が化合物bに関する不利な特性を教示していたことから、連邦地裁は、このことが当業者に対し、化合物bを「リード化合物」として選択しないように教示していたと認定した。その結果、連邦地裁は、「一応の自明性」は確立されていないと判断し、たとえ「一応の自明性」が確立されたとしても、ピオグリタゾンの予期せぬ毒性の欠如（Unexpected lack of toxicity）に鑑み、本件では「一応の自明性」が克服されたと述べた。

　CAFCは、連邦地裁の判断を支持した。MPEP 2143では、Takeda判決において、KSR判決[507]を引用しながら、CAFCが次のように述べたことが紹介されている。

　「KSR判決において最高裁は、「課題を解決するための設計上の必要性や市場の圧力があり、特定され予測可能な有限数の解決策が存在する場合、当業者は、自己の技術的理解の範囲内で既知の選択肢を追求する十分な理由がある。」と認識していた。そのような状況では、組合せが「自明な試行」であったという事実は、103条の下で（クレーム発明が）自明であったことを示す可能性がある。しかし、本件は、これに該当しない。先行技術は、糖尿病治療のための予測可能な解決策を特定するよりむしろ、さらなる研究のための「リード化合物」として選択可能な化合物の幅広い選択肢を開示していた。特に、最も近い従来の化合物（化合物b）は不利な特性を示し、このことが当業者をその化合物から遠ざけることとなった。「自明な試行」に該当する場合に、その発明は自明であるとみなされる可能性があることを述べたときに裁判所が想定していた状況に本件は該当しない。証拠は、「自明な試行」に該当しないことを示している。[508]」

---

507　*KSR Int'l Co. v. Teleflex Inc.*, 550 U.S. 398 (2007)
508　MPEP 2143では、Takeda判決において、CAFCが、KSR判決を引用しながら、"The KSR Court recognized that "[w]hen there is a design need or market pressure to solve a problem and there are a finite number of identified, predictable solutions, a person of ordinary skill has good reason to

また、MPEP 2143では、USPTOの審査官等に対して、「適切な事実認定ができない場合には、「自明な試行」の理論的根拠は適用されないことを認識すべきである。[509]」という注意喚起もなされている。さらに、Takeda判決については、次のような総括的な説明もなされている。糖尿病治療の必要性が認識されていたが、認識された必要性に対する特定された予測可能な有限数の解決策はなく、「成功の合理的期待」もなかった。多数の既知のTZD化合物が存在し、1つは明らかに最も近い先行技術（化合物b）であったが、その既知の欠点のため、さらなる研究の出発点としては不適切であり、当業者に対し、その使用から遠ざける教示をしていた。さらに、たとえ化合物bを選択する理由があったとしても、この化合物bを、クレームされた化合物であるピオグリタゾンに変換するために必要な特定の化学修飾に関して、「成功の合理的期待」はなかった。これらに鑑み、「自明な試行」の理論的根拠に基づいた自明性により、'777特許のクレーム発明を拒絶することは適切ではなかった。

## 事例5：Ortho-McNeil判決[510]

　Ortho-McNeil判決における対象特許は、U.S.P. 4,513,006（以下「'006特許」という。）であった。'006特許は、抗けいれん薬（Anticonvulsive drug）

---

pursue the known options within his or her technical grasp." KSR, 550 U.S. at 421, 82 USPQ2d at 1397. In such circumstances, "the fact that a combination was obvious to try might show that it was obvious under § 103." Id. That is not the case here. Rather than identify predictable solutions for antidiabetic treatment, the prior art disclosed a broad selection of compounds any one of which could have been selected as a lead compound for further investigation. Significantly, the closest prior art compound (compound b, the 6-methyl) exhibited negative properties that would have directed one of ordinary skill in the art away from that compound. Thus, this case fails to present the type of situation contemplated by the Court when it stated that an invention may be deemed obvious if it was "obvious to try." The evidence showed that it was not obvious to try." と述べたことが紹介されている。

509　MPEP 2143では、Takeda判決に鑑み、"Accordingly, Office personnel should recognize that the obvious to try rationale does not apply when the appropriate factual findings cannot be made." とUSPTOの審査官等に対して注意喚起がなされている。

510　*Ortho-McNeil Pharm., Inc. v. Mylan Labs, Inc.*, 520 F.3d 1358 (Fed. Cir. 2008)

のトピラマート（Topiramate）を対象としている。

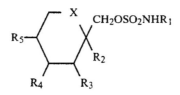

　Mylan は、'006特許が無効であるか、当該特許を侵害していないことの主張を伴う簡易新薬申請を FDA に提出した。そこで、Ortho-McNeil は、Mylan を被告として、連邦地裁に '006特許に基づいて特許権侵害訴訟を提起した。クレームの用語の意味を解釈するためにマークマン・ヒアリング（Markman hearing）[511]が行われた後、連邦地裁は、'006特許のクレーム1がトピラマートをカバーしていないという Mylan の主張を退けた。Mylan は、「不衡平行為」による権利行使不能（Unenforceability）[512]、自明性及び実施可能要件[513]違反（Non-enablement）に基づく '006特許の無効を主

---

[511] マークマン・ヒアリングとは、訴訟の争点となる特定のクレームの文言をどのように解釈すべきかについて、公判前に行われる裁判所での審理手続をいう（岸本　知財戦略としての米国特許訴訟　269頁）。

[512] "Enforceability" については、「執行力」と訳されることがある（岸本　知財戦略としての米国特許訴訟　329頁）。ここで、「執行力」については、「民事執行法上は、一般に、給付義務を実現させるために強制執行を行い得る効力をいい、債務名義がこれを有する。なお、広義では、裁判内容に適した状態を実現し得る効力をいう。」と解説されている（法律用語辞典　第5版　510頁）。これらを踏まえると、"Unenforceability" とは、裁判所の判決を得て執行することができないこと、つまり権利行使できないことを意味すると解することができよう。

[513] 112条(a)には、開示要件として、「実施可能要件（Enablement requirement）」、「記述要件（Written description requirement）」、「ベストモード要件（Best mode requirement）」が規定されている。「実施可能要件」は、その発明を製造し、使用できる程度に記述しなければならないという要件であり、「記述要件」とは、出願人が発明を他の発明や技術と区別できるように明確に記載しなければならないという要件であり、「ベストモード要件」とは、発明者が最良と信じる発明の態様（ベストモード）を開示しなければならないという要件である（高岡　アメリカ特許法実務ハンドブック第5版　226~233頁参照）。なお、「実施可能要件」については、例えば MPEP 2164 The Enablement Requirement [R-11.2013]、「記述要件」については、例えば MPEP 2163 Guidelines for the Examination of Patent Applications Under the 35 U.S.C. 112(a) or Pre-AIA 35 U.S.C. 112, first paragraph, "Written Description" Requirement [R-07.2022]、「ベストモード要件」については、例えば MPEP 2165 The Best Mode Requirement [R-08.2017] において解説されている。

張したが、連邦地裁は、Mylan に不利な判決を下した。そこで、Mylan は、CAFC に控訴した。

　ここでは、自明性に関する争点のみを取り上げる。Ortho-McNeil 判決において、'006特許の自明性に関して提示された先行技術は、主に専門家証言によるものであった。Mylan の専門家は、'006特許の自明性に関し、糖尿病治療薬（Diabetes drug）の発見（という課題）に直面する当業者であれば、必然的に FBPase[514]阻害剤を開発するであろうと主張した。しかし、連邦地裁は、記録によれば、たとえ当業者が FBPase 阻害剤を試みたとしても、トピラマートを選択しなかったであろうと判断した。CAFC は、この連邦地裁の判断を支持し、「'006特許発明は、自明性を示すもの、つまり容易に達成可能な有限数の選択肢を提示したものであるとはいえない。KSR 判決[515]では、当業者に自明性を確信させる選択肢の数、つまり有限数で当該技術分野において、少数又は容易に検討できる数の選択肢の状況が想定されている。[516]」と述べている。さらに、CAFC は、「予期せぬ効果」についても検討し、証拠から、トピラマートによる抗けいれん作用という「予期せぬ効果」を認定した。証拠には、「商業的成功」のみならず、非自明性の客観的証拠となり得る、「専門家による懐疑論（Skepticism of experts）」や「（他人による）模倣」の事実も示されていた。以上より、'006特許は、先行技術から自明ではないと判断された。

## 【MPEP 2143における解説】

　Ortho-McNeil 判決について、MPEP 2143では、次のように解説されている。

　Ortho-McNeil 判決は、'006特許に係る化合物が先行技術から自明ではな

---

514　Fructose 1,6-bisphosphatase（フルクトース -1,6- ビスホスファターゼ）のことである。
515　*KSR Int'l Co. v. Teleflex Inc., 550 U.S. 398 (2007)*
516　Ortho-McNeil 判決において、CAFC は、"Moreover this invention, contrary to Mylan's characterization, does not present a finite (and small in the context of the art) number of options easily traversed to show obviousness. The passage above in KSR posits a situation with a finite, and in the context of the art, small or easily traversed, number of options that would convince an ordinarily skilled artisan of obviousness." と述べた。

いと判断された事例である。クレームされた主題は、抗けいれん薬として使用されるトピラマートであった。新しい糖尿病薬の開発に取り組む過程で、Ortho-McNeilの研究者は、反応中間体（Reaction intermediate）が抗けいれん作用を有することを予期せず発見した。

　Mylanによる自明性に基づく無効の抗弁は、「自明な試行」の議論に基づくものであった。しかし、Mylanは、抗けいれん薬を探求する場合に、トピラマートに導く特定の糖尿病薬の前駆体（Precursor）から開始することが自明であった理由について説明していなかった。そのため、連邦地裁は、略式判決において、'006特許が、先行技術から自明ではないので、無効であるとはいえないとの判決を下した。

　CAFCは、連邦地裁の判決を支持した。CAFCは、中間体としてのトピラマートに導く特定の出発化合物又は特定の合成経路を当業者が選択する明確な理由がなかったことを指摘した。また、CAFCは、糖尿病の治療が最終的な目的であれば、その中間体の抗けいれん性を試験する理由はなかったとも述べた。本件に関し、CAFCは、偶然の要素（Element of serendipity）があり、このことが予測可能性要件に反するものとなることを認めた。

　MPEP 2143では、Mylanによる「自明な試行」の主張に対するCAFCの結論を要約する内容として、「この発明は、自明性を示すもの、つまり容易に達成可能な有限数の選択肢を提示したものであるとはいえない。KSR判決では、当業者に自明性を確信させる選択肢の数、つまり有限数で当該技術分野において、少数又は容易に検討できる数の選択肢の状況が想定されている。これは明らかに、自明性の推論を支持する可能性があるとKSR判決において示唆された、容易に検討可能であり、少数かつ有限数の代替案であるとはいえはない。[517]」ことが紹介されている。また

---

[517] MPEP 2143 では、Ortho-McNeil判決においてKSR判決を引用しながらCAFCが説示した内容として、"[T]his invention, contrary to Mylan's characterization, does not present a finite (and small in the context of the art) number of options easily traversed to show obviousness.... KSR posits a situation with a finite, and in the context of the art, small or easily traversed, number of options that would convince an ordinarily skilled artisan of obviousness.... [T]his clearly is not the easily traversed, small and finite number of alternatives that KSR suggested might support an inference of obviousness. Id. at 1364, 86 USPQ2d at 1201." が紹介されている。

MPEP 2143では、「Ortho-McNeil判決は、問題となる技術分野において、「有限数」とは、「少数又は容易に検討できる数」のことを意味するというCAFCの判例法の下で、「自明な試行」の理論的根拠が適用される場合の、KSR判決における最高裁の「有限数の予測可能な解決策」の要件を明確化するのに役立つ。[518]」とも解説されている。さらに、Abbott判決[519]で教示されているように、事実認定は問題となる主題に応じて検討されることが重要であり、各事件はそれぞれの事実に基づいて判断されなければならないことも述べられている。

### 事例6：Bayer判決[520]

Bayer判決における対象特許は、U.S.P. 6,787,531（以下「'531特許」という。）であった。'531特許は、経口避妊薬（Oral contraceptive）を対象としている。Bayerは、Yasmin®を製造しており、このYasmin®の有効成分の1つがドロスピレノン（Drospirenone）であった。

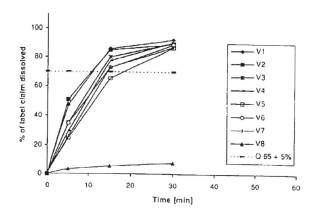

---

[518] MPEP 2143 では、Ortho-McNeil 判決について、"Thus, Ortho-McNeil helps to clarify the Supreme Court's requirement in KSR for "a finite number" of predictable solutions when an obvious to try rationale is applied: under the Federal Circuit's case law "finite" means "small or easily traversed" in the context of the art in question." と解説されている。
[519] *Abbott Labs. v. Sandoz, Inc., 544 F.3d 1341 (Fed. Cir. 2008)*
[520] *Bayer Schering Pharma A.G. v. Barr Labs., Inc., 575 F.3d 1341 (Fed. Cir. 2009)*

Barr Labs. は、ジェネリック医薬品を製造しており、Yasmin® のジェネリック品の販売承認を求めて FDA に簡易新薬申請を提出した。そこで、Bayer は、Barr Labs. に対し、連邦地裁に '531特許に基づいて特許権侵害訴訟を提起した。この侵害訴訟において、Barr Labs. は、'531特許が先行技術から自明であると主張したところ、連邦地裁は、'531特許が先行技術から自明であるため無効であると判断した。この連邦地裁の判決を受けて、Bayer は、CAFC に控訴した。

　CAFC は、Takeda 判決[521]の場合と同様に、自明性判断に際して KSR 判決[522]を引用し、「課題を解決するための設計上の必要性や市場の圧力があり、特定され予測可能な有限数の解決策が存在する場合、当業者には、自己の技術的理解の範囲内で既知の選択肢を追求する十分な理由がある。」こと、Kubin 判決[523]の場合と同様に、「これが予想される成功につながるのであれば、それは革新の産物ではなく、通常の技術と「常識」の産物である可能性が高い。」ことに言及した上で、「そのような場合、組合せが「自明な試行」であったという事実は、103条の下で自明であったことを示す可能性がある。[524]」と述べている。また、O'Farrell 判決[525]を引用し、本件におけるアプローチが O'Farrell 判決における方法論と一致していることや O'Farrell 判決において指摘された「自明な試行」に関する２種類の誤り[526]を紹介している。

　まず先行技術としては、経口避妊薬としてドロスピレノンと17α-エチニルエストラジオール（17α-ethinylestradiol）を併用することが知られていた。また、Robert 文献[527]も、先行技術として認定されており、この

---

521　*Takeda Chem. Indus., Ltd. v. Alphapharm Pty., Ltd., 492 F.3d 1350 (Fed. Cir. 2007)*
522　*KSR Int'l Co. v. Teleflex Inc., 550 U.S. 398 (2007)*
523　*In re Kubin, 561 F.3d 1351 (Fed. Cir. 2009)*
524　このように KSR 判決において判示された内容が、多くの CAFC 判決において引用されている。
525　*In re O'Farrell, 853 F.2d 894 (Fed. Cir. 1988)*
526　この２種類の誤りについては、理論的根拠（B）の事例２．O'Farrell 判決の説明における"自明な試行（Obvious to try）"参照。
527　Robert Aulton treatise, Pharmaceutrics: The Science of Dosage Form Design（1988）

Robert文献は、溶解度と組み合わせた場合の溶解速度データが、処方設計者（Formulator）に潜在的な生体内吸収（In vivo absorption）についての洞察を提供することを教示している。ただし、試験管等での生体外試験（In vitro tests）は、生体内試験の結果（In vivo results）との関連性が認められる場合にのみ重要性を持つと考えられていた。

　ここで、'531特許のクレーム1に係る発明は、特定の量の微粒子化されたドロスピレノン粒子（Micronized drospirenone particles）と、特定の量の17α-エチニルエストラジオールとを含み経口投与（oral dose）されるものであったが、連邦地裁は、先行技術には「ドロスピレノンの微粒子化」が教示されており、通常の錠剤（Normal pill）の使用は「自明な試行」であったと判断した。まず「ドロスピレノンの微粒子化」については、先行技術が、一般に微粒子化によりドロスピレノンの溶解性を改善できることを示唆しており、当業者であれば、それが実行可能な選択肢であると認定した。次に、連邦地裁は、製剤について、腸溶性コーティング（enteric-coated）による送達と、通常のタブレットによる送達（Normal tablet delivery）のいずれを使用すべきかという問題を検討した。この点について、連邦地裁は、当事者の双方による様々な主張を検討する中で、Bayerが以前に開発していたスピロレノン（Spirorenone）とドロスピレノンが密接に関連していることから、ドロスピレノンを開発する際に、その研究にアクセスするであろうと認定した。そして、結果的に、スピロレノンの類似性に従った通常の錠剤による微粒子化ドロスピレノンの送達と、医薬は胃から保護される必要があるというNickisch文献[528]の教示に従うコーティングされたドロスピレノンの送達との2つの選択肢からの選択になり、これは「有限数の特定されかつ予測可能な解決策」であると認定した。CAFCは、この連邦地裁の判断を支持し、'531特許が先行技術から自明であるため無効であると判断した。

---

528　Nickisch K et al., Acid catalyzed rearrangements of 15-beta 16-beta methylene-17-alpha-pregnene-21 17-carbolactone derivatives, Tetrahedron Letters, Vol. 27, No. 45, pp. 5463-66（1986）

## 【MPEP 2143における解説】

　Bayer判決について、MPEP 2143では、次のように解説されている。

　Bayer判決におけるクレーム発明は、Yasmin®として市販され、微粒子化されたドロスピレノンを含む経口避妊薬に関するものであった。先行技術の化合物としてのドロスピレノンは、避妊効果を有し、難水溶性（poorly water-soluble）で酸感受性（acid-sensitive）の化合物であることが知られていた。また、微粒子化により、難水溶性薬品の溶解度が向上することも当該技術分野では知られていた。Bayerは、既知の酸感受性に基づいて、医薬の「絶対的バイオアベイラビリティ（Absolute bioavailability）」を測定するために、静脈注射（Intravenous injection）と比較して、腸溶性コーティングされたドロスピレノンの錠剤がどの程度効果的に送達されるかについて研究していた。また、Bayerは、保護されていない（通常の）ドロスピレノンのタブレットを追加し、そのバイオアベイラビリティを、腸溶性コーティングされた製剤や静脈内送達（Intravenous delivery）の場合と比較した。このときBayerは、腸溶性コーティングされたタブレットは、静脈注射よりもバイオアベイラビリティが低く、通常の錠剤は、腸溶性コーティングされたタブレットよりもさらにバイオアベイラビリティが低くなると予想していた。Bayerは、ドロスピレノンが酸性の高い環境では早期に異性化（isomerizes）するという所見（バイオアベイラビリティを維持するには腸溶性コーティングが必要であるという考えを支持するもの）を有していたが、通常の錠剤と腸溶性コーティングされた錠剤が、同じバイオアベイラビリティとなることを発見した。このような研究に基づいて、Bayerは、通常の錠剤に含まれる微粒子化されたドロスピレノンを開発し、これが係争中の特許の基になる研究成果であった。

　連邦地裁は、当業者であれば、構造的に関連性のある化合物であるスピロレノンが、酸感受性ではあるが、生体内で吸収されるという先行技術の結果を考慮して、ドロスピレノンについても同じ結果を連想したであろうと認定した。また、連邦地裁は、別の文献が人間の胃酸に類似した酸に晒されるとドロスピレノンが試験管内（生体外試験）で異性化することを教

示しているが、当業者であれば、この研究の欠点に気付いて、剤形設計に関する論文で示唆されているように、腸溶性コーティングが必要ではなかったことを確認することとなったであろうと認定した。

　CAFC は、クレームされた製剤は自明であるので、特許は無効であると判断した。その理由として、CAFC は、先行技術により処方設計者は2つの選択肢に導かれることになったので、処方設計者は、先行技術によって狭められなかった分野における全ての可能性を試みる必要がなかったと述べた。本件では、先行技術は、一般的なアプローチ又は調査領域を示唆するという点で曖昧なものではなく、むしろ処方設計者を通常の錠剤又は腸溶性コーティングされた錠剤の使用に導くものであった。

　MPEP 2143 では、本件について、「多数の選択肢が存在するというだけでは、非自明であるという結論につながるわけではないということを認識することが重要である。先行技術の教示が当業者を狭い範囲の選択肢に導く場合、その縮小された選択肢は、「自明な試行」の理論的根拠を使用して自明性を決定する際に考慮すべき適切なものとなる[529]。」と解説されている。

### 事例7：Sanofi-Synthelabo 判決[530]

　Sanofi 判決における対象特許は、U.S.P. 4,847,265（以下「'265特許」という。）であった。'265特許は、クロピドグレル硫酸塩（Clopidogrel bisulfate）に関するものであり、商品名が Plavix® である医薬品を包含する。'265特許は、1987年にフランスで出願された特許出願に対し優先権を主張し、1989年7月に発行された。

---

[529] MPEP 2143では、Bayer 判決について、"It is important for Office personnel to recognize that the mere existence of a large number of options does not in and of itself lead to a conclusion of nonobviousness. Where the prior art teachings lead one of ordinary skill in the art to a narrower set of options, then that reduced set is the appropriate one to consider when determining obviousness using an obvious to try rationale." と解説されている。

[530] *Sanofi-Synthelabo v. Apotex, Inc., 550 F.3d 1075 (Fed. Cir. 2008)*

## 第3節　MPEP 2143 一応の自明性の基礎的要件の事例

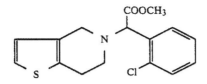

　Apotex は、2001年11月にクロピドグレル硫酸塩を含む製品の販売承認を得るために FDA に簡易新薬申請を提出し、その際に '265特許が無効であると主張した。そこで、Sanofi は、Apotex に対し、連邦地裁に '265特許に基づいて特許権侵害訴訟を提起した。この侵害訴訟においても、Apotex は、'265特許が無効であると主張した。連邦地裁は、ベンチトライアルを行い、'265特許が有効であると判断した。そこで、Apotex は、CAFC に控訴した。控訴審では、'265特許の自明性のみならず新規性や実施可能要件についても争われたが、ここでは自明性のみを取り上げる。

　CAFC は、'265特許の自明性判断に際し、Sullivan 判決[531]や Papesch 判決[532]を引用して、化合物に関しては、化合物の構造とその特性が、自明性判断において切り離せない考慮事項となること、また先例において、新規な化合物と先行技術の化合物との間の密接な構造的類似性が一般に「一応の自明性」の根拠となるものとみなされ、非自明性の証拠を提出する立証責任（負担）が特許権者にシフトするという分析手順が確立されていること、さらに Takeda 判決[533]や Eisai 判決[534]を引用して、証拠は、事件によって様々な形式をとる場合があること、また Pfizer 判決[535]を引用し、最終的な判断はグラハムファクター[536]に基づいて行われ、（特許の）無効を求める者は、「明白かつ説得力のある証拠」によって無効を立証するという最終的な責任を負うことに言及している。

---

531　 *In re Sullivan, 498 F.3d 1345 (Fed. Cir. 2007)*
532　 *In re Papesch, 50 C.C.P.A. 1084, 315 F.2d 381 (1963)*
533　 *Takeda Chem. Industries, Ltd. v. Alphapharm Pty., Ltd., 492 F.3d 1350 (Fed. Cir. 2007)*
534　 *Eisai Co. v. Dr. Reddy's Labs., Ltd., 533 F.3d 1353 (Fed. Cir. 2008)*
535　 *Pfizer, Inc. v. Apotex, Inc., 480 F.3d 1348 (Fed. Cir. 2007)*
536　「グラハムファクター」については、第3章　第1節　2.【表3】とその関連記載を参照。

自明性判断の際の主たる先行技術は、U.S.P. 4,529,596（以下「Aubert 先行特許」という。）及びカナダ特許出願 Canadian Patent No. 1,194,875（以下「'875カナダ先行出願」という。）であった。Aubert 先行特許と '875カナダ先行出願は、同一のフランス出願から派生した特許であり、Aubert 先行特許の明細書には、Sanofi が1980年7月に合成した PCR 4099と呼ばれる化合物が含まれていた。この PCR 4099の光学異性体（Enantiomers）が異なる生理活性（Biological activity）を示すことは一般に知られていたが、その立体選択性（Stereoselectivity）の程度や種類は予測可能なものではなかった。これらのことを含む様々な事実認定に基いて、連邦地裁は、「PCR 4099の光学異性体を分離し、その右旋性光学異性体を硫酸塩として調製することが「自明な試行」であったか否かにかかわらず、広範囲にわたって生じ得る可能性や、結果として得られた化合物が、抗血小板凝集における最大の増加と共に神経毒性の欠如を示す可能性が低いといえることから、クロピドグレル硫酸塩は非自明であるといえる。[537]」と結論付けた。

CAFC は、Aventis Pharma 判決[538]を引用し、「連邦地裁は、クロピドグレルの予測不可能な特性に関する詳細な事実認定を行っており、この Aventis Pharma 判決のように先行技術に基づいて立体選択性に関して当業者が予測できたことを示唆する反証がなかった。」と認定した。そして、CAFC は、「当業者が、先行技術に関して、光学異性体を分離することにより、望ましい抗血小板活性と低い神経毒性の双方について「絶対的な立体選択性」を有する異性体が生成される可能性が高いという期待を抱かなかったであろう。」という連邦地裁の認定に誤りはないと述べ[539]、'265特

---

[537] Sanofi 判決において、連邦地裁は、"Whether or not it may have been 'obvious to try' separating the enantiomers of PCR 4099 and, secondarily, preparing its dextrorotatory enantiomer as a bisulfate salt, the wide range of possible outcomes and the relative unlikelihood that the resulting compound would exhibit the maximal increase in antiplatelet aggregation activity and the absence of neurotoxicity makes clopidogrel bisulfate non-obvious." と結論付けたことが引用されている。

[538] *Aventis Pharma Deutschland v. Lupin Ltd.*, 499 F.3d 1293 (Fed. Cir. 2007).

[539] Sanofi 判決において、CAFC は、"We discern no error in the district court's findings that, on the state of the prior art, a person of ordinary skill would not have had the expectation that separating the enantiomers would

許が無効であることが証拠によって裏付けられていないと判断した。つまり、CAFC は、'265特許が先行技術から非自明であるという連邦地裁の判断を支持した。

## 【MPEP 2143における解説】

Sanofi 判決について、MPEP 2143では、次のように解説されている。

Sanofi 事件は、「自明な試行」の理論的根拠を解明するヒントを与える事例である。Sanofi 判決においてクレームされた化合物はクロピドグレルであり、これは Methyl alpha- 5(4,5,6,7-tetrahydro(3,2-c)thienopyridyl)(2-chlorophenyl)-acetate の右旋性異性体である。クロピドグレルは、心臓発作や脳卒中の治療又は予防に使用される抗血栓性化合物（Anti-thrombotic compound）である。この化合物のラセミ体（Racemate）又は右旋性異性体（D-異性体）と左旋性異性体（L-異性体）の混合物は先行技術において知られていた。2つの形態はこれまで分離されておらず、混合物には抗血栓性があることが知られていたが、個々の異性体のそれぞれがラセミ体の観察された特性にどの程度寄与しているかは知られておらず、予測可能でもなかった。

連邦地裁は、追加の情報がなければ、既知のラセミ体に鑑み D-異性体が一応自明に該当すると推定した。しかし、本件で示された D-異性体の予期せぬ治療上の利点の証拠を考慮して、連邦地裁は、「一応の自明性」（の推定）が克服されたと判断した。トライアルにおいて、両当事者の専門家は、「異性体が異なるレベルの治療効果（Therapeutic activity）と毒性を示す程度を当業者は予測できなかった。」と証言した。また、双方の専門家は、治療効果が高い異性体は毒性が強くなる可能性が高いことに同意した。Sanofi の証人は、Sanofi の研究者が異性体の分離について生産性が高いとはいえないと信じていたことを証言した。さらに、双方の専門家は、'265特許の発明時点において、異性体を分離することは困難であったこと

---

be likely to produce an isomer having absolute stereoselectivity as to both the favorable antiplatelet activity and the unfavorable neurotoxicity." と述べ、連邦地裁の認定判断を支持した。

に同意した。このような状況において、Sanofiは、異性体の分離作業に着手し、異性体が「絶対的な立体選択性」という稀な特性を有することを発見した。具体的には、D-異性体については、全ての望ましい治療効果が認められるが、重大な毒性は示さないのに対し、L-異性体については、治療効果は認めらないが、実質的に全ての毒性を示すことを発見した。これらの事実に基づいて、連邦地裁は、「Apotexが、'265特許が自明であるため無効であることを、「明白かつ説得力のある証拠」によって立証する義務を果たせなかった。」と結論付けた。CAFCは、この連邦地裁の結論を支持した。

MPEP 2143では、USPTOの審査官等に対し、「少数の選択肢しか存在しない場合であっても、全ての証拠を考慮して、結果が合理的に予測可能ではなく、発明者が「成功の合理的期待」を有していなかった場合には、「自明な試行」の推論は適切ではないことを認識すべきである。[540]」と解説されている。また、Bayer判決[541]を引用し、この事件では、全ての先行技術における研究成果が完全に一致してはいなかったが、通常の医薬と腸溶性コーティングされた医薬との双方が治療に適していたと予想することができる、技術に基づく理由があった。したがって、得られた結果は、「予期せぬ結果」であるとはいえはなかった。それに対し、Sanofi判決では、異性体を分離する前に、D-異性体がL-異性体と比較して大きな治療上の利点を有することを当業者が期待する理由がなかったことについての強力な証拠があった。つまり、Sanofi判決における結果は予測可能なものではなかった旨が解説されている。

---

540 MPEP 2143において、Sanofi判決について、"Office personnel should recognize that even when only a small number of possible choices exist, the obvious to try line of reasoning is not appropriate when, upon consideration of all of the evidence, the outcome would not have been reasonably predictable and the inventor would not have had a reasonable expectation of success."と解説されている。
541 *Bayer Schering Pharma A.G. v. Barr Labs., Inc.*, 575 F.3d 1341 (Fed. Cir. 2009)

## 第3節 MPEP 2143 一応の自明性の基礎的要件の事例

### 事例8：Rolls-Royce 判決[542]

　Rolls-Royce 判決における対象特許は、U.S.P. 6,071,077（以下「'077特許」という。）であった。'077特許は、ターボファン・エンジンで使用されるファンブレードに関するものであった。Rolls-Royce は、1996年4月に英国特許出願 British Patent Application No. 9607316.8 を行い、この出願と並行して1997年3月に米国において特許出願（出願番号：08/819,269）を行った。この米国特許出願の係属中に、Rolls-Royce は、1998年10月に、一部継続出願[543]（出願番号：09/168,968）を行った。この一部継続出願は、2000年6月に'077特許として発行された。

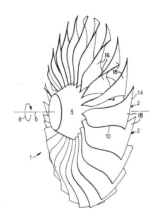

　2003年12月、審判部（BPAI）は、Rolls-Royce の'077特許と、United Tech. の再発行[544]出願（出願番号：09/874,931、以下「'931再発行出願」という。）との間で、インターフェアレンス（Patent Interference No. 105,195）を宣言した。具体的には、'931再発行出願のクレーム23と'077特許のクレーム8とについてインターフェアレンスにより発明の先後が判断された。主たる争点とされた用語解釈は、「前方へ移動され（translated

---

542　*Rolls-Royce, PLC v. United Tech. Corp., 603 F.3d 1325 (Fed. Cir. 2010)*
543　一部継続出願（Continuation-in-part application）とは、親出願の内容に、親出願に含まれていない新規事項を追加した継続出願をいう（120条、規則1.53(b)(2)）（高岡　アメリカ特許法実務ハンドブック第5版　301頁）。
544　再発行（Reissue）とは、明細書に誤りがあるためその特許が実施不能又は無効である場合に、訂正した特許を再発行することをいう（251条）（高岡　アメリカ特許法実務ハンドブック第5版　335頁）。

forward)」と「ブレードの衝撃を緩和するスイープ角度（a sweep angle that causes the blade to intercept the shock）」に関するものであった。2005年2月、審判部は。Rolls-Royce に不利な決定をした。そこで、Rolls-Royce は、審判部の審決に対し、146条[545]に基づいて連邦地裁（U.S. District Court for the Eastern District of Virginia）に不服申立をした。連邦地裁は、ベンチトライアルを行い、2009年4月、審判部の審決を取り消し、Rolls-Royce に有利な判決を下した。この判断に際し、連邦地裁は、'077特許のクレーム8のブレードの外側領域が、'931再発行出願のクレーム23の「前方へのスイープ（Forward sweep）」を備えていないと解釈した。この解釈に基づき、連邦地裁は、インターフェアレンスは存在せず、また '077特許のクレーム8は、'931再発行出願のクレーム23から自明ではないと判断した。そこで、United Tech. は、連邦地裁の判決を不服としてCAFC に控訴した。

　CAFC は、インターフェアレンスに関し、Noelle 判決[546]を引用し、特許のインターフェアレンス手続の目的は、2つの当事者が同じ特許性のある発明をクレームしている場合に、法律に基づいて、いずれの当事者がその発明についての優先性を有するかを判断すること、また規則41.203(a)や Medichem, S.A. 判決[547]を引用し、事実上のインターフェアレンスは、一方の当事者のクレームの主題が、他方の当事者のクレームの主題に鑑み、新規性がない若しくは自明である場合、又はその逆の場合に存在すると述

---

545　ここでいう146条は、AIA 改正前の146条（35 U.S.C. 146（pre-AIA）Civil action in case of interference.）であり、この旧146条では、「インターフェアレンスに関する BPAI の決定に不服がある当事者は、長官が定める当該決定後60日の期間内又は141条に定める期間内であれば、CAFC に既に上訴し、当該上訴が係属中又は終結した場合を除いて、民事訴訟による救済を受けることができる（Any party to an interference dissatisfied with the decision of the Board of Patent Appeals and Interferences on the interference, may have remedy by civil action, if commenced within such time after such decision, not less than sixty days, as the Director appoints or as provided in section 141, unless he has appealed to the United States Court of Appeals for the Federal Circuit, and such appeal is pending or has been decided.）」と規定されていた。したがって、インターフェアレンスについての BPAI の決定に対して不服のある当事者は、連邦地裁に不服申立をすることができた。
546　*Noelle v. Lederman, 355 F.3d 1343 (Fed.Cir.2004)*
547　*Medichem, S.A. v. Rolabo, S.L., 437 F.3d 1157 (Fed.Cir.2006)*

べている。次に、CAFC は、クレーム解釈を行い、「前方へ移動され」について、'931再発行出願の明細書の記載をも踏まえて、「軸方向に前方に移動され（moved forward toward the axial direction）」と解釈した。また、「（ブレードの衝撃を緩和する）スイープ角度」について、CAFC は、明細書において「後方へのスイープ（Rearward sweep）」のみが開示されていたことから、「一定又は減少する外側領域における後方スイープ角度（a rearward sweep angle in the outer region that is constant or decreasing）」を意味すると解釈した。この解釈に基づき、CAFC は、'077特許のクレーム8と '931再発行出願のクレーム23とが別発明であると判断し、'077特許の自明性について検討した。自明性判断の際の先行技術は '931再発行出願であり、CAFC は、'931再発行出願のクレーム23と '077特許のクレーム8との差異として、「中間領域とファンケーシングとの間に位置し、前方スイープ角度を規定する外側領域（an outer region between the intermediate region and the fan casing, the outer region defining a forward sweep angle）」を認定した。

United Tech. は、「外側領域における後方スイープ角度」から、「外側領域における前方スイープ角度」に変更することを容易に予測することができると主張したが、CAFC は、ファンブレードの端壁における衝撃を軽減する利点を検出する方法や、新たな方法でその軽減を求める理由がなければ、当業者はスイープ角の方向を反転させないであろうと述べ、上記のような変更は自明ではないと判断した。また、United Tech. は、上記のような変更は「自明な試行」に該当することも主張した。この主張に対し、CAFC は、Abbott 判決[548]を引用して、開示された「属（Genus）[549]」

---

548 *Abbott Labs. v. Sandoz, Inc., 544 F.3d 1341 (Fed.Cir.2008)*
549 「属」とは、相対的に広い概念を意味し、相対的に狭い概念である「種」を含むと一般的に理解されている。例えば、MPEP2131.02 Genus-Species Situations [R-07.2022]の I. A SPECIES WILL ANTICIPATE A CLAIM TO A GENUS において、"先行技術がクレームされた属に包含される種を開示している場合、出願人に包括クレームを許可することはできない。その場合の種により属は予期され得るものとなる。（A generic claim cannot be allowed to an applicant if the prior art discloses a species falling within the claimed genus." The species in that case will anticipate the genus. In re Slayter, 276 F.2d 408, 411, 125 USPQ 345, 347 (CCPA 1960)) という記載がある。

から「種（Species）」の選択を必要とする発明に関して、解決するための可能なアプローチや選択は、既知かつ有限でなければならないことを既に明示してきたことに言及した上で、重要な問題は、その発明が「特定されかつ予測可能な解決策」であり、かつ「予期された成功」に該当するか否かであると述べている。そして、CAFC は、Takeda 判決[550]を引用し、本件において、当業者にとって更なる調査が必要な幅広い選択肢に、あらゆる角度のスイープが含まれていたこと、また KSR 判決[551]を引用し、記録では、当業者が外側領域において前方スイープを試みる理由が示されておらず、設計上の必要性、市場の圧力、その他の動機付のため、当業者が、クレームされた方向性や選択肢を追求することを促されない限り、その特定の方向性や選択肢は、「自明な試行」に該当しないことを述べ、'077特許における「外側領域における前方スイープ角度」は、当業者にとっての選択肢とならず、「自明な試行」にも該当しないと判断した。さらに、CAFC は、二次的考慮事項についても検討し、（'077特許が）「長年未解決の課題」を解決するものであり、また「商業的成功」をも認定した。以上より、CAFC は、'077特許が '931再発行出願から自明ではないと判断した。

## 【MPEP 2143における解説】

Rolls-Royce 判決について、MPEP 2143では、次のように解説されている。

Rolls-Royce 判決において、CAFC は、ジェットエンジン用のファンブレードとの関連で「自明な試行」の理論的根拠に対処した。本件は、インターフェアレンス手続から生じた事案であった。連邦地裁は、Rolls-Royce のクレーム発明が United Tech. の出願（'931再発行出願）に鑑み自明でなかったことから、事実上インターフェアレンスは存在しなかったと正しく決定し、CAFC は、連邦地裁の決定を支持した。

CAFC は、ファンブレードについて、次のように認定した。

---

[550] *Takeda Chem. Indus. v. Alphapharm Pty., Ltd.* 492 F.3d 1350 (Fed. Cir. 2007)
[551] *KSR Int'l Co. v. Teleflex Inc.*, 550 U.S. 398 (2007)

## 第3節　MPEP 2143 一応の自明性の基礎的要件の事例

「各ファンブレードには、内側、中間、外側の３つの領域がある。ハブの回転軸に最も近い領域が内側領域である。エンジンの中心から最も遠く、エンジンを取り囲むケーシングに最も近い領域が外側領域である。中間領域はそれらの中間に位置する。ファンブレードは、前進翼形状の内側領域、後退翼形状の中間領域、及び前方に傾斜した外側領域を備える。」

United Tech. は、端壁における衝撃を低減するために、先行技術（'931再発行出願）のファンブレードの後方から前方へのスイープ角度に対し、外側領域のスイープ角を逆転させるようにファンブレードの設計を試みることは、当業者に自明であったであろうと主張した。しかし、CAFC は、「自明な試行」の理論的根拠に基づいてクレームされたファンブレードが自明であったと主張した United Tech. に同意しなかった。CAFC は、自明性に対する適切な「自明な試行」アプローチにおいては、課題を解決するための可能な選択肢は、既知であり、かつ有限である必要があることを指摘した[552]。

MPEP 2143では、本件について、「Rolls-Royce が行ったようなスイープ角度の変更が、端壁における衝撃の課題に対処したものであることを先行技術は全く示唆していなかったことから、CAFC は、「スイープ角度の変更ということ自体が、選択肢として存在せず、当然ながら「自明な試行」の選択肢にもならない。」と結論付けた。」[553]ことが紹介されている。また、Rolls-Royce 判決が、USPTO の審査官等に、「クレームされた解決策が当業者に既知でありかつ有限数の潜在的な解決策の中から選択されたものである場合にのみ、「自明な試行」の理論的根拠を、自明性の結論を裏付けるために適切に使用できる。」ことについて注意喚起する事案である[554]と

---

[552] MPEP 2143では、Rolls-Royce 判決において、CAFC が、「自明な試行」アプローチについて、"The Federal Circuit pointed out that in a proper obvious to try approach to obviousness, the possible options for solving a problem must have been "known and finite.""と指摘したことが紹介されている。

[553] MPEP 2143では、Rolls-Royce 判決について、CAFC が、"In this case, nothing in the prior art would have suggested that changing the sweep angle as Rolls-Royce had done would have addressed the issue of endwall shock. Thus, the Federal Circuit concluded that changing the sweep angle "would not have presented itself as an option at all, let alone an option that would have been obvious to try.""と結論付けたことも紹介されている。

いう解説もなされている。

### 事例9：Perfect Web 判決[555]

Perfect Web 判決における対象特許は、U.S.P. 6,631,400（以下「'400特許」という。）であった。'400特許は、対象となる消費者のグループへの電子メール配信を管理する方法に関するものであった。'400特許は、2000年4月に出願され、2003年10月に発行された。この'400特許に係る発明によれば、正常に配信された電子メール数と、予め設定された電子メール数とが比較され、設定数量に達しない場合に、その設定数量に達するまで、顧客のグループを選択して電子メールの配信が繰り返される。

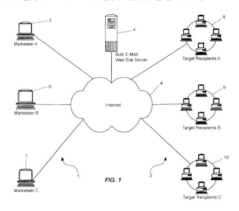

Perfect Web は、InfoUSA による'400特許の故意侵害を理由として連邦地裁に特許権侵害訴訟を提起した。それに対し、InfoUSA は、'400特許が無効であるとの略式判決を求めたところ、連邦地裁は、InfoUSA の申立てを認め、'400特許が先行技術から自明であるため無効であると判断した。'400特許のクレーム1[556]は、4つのステップ(A)〜(D)を備える方法のク

---

554 MPEP 2143では、Rolls-Royce 判決について、"The decision in Rolls-Royce is a reminder to Office personnel that the obvious to try rationale can properly be used to support a conclusion of obviousness only when the claimed solution would have been selected from a finite number of potential solutions known to persons of ordinary skill in the art." と解説されている。
555 *Perfect Web Tech., Inc. v. InfoUSA, Inc., 587 F.3d 1324 (Fed. Cir. 2009)*
556 '400特許のクレーム1の内容は次のとおりである。

レームであり、その中のステップ(A)〜(C)は、'400特許の明細書において先行技術として記載されていた。そして残りのステップ(D)は、配信された電子メール数が設定数量に達しない場合に、設定数量に達するまで上記ステップ(A)〜(C)を繰り返すというものであった。連邦地裁は、KSR判決[557]を引用して、「当業者は、オートマンではなく、通常の創造性を有する者でもある。」と述べた上で、ステップ(D)は、単に試行を繰り返すという行動原則の常識的な適用の結果に過ぎないので、自明であると判断した。Perfect Webは、「商業的成功」や「長年未解決の課題」といった二次的考慮事項についても主張したが、連邦地裁はこの主張を認めなかった。そこで、Perfect Webは、CAFCに控訴した。

控訴審における主たる争点は、上記のステップ(D)が「常識」に鑑み自明であるといえるか否かと、「長年未解決の課題」の存否であった。まず「常識」に関し、CAFCは、「最高裁が、自明性についてのTSMテストの厳格な適用を否定する際に、「常識」が、特許発明に到達するために先行技術文献を組み合わせ又は変形する根拠となり得ることを認識している。」と述べている。またCAFCは、KSR判決を引用し、「裁判所は、「後知恵バイアス」や事後的推論によって引き起こされる歪曲に対して警告する一方で、「常識」に鑑みれば、馴染みのある製品の中に、その主たる目的を超えた自明な用途が存在する場合があり、多くの場合、当業者は、複数の特許の教示をパズルのピースのように組み合わせることができる。[558]」こ

---

1. A method for managing bulk e-mail distribution comprising the steps:
 (A) matching a target recipient profile with a group of target recipients;
 (B) transmitting a set of bulk e-mails to said target recipients in said matched group;
 (C) calculating a quantity of e-mails in said set of bulk e-mails which have been successfully received by said target recipients; and,
 (D) if said calculated quantity does not exceed a prescribed minimum quantity of successfully received e-mails, repeating steps (A)-(C) until said calculated quantity exceeds said prescribed minimum quantity.

557　*KSR Int'l Co. v. Teleflex Inc., 550 U.S. 398 (2007)*
558　Perfect Web判決において、CAFCは、KSR判決を引用しながら、"While the Court warned against "the distortion caused by hindsight bias and ... ex post reasoning," it also noted: "Common sense teaches ... that familiar items may have obvious uses beyond their primary purposes, and in many cases a person of ordinary skill will be able to fit the teachings of multiple patents

とも述べている。さらにCAFCは、「十分な論拠を伴って説明されれば、「常識」は、自明性分析に役立つと長い間認識されてきた。」こと、Bozek判決[559]を引用しながら、「特許審査官が、特定の引用文献におけるヒントや示唆なしに、当業者の一般的知識や「常識」に依拠することが適正であった。」ことを判示した先例がある[560]ことを述べている。その一方でCAFCは、Zurko判決[561]を引用して、その後にCAFCが、「基本的な知識や「常識」が記録上の証拠に基づいていない場合には、何らかの事実的根拠がなければ、審査官は「良識」に基づいて特許出願を拒絶することはできない。」旨を明らかにしたこと[562]、またLee判決[563]を引用して、「USPTOが自明性を理由として特許出願を拒絶する場合、記録にある証拠に基づいて必要な事実認定がなされたことを保証するだけでなく、当局（USPTO）の結論を裏付ける事実認定の根拠についても説明しなければならない。」旨を説示した[564]ことも述べている。またCAFCは、上記のBozek判決の下では、一般的知識や「常識」は事実の代わりにはならないが、これらを証拠の分析に適用することはできることを認識していたこと、またDyStar判決[565]を引用し、「「常識」の使用には、特定の引用文献におけるヒントや示唆は

---

together like pieces of a puzzle.""と述べている。
559 *In re Bozek*, 416 F.2d 1385（CCPA1969）
560 Perfect Web判決において、CAFCは、Bozek判決を引用しながら、"Our predecessor court stated in In re Bozek, an appeal from the Board of Patent Appeals and Interferences, that it was proper for a patent examiner to rely on "common knowledge and common sense of the person of ordinary skill in the art without any specific hint or suggestion in a particular reference.""とも述べている。
561 *In re Zurko*, 258 F.3d 1379 (Fed. Cir. 2001)
562 Perfect Web判決において、CAFCは、Zurko判決を引用しながら、"We later clarified that an examiner may not invoke "good common sense" to reject a patent application without some factual foundation, where "basic knowledge and common sense was not based on any evidence in the record.""とも述べている。
563 *In re Lee*, 277 F.3d 1338 (Fed. Cir. 2002)
564 Perfect Web判決において、CAFCは、Lee判決を引用しながら、"We explained that when the PTO rejects a patent for obviousness, it "must not only assure that the requisite findings are made, based on evidence of record, but must also explain the reasoning by which the findings are deemed to support the agency's conclusion.""とも述べている。
565 *DyStar Textilfarben GmbH & Co. Deutschland KG v. C.H. Patrick Co.* 464 F.3d 1356 (Fed. Cir. 2006)

## 第3節 MPEP 2143 一応の自明性の基礎的要件の事例

必要ではないが、「証拠不十分な一般化」を避けるべく、根拠を示した説得力のある説明が必要である。」ことを説示した[566]とも述べている。

以上を踏まえて、CAFC は、「ステップ(D)はステップ(A)～(C)を繰り返すだけであり、マーケティング担当者（Marketer）はこれらのステップを繰り返すことができる。」という連邦地裁が「常識」に基づいて認定した事実は、記録にある証拠に裏付けられていると判断した。つまり、CAFC は、ステップ(D)が「常識」に鑑み自明であると判断した。また、CAFC は、ステップ(D)が「自明な試行」に該当するか否かについても検討した。この点について CAFC は、ステップ(D)について、実験をしなくても、単純なロジックにより、メッセージを新しいアドレスに送信する方が、既に失敗したアドレスにメッセージを再送信するよりも配信が成功する可能性が高いことを理解できると述べている。また CAFC は、'400特許に係る方法が「予期せぬ効果」をもたらすことや、「成功の合理的期待」を示す証拠を Perfect Web が提出できておらず、ステップ(D)を実行した場合の予測可能かつ実際の結果は、より多くの電子メールメッセージがより多くの受信者に届くことであると認定している。このように「有限数の特定されかつ予測可能な解決策」に該当するといえることから、CAFC は、ステップ(D)を含む'400特許のクレーム発明が「自明な試行」にも該当すると判断した。

次に、「長年未解決の課題」ついて、CAFC は、Procter Gamble 判決[567]を引用し、「特許出願日の時点で存在していた「長年未解決の課題」を発明が解決したという証拠は、非自明性についての二次的考慮事項である。」と述べている。Perfect Web は、「'400特許により、電子メールシステムに関する過剰な送信という「長年未解決の課題」が解決された。」ことを主張したが、この課題が'400特許によって軽減されたことを示す証拠、この課題がどの程度の期間問題視されていたかを示す証拠、この課題が最初

---

[566] Perfect Web 判決において、CAFC は、DyStar 判決を引用しながら、"More recently, we explained that that use of common sense does not require a "specific hint or suggestion in a particular reference," only a reasoned explanation that avoids conclusory generalizations." とも述べている。

[567] *Procter Gamble Co. v. Teva Pharms. USA Inc., 566 F.3d 989 (Fed. Cir. 2009)*

に発生した時点について説明する証拠を提供していなかった。Perfect Webは、専門家証人（Dr. Sandeep Krishnamurthy）により、'400特許によって効率が向上したことを主張したが、'400特許により実際にマーケティングコスト、時間、脱退する顧客数が減少したこと等を示すデータを提示することができなかった。これらを踏まえて、CAFCは、'400特許により「長年未解決の課題」が解決されたと認定することはできないと判断した。以上より、CAFCは、'400特許が自明であるという連邦地裁の判断を支持した。

## 【MPEP 2143における解説】

　Perfect Web判決について、MPEP 2143では、次のように解説されている。

　Perfect Web判決は、電子メールの大量配信を管理するための方法クレームが「自明な試行」の論拠に基づいて自明であるとCAFCが判断した事例である。Perfect Web事件において対象となるクレームに係る方法は、意図された受信者を選択し、電子メールを送信し、正常に受信された電子メールの数を決定し、及び予め決定された最小数の受信者が電子メールを受信していなかった場合に、最初の3つのステップを繰り返すという4つのステップ（ステップ(A)～(D)）を備えるものであった。

　CAFCは、クレーム発明が自明であったという略式判決における連邦地裁の決定を支持した。電子メールの受信者数について求められる割当て量に達しないことは、電子メールマーケティングの分野において問題として認識されていた。この問題について、先行技術では、3つの潜在的な解決策が認識されていた。1つ目の解決策は、最初の電子メールの受信者のリストにおける受信者数を増大させることであり、2つ目の解決策は、最初の試行で受信できなかった受信者に電子メールを再送信することであり、3つ目の解決策は、新たな受信者リストを選択して電子メールを送信することであった。この最後の解決策が、'400特許のクレーム発明の4番目のステップ（ステップ(D)）に対応するものであった。

　CAFCは、単純なロジックに基づいて、最初の試行で電子メールを受信しなかった人に再送信するよりも、新たな受信者のリストを選択する方

## 第3節 MPEP 2143 一応の自明性の基礎的要件の事例

が望ましい結果をもたらす可能性が高いことを指摘した。新たな受信者リストの選択に関連する「予期せぬ効果」の証拠がなく、この方法に「合理的な成功の可能性（Reasonable likelihood of success）」がなかったことを示す証拠も提示されなかったことから、CAFCは、「KSR判決により要求されるような「有限数の特定されかつ予測可能な解決策」に該当すると認定し、その結果「自明な試行」に基づいて適正に自明性の法的結論に導かれることとなった。」とMPEP 2143では解説されている。

また、MPEP 2143では、Perfect Web判決において、CAFCが、自明性判断における「常識」の役割について議論したことが紹介されている[568]。この点については、連邦地裁が、KSR判決を引用しながら「当業者は、オートマンではなく、通常の創造性を有する者でもある。」と述べた上で、クレーム発明の最終ステップが、単に試行を繰り返すという「常識」の適用による論理的結果であると認定したことが紹介されている。またCAFCが、連邦地裁の判断を確認する際に、KSR判決の前後で、自明性判断に適用されてきた「常識」について広範な議論を行ったことも紹介され、「常識」の適用について次のような解説もなされている。Perfect Web判決においてCAFCは、「常識」について、十分な推論を伴って説明されれば、自明性の分析に役立つと長い間認識されてきたことから、「常識」の適用は、実際には自明性に関する法（Law of obviousness）のもとでは革新であるとはいえないと指摘したこと、またBozek判決[569]やZurko判決[570]を含む「常識」の理解に役立つ先例の検討結果を説示した[571]ことが紹介されてい

---

[568] MPEP 2143では、Perfect Web判決について、"The Federal Circuit in Perfect Web also discussed the role of common sense in the determination of obviousness." と述べられている。
[569] *In re Bozek, 416 F.2d 1385 (CCPA 1969)*
[570] *In re Zurko, 258 F.3d 1379 (Fed. Cir. 2001)*
[571] MPEP 2143では、「常識」の理解に役立つ先例としてのBozek判決について、"explaining that a patent examiner may rely on "common knowledge and common sense of the person of ordinary skill in the art without any specific hint or suggestion in a particular reference"" という内容が引用され、またZurko判決については、"clarifying that a factual foundation is needed in order for an examiner to invoke "good common sense" in a case in which "basic knowledge and common sense was not based on any evidence in the record"" という内容が引用されている。

る。さらに CAFC が、Perfect Web 判決において、Lee 判決[572]において要求されたような厳格な証拠に基づく教示、示唆、又は動機付けは、KSR 判決の教示に照らして、自明性に基づく拒絶の絶対的な要件ではないことを認識していたこと、この Lee 判決の時点では、CAFC は、USPTO に対し、引用文献を組み合わせるための教示、示唆、又は動機付けについて、記録にある証拠を特定する[573]ことを要求していたことも説明されている。そして、Perfect Web 判決では、上記の Lee 判決のもとであっても、自明性に関連する証拠を分析する際には「常識」を適切に適用することができると主張されたこと、また KSR 判決の少し前の判決である DyStar 判決[574]や Kahn 判決[575]を引用しながら、CAFC が、「証拠不十分な一般化」を回避するために根拠を示した説得力のある説明が「常識」を用いるためには要求されるものの、特定の引用文献におけるヒントや示唆の確認までは必要ないと認識していたと述べた[576]ことも紹介されている。この点に関し、MPEP 2143では、B/E Aerospace 判決[577]や Arendi 判決[578]も紹介されている[579]。

---

[572]　In re Lee, 277 F.3d 1338 (Fed. Cir. 2002)
[573]　ここでは、"to identify record evidence of…" を「…記録にある証拠を特定する」と訳しているが、「…記録にある証拠中の根拠となるものを特定する」と解釈することも可能であろう。
[574]　DyStar Textilfarben GmbH & Co. Deutschland KG v. C.H. Patrick Co. 464 F.3d 1356 (Fed. Cir. 2006).
[575]　In re Kahn, 441 F.3d 977 (Fed. Cir. 2006)
[576]　MPEP 2143では、DyStar 判決や Kahn 判決を引用しながら、CAFC が、"Citing DyStar Textilfarben GmbH v. C.H. Patrick Co., 464 F.3d 1356, 80 USPQ2d 1641 (Fed. Cir. 2006), and In re Kahn, 441 F.3d 977, 78 USPQ2d 1329 (Fed. Cir. 2006), two cases decided shortly before the Supreme Court's decision in KSR, the Federal Circuit noted that although "a reasoned explanation that avoids conclusory generalizations" is required to use common sense, identification of a "specific hint or suggestion in a particular reference" is not." と判示したことが紹介されている。
[577]　B/E Aerospace, Inc. v. C&D Zodiac, Inc., 962 F.3d 1373 (Fed. Cir. 2020)
[578]　Arendi v. Apple, 832 F.3d 1355 (Fed. Cir. 2016)
[579]　MPEP 2143では、B/E Aerospace 判決については、"stating that "the Board's invocation of common sense was properly accompanied by reasoned analysis and evidentiary support" to show why it would be obvious to incorporate a second recess to receive an airplane seat support" ということが引用され、Arendi 判決については、"finding that the Board had not provided a reasoned analysis, supported by the evidence of record, for why "common sense" taught the missing process step" ということが引用されている。

## (6) 理論的根拠（F）

　ある分野における既知の研究は、その変形が当業者に予測可能であれば、設計の際のインセンティブ又は市場要因に基づいて、同じ分野又は別の分野での使用のためにその変形を促す（Known Work in One Field of Endeavor May Prompt Variations of It for Use in Either the Same Field or a Different One Based on Design Incentives or Other Market Forces if the Variations Are Predictable to One of Ordinary Skill in the Art）

　クレーム発明が自明であったという結論を裏付ける理論的根拠（F）は、設計の際のインセンティブや市場要因に基づいて、当業者が予測可能な方法で先行技術を変形するように促された結果、クレーム発明が得られたということに関するものである[580]。これらの事実を認定できない場合、クレーム発明が当業者に自明であったという結論を裏付けるために理論的根拠（F）を使用することはできない。

### 事例１：Dann 判決[581]

　Dann 判決については、第３章　第２節　４．において既に説明したので、Dann 判決についての最高裁の具体的判断については、上記箇所における説明を参照されたい。なお、この Dann 判決は、理論的根拠（D）（「予測可能な結果」をもたらす改良のための既知の装置（方法又は製品）への既知の技術の適用：Applying a Known Technique to a Known Device (Method, or Product) Ready for Improvement To Yield Predictable Results）の事例1としても紹介したので、これに関する説明も併せて参照されたい。

---

[580] 理論的根拠（F）について、MPEP 2143では、"The rationale to support a conclusion that the claimed invention would have been obvious is that design incentives or other market forces could have prompted one of ordinary skill in the art to vary the prior art in a predictable manner to result in the claimed invention." と説明されている。

[581] *Dann v. Johnston, 425 U.S. 219 (1976)*

## 【MPEP 2143における解説】

Dann 判決については、理論的根拠（F）の観点で、MPEP 2143において、次のように解説されている。

最高裁は、出願人が対処した課題、つまり取引のカテゴリによって詳細な内訳を示すことの必要性は、個々の事業単位の取引ファイルを追跡するという業務に類似していると認定した。このため、最高裁は、「データ処理分野の当業者であれば、類似の課題や先行技術における既知の解決策を認識しており、異なる使用環境のシステムに実装することは、通常の技術レベルの範囲内であったであろう。[582]」と認定した。その結果、最高裁は、「先行技術と被告のシステムとの間の差異は、そのシステムが当業者に非自明となるほど大きいものではない。」と判示した。

## 事例2：Leapfrog 判決[583]

Leapfrog 判決における対象特許は、U.S.P. 5,813,861（以下「'861特許」という。）であった。'861特許は、幼児が音読するのを支援する双方向型（interactive）の学習装置（Learning device）に関するものであった。クレーム25に係る学習装置は、複数のスイッチを含むハウジングと、プロセッサとメモリーとを含む音声発生装置と、各文字がスイッチと関連付けられる文字列と、描かれた文字の特定をプロセッサに伝達するリーダ（Reader）とを備える。そして、描かれた文字を選択すると、プロセッサに伝達するための関連のスイッチが作動し、音声発生装置が、選択された文字に関連付けられた音に対応する信号を生成し、文字列における文字の位置によって音が決定される。

---

582 MPEP 2143では、Dann 判決について、理論的根拠（F）の観点で、"Thus, an artisan in the data processing area would have recognized the similar class of problem and the known solutions of the prior art and it would have been well within the ordinary skill level to implement the system in the different environment." と説明されている。

583 *Leapfrog Enterprises, Inc. v. Fisher-Price, Inc., 485 F.3d 1157 (Fed. Cir. 2007)*

第3節　MPEP 2143 一応の自明性の基礎的要件の事例

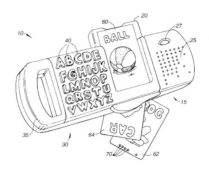

　Leapfrogは、Fisher-PriceのPowerTouchという製品が'861特許のクレーム25を侵害するとして、2003年10月、連邦地裁に特許権侵害訴訟を提起した。トライアルを経て、連邦地裁（Trial court[584]）は、2006年3月に判決を下し、「'861特許のクレーム25に係る特許権は侵害されておらず、また当該クレーム25に係る発明は自明であるため無効である。」と判断した。'861特許のクレーム25に係る発明の有効性について、連邦地裁は、このクレーム25に係る発明が、U.S.P. 3,748,748（以下「Bevan先行特許」という。）と、Texas InstrumentsのSuper Speak Read（SSR）という製品（以下「SSR製品」という。）と、Fisher-Priceの専門家（Ronald Milner）の証言により代表される「当業者の知識（Knowledge of one of ordinary skill in the art)」との組合せに鑑み自明であるため無効であると判断した。
　第1の先行技術であるBevan先行特許は、電気機械的学習玩具（Electro-mechanical learning toy）に関するものであり、文字をその音声と関連付け、類似のタイプの双方向性を通じて、子供たちが単語を発音するように促すための装置を教示していた。第2の先行技術であるSSR製品は、最新の学習玩具であり、子供が単語の最初の文字を押すことで、その発音を聞くことができるものであった。第3の先行技術は、'861特許の発明時点における周知技術（上記「当業者の知識」に対応。）であった。
　Bevan先行特許とSSR製品とを組み合わせても、'861特許のクレーム25

---

584 "Trial court"とは、事実審裁判所、第一審裁判所をいう。これに対し、"Appellate court"が上訴裁判所となる（英米法辞典　863頁、58頁）。

における「リーダ」に対応する構成は得られなかったが、連邦地裁は、この「リーダ」が、'861特許の発明時点において周知であったと認定した。本件においては、この認定を証明する十分な証拠が提出されていた（…there is ample evidence in the record to support that finding,）。このような認定を踏まえて、連邦地裁は、'861特許のクレーム25に係る発明が先行技術から自明であるため無効であると判断し、CAFCは、この連邦地裁の判断を支持した。

CAFCは、先行技術の組合せについて、KSR判決[585]を引用しながら「実際のところ当業者の「常識」によれば、ある（先行技術の）組合せが自明である一方で、他の組合せは自明ではないことがある。[586]」と述べた上で、「その目的を達成する先行技術の機械装置を最新の電子機器に適合させることは、子供用学習装置を設計する当業者にとっては合理的に自明のことであった。[587]」と認定している。Bevan先行特許とSSR製品との組合せに「リーダ」を適用することについて、CAFCは、「Bevan先行特許とSSR製品との組合せに「リーダ」を追加する理由は、他の子供向け玩具に「リーダ」を使用する理由と同一であり、市場性を高めるために、子供に追加の利点を提供しかつ玩具の使用を簡素化するためである。[588]」と説示している。これらを踏まえた上で、CAFCは、'861特許が先行技術から自明であると結論付けた。

---

[585] *KSR Int'l Co. v. Teleflex Inc., 550 U.S. 398 (2007)*。ここでは、KSR判決の "The combination of familiar elements according to known methods is likely to be obvious when it does no more than yield predictable results." という内容が引用されている。

[586] Leapfrog判決において、CAFCは、先行技術の組合せについて、KSR判決を引用しながら、"Indeed, the common sense of those skilled in the art demonstrates why some combinations would have been obvious where others would not." と述べている。

[587] Leapfrog判決において、CAFCは、先行技術の組合せについて、"Accommodating a prior art mechanical device that accomplishes that goal to modern electronics would have been reasonably obvious to one of ordinary skill in designing children's learning devices." と認定している。

[588] Leapfrog判決において、CAFCは、「リーダ」の適用について、"Furthermore, the reasons for adding a reader to the Bevan/SSR combination are the same as those for using readers in other children's toys — namely, providing an added benefit and simplified use of the toy for the child in order to increase its marketability." と説示している。

## 【MPEP 2143における解説】

　Leapfrog判決については、MPEP 2143において、次のように解説されている。

　Leapfrog判決におけるクレーム発明は、幼児が音読するのを支援する学習装置に関するものであった。CAFCは、クレーム発明が、Bevan先行特許（音声学習用の電気機械的玩具）及びSSR製品（Super Speak & Read：電子的発音玩具（Electronic reading toy））という2つの先行技術と、「当業者の知識」とに鑑み自明であると結論付けた。この結論に至る際に、CAFCは、SSR製品において示される技術を超える技術的進歩がなかったことを明確化し、「子供の学習用玩具の当業者が、サイズの縮小、信頼性の向上、操作の簡素化、コスト削減といった一般に理解されている利点を得るために、Bevan先行特許の装置とSSR製品とを組み合わせ、また最新の電子機器を用いて、製品を更新する（update）ことは自明である。」と判示している。CAFCは、SSR製品が、単語の最初の文字に対応する音を発生するだけのものではあるが、電子的手段を使用していることから、上記の組合せは、当該技術分野において一般に利用可能であると理解されている新たな技術（SSR）を使用して、古いアイデア又は発明（Bevan先行特許）を適応させたものであること認定している。またCAFCは、'861特許のクレーム発明が既知の子供用玩具の変形に過ぎず、この変形は、他の玩具と比較して、明らかな進歩をもたらすというものではなかったことも述べている。つまりCAFCは、SSR製品において把握される技術を超えるような技術的進歩が存在しなかったことを明確に述べている。これらを踏まえてCAFCは、「子供用の学習装置を設計する際に、目的を達成するために、先行技術の機械装置を最新の電子機器に適合させることは、子供用学習装置を設計する当業者にとっては合理的に自明のことであった。近年では、古い機械装置に最新の電子機器を適用することが普通に行われている。」ことを説示している。

## 第4章　KSR判決後の判例

### 事例3：KSR判決[589]

KSR判決については、第3章　第3節において既に説明した。したがって、KSR判決についての最高裁の具体的判断については、上記箇所における説明を参照されたい。

### 【MPEP 2143における解説】

KSR判決については、MPEP 2143において、次のように解説されている。

KSR判決における対象特許である'565特許[590]に係るクレーム発明は、固定された回動ポイント（Pivot point）と、アセンブリサポートに取り付けられた電子ペダル位置センサとを備えた調整可能なペダルアセンブリに関するものであった。固定された回動ポイントとは、ペダルが調整された際に、旋回軸が変化しないことを意味する。アセンブリ支持部上にセンサを配置することで、ペダルの調整中に、固定されたセンサ位置を維持することができる。

従来のアクセルペダルは、設定位置からのペダルの移動に基づいてスロットルを調整する機械リンクによって操作されていた。スロットルは、燃焼プロセスとエンジンによって生成される動力を制御する。新しいタイプの車では、センサがペダルの動作を検出し、それに応じてスロットルを調整するための信号をエンジンに送信するコンピュータ制御のスロットルが使用されていた。'565特許に係るクレーム発明がなされた時点では、市場は機械式ペダルを電子式ペダルに変換する強力なインセンティブを与えており、先行技術はそのように変換するための多くの方法を教示していた。

先行技術であるAsano先行特許[591]は、機械的スロットル制御を有し、固定された回動ポイントを備えた調整可能なペダルを教示していた。他の先行技術であるU.S.P. 5,241,936は、電子式ペダルセンサがペダルアセンブリの回動ポイントに配置され、エンジン内ではなくペダル機構内でペダルの位置を検出することが好ましいことを教示していた。さらに他の先行技

---

[589] *KSR Int'l Co. v. Teleflex Inc., 550 U.S. 398 (2007)*
[590] U.S.P. 6,237,565
[591] U.S.P. 5,010,782

術であるSmith先行特許[592]は、センサをコンピュータに接続するワイヤが擦れて磨耗するのを防ぐために、センサをペダルのフットパッド内部やフットパッド上ではなく、ペダルアセンブリの固定部分に取り付けるべきであることを教示していた。さらに他の先行技術であるRixon先行特許[593]は、スロットル制御用の電子センサを備えた調整可能なペダルアセンブリ（フットパッド内のセンサ）を教示していた。しかし、ペダルを調整する際に、回動ポイントを固定した状態で保持するペダルアセンブリと組み合わされた電子スロットル制御についての先行技術は存在しなかった。

　最高裁は、「適正な質問は、当該分野における開発の際の幅広いニーズに直面している通常の技術を有するペダル設計者が、センサを備えるようにAsano先行特許をアップグレードすることに利点があると考えたか否かということであった。[594]」と述べた上で、「自動車を設計する際の技術開発において、設計者は、電子センサを備えるようにAsano先行特許をアップグレードするよう促されたであろう。」と認定した[595]。次の質問は、センサをどこに取り付けるべきかに関するものであった。先行技術に基づけば、設計者は、ペダル構造の不動箇所（Nonmoving part）にセンサを配置することを知っていたはずであり、センサによってペダル位置を容易に検出できる、ペダル構造上の最も自明な不動箇所は回動ポイントであった。これらを踏まえて最高裁は、「スロットル制御用の機械アセンブリを電子スロットル制御に置換することによって、Asano先行特許における固定された回動ポイントで調整可能なペダルをアップグレードし、ペダル支持構造上に電子センサを搭載することは自明であった。」と結論付けた[596]。

---

592　U.S.P. 5,063,811
593　U.S.P. 5,819,593
594　MPEP 2143では、KSR判決において、最高裁が、"The Court stated that "[t]he proper question to have asked was whether a pedal designer of ordinary skill, facing the wide range of needs created by developments in the field of endeavor, would have seen a benefit to upgrading Asano with a sensor." と判示したことが引用されている。
595　MPEP 2143では、KSR判決において、最高裁が、"The Court found that technological developments in the automotive design would have prompted a designer to upgrade Asano with an electronic sensor." と認定したことも紹介されている。

## 事例4：Ex parte Catan 事件[597]

　Ex parte Catan 事件において対象となった特許出願[598]に係る本願発明は、生体認証（Bioauthentication）を使用して、許可されたクレジット口座（Credit account）のサブユーザーが、事前に設定された最大のサブクレジット限度額（Sub-credit limit）まで、通信ネットワーク経由で発注することを許可する家庭用電子機器に関するものであった。

　USPTO の審査官は、クレーム5~11, 13~16に係る本願発明を、U.S.P. 5,845,260（以下「Nakano 先行特許」という。）と、U.S.P. 4,837,422（以下「Dethloff 先行特許」という。）と、U.S.P. 5,721,583（以下「Harada 先行特許」という。）から自明であると判断した。そこで、Catan は、この審査官による拒絶を不服として USPTO の審判部（BPAI）に審判を請求し、2006年8月9日に審判請求理由書（Appeal Brief）[599]を提出した。それに対し、2006年8月17日に審査官による答弁書（Examiner's Answer）[600]が Catan に発送され、この答弁書に対し、2006年10月17日に Catan は弁駁書（Reply Brief）[601]を提出した。

　上記審判における主たる争点は、Nakano 先行特許に開示された家庭用電子機器と、Dethloff 先行特許や Harada 先行特許に開示された生体認証手段とを組み合わせることで、本願の独立クレーム5の主題が、本願発明の時点において、当業者に自明であったと判断した審査官の判断に誤りが

---

596　MPEP 2143では、KSR 判決において、最高裁が、"The Court concluded that it would have been obvious to upgrade Asano's fixed pivot point adjustable pedal by replacing the mechanical assembly for throttle control with an electronic throttle control and to mount the electronic sensor on the pedal support structure." と結論付けたことも紹介されている。
597　*Ex parte Catan, 83 USPQ2d 1568 (Bd. Pat. App. & Int. 2007)*
598　この特許出願の出願番号は09/734,808（U.S.Patent Application Serial No. 734,808）であった。
599　審判請求理由書は、審判請求書（Notice of Appeal）と同時に提出してもよく、審判請求書の提出後、所定の期間（原則2月であるが延長可能。）内に提出することもできる（規則41.37、高岡　アメリカ特許法実務ハンドブック第5版　311頁）。
600　審判請求理由書が提出されると、特許出願を拒絶した審査官は、答弁書を提出することができる（規則41.39、高岡　アメリカ特許法実務ハンドブック第5版　314頁）。
601　審査官の答弁書に対し、審判請求人は、弁駁書を提出することができる（規則41.41、高岡　アメリカ特許法実務ハンドブック第5版　314頁）。

## 第3節　MPEP 2143 一応の自明性の基礎的要件の事例

あったか否かであった。

　Nakano 先行特許は、手動認証手段（Manual authentication means）を開示していたが、認証情報を生体認証装置によって提供することは開示していなかった。つまり、Nakano 先行特許は、認証情報を生体認証装置によって提供することを除く本願のクレーム5における全ての構成を開示していた。他方、Dethloff 先行特許は、スマートカード（Smart cards）と呼ばれる、集積回路を備えるプラスチックデバイスに関するものであり、識別情報として生体認証情報である「声紋（Voiceprint）」を開示していた。Harada 先行特許は、生体認証情報として「指紋（Fingerprint）」を提供するための家庭用電子機器（遠隔操作）において生体認証装置（指紋センサ）を使用することを開示していた。

　以上のような先行技術の開示内容から、Nakano 先行特許の手動認証手段を、Harada 先行特許の生体認証装置に置換すれば、本願のクレーム5に係る発明が得られることとなる。このような置換が自明であったか否かを判断するに際し、審判部は、KSR 判決[602]を引用し、「先行技術において既知の構造をクレームしており、ある要素を当該分野において既知である別の要素と単に置換することによって変形されたものである場合に、（その組合せが自明ではないと判断するためには）その組合せは「予測可能な結果」以上のものをもたらさなければならない。[603]」こと述べている。この点に関し、Catan は、Nakano 先行特許の手動認証手段を Harada 先行特許の生体認証装置に置換することで「予期せぬ効果」をもたらすこと、又は「当業者の技術レベル」を超えるものであったことを示す証拠を提出できなかった。

　また、審判部は、Leapfrog 判決[604]を引用し、クレーム5により規定さ

---

602　*KSR Int'l Co. v. Teleflex Inc., 550 U.S. 398 (2007)*
603　Ex parte Catan 事件では、KSR 判決を引用して、"Where, as here "[an application] claims a structure already known in the prior art that is altered by the mere substitution of one element for another known in the field, the combination must do more than yield a predictable result.""と述べられている。
604　*Leapfrog Enterprises, Inc. v. Fisher-Price, Inc., 485 F.3d 1157 (Fed. Cir. 2007)*

れるデバイスは、一般に入手可能で当該技術分野において理解されている新たな技術（Harada先行特許）を用いた古い発明（Nakano先行特許）の改造（Adaptation）であるともいえると述べている。そして、生体認証をNakano先行特許の装置に追加しても、他の装置に生体認証を追加した場合と同様に、本来のNakano先行特許の装置以上のものにはならず、機能も同様であると述べている。さらに、生体認証を追加したとしても、予想どおりに認証プロセスの安全性と信頼性が向上するだけであるとも述べている。

　以上を踏まえて、審判部は、クレーム5~11, 13~16に係る本願発明が、Nakano先行特許と、Dethloff先行特許と、Harada先行特許に鑑み自明であるとした審査官の判断を支持した。

## 【MPEP 2143における解説】

　Ex parte Catan事件については、MPEP 2143において、次のように解説されている。

　Ex parte Catan事件におけるクレーム発明は、許可されたクレジット口座のサブユーザーが、事前に設定された最大のサブクレジット限度額まで、通信ネットワーク経由で発注することを許可するために生体認証を使用する家庭用電子機器に関するものであった。

　先行技術であるNakano先行特許は、生体認証装置ではなくパスワード認証装置（Password authentication device）によって安全性が提供されることを除いて、本願のクレーム発明と同様の家庭用電子機器を開示していた。また、他の先行技術であるHarada先行特許は、生体認証情報（指紋）を提供するために、家庭用電子機器（遠隔操作）において生体認証装置（指紋センサ）を使用することが、本願発明の時点で先行技術において知られていたことを開示していた。さらに、他の先行技術であるDethloff先行特許は、本発明の時点で、ユーザーが家庭用電子機器を介してクレジット（口座）にアクセスできるようにするために、PIN（Personal Identification Number）[605]認証の代わりに生体認証を使用することが当該技術分野において知られていたことを開示していた。

審判部は、本願発明の時点で、家庭用電子機器の分野における当業者が、ユーザーを認証するために、PINと交換可能（interchangeably with）又はPINの代用（in lieu of）として、生体認証情報を使用することに慣れ親しんでいたことを先行技術が示していると認定した。その結果、審判部は、家庭用電子機器の分野の当業者であれば、先行技術であるパスワード装置（Password device）を最新の生体認証機器に更新することは自明であり、これを採用することで、予想通り、安全で信頼性の高い認証手続となるという一般に理解されていた利点が得られると結論付けた。

## (7) 理論的根拠（G）

**先行技術文献を変形し、又は先行技術文献の教示を組み合わせて、クレーム発明に到達するように当業者を導いたであろう先行技術における教示、示唆、又は動機付け（Some Teaching, Suggestion, or Motivation in the Prior Art That Would Have Led One of Ordinary Skill To Modify the Prior Art Reference or To Combine Prior Art Reference Teachings To Arrive at the Claimed Invention）**

クレーム発明が自明であったという結論を裏付ける理論的根拠（G）は、当業者がクレーム発明に到達するために先行技術を組み合わせるように動機付けられ、そうすることに「成功の合理的期待」があったか否かということに関するものである[606]。これらの事実を認定することができなければ、クレーム発明が当業者に自明であったという結論を支持するために理論的根拠（G）を使用することはできない。この理論的根拠（G）については、MPEP 2143において、具体的な事例は紹介されていない。

---

605　PINは、「個人識別番号」とも呼ばれ、この個人識別番号（暗証番号）は、システムと使用者の間で共有する番号パスワードであり、そのシステムでの使用者の認証に使用される。
606　理論的根拠（G）について、MPEP 2143では、"The rationale to support a conclusion that the claim would have been obvious is that a person of ordinary skill in the art would have been motivated to combine the prior art to achieve the claimed invention and whether there would have been a reasonable expectation of success in doing so." と説明されている。

## 【MPEP 2143における解説】

理論的根拠（G）については、MPEP 2143において、次のように解説されている。

まず DyStar 判決[607]を引用して、裁判所が、「TSM テストが柔軟なものであり、先行技術を組み合わせるための明示的な示唆は必要ない。」ことを明確化したこと、「（先行技術を）組み合わせる動機付けは黙示的でよく、当業者の知識の中に見出すことができ、場合によっては、解決すべき課題の性質から見出されてもよい。」ことが述べられている。[608]

また、上記の DyStar 判決を引用しながら、「（先行技術を）組合せるための黙示的な動機付けは、示唆が先行技術全体から得られる場合だけでなく、その改良が技術に依存しておらず、先行技術の組合せによって望ましい製品やプロセスがもたらされる場合にも存在する。[609]」ことも述べられている。ここで、望ましい製品等がもたらされる場合として、例えば、より強力、安価、清浄、高速、軽量、小型、頑丈、又は効率的となる場合が例示されている。さらに、「製品やプロセスを改良することでビジネス機会を広げたいという願望は、普遍的なものであり、また常識的ですらあることから、このような状況では、先行技術文献自体において（組合せを）示唆するようなヒントがなくても、先行技術文献を組み合わせる動機付けが存在すると（裁判所が）考えてきた。[610]」ことも紹介されている。この

---

607 *DyStar Textilfarben GmbH & Co. Deutschland KG v. C.H. Patrick Co. 464 F.3d 1356 (Fed. Cir. 2006)*
608 MPEP 2143では、理論的根拠（G）について、DyStar 判決を引用しながら、"The courts have made clear that the teaching, suggestion, or motivation test is flexible and an explicit suggestion to combine the prior art is not necessary. The motivation to combine may be implicit and may be found in the knowledge of one of ordinary skill in the art, or, in some cases, from the nature of the problem to be solved." と述べられている。
609 理論的根拠（G）については、DyStar 判決を引用しながら、"[A]n implicit motivation to combine exists not only when a suggestion may be gleaned from the prior art as a whole, but when the 'improvement' is technology-independent and the combination of references results in a product or process that is more desirable, for example because it is stronger, cheaper, cleaner, faster, lighter, smaller, more durable, or more efficient." とも述べられている。

場合には、当業者が、先行技術文献を組み合わせることができるようになる知識や技術を有していたか否かが問題となると述べられている。

---

610 さらに理論的根拠（G）については、DyStar 判決を引用しながら、"Because the desire to enhance commercial opportunities by improving a product or process is universal—and even common-sensical—we have held that there exists in these situations a motivation to combine prior art references even absent any hint of suggestion in the references themselves." とも述べられている。

# 第5章　二次的考慮事項に関するMPEPの解説及び近年の判例

　二次的考慮事項については、第3章　第1節　4．において説明したが、MPEPにおいても解説されている。MPEPでは、規則1.132に基づく宣誓供述書や宣言書に関するMPEP 716[611]において、二次的考慮事項の幾つかに言及されている。本章では、MPEP 716に記載されている二次的考慮事項についての内容を概説し、併せて二次的考慮事項に関する近年の判例も紹介する。

## 第1節　予期せぬ効果（Unexpected results）

### 1．予期せぬ効果の主張[612]

　MPEP 716.02では、二次的考慮事項の1つである「予期せぬ効果」について、「予期せぬ効果の主張」と題して次のように解説されている。

　まず、Merck判決[613]が引用され、「クレーム発明と先行技術との間の差異は、特性における差異に帰することが予想されるが、ここでの問題は、当該差異により実際に予測できない程度に、その特性が異なるものであるか否かである。[614]」と述べられている。また、Waymouth判決[615]が引用され、「先行技術の開示範囲と比較した場合のクレームされた範囲についての「予期せぬ効果」は、程度というよりむしろ種類における相違として分類されるものであり、他の比率の下で達成された結果に対する「顕著な改良」であるこ

---

611　MPEP 716 Affidavits or Declarations Under 37 CFR 1.132 and Other Evidence Traversing Rejections [R-07.2022]
612　MPEP 716.02 Allegations of Unexpected Results [R-08.2012]
613　*In re Merck & Co., 800 F.2d 1091 (Fed. Cir. 1986)*
614　MPEP 716.02では、Merck判決を引用して、"Any differences between the claimed invention and the prior art may be expected to result in some differences in properties. The issue is whether the properties differ to such an extent that the difference is really unexpected." と述べられている。
615　*In In re Waymouth, 499 F.2d 1273 (CCPA 1974)*

とを立証することによって示された。[616]」ことも紹介されている。そして、比較対象として、Wagner判決[617]やEx parte Gelles事件[618]も紹介されている。

## 2．予期せぬ効果の証拠[619]

証拠は、「予期せぬ効果」を示すものでなければならない。この証拠については、MPEP 716.02(a)において、次のように解説されている。

「期待される結果」を上回るものは非自明性の証拠となる。この点について、Corkill判決[620]を引用して、「「期待される結果」を上回ることを示すものは、クレーム発明の自明性に関する法的結論に結びつく証拠となり得る。[621]」と説明されている。そして、このCorkill判決において、「「減少するという結果」が予想されていた場合に、クレームされた組合せにより、「付加的な結果」が得られ、この結果は、たとえ1つの要素のみの結果と同等であったとしても、非自明性の説得力のある証拠であった。[622]」ことが紹介されている。また、Merck判決[623]を引用して、「個々の効果の総和

---

616 Waymouth判決については、"In In re Waymouth, 499 F.2d 1273 (CCPA 1974), the court held that unexpected results for a claimed range as compared with the range disclosed in the prior art had been shown by a demonstration of "a marked improvement, over the results achieved under other ratios, as to be classified as a difference in kind, rather than one of degree.""という内容が引用されている。
617 In re Wagner, 371 F.2d 877 (CCPA 1967)。このWagner判決については、"differences in properties cannot be disregarded on the ground they are differences in degree rather than in kind"という内容が引用されている。
618 Ex parte Gelles, 22 USPQ2d 1318 (Bd. Pat. App. & Inter. 1992)。このEx parte Gelles事件については、"we generally consider a discussion of results in terms of 'differences in degree' as compared to 'differences in kind' . . . to have very little meaning in a relevant legal sense"という内容が引用されている。
619 MPEP 716.02(a) Evidence Must Show Unexpected Results [R-07.2022]
620 In re Corkill, 771 F.2d 1496 (Fed. Cir. 1985)
621 MPEP 716.02(a)では、Corkill判決を引用して、"A greater than expected result is an evidentiary factor pertinent to the legal conclusion of obviousness … of the claims at issue."と説明されている。
622 Corkill判決については、"In Corkhill, the claimed combination showed an additive result when a diminished result would have been expected. This result was persuasive of nonobviousness even though the result was equal to that of one component alone."という内容が紹介されている。
623 Merck & Co. Inc. v. Biocraft Laboratories Inc., 874 F.2d 804 (Fed. Cir.), cert. denied, 493 U.S. 975 (1989)

## 第1節　予期せぬ効果（Unexpected results）

よりも大きな効果（相乗効果）を示すことによって、「期待される結果」を上回る証拠が示されたといえる場合もある。[624]」ことが説明されている。しかし、「付加的な効果」を上回る効果であっても、「一応の自明性」を克服するために必ずしも十分であるとはいえない場合もあると述べられている。理由は、そのような効果であっても、予測可能なものと、予測できないものがあるからである。そして、Ex Parte The NutraSweet 事件[625]を引用して、「出願人は、その結果が自明ではないといえる程度まで先行技術から予想されたものよりも優れていたこと、及びその結果が顕著で実用的価値をもたらすものであったことを示さなければならない。[626]」ことが紹介されている。

先行技術と共通する特性についての優位性も、非自明性の証拠となり得る。クレームに記載された化合物において先行技術と共通する特性における優位性等の非自明又は予期せぬ有利な特性についての証拠により、「一応の自明性」に対し反駁することができる。この点については、Chupp 判決[627]が引用され、「「一応の自明性」に対し反駁するためには、ある化合物が、（先行技術と）共通する特性範囲の１つにおいて予想外に優れているという証拠で十分である。一定数の優位性を示す例が要求されるというわけではない。[628]」と説明されている。ここでは、Ex parte A 事件[629]も紹介されている。

---

624　Merck 判決を引用して、"Evidence of a greater than expected result may also be shown by demonstrating an effect which is greater than the sum of each of the effects taken separately (i.e., demonstrating "synergism")." ことが紹介されている。
625　*Ex Parte The NutraSweet Co., 19 USPQ2d 1586 (Bd. Pat. App. & Inter. 1991)*
626　Ex Parte The NutraSweet 事件を引用して、"Applicants must further show that the results were greater than those which would have been expected from the prior art to an unobvious extent, and that the results are of a significant, practical advantage." ことが紹介されている。
627　*In re Chupp, 816 F.2d 643 (Fed. Cir. 1987)*
628　Chupp 判決を引用して、""Evidence that a compound is unexpectedly superior in one of a spectrum of common properties . . . can be enough to rebut a prima facie case of obviousness." No set number of examples of superiority is required." と説明されている。
629　*Ex parte A, 17 USPQ2d 1716 (Bd. Pat. App. & Inter. 1990)*

また、予測できない特性の存在も非自明性の証拠となり得る。この点については、Papesch 判決[630]が引用され、「先行技術が有していない特性の存在は、非自明性の証拠となる。[631]」と説明されている。ここでは、Ex parte Thumm 事件[632]も紹介されている。その一方で、Payne 判決[633]を引用して、「新製品が予想外の特性を備えるという証拠を提出しただけでは、クレーム発明が必ずしも非自明であるという結論となるわけではない。[634]」ことも述べられている。この MPEP の解説から、先行技術が有していない特性をクレーム発明が有することは非自明性の証拠となり得るが、クレーム発明が必ず非自明であると判断されるというわけではないといえよう。

　さらに、予想される特性が存在しないことも、非自明性の証拠となり得る。この点については、Ex parte Mead Johnson 事件[635]を引用して、「先行技術の教示に基づいてクレーム発明が有していたであろうと予想される特性が存在しないことは、非自明性の証拠となる。[636]」と説明されている。

## 3．出願人の立証責任[637]

　「予期せぬ効果」を確立するための出願人の責任は、予想外でありかつ重要であることを立証することである。この点については、Ex parte Gelles 事件[638]を引用して、「依拠する証拠は、結果における差異が実際に予想外かつ非自明であり、統計学的にも現実的にも重要であることを確立

---

630　*In re Papesch, 315 F.2d 381 (CCPA 1963)*
631　Papesch 判決を引用して、"Presence of a property not possessed by the prior art is evidence of nonobviousness." と説明されている。
632　*Ex parte Thumm, 132 USPQ 66 (Bd. App. 1961)*
633　*In re Payne, 606 F.2d 303 (CCPA 1979)*
634　Payne 判決を引用して、"The submission of evidence that a new product possesses unexpected properties does not necessarily require a conclusion that the claimed invention is nonobvious." とも述べられている。
635　*Ex parte Mead Johnson & Co., 227 USPQ 78 (Bd. Pat. App. & Inter. 1985)*
636　Ex parte Mead Johnson 事件を引用して、"Absence of property which a claimed invention would have been expected to possess based on the teachings of the prior art is evidence of unobviousness." と説明されている。
637　MPEP 716.02(b) Burden on Applicant [R-08.2012]
638　*Ex parte Gelles, 22 USPQ2d 1318, 1319 (Bd. Pat. App. & Inter. 1992)*

第1節　予期せぬ効果（Unexpected results）

するものでなければならない。[639]」ことが説明されている。また、Ex parte C 事件[640]等も紹介されている。

　出願人は、「予期せぬ効果」を立証するために提供したデータについて説明責任がある。この点について、Ex parte Ishizaka 事件[641]が引用され、「上訴人は、非自明性の証拠として提出する宣言書におけるデータの説明責任を負う。[642]」ことが説明されている。つまり、「予期せぬ効果」を立証するために何らかのデータを提出した場合に、単にそのデータを提出するだけでは不十分であり、そのデータの意義を十分に理解できるように説明しなければならないと理解すべきであろう。

　直接比較テストと間接比較テストのいずれも非自明性の証拠となり得る。この点については、Boesch 判決[643]が引用され、「予期せぬ特性についての証拠は、クレーム発明と、そのクレーム発明の範囲と相応する最も近い先行技術との直接的又は間接的な比較の形で存在し得る。[644]」ことが説明されている。そして、「間接的な比較テスト」により、「一応の自明性」に対し反駁することができた事例が紹介されている[645]。中間体の特許性については、Magerlein 判決[646]を引用して、「クレームされた中間体に、予想外に優れた活性又は特性に「寄与する要因」が合理的に存在すると当業者が認識できる場合に、最終製品の予期せぬ特性によって、中間体の特許

---

639　MPEP 716.02(b)では、Ex parte Gelles 事件を引用して、「"The evidence relied upon should establish "that the differences in results are in fact unexpected and unobvious and of both statistical and practical significance." ことが説明されている。
640　*Ex parte C, 27 USPQ2d 1492 (Bd. Pat. App. & Inter. 1992)* と共に、*In re Nolan, 553 F.2d 1261 (CCPA 1977)* や *In re Eli Lilly, 902 F.2d 943 (Fed. Cir. 1990)* も紹介されている。
641　*Ex parte Ishizaka, 24 USPQ2d 1621, 1624 (Bd. Pat. App. & Inter. 1992)*
642　Ex parte Ishizaka 事件を引用して、"[A]ppellants have the burden of explaining the data in any declaration they proffer as evidence of non-obviousness." と説明されている。
643　*In re Boesch, 617 F.2d 272 (CCPA 1980)*
644　Boesch 判決を引用して、"Evidence of unexpected properties may be in the form of a direct or indirect comparison of the claimed invention with the closest prior art which is commensurate in scope with the claims." と説明されている。
645　*In re Blondel, 499 F.2d 1311 (CCPA 1974)* 及び *In re Fouche, 439 F.2d 1237 (CCPA 1971)* 参照。
646　*In re Magerlein, 602 F.2d 366 (CCPA 1979)*

性が確立され得る。[647]」と説明されている。クレームされた中間体が、最終製品における予想外に優れた活性又は特性に「寄与する要因」となることを立証するためには、出願人は、最終製品における（先行技術と比較した）予想外に優れた活性又は特性に「寄与する要因」を特定し、中間体と最終製品との間の当該要因についての関連性を確立しなければならない。

## 4．予想される効果と予期せぬ効果の証拠の比較検討[648]

予期せぬ特性と予想される特性の証拠は、比較検討する必要がある。この点については、May判決[649]を引用して、「「予期せぬ効果」の証拠は、クレーム発明の自明性を最終的に判断する際に、「一応の自明性」を裏付ける証拠と比較検討されなければならない。[650]」ことが説明されている。また、Nolan判決[651]を引用して、「クレーム発明の予期せぬ特性が、予想される特性と同等以上の重要性を有するものとして示されていない場合、予期せぬ特性の証拠は、自明性を示す証拠に反駁するには十分ではない可能性がある[652]」ことが説明されている。ここでは、Eli Lilly判決[653]も紹介されている。

有益な結果であっても、予想される有益な結果である場合には、クレー

---

647 Magerlein判決を引用して、"The patentability of an intermediate may be established by unexpected properties of an end product "when one of ordinary skill in the art would reasonably ascribe to a claimed intermediate the 'contributing cause' for such an unexpectedly superior activity or property.""と説明されている。
648 MPEP 716.02(c) Weighing Evidence of Expected and Unexpected Results [R-08.2012]
649 *In re May*, 574 F.2d 1082 (CCPA 1978)
650 MPEP 716.02(c)では、May判決を引用して、"Evidence of unexpected results must be weighed against evidence supporting prima facie obviousness in making a final determination of the obviousness of the claimed invention."と説明されている。
651 *In re Nolan*, 553 F.2d 1261 (CCPA 1977)
652 Nolan判決を引用して、"Where the unexpected properties of a claimed invention are not shown to have a significance equal to or greater than the expected properties, the evidence of unexpected properties may not be sufficient to rebut the evidence of obviousness."と説明されている。
653 *In re Eli Lilly*, 902 F.2d 943 (Fed. Cir. 1990)

ム発明が自明であることの証拠となり得る。この点については、Gershon 判決[654]が引用され、「「予期せぬ効果」が、クレーム発明についての非自明性の証拠となるのと同様に、予想される有益な効果は、クレーム発明の自明性の証拠となる。[655]」ことが説明されている。ここでは、Ex parte Blanc 事件[656]も紹介されている。

## 5．クレーム発明の範囲と相応する予期せぬ効果[657]

「予期せぬ効果」は、クレーム発明の範囲と相応するものでなければならない。この点については、Clemens 判決[658]を引用して、「「予期せぬ効果」が、予想外に改善された結果であるか、又は先行技術では教示されていない特性であるかにかかわらず、非自明性の客観的証拠は、当該証拠によって裏付けることが意図されたクレーム発明の範囲と相応したものでなければならない。つまり、「予期せぬ効果」を示すためには、その効果がクレーム発明の範囲全体で生じるものであるか否かを確認する必要がある。[659]」と説明されている。ここでは、Peterson 判決[660]や Grasselli 判決[661]も紹介されている。

属又はクレームされた範囲についての非自明性は、特定の状況下では、種（属の一部）又は（クレームされた範囲）より狭い範囲の「予期せぬ効果」を示すデータによって裏付けられる場合がある。この点については、

---

654 *In re Gershon, 372 F.2d 535 (CCPA 1967)*
655 Gershon 判決を引用して、"Expected beneficial results are evidence of obviousness of a claimed invention, just as unexpected results are evidence of unobviousness thereof." と説明されている。
656 *Ex parte Blanc, 13 USPQ2d 1383 (Bd. Pat. App. & Inter. 1989)*
657 MPEP 716.02(d) Unexpected Results Commensurate in Scope With Claimed Invention [R-08.2012]
658 *In re Clemens, 622 F.2d 1029 (CCPA 1980)*
659 MPEP 716.02(d)では、Clemens 判決を引用して、"Whether the unexpected results are the result of unexpectedly improved results or a property not taught by the prior art, the "objective evidence of nonobviousness must be commensurate in scope with the claims which the evidence is offered to support." In other words, the showing of unexpected results must be reviewed to see if the results occur over the entire claimed range." と説明されている。
660 *In re Peterson, 315 F.3d 1325 (Fed. Cir. 2003)*
661 *In re Grasselli, 713 F.2d 731 (Fed. Cir. 1983)*

Kollman 判決[662]を引用して、「クレームされた広い範囲の非自明性は、当業者が（狭い範囲）の証明力[663]（Probative value）を合理的に拡張するように例示されたデータの傾向を把握することができれば、その狭い範囲でのテストによる「予期せぬ効果」に基づく証拠によって裏付けられる場合がある。[664]」ことが説明されている。ここでは、Lindner 判決[665]も紹介されている。

　また、クレームされた範囲の臨界性（Criticality）を示すことで、「予期せぬ効果」を立証することができる場合がある。この点については、Hill 判決[666]を引用して、「クレームされた範囲の全体にわたって「予期せぬ効果」を確立するためには、出願人は、クレームされた範囲内とクレームされた範囲外との双方において、十分な数のテスト結果を比較することで、クレームされた範囲の臨界性を示す必要がある。[667]」ことが説明されている。

## 6．予期せぬ効果について判断を示した近年の事例

　「予期せぬ効果」について判断を示した近年の事例として、UCB 判決[668]を紹介する。UCB は、U.S.P. 10,130,589（以下「'589特許」という。）の特許権者である。'589特許は、経皮ロチゴチンパッチ（Transdermal rotigotine patches）に関するものであった。ロチゴチンは、パーキンソン病の治療に用いられる医薬である。問題となる技術は、患者の皮膚を通

---

662　*In re Kollman, 595 F.2d 48 (CCPA 1979)*
663　"Probative value"とは、証明力、証拠が事実を証明できる力、証拠価値のことである（英米法辞典　669頁）。
664　Kollman 判決を引用して、"The nonobviousness of a broader claimed range can be supported by evidence based on unexpected results from testing a narrower range if one of ordinary skill in the art would be able to determine a trend in the exemplified data which would allow the artisan to reasonably extend the probative value thereof." と説明されている。
665　*In re Lindner, 457 F.2d 506 (CCPA 1972)*
666　*In re Hill, 284 F.2d 955 (CCPA 1960)*
667　Hill 判決を引用して、"To establish unexpected results over a claimed range, applicants should compare a sufficient number of tests both inside and outside the claimed range to show the criticality of the claimed range." と説明されている。
668　*UCB, Inc. v. Actavis Laboratories UT, Inc., 65 F.4th 679 (Fed. Cir. 2023)*

## 第1節 予期せぬ効果（Unexpected results）

して薬剤を送達し、経口治療に伴う合併症を回避する経皮治療システム（Transdermal therapeutic systems：TTS）に関するものである。

UCBは、Actavis Laboratoriesが'589特許に係る特許権を侵害するとして、連邦地裁に訴訟を提起した。連邦地裁において、'589特許の有効性が争われ、連邦地裁は、'589特許が先行技術に鑑み、新規性がなく、また自明でもあると判断した。そこで、本件はCAFCに提訴された。

'589特許のクレーム1に係る発明は、「ロチゴチン遊離塩基とポリビニルピロリドンの重量比が約9：4〜約9：6の範囲にある（the weight ratio of rotigotine free base to polyvinylpyrrolidone is in a range from about 9:4 to about 9:6)。」という構成を備えている。この'589特許の自明性判断の際に主張された先行技術は、U.S.P. 6,884,434と U.S.P.7,413,747（以下「Muller先行特許」という。[669]）であった。参考図1[670]に、'589特許とMuller先行特許にそれぞれ開示されているロチゴチンとポリビニルピロリドン（PVP）との比率の範囲を示す。

【参考図1】

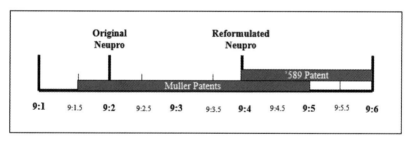

参考図1に示されるように、'589特許のロチゴチンとPVPとの重量比の範囲が、Muller先行特許に開示された範囲と部分的に重複しており、UCBは、「一応の自明性」に反駁できなかったことから、連邦地裁は、'589特許がMuller先行特許から自明であると判断した。この連邦地裁による自明性判断の際に、UCBは、「予期せぬ効果」を主張していた。

控訴審における'589特許の自明性判断の際にも、UCBは、「予期せぬ効

---

669 U.S.P. 6,884,434とU.S.P.7,413,747は、いずれもMullerに付与された特許であった。
670 参考図1は、UCB事件の判決文において記載されていた図である。

果」を主張した。具体的には、'589 特許のクレーム 1 が、「非晶質（Non-crystalline form）のロチゴチンと PVP の重量比が約 9:4 ～約 9:6 の範囲にある」という構成を備えていたことから、UCB は、PVP に対し重量比が約 9:4 ～約 9:6 の範囲であるロチゴチンを有するパッチにおいて結晶化しないという「予期せぬ効果」が得られることを主張した。

この UCB の主張に対し、CAFC は、Bristol-Myers 判決[671]を引用して、「証拠として説得力のあるものとなるためには、「予期せぬ効果」の証拠により、得られた結果と最も近い先行技術の結果との間に差異が存在し、その差異は、発明時点において当業者が予測できるものではなかったことを確立しなければならない。程度の差は、種類の差ほど説得力があるものではない。つまり、その範囲が、「予測可能な結果」をもたらすものではなく、既知の特性とは異種である新たな特性を予想外にもたらすことである。[672]」と判示している。また、Hoffmann 判決[673]を引用しながら「優れた効能の証拠は、「成功の合理的期待」を損なうものではない。[674]」とも判示している。

「予期せぬ効果」について、連邦地裁は、'589 特許のクレーム発明において得られた結果と、Muller 先行特許のような先行技術において得られた結果は、種類において類似し、かつ安定性（つまり、「結晶化の欠如（Lack of crystallization）」）についても類似のレベルであると認定していた。この連邦地裁の認定について、CAFC は、連邦地裁が専門家証言を踏まえて、安定性における変化は程度によるものであると認定したことに言及した上

---

[671] *Bristol-Myers Squibb Co. v. Teva Pharms. USA, Inc.*, 752 F.3d 967 (Fed. Cir. 2014)

[672] UCB 判決において、CAFC は、Bristol-Myers 判決を引用して、"To be particularly probative, evidence of unexpected results must establish that there is a difference between the results obtained and those of the closest prior art, and that the difference would not have been expected by one of ordinary skill in the art at the time of the invention. A difference of degree is not as persuasive as a difference in kind—i.e., if the range produces "a new property dissimilar to the known property," rather than producing a predictable result but to an unexpected extent." と判示している。

[673] *Hoffmann-La Roche Inc. v. Apotex Inc.*, 748 F.3d 1326 (Fed. Cir. 2014)

[674] UCB 判決において、CAFC は、Hoffmann 判決を引用して、"Furthermore, evidence of superior efficacy does not undercut a reasonable expectation of success." とも判示している。

で、'589特許においてクレームされた範囲が「予期せぬ効果」をもたらさなかったという連邦地裁の認定は誤りとはいえないと判断し、連邦地裁の判断を支持した。

# 第2節　商業的成功（Commercial success）[675]

## 1．クレーム発明と商業的成功の証拠との間で要求される関連性

　クレーム発明と「商業的成功」の証拠との間には関連性があることが必要である。非自明性を裏付ける「商業的成功」を主張する出願人は、クレーム発明と「商業的成功」の証拠との間の関連性を確立する立証責任を負う。この点について、Ex parte Remark事件[676]を引用しながら、「特許出願を審査する査定系手続において、USPTOには、販売が「商業的成功」を構成するという出願人の主張を裏付け又は反駁する証拠を収集する手段やリソースがない。[677]」と述べられている。そして、Huang判決等[678]を引用しながら、「したがって、USPTOは、「商業的成功」の確かな証拠を提供するよう出願人に頼るしかない。[679]」と述べられている。ここで、関連性という用語については、Demaco判決[680]を引用して、「「商業的成功」の証拠とクレーム発明との間の事実上及び法的に十分な関係性を明確に示すことで、その証拠は、非自明性の判断において証明力を有するものとなる。[681]」

---

675　MPEP 716.03 Commercial Success [R-07.2022]
676　*Ex parte Remark, 15 USPQ2d 1498, 1503 (Bd. Pat. App. & Int. 1990)*
677　MPEP 716.03では、Ex parte Remark事件を引用しながら、"In the ex parte process of examining a patent application, however, the PTO lacks the means or resources to gather evidence which supports or refutes the applicant's assertion that the sale constitute commercial success." と述べられている。
678　*In re Huang, 100 F.3d 135 (Fed. Cir. 1996)*。加えて、*In re GPAC, 57 F.3d 1573 (Fed. Cir. 1995)* や *In re Paulsen, 30 F.3d 1475 (Fed. Cir. 1994)* も引用されている。
679　Huang判決等を引用しながら、"Consequently, the PTO must rely upon the applicant to provide hard evidence of commercial success." と述べられている。
680　*Demaco Corp. v. F. Von Langsdorff Licensing Ltd., 851 F.2d 1387 (Fed. Cir. 1988)*

と説明されている。なお、「商業的成功」については、海外（米国以外）における「商業的成功」も関連性があるものとして扱われ得る。この点については、Lindemann Maschinenfabrik 判決[682]が引用され、「非自明性の問題を解決するために、米国における「商業的成功」と同様に、海外での「商業的成功」も重要視される。[683]」ことが説明されている。

## 2．クレーム発明の範囲と相応する商業的成功[684]

「商業的成功」の証拠は、クレーム発明の範囲と相応するものでなければならない。この点については、Tiffin 判決[685]における、「「商業的成功」を含む非自明性の客観的証拠は、クレーム発明の範囲と相応するものでなければならない。[686]」という内容が紹介されている。そして、Joy Technologies 判決[687]を引用して、「クレーム発明の範囲と相応するものとなるためには、「商業的成功」は、クレームされた構成によるものでなければならず、クレームされていない構成によるものであってはならない。[688]」と説明されている。ここで、クレーム発明と「商業的成功」との間の関連性については、Ex parte Standish 事件[689]を引用しながら、「特許出願にお

---

681 関連性という用語については、Demaco 判決を引用しながら、"The term "nexus" designates a factually and legally sufficient connection between the evidence of commercial success and the claimed invention so that the evidence is of probative value in the determination of nonobviousness." と説明されている。
682 *Lindemann Maschinenfabrik GMBH v. American Hoist & Derrick Co., 730 F.2d 1452 (Fed. Cir. 1984)*
683 海外での「商業的成功」については、Lindemann Maschinenfabrik 判決を引用しながら、"Commercial success abroad, as well as in the United States, is relevant in resolving the issue of nonobviousness." と説明されている。
684 MPEP 716.03(a) Commercial Success Commensurate in Scope With Claimed Invention [R-07.2022]
685 *In re Tiffin, 448 F.2d 791 (CCPA 1971)*
686 MPEP 716.03(a) では、Tiffin 判決における "Objective evidence of nonobviousness including commercial success must be commensurate in scope with the claims." という内容が紹介されている。
687 *Joy Technologies Inc. v. Manbeck, 751 F. Supp. 225 (D.D.C. 1990)*
688 クレーム発明の範囲と相応することに関して、Joy Technologies 判決を引用して、"In order to be commensurate in scope with the claims, the commercial success must be due to claimed features, and not due to unclaimed features." と説明されている。

第2節　商業的成功（Commercial success）

ける開示やクレーム又はその他の同等の文言によって規定される製品やプロセスに対する「商業的成功」に起因する宣誓供述書や宣言書について、販売された製品やプロセスがクレーム発明に対応するものであるという証拠、又はクレームにより規定されている製品やプロセスに起因してどのような「商業的成功」が生じたかについての証拠がなかったことから、クレーム発明と「商業的成功」との間に関連性を確立するとはいえない。[690]」と判断されたことが紹介されている。

　クレーム発明が、製品又はプロセスと同一の範囲ではない場合の要件については、特定の範囲がクレームされている場合に、出願人は、その範囲内の全てのポイントにおいて「商業的成功」を示す必要はないと説明されている。そして、Hollingsworth 判決[691]を引用しながら、「クレームが、先行技術に開示されていない範囲や手順の組合せを対象としており、それらの範囲内の典型的なポイントで実質的な「商業的成功」が達成されており、宣誓供述書において、クレームされた範囲全体にわたる操作効果が、商業上の特定のポイントでの操作効果に近似されることが明確に示されている場合、「商業的成功」に関する証拠は説得力があると考えられる。[692]」ことが述べられている。ここでは、Demaco 判決[693]も紹介されている。

---

689　*Ex parte Standish, 10 USPQ2d 1454, 1458 (Bd. Pat. App. & Inter. 1988)*
690　クレーム発明と「商業的成功」との間の関連性については、Ex parte Standish 事件 を引用しながら、"An affidavit or declaration attributing commercial success to a product or process "constructed according to the disclosure and claims of [the] patent application" or other equivalent language does not establish a nexus between the claimed invention and the commercial success because there is no evidence that the product or process which has been sold corresponds to the claimed invention, or that whatever commercial success may have occurred is attributable to the product or process defined by the claims." ことが紹介されている。
691　*In re Hollingsworth, 253 F.2d 238 (CCPA 1958)*
692　Hollingsworth 判決を引用しながら、"Where, as here, the claims are directed to a combination of ranges and procedures not shown by the prior art, and where substantial commercial success is achieved at an apparently typical point within those ranges, and the affidavits definitely indicate that operation throughout the claimed ranges approximates that at the particular points involved in the commercial operation, we think the evidence as to commercial success is persuasive." ことが述べられている。
693　*Demaco Corp. v. F. Von Langsdorff Licensing Ltd., 851 F.2d 1387 (Fed. Cir. 1988)*

## 3．クレーム発明に基づく商業的成功[694]

「商業的成功」は、クレーム発明から生じるものでなければならない。この点については、Mageli 判決[695]を引用して、「「商業的成功」の証拠を検討する際には、消費者が客観的な原則に基づいて自由に選択できる市場において、主張されている「商業的成功」がクレーム発明から直接的に得られたものであること、またそのような「商業的成功」が、大規模なプロモーションや広告、広告における変化、出願人や譲受人に密接に関係する購入者による消費、又はクレーム発明の利点とは関係のない他のビジネスイベント等の結果ではないことを判断の際に考慮する必要がある。[696]」と説明されている。ここでは Noznick 判決[697]も紹介されている。

また、Huang 判決[698]を引用しながら、「USPTO での査定系手続において、非自明性の証拠が重要視されるべきであると考えられる場合、出願人は、クレームされた構成が、「商業的成功」に貢献するものであることを示さなければならない。[699]」ことも述べられている。この点については、Ex parte Remark 事件[700]を引用しながら、「単に発明を具体化しただけの製品について「商業的成功」があったと主張するだけでは十分ではない。[701]」

---

694 MPEP 716.03(b) Commercial Success Derived From Claimed Invention [R-07.2022]
695 *In re Mageli, 470 F.2d 1380 (CCPA 1973)*
696 MPEP 716.03(b)では、Mageli 判決を引用して、"In considering evidence of commercial success, care should be taken to determine that the commercial success alleged is directly derived from the invention claimed, in a marketplace where the consumer is free to choose on the basis of objective principles, and that such success is not the result of heavy promotion or advertising, shift in advertising, consumption by purchasers normally tied to applicant or assignee, or other business events extraneous to the merits of the claimed invention, etc." と説明されている。
697 *In re Noznick, 478 F.2d 1260 (CCPA 1973)*
698 *In re Huang, 100 F.3d 135 (Fed. Cir. 1996)*
699 Huang 判決を引用しながら、"In ex parte proceedings before the Patent and Trademark Office, an applicant must show that the claimed features were responsible for the commercial success of an article if the evidence of nonobviousness is to be accorded substantial weight." とも述べられている。
700 *Ex parte Remark, 15 USPQ2d 1498, 1502-02 (Bd. Pat. App. & Inter. 1990)*
701 Ex parte Remark 事件を引用しながら、"Merely showing that there was commercial success of an article which embodied the invention is not sufficient." とも述べられている。

## 第2節　商業的成功（Commercial success）

ことも述べられている。その一方で、比較対象として、Demaco 判決[702]が紹介されている。この Demaco 判決については、「民事訴訟では、特許権者は「商業的成功」が他の要因によるものではないことまで証明する必要はない。考えられる全ての要因を否定する内容の証明まで要求すると、不当に負担が大きくなり、通常の証拠規則に反することとなる。[703]」という内容が引用されている。ここでは、上記の Demaco 判決以外に、「商業的成功」に関する4つの判決[704]が紹介されている。

「商業的な成功」は、明細書において開示又は内在する機能や利点から生じるものでなければならない。この点については、Vamco Machine & Tool 判決[705]を引用して、「非自明性の問題に関連するものとなるためには、特許のクレームに包含される装置についての「商業的成功」は、明細書に記述された又は明細書に内在する機能や利点から生じるものでなければならない。さらに、クレーム発明の範囲に属する実施形態についての成功は、他人による改良や変形に起因するものであってはならない。[706]」と説明されている。また、Merck 判決[707]も紹介されている。

意匠の場合、「商業的成功」とクレーム発明との関連性を確立することは、特に困難となる。この点については、Litton Systems 判決[708]を引用しなが

---

702　*Demaco Corp. v. F. Von Langsdorff Licensing Ltd., 851 F.2d 1387 (Fed. Cir. 1988)*
703　Demaco 判決については、"In civil litigation, a patentee does not have to prove that the commercial success is not due to other factors. "A requirement for proof of the negative of all imaginable contributing factors would be unfairly burdensome, and contrary to the ordinary rules of evidence.""という内容が引用されている。
704　*Pentec, Inc. v. Graphic Controls Corp., 776 F.2d 309 (Fed. Cir. 1985)*、*In re Fielder, 471 F.2d 690 (CCPA 1973)*、*EWP Corp. v. Reliance Universal, Inc., 755 F.2d 898 (Fed. Cir. 1985)*、*Hybritech Inc. v. Monoclonal Antibodies, Inc., 802 F.2d 1367 (Fed. Cir. 1986)* が引用されている。
705　*In re Vamco Machine & Tool, Inc., 752 F.2d 1564 (Fed. Cir. 1985)*
706　Vamco Machine & Tool 判決 を引用して、"To be pertinent to the issue of nonobviousness, the commercial success of devices falling within the claims of the patent must flow from the functions and advantages disclosed or inherent in the description in the specification. Furthermore, the success of an embodiment within the claims may not be attributable to improvements or modifications made by others." と説明されている。
707　*Merck & Cie v. Gnosis S.P.A., 808 F.3d 829 (Fed Cir. 2015)*
708　*Litton Systems, Inc. v. Whirlpool Corp., 728 F.2d 1423 (Fed. Cir. 1984)*

ら、「「商業的成功」の証拠が証明力のあるものとなるためには、ブランド名の認知度、性能の向上、その他の（意匠以外の）要因ではなく、意匠に明確に起因している必要がある。[709]」ことが説明されている。

「商業的な成功」を立証する際に、売上高（Sales figures）を用いる場合には、その売上高を適切に定義しなければならない。この点については、Cable Electric Products 判決[710]を引用して、「総売上高は、市場シェアに関する証拠がなければ「商業的成功」を示すとはいえない。[711]」こと、また Ex parte Standish 事件[712]を引用して、「（総売上高は）製品の販売期間又は市場において通常どの程度の売上高が予想されるかに関する（証拠がなければ「商業的成功」を示すとはいえない。）[713]」ことが説明されている。

## 4．商業的成功について判断を示した近年の事例

商業的成功について判断を示した近年の事例として、Incept LLC 判決[714]を紹介する。Incept LLC は、U.S.P. 8,257,723（以下「'723特許」という。）と U.S.P. 7,744,913（以下「'913特許」という。）を保有していた。'723特許と '913特許は、放射線（Radiation）を用いて、癌（特に前立腺癌（Prostate cancer））を治療する方法に関するものである。Palette Life Sciences は、'723特許と '913特許が、U.S.P. 6,624,245（以下「Wallace 先行特許」という。）を含む先行技術に鑑み特許性がないとして当事者系レビュー（Inter partes review：IPR）[715]を請求した。USPTO の審判部（PTAB）は、最終

---

709 Litton Systems 判決が引用され、"Evidence of commercial success must be clearly attributable to the design to be of probative value, and not to brand name recognition, improved performance, or some other factor." と説明されている。
710 *Cable Electric Products, Inc. v. Genmark, Inc.*, 770 F.2d 1015 (Fed. Cir. 1985)
711 売上高について、Cable Electric Products 判決を引用して、"Gross sales figures do not show commercial success absent evidence as to market share," と説明されている。
712 *Ex parte Standish*, 10 USPQ2d 1454 (Bd. Pat. App. & Inter. 1988)
713 売上高については、Ex parte Standish 事件を引用して、"or as to the time period during which the product was sold, or as to what sales would normally be expected in the market," とも説明されている。
714 *Incept LLC v. Palette Life Sciences, Inc.*, 77 F.4th 1366 (Fed. Cir. 2023)

第 2 節　商業的成功 (Commercial success)

審決書 (Final written decision)[716] を発行し、'723特許と '913特許のクレーム発明について、特許性がないと判断した。この審判部による決定に対し、Incept LLC は、CAFC に提訴した。

　CAFC による審理において、Incept LLC は、審判部による自明性の分析判断に誤りがあると主張した。その際に、(ⅰ) 新規性についての分析判断を繰り返しただけであること、(ⅱ) クレームされた生分解性組成物 (Biodegradable compositions) を阻害する Wallace 先行特許の記述を無視したこと、(ⅲ) 従属クレームの自明性を個別に分析しなかったこと、(ⅳ) Incept LLC の「商業的成功」の証拠を不当に無視したことの 4 つの理由を主張した。ここでは、「商業的成功」に関する内容のみを取り上げる。

　「商業的成功」を主張するために Incept LLC が提出した主な証拠は、(ⅰ) Boston Scientific Corporation の子会社 (独占的実施権者 (Exclusive licensee)[717]) を通じて販売されていた注入可能な合成ハイドロゲル

---

715　当事者系レビューは、特許付与後に第三者が特許の有効性を争う手段の 1 つであり (311条(a)：35 U.S.C. 311 Inter partes review. (a) IN GENERAL.—Subject to the provisions of this chapter, a person who is not the owner of a patent may file with the Office a petition to institute an inter partes review of the patent.)、AIA 改正前に存在していた当事者系再審査に代わる手続である (アメリカ改正特許法　130頁参照)。当事者系レビューの請求人は、102条又は103条に基づいて、かつ特許又は印刷出版物からなる先行技術に基づいてのみ、特許性のない特許の1つ以上のクレームの取消しを請求することができる (311条(b)：A petitioner in an inter partes review may request to cancel as unpatentable 1 or more claims of a patent only on a ground that could be raised under section 102 or 103 and only on the basis of prior art consisting of patents or printed publications.)。

716　「最終審決書」とは、下記の318条(a)に基づいて PTAB が書面で発行する決定書をいう (318条(a)：35 U.S.C. 318 Decision of the Board. (a) FINAL WRITTEN DECISION.—If an inter partes review is instituted and not dismissed under this chapter, the Patent Trial and Appeal Board shall issue a final written decision with respect to the patentability of any patent claim challenged by the petitioner and any new claim added under section 316(d).)。

717　"Exclusive license" とは、独占的実施権のことであり、特許権者その他排他的権利の所有者等が、ある者に対し、その者だけが独占的に特許製品の使用、製造、販売等を行う権利を付与した場合、その付与された権利を独占的実施権といい、付与された者を独占的実施権者 (Exclusive licensee) という (英米法辞典　317頁)。日本特許法77条に規定される「専用実施権」が独占的実施権に対応する。実施権には、独占的実施権と非独占的実施権 (Non-exclusive license) があるが、非独占的実施権が付与された者を非独占的実施権者 (Non-exclusive licensee) という。この非独占的実施権に対応するのが、日本特許法78条に規定される「通常実施権」である。

第 5 章　二次的考慮事項に関する MPEP の解説及び近年の判例

(Injectable synthetic hydrogel) である SpaceOAR® の米国での顧客への年間出荷単位 (Annual unit shipments) を示す表と、(ⅱ)「2019 年の前立腺癌の放射線療法全体の約55% に SpaceOAR® が採用されていた。」という Incept LLC の専門家による証言であった。

これらの証拠について審判部は、最終審決書において、Incept LLC が依拠した証拠は不十分であると結論付けた。この審判部の判断について、CAFC は、「審判部の判断が誤っているとはいえない。」と述べ、審判部の判断を支持した。CAFC は、この判断の際に、J.T. Eaton 判決[718]を引用し、「商業的成功は、通常、関連する市場 (Relevant market) における顕著な売上 (Significant sales) によって示される。」と述べている。

売上について、Incept LLC は、2019年までに SpaceOAR® の販売ケース量が概ね 2 倍になったことを主張した。この主張に対し CAFC は、Incept LLC が主張する販売数量の中に、交換品や無料のサンプル品が含まれていることから、販売数量の対前年比増加分が、交換品やサンプル品によるものではなく、実際の販売数量の増加によるものであることを、提出された証拠から認定することができないことを指摘した。この指摘に対し、Incept LLC は更なる主張立証をしなかった。

上記の主張に加え、Incept LLC は、「市場全体における商業的成功」(の証拠) を Incept LLC が提供しなかったという審判部の見解に異議を唱え、この審判部の見解は、Chemours 判決[719]に反すると主張した。この点について CAFC は、Chemours 判決について、「市場シェアに関するデータは潜在的に有用ではあるが、「商業的成功」を示すために要求されるというわけではない ("market share data, though potentially useful, is not required to show commercial success.")。」ことを述べた上で、「Incept LLC の主張とは反対に、審判部は Incept LLC に市場シェアに関するデータを要求したわけではなく、Incept LLC が提供した証拠を検討して、「商

---

[718]　*J.T. Eaton & Co. v. Atl. Paste & Glue Co., 106 F.3d 1563 (Fed. Cir. 1997)*
[719]　*Chemours Co. FC, LLC v. Daikin Industries, Ltd., 4 F.4th 1370 (Fed. Cir. 2021)*

業的成功」を示すには不十分であると判断しただけである。」と判示した。
以上のような様々な検討を行った上で、CAFCは、Incept LLCにより提出された、「商業的成功」を立証するための証拠は不十分であると判断した。

# 第3節　長年未解決の課題（Long felt but unsolved needs）[720]

## 1．長年未解決の課題の要件

　クレーム発明は、認識され、持続しており、かつ他者によって解決されなかった「長年未解決の課題」（の要件）を充足するものでなければならない。MPEP 716.04では、「長年未解決の課題」が存在していたことを確立するためには、その技術分野で認識されている課題が、その解決策のない状態で、長期間にわたって当該技術分野において存在していたという客観的証拠が必要であると説明されている。そして、自明性の問題に対する「長年未解決の課題」と「他人の失敗」との関連性は、幾つかの要因に依存することに言及した上で、Gershon判決[721]やOrthopedic Equipment判決[722]を引用しながら、「「長年未解決の課題」は、当業者に認識され、かつ持続的なものでなければならない。[723]」こと、Newell Companies判決[724]を引用しながら、「「長年未解決の課題」は、発明者により発明がなされる前に、他人によって解決された（その必要性が満たされた）ものであってはならない。[725]」こと、Cavanagh判決[726]やEx parte Thompson事件[727]を引用しながら、「本発明が、実際に「長年未解決の課題」を解決するもので

---

720　MPEP 716.04 Long-Felt Need and Failure of Others [R-07.2022]
721　*In re Gershon, 372 F.2d 535 (CCPA 1967)*
722　*Orthopedic Equipment Co., Inc. v. All Orthopedic Appliances, Inc., 707 F.2d 1376 (Fed. Cir. 1983)*
723　MPEP 716.04では、Gershon判決等を引用して、"First, the need must have been a persistent one that was recognized by those of ordinary skill in the art."と説明されている。
724　*Newell Companies v. Kenney Mfg. Co., 864 F.2d 757 (Fed. Cir. 1988)*
725　Newell Companies判決を引用しながら、"Second, the long-felt need must not have been satisfied by another before the invention by the inventor."とも説明されている。
726　*In re Cavanagh, 436 F.2d 491 (CCPA 1971)*
727　*Ex parte Thompson, Appeal 2011-011620 (March 21, 2014)*

なければならない。」ことが説明されている。なお、MPEP 716.04では、上記の3つの要因に関し、Ex parte Thompson 事件における審判部の分析が、「長年未解決の課題」の証拠によって自明性に基づく拒絶を覆す際の参考になると述べられている。

## 2．長年未解決の課題の判断時

「長年未解決の課題」は、その課題が認識され、それを解決するために努力がなされた日を基準として評価される。この点については、Texas Instruments 判決[728]を引用して、「長年未解決の課題」は、その課題が認識されて明確に特定され、その課題を解決するためになされた努力を示す証拠が存在する日を基準として分析されるものであり、最も関連性のある先行技術文献の日を基準として分析されるものではない。[729]」と説明されている。

## 3．長年未解決の課題の存在に寄与する他の要因

「長年未解決の課題」の存在に寄与する他の要因も考慮する必要がある。この点については、Scully Signal 判決[730]を引用しながら、「「長年未解決の課題」を解決できなかったことは、技術的ノウハウの不足というよりむしろ、発明の潜在力や市場性に対する評価や関心の欠如等の他の要因による可能性がある。[731]」ことが説明されている。ここでは、Environmental Designs 判決[732]や Tiffin 判決[733]も紹介されている。

---

[728] *Texas Instruments Inc. v. Int'l Trade Comm'n, 988 F.2d 1165 (Fed. Cir. 1993)*

[729] Texas Instruments 判決を引用して、"Long-felt need is analyzed as of the date the problem is identified and articulated, and there is evidence of efforts to solve that problem, not as of the date of the most pertinent prior art references." と説明されている。

[730] *Scully Signal Co. v. Electronics Corp. of America, 570 F.2d 355 (1st. Cir. 1977)*

[731] Scully Signal 判決を引用しながら、"The failure to solve a long-felt need may be due to factors such as lack of interest or lack of appreciation of an invention's potential or marketability rather than want of technical know-how." と説明されている。

[732] *Environmental Designs, Ltd. v. Union Oil Co. of Cal., 713 F.2d 693 (Fed. Cir. 1983)*

[733] *In re Tiffin, 443 F.2d 394 (CCPA 1971)*

第3節　長年未解決の課題（Long felt but unsolved needs）

## 4．長年未解決の課題について判断を示した近年の事例[734]

「長年未解決の課題」について判断を示した近年の事例として、ZUP判決[735]を紹介する。ZUPは、U.S.P. 8,292,681（以下「'681特許」という。）を有していた。'681特許のクレーム1は、水上レクリエーションボード（Water recreational board）に関するものであり、クレーム9は、そのようなボードに乗る方法に関するものであった。

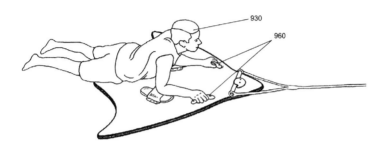

2014年5月、Nashは、Versa Boardという製品を販売した。このVersa Boardという製品は、ZUPの製品であるZUP Boardと同様に、ボードの前部に牽引フック（Tow hook）が装着されていた。ユーザーは、Versa Boardにおいて、ZUP Boardの構成を反映した構成となるように、ハンドルや足固定部（Foot bindings）をボードに取り付けることができた。このような状況において、ZUPは、Nashと交渉を試みた。しかし、その交渉が決裂したので、ZUPは、連邦地裁に特許権侵害訴訟を提起した。この侵害訴訟において、ZUPは、（ⅰ）'681特許の寄与侵害（Contributory infringement）[736]、（ⅱ）'681特許の誘引侵害（Induced infringement）[737]、（ⅲ）トレードシークレット[738]の不正使用等（Trade secret misappropriation）、

---

734　「長年未解決の課題」に関する他の判例として、*Geo. M. Martin Co. v. All. Mach. Sys. Int'l LLC*, 618 F.3d 1294 (Fed. Cir. 2010) がある。
735　*ZUP, LLC v. Nash Manufacturing, Inc. No. 2017-1601 (Fed. Cir. 2018)*
736　「寄与侵害」とは、直接の特許権侵害ではないが、他人が特許権侵害をしていることを現実に知り、もしくは知りうべき場合で実質的に当該侵害への所定の寄与行為があったときに、その法的責任を認めるものである（牧野アメリカ特許訴訟実務入門　46頁）。「寄与侵害」は、間接侵害の一類型であると考えられており、物品の供給業者の行為を規制する271条(c)に規定されている。

第5章　二次的考慮事項に関するMPEPの解説及び近年の判例

(ⅳ)契約不履行（Breach of contract）を主張した。それに対し、Nashは、反訴を提起（counterclaimed）し、特許権の非侵害と'681特許の無効について宣言的救済（Declaratory relief）[739]を求めた。

連邦地裁は、Nashによる'681特許が無効であるとの略式判決の申立てを認めた。具体的には、連邦地裁は、'681特許のクレーム1が、U.S.P. 6,306,000（以下「Parten'000先行特許」という。）、U.S.P. 7,530,872（Parten'872先行特許）、U.S.P. 5,979,351（Fleischman先行特許）、U.S.P. 5,797,779（以下「Stewart先行特許」という。）、U.S.P. 6,585,549（Fryar先行特許）に鑑み、U.S.P. 5,163,860（以下「Clark先行特許」という。）から自明であると判断し、'681特許のクレーム9が、Parten'000先行特許、Stewart先行特許、U.S.P. 4,678,444（Monreal先行特許）に鑑み、Clark先行特許から自明であると判断した。

---

[737] 「誘引侵害」は、271条(b)の規定（特許侵害を積極的に誘引する者は侵害者としての責任を負わなければならない（Whoever actively induces infringement of a patent shall be liable as an infringer.)。）に対応するものであり、一般に積極的誘引（Active inducement）とも呼ばれる間接侵害の一類型である。

[738] 「トレードシークレット」については、次のように説明されている。
「トレードシークレット」とは、有形物か無形物かを問わず、かつ、物理的・電子的・図形的・写真的に、もしくは書面により、保存され、編集されもしくは記録されるか否かおよびその方法のいかんを問わず、パターン、プラン、編集物（compilations）、プログラムデバイス、フォーミュラ、デザイン、プロトタイプ、方法（methods）、テクニック、プロセス、プロシージャ（procedures）、プログラム、またはコード（codes）を含む、すべての形態およびタイプの財務、事業、科学、技術、経済または工学上の情報であって、以下の各号の要件を満たすものを意味する。
(A)当該情報の所有者（owner）がその秘密性保持のために合理的な措置を講じていること；および
(B)当該情報が、当該情報の開示または使用から経済的価値を得ることができる他の者に広く知られておらず、かつ、かかる他の者が正当な手段によっては容易に獲得できないという事実によって、現実のまたは潜在的な独立した経済的価値をもたらすものであること。（浅井 敏雄「2016年米国連邦民事トレードシークレット保護法の概要」パテント　日本弁理士会編 2016　Vol. 69 No. 15　99頁）

[739] "Declaratory relief"については、「Declaratory reliefとは、宣言的判決（Declaratory judgment）と同義で、いまだ具体的事件として熟していないものの、原告がその権利について不安を持つ時に、権利関係、法的地位を宣言することで紛争の終結を目指してなされる制定法上の救済である。」（衆議院　米国、カナダ及びメキシコ憲法調査議員団報告書　平成16年2月　56頁）と説明されている。

## 第3節　長年未解決の課題（Long felt but unsolved needs）

　そこで、ZUP は、CAFC に控訴した。控訴審における主たる争点は、'681特許の有効性であった。CAFC は、まず略式判決に関して KSR 判決[740]を引用し、「先行技術の内容、特許クレームの範囲、当該技術分野における技術レベルに重大な争い（Material dispute）がなく、これらの要因に照らしてクレームの自明性が明らかである場合には、略式判決は適切である。」と述べている。

　'681特許の有効性に関する具体的な争点は、（ⅰ）当業者が '681 特許においてクレームされている態様で先行技術文献を組み合わせる動機付けを有していたか否か、（ⅱ）連邦地裁が ZUP の二次的考慮事項の証拠を適切に評価したか否かであった。ここでは、二次的考慮事項の証拠の評価を取り上げる。

　二次的考慮事項の検討に際し、CAFC は、Mintz 判決[741]を引用し、「二次的考慮事項は、自明性分析における「後知恵」を予防する（inoculate）のに役立つ。」と述べている。

　控訴審において、ZUP は、連邦地裁が非自明性の立証責任を不当に ZUP にシフトしたと主張したが、CAFC は、Novo Nordisk 判決[742]を引用して、「我々の先例は、発行された全ての特許は有効であるという推定を受けることから、訴訟における説得責任[743]（Burden of persuasion）は主張者側にあることを明確にしている。」ことに言及した上で、連邦地裁は提示された証拠の分析において上記の先例を遵守したといえ、ZUP の主張には理由がないとの判断を示した。実際のところ、ZUP は、「「長年未解決の課題」が水上レクリエーション機器業界（Water recreational device industry）に存在する。」という専門家による証言を証拠として提

---

740　*KSR Int'l Co. v. Teleflex Inc.*, *550 U.S. 398 (2007)*
741　*Mintz v. Dietz & Watson, Inc.*, *679 F.3d 1372 (Fed. Cir. 2012)*
742　*Novo Nordisk A/S v. Caraco Pharm. Labs., Ltd.*, *719 F.3d 1346 (Fed. Cir. 2013)*
743　「説得責任」については、「説得責任（burden of persuasion）とは、当該事実は真実ではないというよりは真実らしいということ（「証拠の優越（preponderance of evidence）」）を、事実認定者たる陪審もしくは裁判官に対して説得する一方当事者の責任である。」（田村陽子　アメリカ民事訴訟における証明論　立命館法学2011年 5・6 号（339・340号）201頁）と説明されている。

出してはいたが、当該業界の他の企業が安定化機能を備えたボードを作製しようとして失敗したという証拠や、Nash が独自に '681 特許に係るボードを創作しようとして失敗したという証拠を提出できなかった[744]。

上記の主張に加え、ZUP は、証拠に基づけば、連邦地裁の略式判決は認められるべきではないことも主張していた。この点について、CAFC は、Rothman 判決[745]を引用し、「自明性は法的判断であり、自明性の強力な論証(Strong showing)は、二次的考慮事項の相当な(considerable)証拠に直面しても、有効な場合がある。」と述べている[746]。

ZUP は、「長年未解決の課題」の証拠として専門家証言[747]を提出していたが、この証拠について CAFC は、Geo. M. Martin 判決[748]を引用しながら、「先行技術とクレーム発明との差異が極めて小さい場合には、「長年未解決の課題」が未解決であったということはできない。[749]」と述べ、本件もこの判決の場合と同様であると判示している。これに加え、CAFC は、別の証拠を引用し、「長年未解決の課題」であると ZUP が主張した課題は、先行技術によって既に解決されていたことも示した。以上を踏まえて、CAFC は、連邦地裁の略式判決に同意する旨を判示した。

## 第4節　専門家による懐疑論(Skepticism of experts)[750]

MPEP 716.05では、Environmental Designs 判決[751]を引用して、「専門家

---

744　ここでの議論に関連して、*Prometheus Labs., Inc. v. Roxane Labs., Inc., 805 F.3d 10922 (Fed. Cir. 2015)* も紹介されている。
745　*Rothman v. Target Corp., 556 F.3d 1310 (Fed. Cir. 2009)*
746　ここでは、*Motorola, Inc. v. Interdigital Tech. Corp., 121 F.3d 1461 (Fed. Cir. 1997)* も紹介されている。
747　「長年未解決の課題」の証拠として、「50 年以上にわたり、ウォータースポーツ市場の進歩は、3つのセグメント(チューブ(Tubing)、ニーボード(Knee-boarding)、ウェイクボード(Skiing/Wakeboarding))のいずれかにおいて、ライダーの安定性を生み出すことに焦点を当ててきた。」等の専門家証言が提出されていた。
748　*Geo. M. Martin Co. v. All. Mach. Sys. Int'l LLC, 618 F.3d 1294 (Fed. Cir. 2010)*
749　ZUP 判決において、CAFC は、Geo. M. Martin 判決 を引用して、"As we have said before, "[w]here the differences between the prior art and the claimed invention are as minimal as they are here, however, it cannot be said that any long-felt need was unsolved.""と述べている。
750　MPEP 716.05 Skepticism of Experts [R-08.2012]

による疑念」の表明は、非自明性の強力な証拠となる。[752]」と説明されている。また、Dow Chemical判決[753]を引用しながら、「発明者らが誤りを立証する前に表明された「専門家による懐疑論」は、証拠として重視されるべきものであり、このことはクレーム発明に先立つ5〜6年前の研究であっても同様である。[754]」ことも説明されている。この点については、Burlington Industries判決[755]も引用されている。具体的には、Burlington Industries判決における「その発明について、当初からの不信感や「専門家による懐疑論」が存在していたという証言は、先行技術に基づく「一応の自明性」に反駁するのに十分である。[756]」という内容が紹介されている。

## 第5節　他人による模倣（Copying）[757]

MPEP 716.06では、Iron Grip Barbell判決[758]を引用しながら「出願の審査中に出願人によって提出される場合もあるが、訴訟中に提出されることが多い二次的な証拠として、市場における競合他社が、先行技術を使用する代わりに、発明を模倣しているという事実に関する証拠がある。[759]」と

---

751　*Environmental Designs, Ltd. v. Union Oil Co. of Cal.*, 713 F.2d 693 (Fed. Cir. 1983)
752　MPEP 716.05では、Environmental Designs判決を引用して、"Expressions of disbelief by experts constitute strong evidence of nonobviousness." と説明されている。
753　*In re Dow Chemical Co.*, 837 F.2d 469 (Fed. Cir. 1988)
754　MPEP 716.05では、Dow Chemical判決を引用しながら、"The skepticism of an expert, expressed before these inventors proved him wrong, is entitled to fair evidentiary weight, . . . as are the five to six years of research that preceded the claimed invention." とも説明されている。
755　*Burlington Industries Inc. v. Quigg*, 822 F.2d 1581 (Fed. Cir. 1987)
756　Burlington Industries判決では、"testimony that the invention met with initial incredulity and skepticism of experts was sufficient to rebut the prima facie case of obviousness based on the prior art" ことが引用されている。
757　MPEP 716.06 Copying [R-07.2022]
758　*Iron Grip Barbell Co. v. USA Sports, Inc.*, 392 F.3d 1317 (Fed. Cir. 2004)
759　MPEP 716.06では、Iron Grip Barbell判決を引用しながら、"Another form of secondary evidence which may be presented by applicants during prosecution of an application, but which is more often presented during litigation, is evidence that competitors in the marketplace are copying the invention instead of using the prior art." と説明されている。

説明されている。上記のIron Grip Barbell判決については、「競合他社による模倣が二次的要因の分析（Secondary factor analysis[760]）において重要な考慮事項となり得ることが我々の判例法において確立されている。」とCAFCが判示した内容が引用されている。「他人による模倣」の立証については、Wyers判決[761]を引用して、「「他人による模倣」を立証するには、特定の製品を複製する証拠が必要であり、このことは、社内文書、特許製品のプロトタイプの分解等の直接的証拠、その特徴部分の写真撮影、複製物の作製用の写真の使用、又は類似品との関連における特許製品へのアクセスを通じて立証され得る。[762]」と説明されている。

証拠については、Liqwd判決[763]を引用して、「競合他社の非公開情報へのアクセスや、製品開発のためにその情報を使用したことを示す証拠は、「他人による模倣」の説得力のある証拠となり得る。[764]」ことが説明されている。上記のLiqwd判決については、「Liqwdが電子メールや宣言書等の証拠を提示し、これらの証拠は、L'Orealが当時秘密状態にあった特許出願の開示内容にアクセスしたものの、その後にLiqwdの技術の購入に対してL'Orealが興味を失ったことを示すものであった。」という内容が引用されている。また、Dow Chem判決[765]やPanduit Corp判決[766]を引用し

---

760 本書では、"Secondary factor analysis"を「二次的要因の分析」と訳しているが、「二次的考慮事項の分析」のことを意味すると解釈することもできよう。
761 *Wyers v. Master Lock Co., 616 F.3d 1231 (Fed. Cir. 2010)*
762 「他人による模倣」の立証については、Wyers判決を引用しながら、"As indicated by the Federal Circuit in *Wyers v. Master Lock Co., 616 F.3d 1231 (Fed. Cir. 2010)*, copying "… requires evidence of efforts to replicate a specific product, which may be demonstrated through internal company documents, direct evidence such as disassembling a patented prototype, photographing its features, and using the photograph as a blueprint to build a replica, or access to the patented product combined with substantial similarity to the patented product.""と説明されている。
763 *Liqwd, Inc. v. L'Oreal USA, Inc., 941 F.3d 1133 (Fed. Cir. 2019)*
764 証拠については、Liqwd判決を引用して、"Evidence that shows access to a competitor's non-public information and use of that information to develop a product may be persuasive evidence of copying."と説明されている。
765 *Dow Chem. Co. v. American Cyanamid Co., 816 F.2d 617 (Fed. Cir. 1987)*
766 *Panduit Corp. v. Dennison Manufacturing Co., 774 F.2d 1082 (Fed. Cir. 1985)*

ながら、「被疑侵害者がクレーム発明に類似した製品や方法を設計するために相当な期間試みたものの失敗し、その代わりにクレーム発明を模倣した場合、そのような模倣の証拠は、非自明性の説得力のある証拠であった。[767]」ことも紹介されている。

その一方で、Cable Electric Products 判決[768]を引用しながら、「「他人による模倣」は、特許権に対する関心の欠如や、特許を行使する特許権者の能力に対する軽視等の他の要因に起因する場合があることから、模倣行為が重要視されるためには、単なる模倣という事実以上のものが必要である[769]」ことも説明されている。また Pentec 判決[770]を引用して、「模倣品がクレームされている製品と同一ではなく、また他の製造業者が独自の解決策を開発するために多大な努力を費やしていなかった場合、「他人による模倣」の主張は、非自明性について説得力がない。[771]」ことも説明されている。ここでは、Vandenberg 判決[772]も引用されている。

---

767　Dow Chem 判決や Panduit Corp 判決を引用しながら、"Evidence of copying was persuasive of nonobviousness when an alleged infringer tried for a substantial length of time to design a product or process similar to the claimed invention, but failed and then copied the claimed invention instead." ことも説明されている。

768　前掲 *Cable Electric Products, Inc. v. Genmark, Inc., 770 F.2d 1015 (Fed. Cir. 1985)*。なお、この判決は、*Midwest Indus., Inc. v. Karavan Trailers, Inc., 175 F.3d 1356 (Fed. Cir. 1999)* において、他の理由で却下（overruled）された。

769　Cable Electric Products 判決を引用しながら、"However, more than the mere fact of copying is necessary to make that action significant because copying may be attributable to other factors such as a lack of concern for patent property or contempt for the patentee's ability to enforce the patent." ことも説明されている。

770　*Pentec, Inc. v. Graphic Controls Corp., 776 F.2d 309 (Fed. Cir. 1985)*

771　Pentec 判決を引用して、"Alleged copying is not persuasive of nonobviousness when the copy is not identical to the claimed product, and the other manufacturer had not expended great effort to develop its own solution." ことも説明されている。

772　*Vandenberg v. Dairy Equipment Co., 740 F.2d 1560 (Fed. Cir. 1984)*

## 第6章　近年の自明性に関する判例

　本章では、近年の非自明性に関する判例を紹介する。具体的には、「成功の合理的期待」、「類似の技術」、「先行技術を組合せる際の動機付け」、「常識の適用」、「先行技術の適用の阻害要因」、「先行技術の適格性等」を取り上げ、これらについて判断を示した近年の判例について概説する。以下に説明する判例には、対象となる発明が先行技術から自明であると判断された事例と、非自明であると判断された事例があるが、いずれの事例においても、どのような判例を参酌し、またどのような考え方や基準に基づいて判断されたかが重要である。

## 第1節　成功の合理的期待（Reasonable expectation of success）

### 1．Merck 判決[773]

　Merck は、U.S.P. 6,011,040（以下「'040特許」という。）を有していた。'040特許は、人体内におけるホモシステイン（Homocysteine）のレベルを低下させるために葉酸（Folates）を使用する方法に関するものであった。

　Gnosis は、USPTO の審判部（PTAB）に当事者系レビュー（IPR）を請求し、'040特許の取り消しを求めた。IPR の請求に際し、Gnosis は、3つの先行技術を提出した。具体的には、European Patent App. No. 0 595 005（以下「Serfontein 欧州先行出願」という。）、U.S.P. 5,194,611（以下「Marazza 先行特許」という。）、Ubbink 文献[774]である。

　審判部は、'040特許中の複数のクレーム[775]について、上記の3つの先行技術から自明であると判断した。ここで、Serfontein 欧州先行出願は、患者のホモシステインのレベルを低下させるための医薬を開示していた。)

---

773　*Merck & Cie v. Gnosis S.P.A., 808 F.3d 829 (Fed. Cir. 2015)*
774　Johan Ubbink et al., Vitamin B-12, Vitamin B-6, and Folate Nutritional Status in Men with Hyperhomocysteinemia, 57 Am. J. Clinical Nutrition, 47, 47-53（1993）
775　実際に審理されたのは、'040特許のクレーム8、9、11、12、14、15、及び19～22であった。

Serfontein 欧州先行出願では、葉酸の適切な活性代謝物（Suitable active metabolite）を構成するものを特定していなかったが、Marazza 先行特許では、葉酸塩欠乏症（Folate deficiency）の治療において、少なくとも１つの活性化合物として使用され得る天然代謝物（Natural metabolite）としてL-5-MTHF（5-methyl-tetrahydrofolic acid）[776]を特定していた。Ubbink 文献では、ホモシステインのレベルが上昇している男性の葉酸レベルに関する研究成果が報告されていた。

　審判部による審理では、先行技術の組合せが重要な争点の１つとなった。審判部は、Serfontein 欧州先行出願と Marazza 先行特許について、これらの目的と開示内容が非常に類似していることから、当業者は、この２つの文献を組み合わせて、L-5-MTHF によって、上昇したホモシステインのレベルを処置するという '040特許に係る方法に到達するように動機付けられたであろうと判断し、Ubbink 文献については、この文献において開示された状況において、当業者は、上記の方法を使用するように動機付けられたであろうと判断した。

　CAFC は、先行技術の組合せに関して、Medichem 判決[777]を引用しながら、「本件のように、クレームの全ての要素が先行技術文献の組合せによって得られる場合、事実認定者は、当業者がこれらの文献を組み合わせる動機があるか否か、またそのような組合せを行う際に、当業者が「成功の合理的期待」を持っていたか否かを考慮する必要がある。[778]」と述べた上で、Serfontein 欧州先行出願、Marazza 先行特許、及び Ubbink 文献を組み合わせて、'040特許においてクレームされた方法に到達するように動機付けられたという審判部の認定は証拠によって裏付けられていると判断した。

---

776　Merck 判決において、L-5-MTHF は、5-MTHF の立体異性体であり、ホモシステインのレベルを低下させる効能を有すると認定されている。
777　*Medichem, S.A. v. Rolabo, S.L., 437 F.3d 1157 (Fed.Cir.2006)*
778　Merck 判決において、CAFC は、Medichem 判決を引用して、"If all elements of the claims are found in a combination of prior art references, as is the case here, the factfinder should further consider whether a person of ordinary skill in the art would be motivated to combine those references, and whether in making that combination, a person of ordinary skill would have a reasonable expectation of success." と判示している。

## 第1節　成功の合理的期待（Reasonable expectation of success）

　CAFC は、Serfontein 欧州先行出願と Marazza 先行特許の組合せについて、Serfontein 欧州先行出願では、ホモシステイン濃度の上昇が葉酸塩欠乏症と関連していることが多いことについて説明されており、Marazza 先行特許では、葉酸塩欠乏症の治療に対する関心が高まっている葉酸の天然代謝物として L-5-MTHF が強調されていることから、Serfontein 欧州先行出願において開示された方法で要求される葉酸の適切な活性代謝物として L-5-MTHF を使用する動機付けがあったと認定した。また、Ubbink 文献については、特定の酵素（メチレンテトラヒドロ葉酸還元酵素：Methylenetetrahydrofolate reductase）欠乏症の患者が葉酸を使用して治療され、この際に 5-MTHF の細胞内プール（Intracellular pool）を増加させることによってホモシステインレベルを低下させることから、当業者であれば、5-MTHF を直接投与しても同様の結果が得られることに気付いていたであろうと認定した。これらを踏まえて、CAFC は、Serfontein 欧州先行出願と Marazza 先行特許との組合せに基づく方法において L-5-MTHF を使用することが、Ubbink 文献で開示されたように、ホモシステインレベルの上昇が酵素の欠乏に関連している場合の葉酸の使用に対する自然な代替手段であったと認定した。

　Merck は、「審判部が、Serfontein 欧州先行出願と Marazza 先行特許を組み合わせる際、又は Serfontein 欧州先行出願と Marazza 先行特許と Ubbink 文献とを組み合わせる際に、当業者が「成功の合理的期待」を持っていたことを明確に認定していない。」ことを主張した。この点について、CAFC は、KSR 判決[779]を引用しながら、「先行技術における既知の要素を組み合わせる理由についての事実認定者による分析は明示されるべきではあるが、KSR 判決は、全てのケースにおいて「成功の合理的期待」を明示することを要求しているわけではない。[780]」と述べた上で、審判部によ

---

[779]　*KSR Int'l Co. v. Teleflex Inc.*, 550 U.S. 398 (2007)
[780]　Merck 判決において、CAFC は、KSR 判決を引用しながら、"Under *KSR International Co. v. Teleflex Inc.*, 550 U.S. 398 (2007), a factfinder's analysis of a reason to combine known elements in the art "should be made explicit." But KSR does not require an explicit statement of a reasonable expectation of success in every case." と説示している。

る黙示的な (impliedly)「成功の合理的期待」の認定を支持した。なお、CAFC は、「商業的成功」、「長年未解決の課題」、「他人による模倣」等の二次的考慮事項についても検討したが、'040特許が、上記の3つの先行技術から自明であると判断した。

## 2．Teva Pharm. 判決[781]

Corcept Therapeutics は、U.S.P. 10,195,214（以下「'214特許」という。）を取得した。'214特許は、ミフェプリストン（Mifepristone）と、強力なCYP3A 阻害剤とを同時投与することによるクッシング症候群（Cushing's syndrome）の治療方法に関するものであった。'214特許のクレーム1では、調整された1日1回600 mgのミフェプリストンと、強力なCYP3A 阻害剤を患者に投与することが規定されていた。

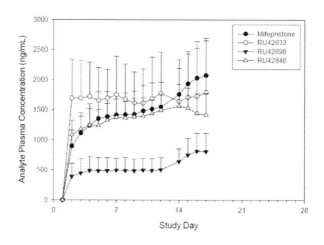

Corcept Therapeutics は、Teva Pharm. に対し、'214特許に基づいて連邦地裁に特許権侵害訴訟を提起した。これに対し、Teva Pharm. は、付与後レビュー（Post grant review：PGR）[782]を請求した。PGR において、

---

781 *Teva Pharmaceuticals, LLC v. Corcept Therapeutics, Inc., No. 21-1360 (Fed. Cir. 2021)*

782 付与後レビューは、特許所有者以外の者が、特許発行後9月以内に特許の取消しを請求することができる制度であり、米国発明法（AIA）により創設された制度である（アメリカ改正特許法　120頁）。

## 第1節 成功の合理的期待 (Reasonable expectation of success)

Teva Pharm. は、Korlym[783]のラベル（Korlym's label）及び Lee のメモ（Office of Clinical Pharmacology memorandum）[784]と、選択的に「薬剤間の相互作用の研究（Drug-drug interaction studies）に関する FDA のガイダンス」との組合せから自明であると主張した。

USPTO の審判部（PTAB）は、最終審決書において、Teva Pharm. が、'214特許のクレーム1～13について、当業者に自明であることを立証できなかったと判断した。より詳しくは、審判部は、「300 mg を超えるミフェプリストンと、強力な CYP3A 阻害剤との安全な同時投与に対する「成功の合理的期待」を当業者が有していた。」ということを Teva Pharm. が立証できなかったと判断した。そこで、Teva Pharm. は CAFC に提訴した。

CAFC による審理において、Teva Pharm. は、審判部による2つの法的誤りを主張した。具体的には、（i）審判部が、クレーム発明に到達するにあたって、「成功の合理的期待」ではなく、「正確な予測可能性（Precise predictability）」を要求したこと、（ii）審判部が、CAFC の先例（Prior-art-range precedents）を適用すべきだったことを主張した。ここでは、「成功の合理的期待」に関連する（i）の主張のみを取り上げる。

上記（i）の主張について、CAFC は、Intelligent Bio-Sys 判決[785]を引用して、「「成功の合理的期待」の有無は事実問題であり、我々はこの問題のために証拠を検討する。」こと、また Endo Pharms 判決[786]を引用しながら、「審判部が「成功の合理的期待」を評価する際に正しい基準を適用したか否かは法律問題であり、我々はこの問題について検討する（review de novo）。」ことを述べている。

まず審判部が、Teva Pharm. に対し、「成功の合理的期待」を示すように要求したことについて、CAFC は、「審判部が、特定のミフェプリストンの投与量について「成功の合理的期待」を示すように Teva Pharm. に

---

783 Corcept Therapeutics が新薬申請（ANDA）した300 mg のミフェプリストンの錠剤である。Korlym のラベルには、300mg/日の投与量が記載されていた。
784 FDA による臨床薬理学局のメモ。
785 *Intelligent Bio-Sys., Inc. v. Illumina Cambridge Ltd., 821 F.3d 1359 (Fed. Cir. 2016)*
786 *Endo Pharms. Inc. v. Actavis LLC, 922 F.3d 1365 (Fed. Cir. 2019)*

要求したことに誤りはなかった。」と判示した。ここで、CAFC は、Allergan 判決[787]を引用して、「「成功の合理的期待」の分析は、クレーム発明の範囲に関連付けられたものでなければならない。[788]」ことに言及した上で、「本件では '214特許のクレーム1において、特定の量（1日600 mg）のミフェプリストンを安全に投与することが要求されていたことから、審判部は、ミフェプリストンの当該特定の量又はそれに近い投与量の範囲における「成功の合理的期待」の分析を行う必要があった。」と述べている。

Teva Pharm. は、'214特許のクレーム1に記載されている特定の量、つまり1日600 mg の投与量に到達するのに「成功の合理的期待」があったことを立証する必要があったが、それを立証することができなかった。このことから、審判部は、「当業者がクッシング症候群の治療のために1日300 mg を超えるミフェプリストンと強力な CYP3A 阻害剤の同時投与が安全であると合理的に予想したことを Teva Pharm. が立証できなかったこと、また1日300 mg の閾値を超える用量のミフェプリストンの同時投与の成功可否について、当業者は期待していなかったことを裏付ける証拠があったこと、さらに1日300 mg を超える用量での「成功の合理的期待」がなかったことから、1日あたり600 mg という用量でも「成功の合理的期待」がなかったことをそれぞれ認定した。この審判部の認定について、CAFC は、審判部による当該認定に誤りはなかったと判断した。

「正確な予測可能性」について、CAFC は、「審判部にとって特定の量（1日600 mg）又はそれに近い投与量における「成功の合理的期待」の分析を行う必要があったことは、当業者が1日600 mg のミフェプリストンの安全な同時投与を正確に予測した（precisely predicted）ことについての立証を Teva Pharm. に要請したということを意味するものではない。」と説示している。この説示に関連して、Pfizer 判決[789]が引用されている。また、CAFC は、「「成功の合理的期待」の分析に関して正確な予測可能性は必

---

[787] *Allergan, Inc. v. Apotex Inc.*, 754 F.3d 952 (Fed. Cir. 2014)
[788] Teva Pharm. 判決において、CAFC は、Allergan 判決 を引用して、"The reasonable-expectation-of-success analysis must be tied to the scope of the claimed invention." と述べている。
[789] *Pfizer, Inc. v. Apotex, Inc.*, 480 F.3d 1348 (Fed. Cir. 2007)

要とされず、クレーム発明に関連する「成功の合理的期待」のみが必要である。[790]」と述べている。以上のような様々な検討を行った上で、CAFC は、審判部の認定判断に誤りはなかったと結論付けた。

## 第 2 節　類似の技術（Analogous art）

### 1．Klein 判決[791]

　Klein は、2002年7月に「蜜の混合及び貯蔵装置（Convenience Nectar Mixing and Storage Devices）」という名称の米国特許出願 U.S. Patent Application No. 10/200,747（以下「'747出願」という。）を行った。'747出願は、特定の鳥や蝶のための砂糖水や蜜の調製に使用する混合装置に関するものであった。問題となったクレームは、クレーム21〜25、29、30であり、この中で独立クレームはクレーム21のみであった。

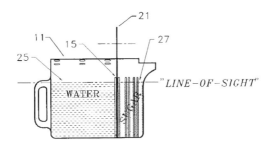

　USPTO の審査官は、上記のクレームに対し、最終的に103条に基づく5つの拒絶理由を維持した。そこで、Klein は、USPTO の審判部（BPAI）に審判請求を行ったが、審判部は、審査官による5つの拒絶理由を維持する審決を行った。具体的には、審判部は、審査において引用された5つの先行技術文献が「非類似の技術（Non-analogous art）」であるという Klein の主張を受け入れず、先行技術文献が審査官により適正に依拠され

---

790　Teva Pharm. 判決において、CAFC は、"Nothing about this analysis required precise predictability, only a reasonable expectation of success tied to the claimed invention." と述べている。
791　*In re Klein, 647 F.3d 1343 (Fed. Cir. 2011)*

## 第6章 近年の自明性に関する判例

た（properly relied upon by the examiner）と判断した。この審決に対し、Kleinは、CAFCに提訴した。

CAFCは、審決について検討するに際し、Icon Health 判決[792]を引用し、「先行技術文献が「類似の技術」であるという審判部の審決は、証拠によって検証される事実問題である。」と述べている。Kleinは、「引用された5つの先行技術文献が、Kleinにより対処された課題に合理的に関連する。」と審判部が結論付けたことが誤りであると主張した。ここで、5つの先行技術文献は、U.S.P. 580,899（以下「Roberts先行特許」という。）、U.S.P. 1,523,136（以下「O'Connor先行特許」という。）、U.S.P. 2,985,333（以下「Kirkman先行特許」という。）、U.S.P. 2,787,268（以下「Greenspan先行特許」という。）、U.S.P. 3,221,917（以下「De Santo先行特許」という。）であった。

Kleinによる上記の主張について検討するに際し、CAFCは、Innovention Toys判決[793]を引用して、「先行技術文献は、クレーム発明と類似している場合に限り、103条に基づく自明性判断において先行技術としての適格性を有する。[794]」ことに言及した上で、Bigio判決[795]を引用しながら、「類似の技術」に該当するか否かを判断するための2つのテストを紹介している。具体的には、CAFCは、「2つの別個のテストにより、「類似の技術」の範囲が画定されるが、この2つのテストは、（ⅰ）その技術が、対処されている課題に関係なく、同じ分野からのものであるか否か、（ⅱ）先行技術が発明者の属する分野内のものでない場合、その先行技術が発明者の関与する特定の課題に合理的に関連しているか否かである。[796]」と述

---

792 *In re ICON Health & Fitness, Inc., 496 F.3d 1374 (Fed. Cir. 2007)*
793 *Innovention Toys, LLC, v. MGA Entertainment, Inc., 637 F.3d 1314 (Fed. Cir. 2011)*
794 Klein判決において、CAFCは、Innovention Toys判決を引用して、"A reference qualifies as prior art for an obviousness determination under § 103 only when it is analogous to the claimed invention." と述べている。
795 *In re Bigio, 381 F.3d 1320 (Fed. Cir. 2004)*
796 ここでいう「2つのテスト」は、理論的根拠（A）の事例7として紹介したWyers判決において、Comaper判決を引用しながらCAFCによって示された「先行技術が類似の技術に該当するか否かを判断する際の2つの基準」と同内容である。

第2節　類似の技術（Analogous art）

べている。さらに、CAFC は、Clay 判決[797]を引用して、「発明者が属する分野と異なる分野であっても、発明者がその課題を検討する際に対処する事項に鑑み、論理的に発明者の注意を惹くこととなる場合、その先行技術は合理的に関連する。[798]」こと、また「先行技術の開示がクレーム発明と同じ目的を有する場合、その先行技術は同じ課題に関連しているといえ、この事実は、自明性拒絶の際に、その先行技術の使用を裏付けることとなる。[799]」ことも述べている。

　ここで、Klein の貯蔵装置は、「異なる動物に対して異なる比率の砂糖や水を準備するために可動式の仕切りを備え、蜜を供給可能な装置を作製する。」という課題（以下、「'747出願の課題」という。）に着目し、内容物の混合を容易にするように設計されたものであった。それに対し、Roberts 先行特許に係る「会計管理装置（Apparatus for Keeping Accounts）」は、取引明細書や口座カードの分離のために、区画を形成する取外し可能な仕切りを備えたものであり、O'Connor 先行特許に係る「工具トレイ（Tool tray）」は、工具その他の建築用品（ボルトやナット等）の分離のために区画を形成する取外し可能な仕切りを備えたものであり、Kirkman 先行特許に係る「キャビネットの引出し（Cabinet Drawer）」は、家庭用品（例えば、化粧品やペーパークリップ等）の分離のために区画を形成する取外し可能な仕切りを備えたものであった。

　上記のような「'747出願の課題」や各先行技術の課題の内容を踏まえて、CAFC は、USPTO の審査において引用された5つの先行技術文献のそれぞれについて個別に検討し、Roberts 先行特許、O'Connor 先行特許、

---

797　*In re Clay, 966 F.2d 656 (Fed. Cir. 1992)*
798　Klein 判決において、CAFC は、Clay 判決を引用して、"A reference is reasonably pertinent if, even though it may be in a different field from that of the inventor's endeavor, it is one which, because of the matter with which it deals, logically would have commended itself to an inventor's attention in considering his problem." と述べている。同内容の引用が、ICON Health 判決においてもなされている。
799　CAFC は、Clay 判決を引用して、"If a reference disclosure has the same purpose as the claimed invention, the reference relates to the same problem, and that fact supports use of that reference in an obviousness rejection." とも述べている。

Kirkman先行特許の目的は、固体を分離することであったことから、「'747出願の課題」を検討している発明者は、発明の際に、これらの先行技術を考慮するよう動機付けられなかったであろうと判断した。また、Greenspan先行特許やDe Santo先行特許については、CAFCは、これらの特許が2つの分離された物質の混合を促進する容器に向けられてはいるが、いずれも「可動式の仕切り」を開示していなかったことから、「'747出願の課題」を検討している発明者は、これらの先行技術についても考慮するように動機付けられなかったであろうと判断した。以上より、CAFCは、USPTOの審査において引用された5つの先行技術文献が、'747出願のクレーム発明と「類似の技術」を開示しておらず、103条に基づく拒絶の際の先行技術として不適格であると判断した。

## 2．Donner Tech判決[800]

Pro Stage Gearは、U.S.P. 6,459,023(以下「'023特許」という。)を取得した。'023特許は、ケーブルの配線と配置のための限られた安全な領域を提供しながら、個々のギターエフェクター(Guitar effects)の簡単な配置と変更を可能にする、改良されたペダルボード(Pedal effects board)に関するものであった。

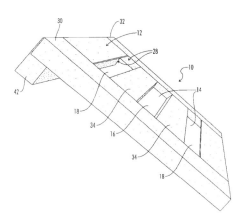

---

800 *Donner Tech., LLC v. Pro Stage Gear, LLC, 979 F.3d 1353 (Fed. Cir. 2020)*

第 2 節　類似の技術（Analogous art）

　Donner Technology は、'023特許に対し当事者系レビュー（IPR）を請求した。IPR において、Donner Technology は、'023特許の複数のクレームについて、先行技術から自明であるため特許性がないと主張した。その根拠は、少なくとも部分的に U.S.P. 3,504,311（以下「Mullen 先行特許」という。）の教示に依拠していた。しかし、USPTO の審判部（PTAB）は、Mullen 先行特許が '023特許の各クレームと「類似の技術」であることを Donner Technology が立証できなかったため、Donner Technology による '023特許の自明性欠如の主張は理由がないと判断した。そこで、Donner Technology は、CAFC に提訴した。

　CAFC による審理において、Donner Technology は、審判部が '023特許の自明性に関する判断を誤ったことを主張した。この Donner Technology による主張を検討するに際し、CAFC は、まず Princeton Biochemicals 判決[801]や GPAC 判決[802]を引用して、「先行技術の範囲は、全ての「類似の技術」を含む範囲である。」ことを確認している。また Bigio 判決[803]を引用しながら、「類似の技術」の範囲を画定するための 2 つのテスト[804]に言及している。さらに、CAFC は、ICON Health 判決[805]を引用し、先行技術が「類似の技術」であるか否かは事実問題であるとも述べている。

　これらの判決における判示内容を参酌しながら、CAFC は、'023特許と Mullen 先行特許が同じ分野に属するものではないことは明確であるので、唯一の争点は、Mullen 先行特許が、'023特許が関連する 1 つ以上の特定の課題に合理的に関連するか否かであると認定している。

　ここで、CAFC は、Wyers 判決[806]を引用して、「合理的な関連性と合理的な関連性未満のものとの間の境界は、背景事情にも依存するが、最終的には、対象となる先行技術とクレーム発明が類似の課題や目的に関連する

---

[801] *Princeton Biochemicals, Inc. v. Beckman Coulter, Inc., 411 F.3d 1332 (Fed. Cir. 2005)*
[802] *In re GPAC Inc., 57 F.3d 1573 (Fed. Cir. 1995)*
[803] *In re Bigio, 381 F.3d 1320 (Fed. Cir. 2004)*
[804] ここでいう「2 つのテスト」については、本章　第 2 節　1. Klein 判決において紹介した「2 つのテスト」を参照されたい。
[805] *In re ICON Health & Fitness, Inc., 496 F.3d 1374 (Fed. Cir. 2007)*
[806] *Wyers v. Master Lock Co., 616 F.3d 1231 (Fed. Cir. 2010)*

程度による。[807]」ことに言及した[808]上で、「合理的関連性理論」に基づいて、先行技術がクレーム発明に対して「類似の技術」であるか否かを検討する場合、(先行技術とクレーム発明の) 双方が関連する課題を特定し、比較する必要がある。[809]」と述べている。

　そしてCAFCは、'023特許の解決課題や目的についての審判部の認定は、当該特許の属する分野と密接に関連付けられている (intertwined with) ので、その分野外の先行技術の考慮を事実上排除することになっていることを指摘している。またCAFCは、Plastic Prods判決[810]を引用して、「クレーム発明や先行技術が関連する課題は、当業者の観点で特定されかつ比較されなければならない。[811]」こと、またClay判決[812]を引用して、「重要なことは、この分析は、自己の専門分野外の先行技術の教示に目を向けることを検討している当業者の観点で行わなければならない。[813]」ことに言及した上で、「そのような当業者は、自己の専門分野外の先行技術を考慮することを受け入れるものであり、そのような技術を全て除外するほど課題を狭く特定しないであろう。[814]」と説示している。さらにCAFCは、「クレーム発明が関連する課題に関する審判部の判断は、研究分野や合理的関

---

807　Donner Tech判決において、CAFCは、Wyers判決を引用して、"Although the dividing line between reasonable pertinence and less-than-reasonable pertinence is context dependent, it ultimately rests on the extent to which the reference of interest and the claimed invention relate to a similar problem or purpose." と述べている。
808　この点に関し、*In re GPAC Inc., 57 F.3d 1573 (Fed. Cir. 1995)* や、*In re Clay , 966 F.2d 656 (Fed. Cir. 1992)* も引用されている。
809　Donner Tech判決において、CAFCは、"Thus, when addressing whether a reference is analogous art with respect to a claimed invention under a reasonable-pertinence theory, the problems to which both relate must be identified and compared." とも述べている。
810　*Plastic Prods., Inc. v. Biotage AB , 766 F.3d 1355 (Fed. Cir. 2014)*
811　Donner Tech判決において、CAFCは、Plastic Prods判決を引用して、"The problems to which the claimed invention and reference at issue relate must be identified and compared from the perspective of a person having ordinary skill in the art ("PHOSITA")." と述べている。
812　*In re Clay , 966 F.2d 656 (Fed. Cir. 1992)*
813　Donner Tech判決において、CAFCは、Clay判決を引用して、"Importantly, this analysis must be carried out from the vantage point of a PHOSITA who is considering turning to the teachings of references outside her field of endeavor." とも述べている。

連性についての検討を破綻させ、また合理的関連性の分析が、自己の専門分野外の先行技術の教示に目を向けることを検討している当業者というレンズを通して行わなければならないということを無視するものとなっている。[815]」ことも説示している。

以上を踏まえて、CAFCは、「審判部が、'023特許とMullen先行特許について関連する課題を適正に特定して比較することができなかったため、適切な基準を適用したとはいえず、Mullen先行特許が「類似の技術」に該当するか否かの分析において、審判部は誤った基準を適用した。」と結論付けた。

# 第3節　先行技術を組合せる際の動機付け

## 1. Ivera Medical 判決[816]

Ivera Medicalは、U.S.P. 7,780,794（以下「794特許」という。）、U.S.P. 7,985,302（以下「'302特許」という。）、U.S.P. 8,206,514（以下「'514特許」という。）を取得した。'514特許は、'302特許の継続出願に係る特許であり、'302特許は、'794特許の継続出願に係る特許である。3つの特許は、全て同じ明細書に基づいている。これらの3つの特許は、洗浄装置（Cleaning device）に向けられたクレームを有しており、洗浄装置は、蒸発（Evaporation）を許容する「第2の開口部」、「間隙（Aperture）」、又は「通気手段（Means for venting）」を含む。

---

814　Donner Tech判決において、CAFCは、"Such a PHOSITA—resigned to considering art outside her field of endeavor—would thus not identify the problems so narrowly so as to rule out all such art." と説示している。
815　Donner Tech判決において、CAFCは、"The Board's characterization of the problem to which the claimed invention relates effectively collapses the field-of-endeavor and reasonable-pertinence inquiries and ignores that the reasonable-pertinence analysis must be carried out through the lens of a PHOSITA who is considering turning to art outside her field of endeavor." とも説示している。
816　*Ivera Medical Corporation v. Hospira, Inc., No. 2014-1613, -1614 (Fed. Cir. 2015)*

第6章　近年の自明性に関する判例

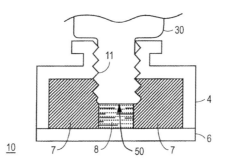

　Ivera Medical は、Hospira に対し連邦地裁に特許権侵害訴訟を提起した。この侵害訴訟において、Hospira は、3つの特許において侵害が主張された各クレームが無効であると主張した。連邦地裁は、Hospira の上記主張を認め、略式判決において、侵害が主張された各クレーム発明が先行技術に基づき無効であると判断した。ここで、主張された先行技術は、米国特許出願 U.S. Patent Application Publication No. 07/0112333（以下「Hoang 先行出願」という。）、U.S.P. 5,954,957（以下「Chin-Loy 先行特許」という。）、U.S.P. 5,242,425（以下「White 先行特許」という。）であった。Hoang 先行出願には、患者の流体ライン（Fluid line）アクセスバルブを消毒して維持するための装置が記載されている。Chin-Loy 先行特許には、血液ポート（Blood ports）又は血液透析装置（Hemodialysis machines）等の医療機器における他の液体接続ポート（Hydraulic connection ports）を覆う蓋が記載されている。White 先行特許には、遠位部材（Distal member）と近位部材（Proximal member）を含むカテーテルアセンブリ（Catheter assembly）が記載されている。

　なお、Ivera Medical による特許権侵害訴訟の提起に対抗して、Hospira は、USPTO に当事者系再審査を請求し、この当事者系再審査において、Ivera Medical は、複数の宣言書を提出していた。その中の1つに、Hoang 先行出願の発明者による宣言書が含まれていた。しかし、これらの宣言書は、提出時期が遅かったことから、当事者系再審査において考慮されなかった。

　上記の連邦地裁の判決に対し、Ivera Medical は、CAFC に控訴した。

控訴審における自明性判断に際し、CAFC は、InTouch Techs 判決[817]を引用して、「自明性を理由に特許を無効にしようとする者は、クレーム発明に到達するために先行技術の教示を組み合わせるように当業者が動機付けられたこと、及びそのようにする際に当業者が「成功の合理的期待」を有していたことを、明白かつ説得力のある証拠によって立証しなければならない。」と述べている。また CAFC は、KSR 判決[818]を引用しながら、「当業者が異なる先行技術の教示を組み合わせるように動機付けられたか否かの判断は柔軟なものであり、動機付けは特定の先行技術において明示される必要はない。[819]」とも述べている。

控訴審において、Ivera Medical は、当業者であれば、Hoang 先行出願における蓋に、通気口（Vent）を追加するように動機付けられなかったであろうと主張した。それに対し、Hospira は、Chin-Loy 先行特許において蓋における通気口の利点が説明されていることから、当業者は、Hoang 先行出願に係る蓋に類似の通気口を追加するよう動機付けられたであろうと主張した。両当業者による上記主張について、CAFC は、Ivera Medical の主張に同意した。このとき CAFC は、当事者系再審査において考慮されなかった複数の宣言書に着目し、これらの宣言書より、当業者は、蓋内に含まれる清浄剤（Cleaning agent）を保持するために流体を密封可能な消毒用蓋（Fluid-tight disinfecting caps）を要望したであろうことを認定していた。

Hospira は、Hoang 先行出願における蓋に通気口を追加する理由を先行技術が提供していることを主張していた。ここで Chin-Loy 先行特許は、血液透析装置の血液ポートに関するものであったが、Hospira は、Chin-Loy 先行特許の記述がどのように消毒用蓋に関連するかについて説明する

---

817 *InTouch Techs., Inc. v. VGO Commc'ns, Inc.*, 751 F.3d 1327 (Fed. Cir.2014)
818 *KSR Int'l Co. v. Teleflex Inc.*, 550 U.S. 398 (2007)
819 Ivera Medical 判決では、CAFC は、KSR 判決を引用しながら、"Determining whether one of ordinary skill in the art would have been motivated to combine the teachings of different references is a flexible inquiry, and the motivation is not required to be found in any particular prior art reference." とも述べている。

証拠を提出していなかった。またWhite先行特許について、Hospiraは、このWhite先行特許の明細書における記載に基づいて、「当業者は、清浄剤を保持することを要望するのではなく、むしろ清浄剤を蒸発させることを要望する。」ことも主張していた。しかしHospiraは、White先行特許の教示を消毒用蓋の使用に関連付ける証拠を提示していなかった。さらにHospiraは、White先行特許における遠位部材や近位部材に関する開示内容を摘示しながら、消毒剤（Antiseptic）が遠位部材の外側に滴下されることを主張していたが、この点についてのIvera MedicalとHospiraのいずれの解釈が正しいかを確定できる証拠が存在しなかった。そこで、CAFCは、「当業者がHoang先行出願における蓋に通気口を追加しようとしたことをWhite先行特許が示唆するとはいえないと判断している。

　以上のような様々検討を経て、CAFCは、Hoang先行出願における消毒用蓋に通気口を追加するように当業者が動機付けられたか否かについて、Ivera Medicalが、真正な争点（Genuine dispute）[820]を確立したと判示した。つまり、Ivera Medicalの主張が認められ、当業者は、Hoang先行出願における蓋に、通気口を追加するように動機付けられなかったことが認定されたこととなる。その結果、連邦地裁による略式判決は取り消された。

## 2．Outdry Technologies 判決[821]

　Outdry Technologiesは、U.S.P. 6,855,171（以下「'171特許」という。）の権利者である。'171特許は、靴、衣類、革製アクセサリー等の製造のための革の防水加工（Waterproofing）方法に関するものである。'171特許のクレーム1は、「革の内面を直接プレスする（…directly pressing on an internal surface of the leather…）」という構成を備える。

---

820　"Genuine"とは、真正なこと、手続その他の証券になされた署名が偽造や変造によらず真正であることを意味し、"Dispute"とは、紛争、争い、議論を意味する。また、"Genuine issue (of fact)"とは、（事実問題に関する）真正な争点、実質的証拠で支えられている争点をいい、真正な争点があれば、略式判決（正式事実審理を経ないでなされる判決）を出すことはできず、陪審の判断を受けなければならない（英米法辞典　262頁、380頁）。
821　*OutDry Techs. Corp. v. Geox S.P.A. 859 F.3d 1364 (Fed. Cir. 2017)*

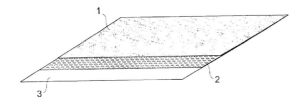

　Geoxは、'171特許についてUSPTOの審判部（PTAB）に当事者系レビュー（IPR）を請求し、'171特許の取り消しを求めた。IPRにおいて、審判部は、'171特許が、先行技術の組合せにより自明であると判断した。具体的には、審判部は、'171特許が、U.S.P. 5,244,716（以下「Thornton先行特許」という。）、Scott文献[822]、U.S.P. 6,139,929（以下「Hayton先行特許」という。）から自明であると判断した。そこで、Outdry Technologiesは、CAFCに提訴した。

　CAFCによる審理において、Outdry Technologiesは、「審判部が、「直接プレスする」という用語の解釈を誤り、またThornton先行特許が「直接プレスする」こと及び「革の防水加工方法」を開示していると誤って認定した。」ことを主張した。この主張に対し、CAFCは、「審判部がBRI（Broadest reasonable interpretation：最も広い合理的解釈）基準[823]の下で、

---

822　R. A. Scott "Coated and Laminated Fabrics" in Chemistry of the Textiles Industry（1995）
823　「BRI基準」とは、「最も広い合理的解釈基準」のことであり、Outdry Technologies判決では、Cuozzo Speed判決（*In re Cuozzo Speed Techs., LLC*, *793 F.3d 1268 (Fed. Cir. 2015)*）を引用して、当事者系レビューにおいて、審判部は、「最も広い合理的解釈基準」によってクレームを解釈する旨が述べられている。Outdry Technologies判決は、2017年6月16日になされた判決であるが、その後USPTOは、2018年10月に規則改正を行うこととなる。この規則改正については、「USPTOは、2018年10月11日、IPR、PGR及びCBM（ビジネスモデル特許暫定レビュー）手続きにおけるクレーム解釈を従来の最も広い合理的解釈（Broadest Reasonable Interpretation）から、民事訴訟手続で確立されているPhillips基準に変更する改正規則を公表した。」（河野英仁　［米国］最も広い合理的解釈を巡る対立と規則改正　知財管理　Vol. 69　No. 3　2019参照）と説明されている。ここで、「Phillips基準」とは、*Phillips v. AWH Corp.,415 F.3d 1303 (Fed. Cir. 2005) (en banc)* において確立されたクレーム解釈であり、例えばFederal Register /Vol. 83, No. 197 / Thursday, October 11, 2018 /Rules and Regulations 51343において、「For example, claim construction begins with the language of the claims. … The "words of a claim are generally given their ordinary and customary meaning," which is "the meaning that the term would have to a person of ordinary skill in the art in question at the time of the invention, i.e., as of the

「直接プレスする」という用語を正しく解釈した。」と判断した。この判断の理由として、CAFCは、'171特許の明細書に「片面に接着パターンが設けられた半透膜（Semi-permeable membrane）を使用することで、本発明による方法では、防水処理が必要な革に半透膜を直接適用する（applied directly）ことができ、半透性の内張り（semipermeable lining）の使用及び革と内張りとの間の水の浸透（Water penetration）を回避する。」ことが記載されていることを指摘しながら、「この明細書の記載内容に基づいて、審判部は、「「直接プレスする」という用語が、（先行技術に）記載された接着剤（Adhesive）以外の材料や層を介さずに圧力を加えることを意味する。」と正しく解釈した。」旨を説示した。

Outdry Technologiesによる「革の防水加工方法」がThornton先行特許に開示されていない。」という主張に対しては、CAFCは、Boehringer判決[824]を引用しながら、「この文言はクレームの前文に存在しているが、多くの前文にもあるように、この文言は、意図した用途（Intended use）を記載しているだけであり、発明を限定するものではない。」と述べた上で、「'171特許においてクレームされた各ステップが充足されれば、必然的に、「革の防水加工方法」が充足されたことになる。」と判示している[825]。

---

effective filing date of the patent application."… The specification is "the single best guide to the meaning of a disputed term and . . . acts as a dictionary when it expressly defines terms used in the claims or when it defines terms by implication." …Although the prosecution history "often lacks the clarity of the specification and thus is less useful for claim construction purposes," it is another source of intrinsic evidence that can "inform the meaning of the claim language by demonstrating how the inventor understood the invention and whether the inventor limited the invention in the course of prosecution, making the claim scope narrower than it would otherwise be." …Extrinsic evidence, such as expert testimony and dictionaries, may be useful in educating the court regarding the field of the invention or helping determine what a person of ordinary skill in the art would understand claim terms to mean. …However, extrinsic evidence in general is viewed as less reliable than intrinsic evidence.」と解説されている。

824 *Boehringer Ingelheim Vetmedica, Inc. v. Schering-Plough Corp.*, 320 F.3d 1339 (Fed. Cir. 2003)

825 ここでは、「革の防水加工方法」という'171特許のクレームの前文における文言が、Thornton先行特許において明確に記載されていなくても、この文言は実質的クレーム限定であるとはいえないから、クレーム中の他の要件を充足していれば、自明性の判断においては、実質的に問題とされないとCAFCは判断したものと解される。

第3節　先行技術を組合せる際の動機付け

　さらに、Outdry Technologies は、当業者が先行技術を組み合わせるように動機付けられた理由を、審判部が十分に明確化（adequately articulate）していないことも主張した。この主張を検討するに際し、CAFC は、NuVasive 判決[826]を引用して、「審判部は、我々による証拠の検討が可能となるように、組み合わせる動機付けがあったことを説得力のある説明によって認定しなければならない。」と述べている。また、Lee 判決[827]を引用しながら、「審判部は、記録にある証拠に基づいて必要な事実認定がなされたことを保証するだけでなく、当局（USPTO）の結論を裏付ける事実認定の根拠についても説明しなければならない。」とも述べている。さらに、CAFC は、審判部が認定事項について十分に説明しなかったことを批判した様々な判決[828]を紹介している。これらを踏まえた上で、CAFC は、本件について「審判部が、Hayton 先行特許や Scott 文献に開示された接着パターンを用いて防水性と通気性を有する皮革を作製するために、ドット（Dots）を接着する Thornton 先行特許のプロセスを変形するように当業者が動機付けられた理由について、Geox の主張に基づいて明確に説明した。」と判断した。この判断の根拠として、CAFC は、審判部が認定した様々な事項の中から、（ⅰ）Scott 文献と Hayton 先行特許が同一分野に属するものであり、両先行技術が共に、防水性（water impermeable）かつ蒸気透過性（vapor permeable）の生地を開示していること、（ⅱ）Scott 文献が、接着剤の量の最適化のための理由を提供する一方で、Thornton 先行特許と Hayton 先行特許が、半透膜への適用を教示しており、そのことが蒸気透過性を維持しながら良好な接着性を提供することとなること、（ⅲ）当業者が、皮革と布素材の双方が衣類の防水通気性製品（waterproofing breathable articles of clothing）のプロセスに適

---

826　*In re NuVasive, Inc.*, 842 F.3d 1376 (Fed. Cir. 2016)
827　*In re Lee*, 277 F.3d 1338 (Fed. Cir. 2002)
828　各判決についての説明は省略するが、*Rovalma, S.A. v. Bohler-Edelstahl GmbH & Co. KG*, 856 F.3d 1019 (Fed. Cir. 2017)、*In re Van Os*, 844 F.3d 1359 (Fed. Cir. 2017)、*Arendi S.A.R.L. v. Apple Inc.*, 832 F.3d 1355 (Fed. Cir. 2016)、*Cutsforth, Inc. v. MotivePower, Inc.*, 636 Fed.Appx. 575 (Fed. Cir. 2016)、*Icon Health & Fitness, Inc. v. Strava, Inc.*, 849 F.3d 1034 (Fed. Cir. 2017) が紹介されている。

している（amenable）というThornton先行特許の開示に鑑み、当業者がScott文献及びHayton先行特許の教示に注目したであろうこと等を採用している。

以上のような検討を経て、CAFCは、「提示された事実に基づいて、'171特許のクレーム発明が当業者に自明であったであろうという審判部の結論に誤りはなかった。」と判示した。

## 3．PersonalWeb判決[829]

PersonalWebは、U.S.P. 7,802,310（以下「'310特許」という。）の権利者である。'310特許のクレーム24に係る発明は、1つ又は複数のプロセッサを含むハードウェアによって少なくとも部分的に実装されるコンピュータ実装方法（Computer-implemented method）に関するものである。

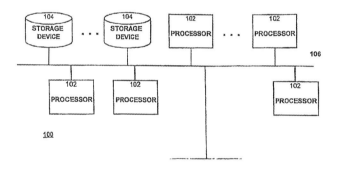

Appleは、2013年9月、'310特許のクレーム24等について、USPTOの審判部（PTAB）に当事者系レビュー（IPR）を請求した。IPRにおいて、Appleは、'310特許のクレーム24等に係る発明が、U.S.P. 5,649,196（以下「Woodhill先行特許」という。）とU.S.P. 7,359,881（以下「Stefik先行特許」という。）から自明であると主張した。ここで、Woodhill先行特許は、データファイルのバックアップや復元のための分散管理システム（Distributed management system）を開示し、Stefik先行特許は、デジタル作品（Digital

---

829 *PersonalWeb Technologies, LLC, v. Apple, Inc.*, 917 F.3d 1376 (Fed. Cir. 2019)

works）へのアクセスを制御するための認証システム（Authentication system）を開示している。審判部は、2015年3月、Apple の主張を認め、'310特許のクレームが Woodhill 先行特許と Stefik 先行特許から自明であると判断した。そこで、PersonalWeb は、CAFC に提訴した（以下「第1提訴」という。）。

第1提訴の審理において、CAFC は、「（ⅰ）Woodhill 先行特許と Stefik 先行特許が、'310特許のクレームに記載されている全ての要素を開示していること、（ⅱ）当業者が、'310特許に記載されている態様で、それらを組み合わせるように動機付けられたことを含む自明性に関する審判部の分析が不十分であったと判示し、本件を審判部に差し戻した[830]。

第1提訴において、CAFC は、先行技術の組合せについて、「当業者であれば、Stefik 先行特許における選択的アクセス機能（Selective access features）を、Woodhill 先行特許におけるコンテンツに依存する識別子機能（Content-dependent identifiers feature）と併用することを許容したであろう。」という Apple の主張を単に肯定しただけの審判部の分析に同意しなかった。そして、CAFC は、「このような（審判部による）推論は、2つの先行技術文献を組み合わせることができるということを述べているだけであり、それらを組み合わせる動機付けがあったということにはならず、2つの先行技術の組合せにより、どのように機能することが予想されていたかについての説明が欠如している。」と説示した。

差戻し審において、審判部は、「複数の値との比較（compared to a plurality of values）」という要素を教示することに関する Stefik 先行特許への依拠を、Woodhill 先行特許の第17欄への依拠に置換したことを除いて、特許性を否定する同一の自明性の論拠（Obviousness theory of unpatentability）を維持した。また、審判部は、Woodhill 先行特許と Stefik 先行特許を組み合わせるための当業者の動機付けの分析を拡張した。

上記の差戻し審において主たる争点となった'310特許のクレーム24の構成(b)(ⅰ)は、「特定のデータ項目の内容に依存した名称を複数の値と比較

---

[830] *PersonalWeb Technologies, LLC v. Apple, Inc.*, 848 F.3d 987 (Fed. Cir. 2017)

されるようにする（causing the content-dependent name of the particular data item to be compared to a plurality of values）」というものであった。この構成に関し、審判部は、「Woodhill 先行特許において明確に示されてはいないが、特定のデータ項目（バイナリオブジェクト：Binary object）の内容に基づく識別子（Content-based identifier（バイナリオブジェクト識別子：Binary Object Identifier））は、複数の値（言及されていないが必ず存在するバイナリオブジェクト識別子のデータベース：unmentioned but necessarily present database of Binary Object Identifiers）と必然的に比較されるものである。」と結論付けた。つまり、審判部は、「Woodhill 先行特許が、本質的（inherently）に、「バイナリオブジェクト識別子」を、複数の「バイナリオブジェクト識別子」と比較することを教示する。」と認定した。

　Woodhill 先行特許と Stefik 先行特許の組合せについて Apple は、「当業者は、権限のないユーザーが別のユーザーのバックアップファイルにアクセスすることを防ぐために、Woodhill 先行特許のバックアップ及び復元システムを、Stefik 先行特許のリポジトリ（Repository）と組み合わせて、認証レイヤ（Authorization layer）を追加したであろう。」と主張し、審判部は、この Apple の主張を認めた。

　以上を踏まえ、審判部は、'310特許のクレームが、Woodhill 先行特許と Stefik 先行特許から自明であると判断した。そこで、PersonalWeb は、再び CAFC に提訴した（以下「第２提訴」という。）。

　第２提訴の審理において、CAFC は、「複数の値との比較」という限定事項を教示する根拠とされた Woodhill 先行特許の第17欄から導かれた審判部による「固有性に基づく認定（Inherency finding）」には、実質的証拠が欠けていると結論付けた。この判断に際し、CAFC は、PAR Pharm 判決[831]を引用しながら、「Woodhill 先行特許のシステムによれば、明示されていない「バイナリオブジェクト識別子」の「ルックアップテーブル」を利用して、復元されるファイルの前のバージョンのバイナリオブジェク

---

831　*PAR Pharm., Inc. v. TWI Pharm., Inc., 773 F.3d 1186 (Fed. Cir. 2014)*

トを特定することが可能であるが、単なる可能性だけでは十分ではなく、固有性は、見込みや可能性によっては確立されない。ある事項が与えられた状況から生じる可能性があるという単なる事実だけでは十分ではなく、当事者は、教示された操作から生じる自然な結果が、問題となる機能の遂行に帰することを立証しなければならない。[832]」と述べている。これを踏まえた上で、Woodhill 先行特許の開示内容を詳細に検討したところ、CAFC は、Apple と審判部が依拠した理論上の「バイナリオブジェクト識別子」の「ルックアップテーブル」が Woodhill 先行特許に必ずしも存在しないことが判明したので、自明性分析における要素の固有性に依拠する審判部の判断は不適切であると判示した。なお、第２提訴では、CAFC は、先行技術を組み合わせる動機付けについての判断を示さなかったが、差戻し審における審判部による自明性についての判断を取り消した。

## 4．Elekta 判決[833]

Elekta は、U.S.P. 7,295,648（以下「'648特許」という。）の権利者である。'648特許は、特定の種類の放射線手術（Radiosurgery）や放射線療法（Radiation therapy）のために放射線（Ionizing radiation）を用いて患者を治療するための装置を開示している。

---

832 PersonalWeb 判決では、CAFC は、PAR Pharm 判決を引用しながら、"While it is possible that Woodhill's system utilizes an unstated Binary Object Identifier lookup table to locate binary objects of a previous version of a file that is going to be restored (column 17 of Woodhill), mere possibility is not enough. "Inherency ... may not be established by probabilities or possibilities." *PAR Pharm., Inc. v. TWI Pharm., Inc.*, 773 F.3d 1186 (Fed. Cir. 2014). "The mere fact that a certain thing may result from a given set of circumstances is not sufficient." Id. (emphasis added). Rather, a party must "show that the natural result flowing from the operation as taught would result in the performance of the questioned function.""と述べている。

833 *Elekta Ltd. v. Zap Surgical Systems, Inc.*, 81 F.4th 1368 (Fed. Cir. 2023)

## 第6章　近年の自明性に関する判例

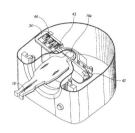

　2019年9月、ZAPは、USPTOの審判部（PTAB）に当事者系レビュー（IPR）を請求した。IPRにおいて、ZAPは、次の3つの先行技術文献を含む複数の先行技術文献を提出した。ここで、3つの先行技術文献は、U.S.P. 4,649,560（以下「Grady先行特許」という。）と、Ruchala文献[834]と、U.S.P. 4,998,268（以下「Winter先行特許」という。）であった。Grady先行特許は、回転支持部（Rotating support）に接続されたスライドアームに取り付けられたX線管を開示し、Ruchala文献は、リニアック・トモセラピー治療システム（Linac-based tomotherapy treatment system）を開示し、Winter先行特許は、撮像用の放射エネルギーを使用する診断用CTスキャナーの組合せを開示する。

　審判部は、'648特許においてIPRの対象とされた全てのクレームが先行技術から自明であると判断した。IPRにおいて、Elektaは、Grady先行特許の装置と、Ruchala文献のリニアックとを組み合わせる動機付けがなく、また組合せの際に「成功の合理的期待」もなかったと主張した。さらに、Elektaは、一方の装置が放射線装置ではなく撮像装置であったこと、及びリニアックの重量のためにGrady先行特許の装置が動作不能（inoperable）かつ不正確となるため治療に適さなくなるという理由で、当業者が各装置の組み合わせを思い止まることも主張した。しかし、審判部は、当業者がこれらの先行技術を組み合わせることができると判断した。そこで、Elektaは、CAFCに提訴した。

　CAFCによる審理において、Elektaは、主に次の3つの主張を行った。具体的には、（ⅰ）先行技術を組み合わせる動機付けに関する審判部の認

---

834　K.J. Ruchala et al., Megavoltage CT image reconstruction during tomotherapy treatments, PHYS. MED. BIOL. 45, 3545-3362（2000）

定が実質的証拠に裏付けられていないこと、(ⅱ)「成功の合理的期待」に関して明示的又は黙示的な認定を審判部が行っていないこと、(ⅲ) たとえ審判部がそのような認定をしていたとしても、この認定が実質的証拠に裏付けられていないことを主張した。

Elektaによる上記の主張に対し、CAFCは、まずGartside判決[835]を引用して、「実質的証拠とは、合理的精神に基づいて結論を裏付けるのに十分であると認められる関連証拠を意味する。[836]」と述べている。またCAFCは、Regents of Univ. of California判決[837]を引用しながら、「当業者が先行技術を組み合わせるように動機付けられたか否か、又は先行技術を組み合わせる際に「成功の合理的期待」があったか否かは、実質的証拠に基づいて検討される事実問題である。[838]」とも述べている。

そして、上記(ⅰ)の主張について、CAFCは、OSI Pharms.判決[839]を引用して、「自明性が成立するためには、クレームされた限定事項を開示するような態様で先行技術の教示を組み合わせることを、当業者が動機付けられたという認定が必要である。[840]」こと、またFleming判決[841]を引用しながら、「(先行技術を)組み合わせる動機付けの存在についての問題は、当業者が、「常識」、「社会通念」、「一般的知識」と共に通常の創造性を有することを前提とすることから、自明性判断の際に、先行技術の全ての自明な組合せについての動機付けが明示的に記述されている必要はない。[842]」

---

835 *In re Gartside, 203 F.3d 1305 (Fed. Cir. 2000)*
836 Elekta判決において、CAFCは、実質的証拠に関して、Gartside判決を引用して、"Substantial evidence means "such relevant evidence as a reasonable mind might accept as adequate to support a conclusion.""と述べている。
837 *Regents of Univ. of California v. Broad Inst., Inc., 903 F.3d 1286 (Fed. Cir. 2018)*
838 Elekta判決において、CAFCは、Regents of Univ. of California判決を引用しながら、"Whether a skilled artisan would have been motivated to combine references or would have had a reasonable expectation of success in combining references are questions of fact reviewed for substantial evidence."とも述べている。
839 *OSI Pharms., LLC v. Apotex Inc., 939 F.3d 1375 (Fed. Cir. 2019)*
840 Elekta判決において、CAFCは、OSI Pharms.判決を引用して、"Obviousness requires, inter alia, a finding that a skilled artisan would have been motivated to combine the teachings of prior art in such a way that the combination discloses the claimed limitations."と述べている。
841 *Fleming v. Cirrus Design Corp., 28 F.4th 1214 (Fed. Cir. 2022)*

こと、さらに Novartis Pharms. 判決[843]を引用して、「自明性を立証する際に、（先行技術を組み合わせる）動機付けを提供するために、特定の組合せが望ましい又は最も望ましい組合せでなければならないということが先行技術に記載されていることは要求されない。[844]」ことを述べている。

　これらを踏まえて、CAFC は、「当業者が、Grady 先行特許の装置と、Ruchala 文献のリニアックとを組み合わせるように動機付けられたことが、'648特許の審査経過、先行技術の教示、及び記録にある専門家証言を含む実質的証拠により裏付けられている。」と判断した。その理由として、CAFC は、「特許出願の手続において、特許権者が、撮像装置に向けられた先行技術が関連技術ではないと主張しなかった。」こと、「Ruchala 文献が、放射線照射の精度を向上することができ、また放射線照射量を確認することもできることから、撮像と放射線照射の組合せが有利であることを教示している。」こと等を挙げている。また、CAFC は、Winter 先行特許によっても、上記の組合せが裏付けられていると判断している。その理由として、CAFC は、「撮像と治療の双方を目的とした画像診断機能（Diagnostic imaging capability）を備えた単一の装置が使用されることによって患者の正確な位置決めが可能となることから、撮像システムと放射線源（Radiation source）を組み合わせることが好ましいことを Winter 先行特許が開示している。」ことを説示している。

　上記（ⅱ）の主張については、CAFC は、Intelligent Bio-Systems 判決[845]を引用しながら、「「成功の合理的期待」とは、クレーム発明の限定事項を

---

842　Elekta 判決において、CAFC は、Fleming 判決を引用して、"The inquiry into the existence of a motivation to combine assumes that a skilled artisan is a person of ordinary creativity with common sense, common wisdom, and common knowledge.…Thus, an obviousness determination does not always require prior art to expressly state a motivation for every obvious combination." とも述べている。
843　*Novartis Pharms. Corp. v. West-Ward Pharms. Int'l Ltd., 923 F.3d 1051 (Fed. Cir. 2019)*
844　Elekta 判決において、CAFC は、Novartis Pharms. 判決を引用して、"Nor does an obviousness showing "require that a particular combination must be the preferred, or the most desirable, combination described in the prior art in order to provide motivation for the current invention."" とも述べている。
845　*Intelligent Bio-Systems, Inc. v. Illumina Cambridge Ltd., 821 F.3d 1359 (Fed. Cir. 2016)*

第3節　先行技術を組合せる際の動機付け

満たすように先行技術を組み合わせる際の成功の可能性をいう。[846]」と述べている。またCAFCは、Merck判決[847]を引用して、「明示的な分析を要する組合せの場合の動機付けとは異なり、「成功の合理的期待」の認定は黙示的なものでよい。[848]」とも述べ、このMerck判決において、「当業者が「成功の合理的期待」を持っていたことを審判部が明示しなかったという理由だけで、審判部の審決を覆すことはできない。」と判示したことを紹介している。これらを踏まえてCAFCは、Elektaによる議論が、当業者が先行技術を組み合わせるように動機付けられたか否かに関連して行われ、それに対して審判部は、先行技術の組合せの動機付けや「成功の合理的期待」の問題に対処したことから、「審判部が、当業者であれば先行技術を組み合わせる際に「成功の合理的期待」を持っていたであろうという十分かつ黙示的な認定を行った。」と判断した。

　上記（ⅲ）の主張については、CAFCは、Brown & Williamson Tobacco判決[849]を引用しながら、「「成功の合理的期待」の証拠は、（先行技術を）組み合わせる動機付けの証拠と同様に、先行技術文献自体、当業者の知識、又は解決課題の性質から生じ得る。[850]」と述べている。またCAFCは、Velander判決[851]を引用して、「実質的証拠を認定するに際し、証拠は単一の結論につながるものである必要はない。[852]」とも述べている。

---

846　Elekta判決において、CAFCは、「成功の合理的期待」に関して、Intelligent Bio-Systems判決を引用しながら、"Reasonable expectation of success refers to the likelihood of success in combining references to meet the limitations of the claimed invention." と述べている。
847　*Merck & Cie v. Gnosis S.P.A., 808 F.3d 829 (Fed. Cir. 2015)*
848　Elekta判決において、CAFCは、Merck判決を引用して、"Unlike a motivation to combine determination, which requires an explicit analysis, KSR, 550 U.S. at 418, a finding of reasonable expectation of success can be implicit," とも述べている。
849　*Brown & Williamson Tobacco Corp. v. Philip Morris Inc., 229 F.3d 1120 (Fed. Cir. 2000)*
850　Elekta判決において、CAFCは、Brown & Williamson Tobacco判決を引用しながら、"Evidence of a reasonable expectation of success, just like evidence of a motivation to combine, "may flow from the prior art references themselves, the knowledge of one of ordinary skill in the art, or, in some cases, from the nature of the problem to be solved."" と述べている。
851　*Velander v. Garner, 348 F.3d 1359 (Fed. Cir. 2003)*
852　Elekta判決において、CAFCは、Velander判決を引用して、"The

第6章　近年の自明性に関する判例

これらを踏まえてCAFCは、本件では、「成功の合理的期待」の議論及び証拠は、（先行技術を）組み合わせる動機付けのものと同様であると判示している。ここで、CAFCは、Eli Lilly判決[853]を引用しながら、「（先行技術を）組み合わせる動機付けの認定は、必ずしも「成功の合理的期待」の認定を確立するものではない。[854]」ことに言及した上で、本件のような事案では、（先行技術を）組み合わせる動機付けを確立する証拠によって、「成功の合理的期待」が認定される場合があると述べている。そしてCAFCは、Grady先行特許とRuchala文献との組合せにおいて、当業者は「成功の合理的期待」を持っていたであろうという審判部の認定は、実質的証拠によって裏付けられていると結論付けた。

## 第4節　常識（Common sense）の適用

### 1．Arendi判決[855]

Arendiは、U.S.P. 7,917,843（以下「'843特許」という。）の権利者である。'843特許は、U.S.P. 7,496,854として発行された特許出願の継続出願として2008年に出願された。このU.S.P. 7,496,854も、U.S.P. 6,323,853として発行された特許出願の継続出願に基づく特許であり、この継続出願は1998年に出願されたものであった。このように、継続出願を繰り返しつつ複数の特許が取得されていた。'843特許は、文書を表示する第1コンピュータプログラムと、外部情報源を検索するための第2コンピュータプログラムとの間の有益な調整（Beneficial coordination）を図るものである。具体的には、'843特許は、文書を分析して名前や住所といった情報の存在を認識するためのメカニズムを開示している。

---

evidence need not lead to a single conclusion to support a finding of substantial evidence." とも述べている。
853　*Eli Lilly & Co. v. Teva Pharms. Int'l GmbH, 8 F.4th 1331 (Fed. Cir. 2021)*
854　Elekta判決において、CAFCは、Eli Lilly判決を引用しながら、"To be clear, a finding of a motivation to combine does not necessarily establish a finding of reasonable expectation of success." と述べている。
855　*Arendi S.A.R.L. v. Apple Inc. 832 F.3d 1355 (Fed. Cir. 2016)*

第4節　常識（Common sense）の適用

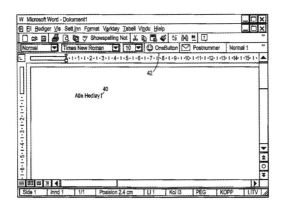

　Arendi は、'843特許及びその関連特許を侵害するという理由で、Apple 等に対し連邦地裁に特許権侵害訴訟を提起した。そこで、Apple 等は、USPTO の審判部（PTAB）に、'843特許について当事者系レビュー（IPR）を請求した。IPR において提出された先行技術は、U.S.P. 5,859,636（以下「Pandit 先行特許」という。）であった。Pandit 先行特許は1995年12月に出願され、文書内のテキストの分類を認識し、それに基づいて何らかの提案をすることを教示している。この Pandit 先行特許に開示されていない '843特許のクレーム１の唯一の構成は、「（ⅰ）performing a search using at least part of the first information as a search term in order to find the second information, of a specific type or types, associated with the search term in an information source external to the document, wherein the specific type or types of second information is dependent at least in part on the type or types of the first information.」という構成（以下「相違点に係る構成」という。）であった。

　審判部は、'843特許のクレーム発明が Pandit 先行特許から自明であると判断した。その理由として、審判部は、「'843特許の発明時点における常識的な事項として、Pandit 先行特許のサブルーチンによれば、重複する電話番号が検索され、重複するエントリを特定する際に、第１の情報と、それに関連する第２の情報（例えば、電話番号と関連付けられる名前及び／又は住所）の双方がユーザーに表示されると推定するのが合理的であ

299

る。」と認定した。また、審判部は、DyStar 判決[856]や Perfect Web 判決[857]を引用しながら、「自明性判断では、「一般的知識」や「常識」を考慮することが許容されるだけでなく必要とされる。」と述べている。さらに、審判部は、K/S HIMPP 判決[858]に依拠して、「常識」は、クレーム発明において要求される全ての限定事項を（それぞれ）開示する（複数の）先行技術文献を組み合わせる場合にのみ適用することができるという Arendi の主張を拒絶した。そこで Arendi は、上記のような審判部の判断を不服として CAFC に提訴した。

CAFC は、まず Mouttet 判決[859]を引用して、「実質的証拠とは、「証拠の重さ（Weight of the evidence）」[860]よりも証拠力が弱いものであるが、単なる「証拠の細片（Scintilla of evidence）」[861]よりも証拠力が強いものである。[862]」こと、また Applied Materials 判決[863]を引用しながら、「実質的証拠は、合理的精神に基づいて結論を裏付けるのに十分であると認められる関連証拠である。[864]」ことを述べている。さらに CAFC は、KSR 判決[865]を引用しながら、「自明性判断の結論に到達する際に、裁判所は、「後知恵バイアス」を回避しなければならず、事後的推論に依存した議論に注意し

---

856 *DyStar Textilfarben GmbH & Co. Deutschland KG v. C.H. Patrick Co.* 464 F.3d 1356 (Fed. Cir. 2006)
857 *Perfect Web Tech., Inc. v. InfoUSA, Inc.*, 587 F.3d 1324 (Fed. Cir. 2009)
858 *K/S HIMPP v. Hear-Wear Technologies, LLC*, 751 F.3d 1362 (Fed. Cir. 2014)
859 *In re Mouttet*, 686 F.3d 1322 (Fed. Cir. 2012)
860 「証拠の重さ」とは、他の証言又は証拠物と比較したときの、証言又は証拠物の相対的強さ（説得力）。すなわち、陪審か裁判官であるかを問わず、事実認定者により大きな説得力をもつときは、証拠により大きな重さがある。（チャールズ R・ウォリ 椎橋邦雄 アメリカ民事証拠法の概要論説 山梨学院大学法学論集51（2004）493頁）
861 「証拠の細片」とは、細片的証拠、微少証拠、花火のスパークのようなわずかな証拠の意である（英米法辞典 753頁）。
862 Arendi 判決において、CAFC は、実質的証拠について、Mouttet 判決を引用して、"Substantial evidence is something less than the weight of the evidence but more than a mere scintilla of evidence." と述べている。
863 *In re Applied Materials, Inc.*, 692 F.3d 1289 (Fed. Cir. 2012)
864 Arendi 判決において、CAFC は、実質的証拠について、Applied Materials 判決を引用しながら、"It is "such relevant evidence as a reasonable mind might accept as adequate to support a conclusion." とも述べている。
865 *KSR Int'l Co. v. Teleflex Inc.*, 550 U.S. 398 (2007)

## 第4節 常識（Common sense）の適用

なければならない。[866]」ことに言及した上で、Takeda 判決[867]や SIBIA Neurosciences 判決[868]を引用して、「一般的であるとはいえないが、適切な状況であって、特許発明に到達するために先行技術を変形することが自明である場合には、単一の先行技術文献に照らして特許が自明とされ得る。[869]」ことも述べている。

上記のように様々な判決を参酌した上で、CAFC は、「本件における唯一の争点は、'843特許のクレーム発明に到達するために、Pandit 先行特許において欠落している前述の「相違点に係る構成」を補うことが自明であったと結論付けるために、審判部が「常識」を誤って適用したか否かである。」と認定している。そして、再び上述の Perfect Web 判決を引用して、CAFC は、「十分な推論を伴って説明されれば、「常識」は、自明性の分析に役立つと長い間認識されてきた。[870]」と述べている。さらに、CAFC は、Randall Mfg 判決[871]を引用しながら、「KSR 判決において最高裁は、（先行技術の）組合せや変形を考慮する際に当業者が用いる知識、創造性、「常識」に頼ることなく、各先行技術文献の開示に基づいて自明性を判断する「厳格なアプローチ」を批判した。」ことも述べている。これらを踏まえて、CAFC は、「自明性を分析する際に、「常識」、「社会通念」、「一般的知識」を考慮する。」と断言している。

次に CAFC は、自明性分析に「常識」を適用する際の3つの留意点

---

866 Arendi 判決において、CAFC は、KSR 判決を引用しながら、"In reaching this conclusion, the court must avoid "hindsight bias and must be cautious of arguments reliant upon ex post reasoning.""とも述べている。

867 *Takeda Chem. Indus., Ltd. v. Alphapharm Pty, Ltd.*, 492 F.3d 1350 (Fed. Cir. 2007)

868 *SIBIA Neurosciences, Inc. v. Cadus Pharm. Corp.*, 225 F.3d 1349 (Fed. Cir. 2000)

869 Arendi 判決において、CAFC は、Takeda 判決や SIBIA Neurosciences 判決を引用して、"Though less common, in appropriate circumstances, a patent can be obvious in light of a single prior art reference if it would have been obvious to modify that reference to arrive at the patented invention." とも述べている。

870 Arendi 判決において、CAFC は、「常識」について、Perfect Web 判決を引用して、"We stated in Perfect Web that "[c]ommon sense has long been recognized to inform the analysis of obviousness if explained with sufficient reasoning.""と述べている。

871 *Randall Mfg. v. Rea*, 733 F.3d 1355 (Fed. Cir. 2013)

(Caveats)[872]を説示している。具体的には、（ⅰ）「常識」は、典型的には、（先行技術において）欠落しているクレーム発明の限定事項を補うためではなく、（先行技術を）組み合わせるための既知の動機付け（Known motivation）を提供するために適用されること、（ⅱ）上述のPerfect Web判決は、先行技術において衆目が認めるように明白に（admittedly）欠落している限定事項を補うために「常識」が適用された唯一の事案であり、問題とされた限定事項は、非常に単純（unusually simple）であり、技術的にも特に容易（particularly straightforward）なものであったこと、（ⅲ）複数のCAFC判決において、「常識」の参照は、（先行技術を）組み合わせる動機付けを提供するためであれ、欠落している限定事項を補うためであれ、論理的分析（Reasoned analysis）や証拠による裏付け（Evidentiary support）の代替として使用することはできず、特に先行技術において欠落している限定事項に対処する場合には留意すべきである旨を繰り返し警告していること、の3つの留意点を説示している。

　上述の原理原則（Principles）を念頭に置いて、CAFCは、「常識」により、Pandit先行特許において電話番号を検索するように当業者が導かれたであろうという審判部の判断を裏付ける実質的証拠の有無を検討した。ここで、被上訴人（Apple等）は、Pandit先行特許に電話番号の検索を追加することが適切である理由に関して、証拠に基づいて立証していなかった。このことからCAFCは、Pandit先行特許に電話番号の検索を追加することが「常識」であるという審判部の判断が、証拠に裏付けられていないと判断し、'843特許のクレーム発明がPandit先行特許から自明であるという審判部の審決を取り消した。

## 2．Van判決[873]

　Marcel Vanは、米国において特許出願（出願番号：12/364,470、以下「'470出願」という。）を行った。'470出願は、ユーザーがアイコンを再配置で

---

872　この3つの留意点については、Arendi判決において詳細な説明がなされているが、本書では、概要のみを紹介する。詳細については、判決文を参照されたい。
873　*In re Van Os, 844 F.3d 1359 (Fed. Cir. 2017)*

第4節　常識（Common sense）の適用

きるようにする携帯型電子機器のタッチスクリーン・インターフェイスに関する。

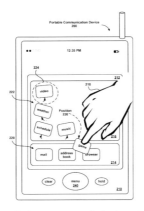

'470出願は、USPTOの審査において審査官により拒絶されたので、審判部（PTAB）に審判請求がなされた。審判部は、多くのクレームについて審査官による拒絶を取り消したが、クレーム38〜41については拒絶を維持した。具体的には、クレーム38〜41が、U.S.P. 7,231,229（以下「Hawkins先行特許」という。）と、米国出願公開公報（公開番号：US 2002/0191059、以下「Gillespie先行公開公報」という。）から自明であるとして拒絶が維持された。

クレーム38〜41の中の独立クレームは、クレーム38及びクレーム40であった。このクレーム38及びクレーム40は、アイコンの再配置を可能にする「「インターフェイス再構成モード（Interface reconfiguration mode）」の開始」という構成を規定していた。クレーム38では、アプリケーションを開くための「第1のユーザータッチ（First user touch）」と、「インターフェイス再構成モード」を開始するためのより長い期間の「第2のユーザータッチ（Second user touch）」と、アイコンを移動するための「その後のユーザー操作（Subsequent user movement）」とを区別している。他方、クレーム40では、アプリケーションを開くためのタッチについては規定されていないが、少なくとも確立された期間の「最初のユーザータッチ」によって「インターフェイス再構成モード」が開始され、さらなるユーザー入力がない場合にアイコンの移動が可能になることが規定されている。

303

審査官は、独立クレーム38について、Hawkins 先行特許には、「インターフェイス再構成モード」が、アイコンに対応するアプリケーションを開始するために使用される第1の期間の「ユーザータッチ」よりも長い期間の「ユーザータッチ」によって開始されるものであることが明示的に開示されていないと認定していた。この相違点に係る構成を充足するために、審査官は、Gillespie 先行公開公報に開示された「持続的なタッチ（Sustained touch）」に依拠し、この Gillespie 先行公開公報を引用した。その理由として、審査官は、この「持続的なタッチ」機能を Hawkins 先行特許に係る機器に追加することは、Hawkins 先行特許の機器のユーザーが、編集モードに入る際の「理にかなった方法（Intuitive way）」であったと述べている。このような検討を経て審査官は、独立クレーム38に係る本願発明が、Hawkins 先行特許と Gillespie 先行公開公報から自明であると判断した。独立クレーム40についても、審査官は同様の理由で拒絶していた。

審判部は、審査官による上記の分析内容を検討し、その分析内容を採用した。その結果、審判部は、クレーム38〜41についての審査官による自明性判断に誤りはなかったと結論付けた。そこで、Marcel Van は CAFC に提訴した。

CAFC は、まず KSR 判決[874]を引用しながら、「最高裁は、先行技術を組み合わせる動機付けの有無を判断する際に、事実認定者が「常識」に依拠することを否定するような「厳格な予防的ルール」を批判した。」こと、「適正なアプローチは、クレームされている態様で先行技術文献の要素を組み合わせる動機付けがあったか否かを評価するために、当業者の「常識」や創造力を尊重するものである。」こと、「KSR 判決により示された柔軟性は、事実認定者の論理的分析の義務を解除するものではなく、先行技術の組合せの動機付けを判断する際に、分析を明示的にすべきであることを説示するものである。」ことを述べている[875]。また CAFC は、Plantronics 判決[876]

---

[874] *KSR Int'l Co. v. Teleflex Inc.*, 550 U.S. 398 (2007)

[875] Van 判決において、CAFC は、KSR 判決を引用しながら、"In KSR, the Supreme Court criticized "[r]igid preventative rules that deny factfinders recourse to common sense" when determining whether there would have been a motivation to combine prior art. The proper approach, as explained in KSR, credits the common sense and creativity of a skilled artisan to assess

第4節 常識（Common sense）の適用

を引用しながら、「「常識」に基づいて自明性を認定する際には、そのように判断すべき合理的な裏付けを与える明示的かつ明確な推論が含まれていなければならないと繰り返し説明してきた。[877]」ことを紹介している[878]。
さらに CAFC は、再び KSR 判決を引用しながら、「明確な理論的根拠がなければ、先行技術の組合せが「常識的」又は「理にかなう」ものであったという認定は、その組合せが自明であったと単純に述べるのと変わらない。このように説明のない証拠不十分な推論に基づく主張は、先行技術を組み合わせる動機付けが存在していたという認定を裏付けるには不十分である。この種の認定は、KSR 判決において警告された事後的推論をたどるものであり、当業者がクレームされた態様で要素を組み合わせたであろ

---

whether there would have been a motivation to combine elements from prior art references in the manner claimed. But the flexibility afforded by KSR did not extinguish the factfinder's obligation to provide reasoned analysis. Instead, KSR specifically instructs that when determining whether there would have been a motivation to combine, the "analysis should be made explicit.""と述べている。
876　*Plantronics, Inc. v. Aliph, Inc.*, 724 F.3d 1343 (Fed. Cir. 2013)
877　Van 判決において、CAFC は、Plantronics 判決を引用しながら、"Since KSR, we have repeatedly explained that obviousness findings "grounded in ' 'common sense' must contain explicit and clear reasoning providing some rational underpinning why common sense compels a finding of obviousness.""ことを紹介している。
878　Van 判決では、この点に関して多くの判例が引用されている。具体的には、*Arendi S.A.R.L. v. Apple Inc. 832 F.3d 1355 (Fed. Cir. 2016)* の "[R]eferences to 'common sense' ... cannot be used as a wholesale substitute for reasoned analysis and evidentiary support...." という内容が引用されている。また、*Randall Mfg. v. Rea , 733 F.3d 1355 (Fed. Cir. 2013)* の "In recognizing the role of common knowledge and common sense, we have emphasized the importance of a factual foundation to support a party's claim about what one of ordinary skill in the relevant art would have known." という内容、*Mintz v. Dietz & Watson, Inc., 679 F.3d 1372 (Fed. Cir. 2012)* の "The mere recitation of the words 'common sense' without any support adds nothing to the obviousness question." という内容、*Perfect Web Tech., Inc. v. InfoUSA, Inc., 587 F.3d 1324 (Fed. Cir. 2009)* の "[T]o invoke 'common sense' or any other basis for extrapolating from prior art to a conclusion of obviousness, [the factfinder] must articulate its reasoning with sufficient clarity for review." という内容、*DyStar Textilfarben GmbH & Co. Deutschland KG v. C.H. Patrick Co. 464 F.3d 1356 (Fed. Cir. 2006)* の "Even before KSR , we explained that while the Board may rely on common sense, it must "explain why 'common sense' of an ordinary artisan seeking to solve the problem at hand would have led him to combine the references." という内容も引用されている。

う実際の理由を特定するものではない。[879]」とも述べている。

　以上を踏まえた上で、CAFC は、「審判部も審査官も、Hawkins 先行特許の編集モードを開始することが「理にかなった方法」であったと述べただけであり、Gillespie 先行公開公報の開示を Hawkins 先行特許に追加する動機付けを裏付ける推論や分析結果を提示しなかった。」こと、「審判部が、Gillespie 先行公開公報の特定の開示によって Hawkins 先行特許を変形することが「理にかなった」ものであった理由、又はその他の先行技術を組み合わせる動機付けについても説明しなかった。」ことを認定している。そして CAFC は、Lee 判決[880]を引用しながら、「行政機関は、裁判所が行政機関の行為について有意義な検討を行えるよう、関連する事実を認定し、その論拠を十分に詳細に提示しなければならない。[881]」ことや、「審判部の行為は潜在的には合法であるが、その説明が不十分又は不適切である場合には、我々は一貫してその決定を取り消し、更なる手続のために事件を差し戻してきた。」ことに言及した上で、'470 出願のクレーム 38〜41 が先行技術から自明であるという審判部の審決を取り消し、事件を差し戻した。

---

879　Van 判決では、CAFC は、再び KSR 判決を引用しながら、"Absent some articulated rationale, a finding that a combination of prior art would have been "common sense" or "intuitive" is no different than merely stating the combination "would have been obvious." Such a conclusory assertion with no explanation is inadequate to support a finding that there would have been a motivation to combine. This type of finding, without more, tracks the ex post reasoning KSR warned of and fails to identify any actual reason why a skilled artisan would have combined the elements in the manner claimed." と述べている。

880　*In re Lee*, 277 F.3d 1338 (Fed. Cir. 2002)

881　Van 判決において、CAFC は、Lee 判決を引用しながら、"The agency tribunal must make findings of relevant facts, and present its reasoning in sufficient detail that the court may conduct meaningful review of the agency action." と述べている。この点については、Power Integrations, Inc. v. Lee, 797 F.3d 1318 (Fed. Cir. 2015)の"vacating the Board's anticipation determination and instructing the Board on remand to "set [ ] out its reasoning in sufficient detail to permit meaningful appellate review""という内容や、In re NuVasive, Inc., 842 F.3d 1376 (Fed. Cir. 2016)の "vacating the Board's decision and remanding "for additional explanation of the PTAB's findings""という内容も引用されている。

## 3．BE Aerospace 判決[882]

B/E Aerospace は、U.S.P. 9,073,641（以下「'641特許」という。）と U.S.P. 9,440,742（以下「'742特許」という。）の権利者である。'641特許と '742特許は、化粧室の囲い（Lavatory enclosures）、クローゼット、調理室（Galleys）等の航空機用筐体（Aircraft enclosures）の省スペース技術（Space-saving technologies）に関するものであった。

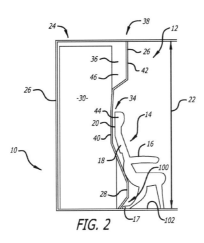

C&D Zodiac は、'641特許及び '742特許に対し、USPTO の審判部（PTAB）に当事者系レビュー（IPR）を請求した。IPR が請求された '641特許と '742特許のクレームは、実質的に異なるものではなく、'641特許のクレーム１が、これらの特許を代表するクレームであることに両当事者は同意した。このクレーム１は、航空機用の化粧室に関するものであり、「第１の凹部（First recess：'641特許の図２における要素34に対応。）」と「第２の凹部（Second recess：'641特許の図２における要素100に対応。）」を含むものである。

C&D Zodiac は、'641特許及び '742特許に対し、２つの取消理由を主張したが、最終的に１つの取消理由に集約された。この取消理由は、'641特許のクレーム１に係る発明が、「自認した先行技術（Admitted Prior

---

882 *BE Aerospace, Inc. v. C&D Zodiac, Inc. 962 F.3d 1373 (Fed. Cir. 2020)*

Art)」[883]と U.S.P. 3,738,497（以下「Betts 先行特許」という。）から自明であるというものである。ここで、'641特許において「自認した先行技術」としては、参考図２（'641特許の図１）に示されるように、乗客用シートのすぐ後ろに、平坦で前方を向く化粧室壁（Forward-facing lavatory wall）が開示されている。他方、Betts 先行特許には、傾斜した背もたれ（Backrest）を備えた乗客用シートと、この傾斜した背もたれを受け入れ可能な起伏（contoured）を有し前方を向く化粧室壁が開示されている。

【参考図２：'641特許の図１】

　審判部は、'641特許のクレーム１が、「自認した先行技術」と Betts 先行特許から自明であると判断した。具体的には、'641特許のクレーム１の「第１の凹部」については、Betts 先行特許の「起伏を有し前方を向く化粧室壁」に対応すると認定し、「第２の凹部」については、当業者が、「自認した先行技術」と Betts 先行特許との組合せをさらに変形して、乗客用

---

883　「自認した先行技術（Admitted Prior Art）」とは、出願人自身が明細書等において自認している先行技術をいう。この「自認した先行技術」については、例えば MPEP 2129 Admissions as Prior Art [R-07.2022] において、「明細書における出願人による陳述又は出願手続中に他人の創作を先行技術として特定する陳述は、その「自認した先行技術」が102条の下で先行技術として適格性があるか否かにかかわらず、新規性及び自明性判断の双方において依拠され得る承認となる（A statement by an applicant in the specification or made during prosecution identifying the work of another as "prior art" is an admission which can be relied upon for both anticipation and obviousness determinations, regardless of whether the admitted prior art would otherwise qualify as prior art under the statutory categories of 35 U.S.C. 102.）。」と解説されている。

第4節　常識（Common sense）の適用

シートサポート（Passenger seat supports）を受け入れ可能となるような「第2の凹部」を含めることは自明であると判断した。この自明性判断に際し、審判部は、「伝統的アプローチ（Traditional approach）」と「「常識」アプローチ（"Common sense" approach）」を通じて上述の結論に至ったと述べている。

なお、C&D Zodiac は、IPR において、3枚の設計図を添付しており、この設計図には、シートサポートを受け入れ可能な下側凹部を含む筐体が描かれていた。この下側凹部は、上記の「第2の凹部」に対応するものであった。C&D Zodiac は、これらの設計図を先行技術文献として特定せず、この設計図を証拠として用いて、下側凹部が当該技術分野においてシートサポートを受け入れ可能なものとして既知であったことを主張していた。この点に関し、B/E Aerospace は、設計図が311条（b）における「特許又は印刷刊行物」に該当しないので、設計図及びこれに関連する証言を排除する（exclude）よう申し立てたが、審判部は、この申立てを却下した。B/E Aerospace は、審判部の上記判断を不服として CAFC に提訴した。

CAFC は、Acoustic Tech 判決[884]を引用して、「自明性は、先行技術の範囲と内容、先行技術と対象クレームとの差異、成功の合理的期待を持って先行技術を組み合わせ又は変形する動機付けの有無、非自明性の客観的な情況証拠に関する事実認定を伴う法律問題である。[885]」こと、また HTC Corp 判決[886]を引用しながら、「我々は、審判部による自明性に関する法的結論と、実質的証拠としての事実認定とを審理する。[887]」こと、さらに

---

884　*Acoustic Tech., Inc. v. Itron Networked Sols., Inc., 949 F.3d 1366 (Fed. Cir. 2020)*
885　BE Aerospace 判決において、CAFC は、Acoustic Tech 判決 を引用して、"Obviousness is a question of law with underlying factual findings relating to the scope and content of the prior art; differences between the prior art and the claims at issue; the level of ordinary skill in the pertinent art; the presence or absence of a motivation to combine or modify prior art with a reasonable expectation of success; and any objective indicia of non-obviousness." と述べている。
886　*HTC Corp. v. Cellular Commc'ns Equip., LLC, 877 F.3d 1361 (Fed. Cir. 2017)*
887　BE Aerospace 判決において、CAFC は、HTC Corp 判決を引用しながら、"We review de novo the Board's legal conclusions of obviousness and its factual findings for substantial evidence." とも述べている。

Consol. Edison 判決[888]を引用しながら、「実質的証拠とは、合理的精神に基づいて結論を裏付けるのに十分であると認められる関連証拠である。[889]」ことを述べている。

　CAFC による審理における B/E Aerospace の主たる主張は、（ⅰ）先行技術に開示されていない「第2の凹部」を不適切に組み込んだため、審判部による自明性判断が誤っていること、（ⅱ）審判部が、311 条（b）に基づく先行技術（特許又は印刷刊行物）ではない設計図に依拠した点で誤っていることであった。

　まず、上記（ⅰ）の主張について、CAFC は、「自認した先行技術」とBetts 先行特許との組合せを変形して「第2の凹部」を含めることが、既知の技術の予測可能な適用にすぎない（nothing more than the predictable application of known technology）と判断し、審判部の結論を支持した。ここで、CAFC は、審判部の結論が実質的証拠（Anderson による専門家証言）によって裏付けられていると認定している。また、CAFC は、「自認した先行技術」と Betts 先行特許との組合せを変形して「第2の凹部」を含めることが、「常識」の問題であったとも認定している。

　「常識」の問題に関して、CAFC は、KSR 判決[890]を引用しながら、「最高裁は、自明性判断の際に、「常識」が重要な役割を果たすという見解を持っており、「常識」を勘案すれば、馴染みのある製品の中に、その主たる目的を超えた自明な用途が存在する場合があり、多くの場合、当業者は、複数の特許の教示をパズルのピースのように組み合わせることができる。事実認定者が「常識」に依拠することを否定するというような規範は、我々の判例法と矛盾する。[891]」と述べている。また CAFC は、Arendi 判決[892]を

---

888　*Consol. Edison Co. v. NLRB, 305 U.S. 197 (1938)*
889　BE Aerospace 判決において、CAFC は、Consol. Edison 判決を引用しながら、"Substantial evidence is "such relevant evidence as a reasonable mind might accept as adequate to support a conclusion."" とも述べている。
890　*KSR Int'l Co. v. Teleflex Inc., 550 U.S. 398 (2007)*
891　BE Aerospace 判決において、CAFC は、「常識」について、KSR 判決を引用しながら、"In KSR, the Supreme Court opined that common sense serves a critical role in determining obviousness. 550 U.S. at 421, 127 S.Ct. 1727. As the Court explained, common sense teaches that familiar items may have obvious uses beyond their primary purposes, and in many cases a person of ordinary skill will be able to fit the teachings of multiple patents

引用しながら、「我々は、裁判所が自明性を分析する際に、「常識」、「社会通念」、「一般的知識」を考慮しなければならないことを認識していたが、特に先行技術文献において欠落している限定事項を扱う場合には、理由を付した分析や証拠による裏付けの全面的な代用として「常識」を使用することができないことを警告してきた。[893]」こと、さらに Perfect Web 判決[894]を引用しながら、「十分な推論を伴って説明されれば、「常識」は、自明性分析に役立つと長い間認識されてきた。[895]」ことを述べている。これらを踏まえて、CAFC は、審判部による「常識」の発動には、論理的分析と証拠による裏付けが適正に伴われていたと判断している。その理由として、審判部が「第 2 の凹部」について 8 頁以上にわたる分析を行い、かつAnderson による詳細な専門家証言に依拠したこと、また上記の Perfect Web 判決と同様に、クレーム発明の技術が単純なものであることを証拠が示していること等を挙げている。以上のような様々な検討を経て、CAFC は、当業者であれば「自認した先行技術」と Betts 先行特許とを組み合わせたものにおいて、「常識」に基づいて「第 2 の凹部」を組み込んだであろうという審判部の結論に誤りはないと判断した。

上記（ⅱ）の主張については、CAFC は、IPR の対象とされたクレー

---

together like pieces of a puzzle. Id. ("A person of ordinary skill is also a person of ordinary creativity, not an automaton."). The Court held that "rules that deny factfinders recourse to common sense" are inconsistent with our case law. Id." と述べている。
892 *Arendi S.A.R.L. v. Apple Inc. 832 F.3d 1355 (Fed. Cir. 2016)*
893 「常識」に関しては、CAFC は、BE Aerospace 判決において、Arendi 判決を引用しながら、"After KSR, we recognized that courts must "consider common sense, common wisdom, and common knowledge in analyzing obviousness." Arendi, 832 F.3d at 1361. However, we cautioned that common sense cannot be used as a "wholesale substitute for reasoned analysis and evidentiary support, especially when dealing with a limitation missing from the prior art references specified."" とも述べている。
894 *Perfect Web Tech., Inc. v. InfoUSA, Inc., 587 F.3d 1324 (Fed. Cir. 2009)*
895 また「常識」に関しては、CAFC は、BE Aerospace 判決において、Perfect Web 判決を引用しながら、"Likewise, in Perfect Web Techs, Inc. v. InfoUSA, Inc., we reiterated that "[c]ommon sense has long been recognized to inform the analysis of obviousness if explained with sufficient reasoning."" とも述べている。

ム発明の自明性を判断する際に、審判部が設計図に依拠したわけではないと述べている。その理由として、CAFC は、「伝統的アプローチ」に基づいて自明性を判断した際に、審判部は、あくまで専門家証言に依拠しただけであって、設計図に依拠していないこと、また「常識」に基づいたアプローチにおいても、審判部の判断は、設計図の検討結果に基づいたものではなく、専門家証言に依拠したものであったこと等を挙げている。このように審判部による自明性判断は、設計図からは独立して行われていたことから、CAFC は、審判部による自明性判断が証拠によって裏付けられているため誤っているとはいえないと判断した。

## 第5節　先行技術の適用の阻害要因（teach away）

### 1．Allergan 判決[896]

Allergan は、U.S.P. 7,851,504（以下「'504特許」という。）、U.S.P. 8,278,353（以下「'353特許」という。）、U.S.P. 8,299,118（以下「'118特許」という。）、U.S.P. 8,309,605（以下「'605特許」という。）を有していた。これらの特許は、2005年3月に出願された特許出願（出願番号：11/083,261）から派生したものであり、共通の明細書を有する。また、これらの特許は、点眼剤（Ophthalmic solution）に関するものであった。

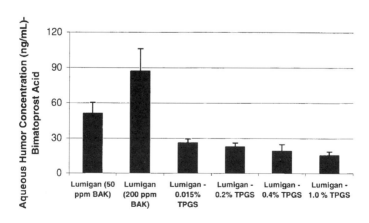

---

896　*Allergan, Inc. v. Sandoz Inc., 796 F.3d 1293 (Fed. Cir. 2015)*

第 5 節　先行技術の適用の阻害要因（teach away）

　Allergan は、Sandoz らに対し、連邦地裁に特許権侵害訴訟を提起した。この侵害訴訟において、Allergan は、上記 4 件の特許の幾つかのクレーム発明について侵害を主張したが、これらのクレーム発明は、ビマトプロスト（Bimatoprost）及び塩化ベンザルコニウム（Benzalkonium chloride：以下「BAK」という。）を含む組成物と、緑内障（Glaucoma）を治療し又は眼圧（Intraocular pressure：以下「IOP」という。）を低下させるために上記組成物を使用する方法を対象とするものであった。侵害が主張されたクレーム発明は、「0.01％のビマトプロスト」と「200 ppm の BAK」とを含む製剤に関する構成を備えていた。

　侵害訴訟において、Sandoz らは、侵害が主張されたクレーム発明が先行技術から自明であるため無効であると主張した。その際に、引用された先行技術は、U.S.P. 5,688,819（以下「Woodward 先行特許」という。）と、U.S.P. 6,933,289（以下「Lyons 先行特許」という。）と、複数の先行技術文献（Laibovitz 文献[897]、Abelson 文献[898]、Lee 文献[899]、Camber 文献[900]、Higaki 文献[901]、Keller 文献[902]）であった。

　Sandoz らの主張に対し、連邦地裁は、侵害が主張されたクレーム発明が先行技術から自明ではないと判断した。その理由として、連邦地裁は、まず先行技術の範囲及び内容について、次のような様々な事項を認定した。具体的には、（ⅰ）眼科用製剤（Ophthalmic formulation）がそもそも予測不可能（unpredictable）なものであり、「有限数の特定されかつ予測可

---

[897] Laibovitz et al., Comparison of the Ocular Hypotensive Lipid AGN 192024 with Timolol, 119 Archives of Ophthalmology 994 (2001)
[898] Abelson et al., How to Handle BAK Talk, Rev. of Ophthalmology, Dec. 2002, at 52-54
[899] Lee et al., Review: Topical Ocular Drug Delivery: Recent Developments and Future Challenges, 2 J. Ocular Pharmacology 67 (1986)
[900] Camber et al., Factors Influencing the Corneal Permeability of Prostaglandin F2â and Its Isopropyl Ester In Vitro, 37 Int'l J. Pharmaceutics 27 (1987)
[901] Higaki et al., Estimation and Enhancement of In Vitro Corneal Transport of S-1033, a Novel Antiglaucoma Medication, 132 Int'l J. Pharmaceutics 165 (1996)
[902] Keller et al., Increased Corneal Permeability Induced by the Dual Effects of Transient Tear Film Acidification and Exposure to Ben-zalkonium Chloride, 30 Experimental Eye Res. 203 (1980)

能な解決策」が存在する分野であるとはいえないこと、（ⅱ）Laibovitz 文献と Lyons 先行特許 は、ビマトプロストを0.03％〜0.01％ に減少させると、IOP 低下効果が減少することを教示していること、（ⅲ）Laibovitz 文献は、ビマトプロストを0.03％〜0.01％ に減少させても充血（Hyperemia）の軽減に寄与しないことを教示し、Lyons 先行特許は、この Laibovitz 文献の教示に反する内容を示唆していないこと、（ⅳ）Higaki 文献、Camber 文献、Lee 文献、Keller 文献、Abelson 文献は、「200 ppm の BAK」を含む Xalatan®（ラタノプロスト：Latanoprost）を含む先行技術と同様に、高濃度の BAK がビマトプロストの角膜透過性（Corneal permeability）を高めることを教示していなかったこと、（ⅴ）先行技術は、BAK の毒性のため、眼科用製剤では BAK を最小限にすべきであること教示し、特に BAK が IOP の増加等の副作用を引き起こすことが知られていたので、ビマトプロストの製剤においては「200 ppm の BAK」を使用しないように教示していること等を認定している。その上で、連邦地裁は、先行技術がクレーム発明を阻害していることを強調し、ビマトプロストは濃度が低下するにつれて効能を失うこと、BAK がビマトプロストの透過性に影響を与えなかったこと、BAK には細胞毒性（Cytotoxic）があり、角膜障害（Corneal disorders）を引き起こす可能性があるため、BAK の除去又は濃度の低下が推奨されることに言及している。また、連邦地裁は、非自明性の結論を裏付ける「長年未解決の課題」、「予期せぬ効果」、「商業的成功」の証拠も見出した。特に連邦地裁は、「予期せぬ効果」として、Lumigan® 0.03％ と比較して、Lumigan®0.01％[903]が、IOP を降下させるという効果を維持しながら、充血の発生率と重症度（Incidence and severity）を軽減することが予想外であり、また「200 ppm の BAK」が、効能を失うことなくビマトプロストの濃度を0.03％〜0.01％ に低下させることを許容しながら、ビマトプロストの（角膜）透過性（Permeability）

---

[903] 2001年、FDA は、Allergan が開発した１日１回の局所用液剤（Topical solution）である Lumigan® 0.03％を、開放隅角緑内障（Open angle glaucoma）及び高眼圧症（Ocular hypertension）の治療用に承認した。その後、Allergan は、Lumigan® 0.01％ を開発した。

を高めることも予想外であると認定した。上記のような連邦地裁の判断に対し、SandozらはCAFCに控訴した。

控訴審において、Sandozらは、（ⅰ）連邦地裁が、Lumigan® 0.03%を変形することによってクレームされた製剤を追求する動機付けと、そのようにする際の「成功の合理的期待」とを確立することを要求したことにより法的に誤っていること、（ⅱ）ビマトプロストやBAKについてクレームされた量が先行技術の範囲内にあることから、適正な自明性判断は、阻害要因、「予期せぬ効果」、及びその他の客観的な状況証拠のみに焦点を当てるべきであること、（ⅲ）連邦地裁が阻害要因について誤った基準を適用したこと、（ⅳ）先行技術が「0.01%のビマトプロスト」又は「200ppmのBAK」を阻害することを教示していないこと、（ⅴ）「予期せぬ結果」は存在せず、これらの結果は自明な製剤による固有の特性であること等の様々な主張をしている。ここでは、阻害要因に関連する主張内容を取り上げる。

CAFCは、自明性に関する連邦地裁の認定判断に誤りはなかったと判断した。特に、先行技術が「0.01%のビマトプロスト」及び「200 ppmのBAK」を含む製剤を阻害していることの認定において、明らかな誤りはなかったと判示している。この判断に際し、CAFCは、まず「先行技術が、「0.01%のビマトプロスト」と「200 ppmのBAK」との特定の組合せを教示してはいないが、これらは単一の先行技術文献に開示されている範囲内に属している。」ことを認定している。具体的には、CAFCは、Woodward先行特許が、「0.001%～1%のビマトプロスト」及び「0～1000ppmのBAK」を含む防腐剤（Preservative）を開示していることを摘示しながら、「Woodward先行特許により開示された範囲は、Lumigan® 0.03%や「50ppmのBAK」を含む先行技術における商業的な実施形態（Commercial embodiment）をも包含する。」ことを認定している。このようにクレーム発明の数値が先行技術に開示された数値範囲内に属していたことから、CAFCは、Galderma Laboratories判決[904]を引用して、「先行技術に開示された範囲が存在し、クレーム発明がその範囲内に属する場合、必要となる

---

904 *Galderma Laboratories, L.P. v. Tolmar, Inc., 737 F.3d 731 (Fed. Cir.2013)*

検討事項は、先行技術の範囲からクレームされた組成物を選択する動機付けがあったか否かである。このような状況では、（証拠）提出責任は特許権者にある。特許権者は、（ⅰ）先行技術がクレーム発明を阻害するという証拠、（ⅱ）先行技術に対して新規かつ「予期せぬ効果」が存在するという証拠、又は（ⅲ）これ以外に関連する二次的考慮事項の証拠を提出することとなる。[905]」と述べている。その上で、CAFC は、「本件の場合、先行技術の範囲は上記の Galderma Laboratories 判決の場合の範囲[906]よりも広く、記録によれば、クレームされた２つの異なる成分により、クレームされた製剤の特性が、実質的かつ予測不能に変更可能であったといえる。したがって、上記の Galderma Laboratories 判決は、本件における自明性に関する結論に影響を及ぼすものではない。」ことを説示している。また CAFC は、Spectralytics 判決[907]を引用しながら、「先行技術がクレーム発明を阻害する教示をしているか否かは事実問題である。[908]」こと、さらに Gurley 判決[909]を引用しながら、「当業者が、その文献を読んだときに、その文献に記載された思考経路に従うことを思い止まる場合、又は出願人により採用された思考経路とは異なる方向に導かれる場合に、先行技術が阻害するということができる。[910]」ことを述べている。これらを踏まえて、CAFC は、ビマトプロストの製剤中に「200 ppm の BAK」使用すること

---

905 Allergan 判決において、CAFC は、Galderma Laboratories 判決を引用して、"As we explained in Galderma, where there is a range disclosed in the prior art, and the claimed invention falls within that range, a relevant inquiry is whether there would have been a motivation to select the claimed composition from the prior art ranges. Galderma, 737 F.3d at 737-38 (prior art disclosing 0.01%-1% adapalene encompassing the claimed composition comprising 0.3% adapalene). In those circumstances, "the burden of production falls upon the patentee to come forward with evidence that (1) the prior art taught away from the claimed invention; (2) there were new and unexpected results relative to the prior art; or (3) there are other pertinent secondary considerations." Id. at 738." と述べている。
906 Galderma Laboratories 判決では、クレームされた組成物が0.3％のアダパレンを含むのに対し、先行技術は、このクレームされた組成物を包含する0.01％～１％のアダパレンを開示していた。
907 *Spectralytics, Inc. v. Cordis Corp., 649 F.3d 1336 (Fed.Cir.2011)*
908 Allergan 判決において、CAFC は、「阻害要因」に関して、Spectralytics 判決を引用しながら、"Whether the prior art teaches away from the claimed invention is a question of fact." と述べている。
909 *In re Gurley, 27 F.3d 551 (Fed.Cir.1994)*

を先行技術が阻害するという連邦地裁の認定に明らかな誤りはないと判断した。その理由として、CAFCは、先行技術が、安全性の問題を回避するために眼科用剤中のBAKを最小限にするべきであると教示していること、BAKが、IOPの上昇、充血、ドライアイ（Dry eye）、角膜細胞（Corneal cells）の損傷を引き起こし、他の眼疾患（Eye disorders）を悪化させる（exacerbate）ことが知られていたこと等を列挙し、「Lumigan® 0.03%において、「50 ppmのBAK」が適切な防腐剤であることが既知であった場合に、上記のような既知の副作用のために、当業者が、ビマトプロストの製剤において高濃度のBAKを使用することを思い止まったであろうという認定は、明らかな誤りであるとはいえない。」と説示した。

## 2．Brandt判決[911]

Brandtは、2012年10月、USPTOに特許出願（出願番号：13/652,858、以下「'858出願」という。）を行った。'858出願に係る発明は、「高密度ポリウレタン又はポリイソシアヌレート（Polyisocyanurate）の建築用ボード（Construction boards）、及び平屋根又は低勾配屋根システム（Flat or Low-slope roofing systems）におけるそれらの使用」に関するものであった。'858出願の独立クレーム1に係る発明は、カバーボード（Coverboard）を備え、このカバーボードが、2.5 lb/ft$^3$を超え、6 lb/ft$^3$未満の密度を有するという構成を備える。

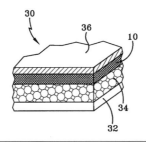

---

910　Allergan判決において、CAFCは、「阻害要因」に関して、Gurley判決を引用しながら、"A reference may be said to teach away when a person of ordinary skill, upon reading the reference, would be discouraged from following the path set out in the reference, or would be led in a direction divergent from the path that was taken by the applicant." とも述べている。
911　*In re Brandt, 886 F.3d 1171 (Fed. Cir. 2018)*

USPTO の審査官は、'858出願の独立クレーム１に係る発明が、米国出願公開公報（公開番号：US 2006/0096205、以下「Griffin 先行公開公報」という。）と、U.S.P. 5,891,563（以下「Letts 先行特許」という。）と、U.S.P. 6,093,481（以下「Lynn 先行特許」という。）から自明であると判断した。Griffin 先行公開公報は、6 lb/ft$^3$〜25 lb/ft$^3$の間（好ましくは少なくとも8 lb/ft$^3$）の密度のポリマー材料からなるコア層を有するカバーボードを備えたプレハブ屋根パネル（Prefabricated roofing panel）を開示している。Letts 先行特許は、ポリイソシアヌレートとポリウレタン材料を含む複合板（Composite boards）を開示し、Lynn 先行特許は、ラミネートシート（Laminate facing sheets）間に硬質フォームを使用することを含む断熱ボード（Insulation board）の製造方法を開示している。

　審査官は、Griffin 先行公開公報に「6 lb/ft$^3$未満のカバーボードの密度」が開示されていないことを認めているが、Griffin 先行公開公報では、カバーボードの組成や圧縮強度を変更することによって、カバーボードへの難燃剤（Fire-retardants）等の充填剤（Fillers）のために、カバーボードの密度が変動し得ることが示唆されていると認定した。また、審査官は、Lynn 先行特許が、1〜5 lb/ft$^3$のバルク密度（Bulk density）の高分子材料（Polymeric material）から作製された硬質フォームを教示していることも認定した。これらの先行技術に鑑み、審査官は、カバーボードの密度を 6 lb/ft$^3$未満にすることは当業者に自明であったと判断し、'858出願の独立クレーム１に係る発明を拒絶した。

　Brandt は、審査官による拒絶に対し、USPTO の審判部（PTAB）に審判を請求した。審判部は、'858出願の独立クレーム１の数値範囲が Griffin 先行公開公報に開示された数値範囲と重複しないものの、これらの範囲における差が「事実上無視できる（virtually negligible）」程度のものであると認定した。また Haynes International 判決[912]を引用しながら、「クレーム発明と先行技術との差異が、特定の変化可能な範囲又は値に関するものであり、その範囲又は値における差が軽微である場合には、「一応自明」

---

912　*Haynes International, Inc. v. Jessop Steel Co.*, 8 F.3d 1573 (Fed. Cir. 1993)

第5節　先行技術の適用の阻害要因（teach away）

に基づく拒絶は適正に確立されるという通例に従って、'858出願の独立クレーム1に係る発明が「一応自明」に該当する。[913]」と述べている。このように審判部は、審査官による拒絶は誤りではなかったと結論付けた。そこで、Brandt は CAFC に提訴した。

CAFC による審理において、Brandt は、（ⅰ）Griffin 先行公開公報に開示されたカバーボードの密度の数値範囲に基づく「一応自明」に関する審判部の判断の誤りと、（ⅱ）審判部が「一応自明」を適正に認定したと仮定しても、先行技術がクレーム発明を阻害していないという審判部の認定に誤りがあることを主張した。この Brandt の各主張に対し、CAFC は、次のように判断しているが、「一応自明」について判断するに際して特許出願の審査についての基本的な考え方を確認しているので、ここでは「一応自明」についての判示内容と共に、先行技術の適用の阻害要因についての判示内容を紹介する。

### （ⅰ）一応自明について

まず「一応自明」の主張について、CAFC は、Phillips 判決[914]を引用しながら、「特許出願の審査では、通常、潜在的な財産権の範囲について、USPTO と出願人の間で交渉が行われる。[915]」と述べている。そして CAFC は、特許出願の審査について、次のように説示している。

「（特許出願の）審査において、審査官は、特許性がないと判断した出願

---

913　Brandt 判決において、審判部は、Haynes International 判決を引用しながら、"Relying on *Haynes International, Inc. v. Jessop Steel Co.*, *8 F.3d 1573, 1577 n.3 (Fed. Cir. 1993)*, the Board thus determined that claims 1 and 3 were prima facie obvious based on the general rule that "when the difference between the claimed invention and the prior art is the range or value of a particular variable, then a prima facie rejection is properly established when the difference in the range or value is minor." Id. (citing *Titanium Metals Corp. of Am. v. Banner, 778 F.2d 775, 783 (Fed. Cir. 1985))*." と述べている。
914　*Phillips v. AWH Corp.*, *415 F.3d 1303 (Fed. Cir. 2005) (en banc)*
915　Brandt 判決において、CAFC は、「一応自明」について、Phillips 判決を引用しながら、"Patent examination usually involves a negotiation between the Patent Office and an applicant about the metes and bounds of a potential property right." と述べている。

のクレーム発明に対して最初の拒絶理由通知（Initial rejections）[916]を発行し、次に出願人は、特に法的議論（Legal argument）、証拠、クレームの補正を通じてそれらの拒絶理由を覆すことができる（132条（a）、規則1.111）。審査官は、拒絶理由に対する出願人の応答内容を検討し、クレーム発明が特許性に関する要件を満たしていると判断した場合、許可通知（Notice of Allowance）[917]を発行する（131条、規則1.311）。許可通知を発行しない場合、審査官は、クレームを再度拒絶する最終局指令（Final office action）[918]を発行するか、又は最終局指令の発行前に出願を再考慮（reconsider）することができる（134条、規則1.112、規則1.113）。本件の場合と同様に審査官が最終局指令を発行した場合、出願人は2回拒絶されたクレームについて審判部に審判請求（Appeal to the Patent Trial and Appeal Board）[919]することができる。また、出願人は、継続審査請求[920]（Request for continued examination：RCE）をすることもできる（規則1.114）。」

---

916 「最初の拒絶理由通知」は、「最初の局指令」（"First office action"）と呼ばれることもある。通常、「最初の拒絶理由通知」は、"Non-final office action"において通知される。審査官は、特許出願に係るクレーム発明を拒絶する場合には、出願人に拒絶理由を通知しなければならず、「拒絶理由通知」又は「局指令」において、拒絶理由を示し、出願手続を継続する妥当性を判断するのに有用な情報や引例を添付しなければならない（132条）。
917 「許可通知」については、例えばMPEP 1303 Notice of Allowance [R-07.2015]において説明されている。審査官による審査の結果、出願人が法律に基づいて特許を取得する権利があると判断された場合、許可通知が出願人に送付される（規則1.311(a)）。
918 「最終局指令」については、例えばMPEP 706.07 Final Rejection [R-07.2022]等において説明されている。審査官は、2度目以降の拒絶を「最終拒絶（Final rejection）」とすることができる（規則1.113(a)）。MPEP 706.07では、「最終拒絶」という表現が用いられているが、この「最終拒絶」を通知する行為が「最終局指令」であると理解することができる。"Final office action"という表現自体は、例えばMPEP 706.07(f) Time for Reply to Final Rejection [R-10.2019]等において用いられている。
919 「審判請求」については、例えばMPEP 1204 Notice of Appeal [R-07.2022]において説明されている。クレームが2度拒絶された出願人は、審判部(PTAB)に審判請求することができる（134条(a)）。
920 「継続審査請求（RCE）」については、例えばMPEP 706.07(h) Request for Continued Examination (RCE) Practice [R-07.2022]において説明されている。出願の審査が終了した（closed）場合、出願人は、継続審査請求をすることができる（規則1.114(a)）。

第5節　先行技術の適用の阻害要因（teach away）

　またCAFCは、特許出願の審査について、Oetiker判決[921]やPiasecki判決[922]を引用しながら、「審査における手続的ツールの1つに「一応有利な事件」があり、この「一応有利な事件」は、審査の初期段階において審査官が利用できる「証拠に関する立証責任」をシフトする手段である。」こと、「審査官は、先行技術や特許性に関する他の法定要件についての最初の審査の際に、「一応の不特許性」を認定することができる。」こと、「審査官が「一応有利な事件」を確立すると、それに対する反証や反論を提出する責任は出願人にシフトする。」こと[923]も説示している。またLeo Pharm判決[924]を引用しながら、「その後、審査官は、103条（a）に基づくクレーム発明の特許性についての結論に到達する前に、証拠を全体として考慮する。[925]」こと、さらにCyclobenzaprine判決[926]を引用しながら、「審査官は、通常、客観的考慮事項についての知識を有していないものであり、この客観的考慮事項は、特許出願がなされた後、ある年月が経過するまで利用できない場合があることから、この立証負担をシフトさせる枠組は、特許出願の審査において理にかなったものである。[927]」ことを説示している。

---

[921]　*In re Oetiker*, 977 F.2d 1443 (Fed. Cir. 1992)
[922]　*In re Piasecki*, 745 F.2d 1468 (Fed. Cir. 1984)
[923]　Brandt判決において、CAFCは、特許出願の審査について、Oetiker判決やPiasecki判決を引用しながら、"One of these procedural tools is the prima facie case, an evidentiary burden-shifting device available to the examiner in the initial stage of examination. *In re Oetiker*, 977 F.2d 1443, 1445 (Fed. Cir. 1992) ; *In re Piasecki*, 745 F.2d 1468, 1471-72 (Fed. Cir. 1984). An examiner can find a prima facie case of unpatentability upon initial review of the prior art or on any other statutory condition of patentability. *In re Oetiker*, 977 F.2d at 1445. If the examiner establishes a prima facie case, the burden shifts to the applicant to come forward with rebuttal evidence or argument. Id." と述べている。
[924]　*Leo Pharm. Prods., Ltd. v. Rea*, 726 F.3d 1346 (Fed. Cir. 2013)
[925]　Brandt判決において、CAFCは、特許出願の審査について、Leo Pharm判決を引用しながら、"The examiner then considers the evidence as a whole before reaching a conclusion on the claims' patentability under 35 U.S.C. § 103(a)." とも述べている。
[926]　*In re Cyclobenzaprine Hydrochloride Extended-Release Capsule Patent Litig.*, 676 F.3d 1063 (Fed. Cir. 2012)
[927]　Brandt判決において、CAFCは、特許出願の審査について、Cyclobenzaprine判決を引用しながら、"This burden-shifting framework makes sense during patent examination because an examiner typically has no knowledge of objective considerations, and those considerations "may not be available until years after an application is filed."" とも述べている。

## 第6章　近年の自明性に関する判例

「一応自明」について、Brandtは、先行技術文献の開示範囲と、特許出願におけるクレーム範囲との間の差が小さい（close）場合に、常に「一応の自明性」が確立されるという「当然違法の原則（Per se rule）[928]」を適用したとして審判部の誤りを主張したが、CAFCは、「審判部は、「当然違法の原則」を適用したのではなく、認定した事実に基づいて「一応の自明性」の結論に至った。」と判示している。この判断に際し、CAFCは、「審査官による「事実上無視できる」程度の差であるという認定は、製造誤差（Manufacturing tolerance）レベルの差を考慮したものであり、Griffin先行公開公報は、カバーボードの組成や圧縮強度が、製造中に充填剤を添加することによって変化することを認識している。」と述べている。またCAFCは、Peterson判決[929]を引用しながら、「本件は、専門知識を必要としない予測可能な技術における単純な事例であり、6 lb/ft$^3$未満というクレームにおける数値範囲と、6 lb/ft$^3$から25 lb/ft$^3$という先行技術の数値範囲とが、数学的に近接することから、審査官が「一応自明」なものとしてクレームを適正に拒絶した。[930]」とも説示している。これに対し、

---

[928] 英米法辞典　第5版　635頁。「当然違法の原則」に関しては、例えば、*Northern Pacific R. Co. v. United States, 356 U.S. 1 (1958)* において「However, there are certain agreements or practices which, because of their pernicious effect on competition and lack of any redeeming virtue, are conclusively presumed to be unreasonable, and therefore illegal, without elaborate inquiry as to the precise harm they have caused or the business excuse for their use. This principle of per se unreasonableness not only makes the type of restraints which are proscribed by the Sherman Act…」と述べられている。「当然違法の原則」については、「当然違法の原則とは、経験則上、ほぼ間違いなく反競争的効果を有する場合、原告側からの詳細な立証は必要ないという原則として知られる。」（隅田浩司　米国反トラスト法における当然違法の原則の適用に関する考察— 事業提携を中心として　大宮ローレビュー第5号（2009）126頁）と説明されている。また、「合衆国の法廷で当然違法のルールが適用される事例は、行為自体で成立する過失（Negligence per se）、実害の証明なしに成立する名誉毀損（Slander per se）、ならびに州際通商の州による規制または反トラスト法といった領域において見出すことができる。」（浦田賢治　当然違法原則・蓋然性分析・二重効果原則　比較法学39巻3号　早稲田大学比較法研究会（2006））ともいわれている。
[929] *In re Peterson*, 315 F.3d 1325 (Fed. Cir. 2003)
[930] Brandt判決において、CAFCは、Peterson判決を引用しながら、"This is a simple case in the predictable arts that does not require expertise to find that the claimed range of "less than 6 pounds per cubic feet" and the prior art range of "between 6lbs/ft3 and 25lbs/ft3" are so mathematically close

第 5 節　先行技術の適用の阻害要因（teach away）

Brandt は、Patel 判決[931]を引用しながら、「審査官は、クレームされた範囲と先行技術の範囲との間に重複がある場合にのみ、「一応の自明性」を認定することができる。」と主張したが、CAFC は、「Patel 判決では、先行技術の範囲の端点が（クレーム発明の範囲と）近接しているか、又は柔軟に適用され得るということが先行技術において教示されている場合に、「一応自明」に基づく拒絶が適切であることが認定された。」こと、また「Patel 判決は、審査官が「一応自明」に基づいてクレーム発明を拒絶することができるように、クレーム発明の範囲と先行技術の範囲との間の、表面的には重複しないものの十分に小さな差異を認定するために要求されるものを強調している。」[932]ことに言及した上で、Brandt の主張を斥けた。以上を踏まえ、CAFC は、「一応自明」の主張に関する審判部の判断を支持した。[933]。

### （ⅱ）先行技術の適用の阻害要因について

先行技術の適用の阻害要因について、CAFC は、Syntex 判決[934]を引用しながら、「先行技術の開示から派生する開発内容によれば、出願人の発明の対象となるものを生み出す可能性が低いことを当該先行技術が示唆しているため、その先行技術を検討している当業者が、「クレームされた解

---

that the examiner properly rejected the claims as prima facie obvious." とも説示している。
931　*In re Patel* 566 F. App'x 1005 (Fed. Cir. 2014)
932　Brandt 判決において、CAFC は、Patel 判決を引用しながら、"Patel recognized, however, that prima facie rejections may be appropriate "where there is a teaching in the prior art that the end points of the prior art range are approximate, or can be flexibly applied." Id. at 1010. Patel thus highlights what may be required to find a sufficiently minor difference between a facially non-overlapping claimed range and a prior art range such that an examiner could prima facie reject claims." とも述べている。
933　この判断の際に、CAFC は、*Titanium Metals Corp. of Am. v. Banner*, 778 F.2d 775 (Fed. Cir. 1985) を引用し、この Titanium Metals 判決の "stating a prima facie case of obviousness can be found where the ranges "are so close that prima facie one skilled in the art would have expected them to have the same properties"" という内容を引用している。また、*In re Huang*, 100 F.3d 135 (Fed. Cir. 1996)、*In re Woodruff*, 919 F.2d 1575 (Fed. Cir. 1990)、*In re Aller*, 220 F.2d 454 (CCPA 1955) も引用されている。
934　*Syntex (U.S.A.) LLC v. Apotex, Inc.*, 407 F.3d 1371 (Fed. Cir. 2005)

決策」を追求するのを思い止まることとなる場合、そのような先行技術は（「クレームされた解決策」を）阻害するといわれる。[935]」こと、またFulton判決[936]を引用しながら、「先行技術が、「クレームされた解決策」を、批判し、その信頼性を損ない、その他思い止まらせることとなる場合、その先行技術文献は（「クレームされた解決策」を）阻害することを証明しているといえる[937]。」ことを述べている。

　阻害要因に関し、Brandtは、「Griffin先行公開公報が'858出願のクレーム発明を阻害するものではないと認定する際に、審判部は、6 lb/ft$^3$の密度を有するカバーボードと、5.99 lb/ft$^3$の低い密度を有するカバーボードとの間の差異の臨界性を示すことを不当に要求した。」ことを主張した。またBrandtは、「6 lb/ft$^3$未満の密度を有する断熱ボードがGriffin先行公開公報に開示されていることから、断熱ボードを損傷から保護するために、カバーボードの密度は6 lb/ft$^3$より高くなければならず、Griffin先行公開公報は、6 lb/ft$^3$未満の密度を有するカバーボードを作製することを阻害しているといえる。」ことも主張した。このようなBrandtの主張に対し、CAFCは、BrandtがGriffin先行公開公報を狭く解釈し過ぎであることを指摘し、Griffin先行公開公報は、あくまで密度の高いカバーボードが、密度の低い断熱ボードを保護するように機能し得ることを示唆しているだけであると述べている。そしてCAFCは、'858出願において、2.5 lb/ft$^3$未満の密度の断熱ボードと、2.5 lb/ft$^3$を超える密度のカバーボードをクレームすること[938]により、この'858出願は、Griffin先行公開公報と同じアプロー

---

[935] Brandt判決において、CAFCは、先行技術の適用の阻害要因について、Syntex判決を引用しながら、"If a person of ordinary skill in the art reviewing a prior art reference would be discouraged from pursuing the claimed solution because the reference "suggests that the developments flowing from its disclosures are unlikely to produce the objective of the applicant's invention," the reference is said to "teach away.""と述べている。

[936] In re Fulton , 391 F.3d 1195 (Fed. Cir. 2004)

[937] Brandt判決では、CAFCは、先行技術の適用の阻害要因について、Fulton判決を引用しながら、"A prior art reference evidences teaching away if it "criticize[s], discredit[s], or otherwise discourage[s] the solution claimed.""とも述べている。

[938] '858出願の独立クレーム1に係る発明は、カバーボードが、2.5 lb/ft$^3$を超え6 lb/ft$^3$未満の密度を有するという構成に加え、2.5 lb/ft3未満の密度を有する断熱ボードという構成をも備えていた。

第5節　先行技術の適用の阻害要因（teach away）

チを採用していると認定している。このことから、CAFC は、Griffin 先行公開公報が、Brandt によるアプローチを '858出願において推奨しているとも述べている。これらに言及した上で、CAFC は、「Brandt による阻害要因の主張は、カバーボードの密度が 6 lb/ft3 を超えることについて臨界性があるということに要約されるが、Brandt は、その主張を裏付ける証拠を提出できなかった。[939]」と述べ、Griffin 先行公開公報が、'858出願のクレーム発明を批判し、その信頼性を損ない、その他思い止まらせることを、Brandt は立証することができなかったという審判部の認定に同意した。

以上のような様々な検討を行った上で、CAFC は、先行技術の適用の阻害要因についての認定を含む審判部による自明性分析における事実認定は、実質的証拠によって裏付けられていると判断し、'858出願に係るクレーム発明が先行技術から自明であるという審判部の結論を支持した。

## 3．UCB 判決[940]

UCB 判決は、第5章　第1節　6．において「予期せぬ効果」について判断を示した近年の事例として紹介したので、事案の概要説明は省略するが、この判決では、先行技術の適用の阻害要因についても判断が示された。ここでは、阻害要因に関してどのような判断が示されたかを概説する。

阻害要因についての判断に際し、CAFC は、Galderma Laboratories 判決[941]を引用しながら、「当業者が、その文献を読んだときに、その文献に記載された思考経路に従うことを思い止まる場合、又は（出願人により）採用された思考経路とは異なる方向に導かれる場合に、先行技術文献が阻害するといえる。[942]」と述べている。また DePuy Spine 判決[943]を引用しな

---

939　Brandt 判決において、CAFC は、Brandt による阻害要因の主張に対して、"As the Board concluded, we find that Appellants' teaching away argument boils down to an assertion that there is some criticality to having a coverboard density of greater than 6 pounds per cubic foot. But Appellants failed to introduce any evidence to support that argument." と述べている。
940　*UCB, Inc. v. Actavis Laboratories UT, Inc.*, 65 F.4th 679 (Fed. Cir. 2023)
941　*Galderma Laboratories, L.P. v. Tolmar, Inc.*, 737 F.3d 731 (Fed. Cir. 2013)
942　UCB 判決において、CAFC は、阻害要因に関して、Galderma Laboratories 判決 を引用しながら、"A reference teaches away "when a person of ordinary

がら、「対照的に、先行技術文献が、単に代替可能な発明のための一般的な選択を表明しているだけであり、クレーム発明の探求（Investigation）について批判し、疑問を呈し、その他思い止まらせるものではない場合には、先行技術文献が阻害するとはいえない。[944]」とも述べている。

　阻害要因について、UCBは、米国出願公開公報（公開番号：US 2009/0299304、以下「Tang先行公開公報」という。）が最も近い先行技術（Closest prior art）であることを認め、Tang先行公開公報が'589特許のクレームにおいて記載された範囲を阻害することを主張した。ここで、Tang先行公開公報には、より高いポリビニルピロリドン（PVP）の割合（ロチゴチンとPVPとの重量比が9：18）が望ましいことが開示されていた。上記のUCBの主張に対し、連邦地裁は、Tang先行公開公報が単に代替可能な発明を教示するだけであると認定した。そして、連邦地裁は、Tang先行公開公報が、ロチゴチンとPVPとの重量比9：4から9：6の範囲を超えてPVPの量を増加させるように当業者を導く可能性があると認定し、Tang先行公開公報の開示によって、当業者は、ロチゴチンとPVPとの重量比を9：4から9：6の範囲内で試みることを思い止まらなかったであろうと判断した。

　CAFCは、Tang先行公開公報が、'589特許においてクレームされた重量比の範囲について、批判し、疑問を呈し、その他当業者を思い止まらせるものではなく、当該クレームされた重量比の範囲を阻害するものではないと認定した。その理由として、CAFCは、上記のGalderma Laboratories判決における先行技術のように、Tang先行公開公報は、明示的に'589特許のクレーム発明の範囲を阻害しているわけではなく、単に最適な濃度（重

---

skill, upon reading the reference, would be discouraged from following the path set out in the reference, or would be led in a direction divergent from the path that was taken.""と述べている。

943　*DePuy Spine, Inc. v. Medtronic Sofamor Danek, Inc., 567 F.3d 1314 (Fed. Cir. 2009)*

944　UCB判決では、CAFCは、阻害要因に関して、DePuy Spine判決を引用しながら、"By contrast, a reference does not teach away if it "merely expresses a general preference for an alternative invention but does not 'criticize, discredit or otherwise discourage' investigation into the invention claimed.""とも述べている。

量比9：18）が望ましいと表明しているだけであると説示した。以上より、CAFCは、先行技術の適用の阻害要因に関する連邦地裁の判断を支持した。

## 第6節　先行技術の適格性等

### 1．Raytheon Technologies判決[945]

United Technologiesは、U.S.P. 9,695,751（以下「'751特許」という。）の譲受人であったが、Raytheon Companyと合併してRaytheon Technologiesが設立されたので、Raytheon Technologiesが'751特許の権利者となった。'751特許は、2つのタービンと、特定数のファンブレード（Fan blades）と、タービンローター（Turbine rotors）及び／又はステージを備えたギア付きガスタービンエンジンに関するものであった。'751特許のクレーム発明における重要な特徴は、「先行技術よりも高い出力密度（Power density）範囲」にあった。具体的には、'751特許のクレーム1に係る発明は、「離陸時海面における出力密度が1.5 lbf/in$^3$以上5.5 lbf/in$^3$以下（a power density at Sea Level Takeoff greater than or equal to 1.5 lbf/in$^3$ and less than or equal to 5.5 lbf/in$^3$）」という構成を備えていた。

General Electricは、'751特許の複数のクレームについて、USPTOの審判部（PTAB）に当事者系レビュー（IPR）を請求した。その際にGeneral Electricは、主たる先行技術としてKnip文献[946]と、Gliebe文献[947]を提出した。Knip文献は、1987年のNASAの技術メモ（Technical memorandum）であり、「全ての複合材料を組み込んだ「想像上の先進的なターボファン・エンジン（Imagined "advanced [turbofan] engine"）」の優れた性能特性を予測する（envisions）。」という内容に関するものであっ

---

945　*Raytheon Technologies Corp. v. General Electric Co., 993 F.3d 1374 (Fed. Cir. 2021)*
946　G. Knip, Analysis of an Advanced Technology Subsonic Turbofan Incorporating Revolutionary Materials（May 1987）
947　P. Gliebe, Ultra-High Bypass Engine Aeroacoustic Study（Oct. 2003）

第6章　近年の自明性に関する判例

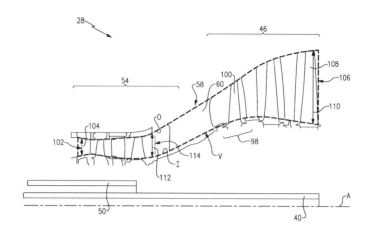

た。このような複合材料を組み込んだターボファン・エンジンの構築は、当時は議論するまでもなく不可能であると考えられていたが、これらの「革新的な複合材料（"Revolutionary" composite materials）」をターボファンに応用するという想像上の試み（Imagined application）をすることで、著者であるKnipは、先進的なエンジンの「挑戦的な性能パラメータ（Aggressive performance parameters）」を想定することができた。しかし、Knip文献には、エンジンの出力密度は開示されていなかった。他方、Gliebe文献は、超高バイパス比エンジンの空力音響学の研究に関するものであった。

　IPR（当事者系レビュー）において、General Electricは、Knip文献とGliebe文献により開示された性能パラメータから、当業者は、それぞれのエンジンの出力密度を導き出すことができ、'751特許においてクレームされた「出力密度範囲」が、これらの出力密度から自明であると主張した。これに対し、Raytheon Technologiesは、IPRが請求されたクレーム中の多くのクレームについての反論を放棄して争点を絞り、Knip文献に対する従属クレーム3及び16の特許性についてのみ争った。特に、これらのクレームがそれぞれ従属する独立クレーム1及び15において含まれていた「出力密度範囲」に関する争点に絞って争った。そして、Raytheon Technologiesは、（ⅰ）General Electricの専門家が、Knip文献に開示さ

れたパラメータから最新型エンジンの出力密度を導き出す際に、不備のある方法（Flawed methodology）を採用したこと、（ⅱ）Knip文献の開示は、当業者によるクレーム発明の製造を可能にするものではないことを主張した。Raytheon Technologiesによれば、Knip文献で開示された「挑戦的な性能パラメータ」や出力密度は、'751特許の優先日の時点では入手できない「革新的な複合材料」に依存するものであった。

　審判部は、当事者双方からの主張を考慮した上で、'751特許のクレーム3及び16に係る発明が、Knip文献に鑑み自明であると判断した。この判断に至る根拠として、審判部は、次のような様々な事項を説示している。具体的には、審判部は、実施可能性（Enablement）を重要な争点として扱い、それがこの手続におけるKnip文献に基づく分析の際の争点を解決する手掛かりとなると認定した。そして、Knip文献について、当業者がクレームされた数値範囲内の出力密度を決定することを可能にするために十分な情報を提供していることに言及した上で、「Knip文献に記載の技術が実施可能であった（Knip was "enabling,"）。」と判断した。また審判部は、Knip文献に開示された先進的なエンジンの出力密度を当業者が計算できるように十分な開示をKnip文献が提供していたか否かという狭い範囲の問題に焦点を当て、当業者であれば、エンジンサイクルやタービン容積の測定パラメータ等のKnip文献によって提供された情報に基づいて、クレームされた範囲内の出力密度の値を得ることができたであろうと結論付けた。

　このような審判部の判断に対し、Raytheon Technologiesは、CAFCに提訴した。CAFCによる審理において、Raytheon Technologiesは、「Knip文献がクレーム発明を実施可能としている（Knip "enabling" of the claimed invention）。」という審判部の認定の誤りのみを争点とし、「審判部が、Knip文献により当業者がクレーム発明を製造することができたか否かを考慮するのではなく、Knip文献において考察された未来型エンジン（Futuristic engine）の出力密度を当業者が計算することができたか否かのみに不適切に焦点を当てた。」ことを主張した。また、Raytheon Technologiesは、「適正な法的基準に基づいてKnip文献により当業者が

クレーム発明を製造することができたことが、記録にある証拠によって立証されていない。」ことも主張した。

実施可能性を判断するに際し、CAFC は、まず Minn. Mining & Mfg. 判決（2002）[948]を引用して、「先行技術文献が実施可能であるか否かは、基礎となる事実認定に基づく法律問題である。[949]」と述べている。また CAFC は、Kumar 判決[950]を引用ながら、「クレーム発明が自明であると判断するためには、先行技術全体を考慮して、当業者が、クレーム発明を製造し、使用することができなければならない。[951]」とも述べている。その一方で、Symbol Techs. 判決[952]を引用しながら、CAFC は、「103条に基づいて主張された先行技術文献は、自明性の問題について関連性があるものとなるために、その先行技術文献自体の開示内容を実施可能とすること（「自己実施可能性（self-enabling）」）は必要ない。[953]」とも述べている。さらに CAFC は、Apple 判決[954]を引用しながら、「例えば、特定のクレームの限定事項を実施可能にする開示を提供していない先行技術文献であっても、（先行技術を）組み合わせる動機付けを与えることができ、またクレームの限定事項を実施可能とする他の先行技術文献と組み合わせることができる。[955]」こと、Comcast Cable 判決[956]を引用して、「そのような先行技術は、

---

948 *Minn. Mining & Mfg. Co. v. Chemque, Inc.*, 303 F.3d 1294 (Fed. Cir. 2002)
949 Raytheon Technologies 判決において、CAFC は、実施可能性の判断に際し、Minn. Mining & Mfg. 判決（2002）を引用して、"Whether a prior art reference is enabling is a question of law based upon underlying factual findings." と述べている。
950 *In re Kumar*, 418 F.3d 1361 (Fed. Cir. 2005)
951 Raytheon Technologies 判決において、CAFC は、実施可能性の判断に際し、Kumar 判決を引用ながら、"To render a claim obvious, the prior art, taken as a whole, must enable a skilled artisan to make and use the claimed invention." とも述べている。
952 *Symbol Techs., Inc. v. Opticon, Inc.*, 935 F.2d 1569 (Fed. Cir. 1991)。また、*Beckman Instruments Inc. v. LKB Produkter AB*, 892 F.2d 1547 (Fed. Cir. 1989) も引用されている。
953 Raytheon Technologies 判決では、CAFC は、実施可能性の判断に際し、Symbol Techs. 判決を引用しながら、"In general, a prior art reference asserted under § 103 does not necessarily have to enable its own disclosure, i.e., be "self-enabling," to be relevant to the obviousness inquiry." とも述べている。
954 *Apple Inc. v. Int'l Trade Comm'n*, 725 F.3d 1356 (Fed. Cir. 2013)

第6節　先行技術の適格性等

他の先行技術や記録にある証拠によってクレームの要素を実施可能とするために使用することができる。[957]」ことも述べている。これらを踏まえてCAFCは、「たとえ実施可能でない先行技術文献が自明性分析において役割を果たす可能性があるとしても、記録にある証拠は、依然として当業者がクレーム発明を製造できたことを確立しなければならない。[958]」と述べている[959]。さらにCAFCは、Ashland Oil判決[960]を引用して、「当業者がクレーム発明の実施を可能にすることを裏付ける他の証拠がない場合には、103条の先行技術文献単独で、依拠される開示部分を実施可能としなければならない。[961]」ことも述べている[962]。

---

955　Raytheon Technologies判決では、CAFCは、実施可能性の判断に際し、Apple判決を引用しながら、"For example, a reference that does not provide an enabling disclosure for a particular claim limitation may nonetheless furnish the motivation to combine, and be combined with, another reference in which that limitation is enabled." とも述べている。

956　*Comcast Cable Commc'ns Corp. v. Finisar Corp.*, 571 F. Supp. 2d 1137 (N.D. Cal. 2008), aff'd sub nom. *Comcast Cable Commc'ns, LLC v. Finisar Corp.*, 319 F. App'x 916 (Fed. Cir. 2009)。この判決では、公表時に実施可能ではなかった先行技術文献が、技術の進歩によって後日実施可能になった例が紹介されている。

957　Raytheon Technologies判決では、CAFCは、実施可能性の判断に際し、Comcast Cable判決を引用して、"Alternatively, such a reference may be used to supply claim elements enabled by other prior art or evidence of record." とも述べている。

958　Raytheon Technologies判決において、CAFCは、当該判決中で引用した様々な判例の判示内容を踏まえて、"But even though a non-enabling reference can play a role in an obviousness analysis, the evidence of record must still establish that a skilled artisan could have made the claimed invention." と述べている。

959　この点について、*Minn. Mining & Mfg. Co. v. Blume*, 684 F.2d 1166 (6th Cir. 1982)も引用され、このMinn. Mining & Mfg.判決（1982）の "The enabling disclosure concept [for a prior art reference] is a commonsense factor in making a determination of obviousness, for if neither any item of prior art, nor the background knowledge of one with ordinary skill in the art, would enable one to arrive at an invention, that invention would not be obvious. But to argue, as does [the patentee], that the sufficiency of each prior art teaching must be tested under the strict standard requiring an enabling disclosure is to shift the emphasis from obviousness in light of the prior art, taken as a whole, to the sufficiency of each prior art teaching separately considered." という内容が紹介されている。

960　*Ashland Oil, Inc. v. Delta Resins & Refractories, Inc.*, 776 F.2d 281 (Fed. Cir. 1985)

961　Raytheon Technologies判決において、CAFCは、実施可能性の判断に際し、Ashland Oil判決を引用して、"In the absence of such other supporting

## 第6章　近年の自明性に関する判例

　上記のような様々な判決における判示内容を踏まえた上で、CAFC は、本件について検討し、審判部が先行技術の実施可能性の分析において法的に誤ったという Raytheon Technologies の主張を受け入れた。その理由として、CAFC は、「当業者がクレームされた出力密度を備えたターボファン・エンジンを製造可能であったことを確立するために General Electric が依拠した唯一の先行技術は Knip 文献であるが、審判部は、Knip 文献によって当業者がクレーム発明を製造及び使用するこができるか否かを判断するのではなく、当業者が、「過度の実験（Undue experimentation）[963]」を行うことなく、出力密度を決定させるために十分なパラメータが Knip 文献により提供されているか否かだけに焦点を当てた。[964]」こと、「General Electric の専門家が構築したのは、Knip 文献における想像上のエンジンのコンピュータ・モデル・シミュレーションであって、物理的に作動する

---

evidence to enable a skilled artisan to make the claimed invention, a standalone § 103 reference must enable the portions of its disclosure being relied upon." とも述べている。

[962] この点については、*In re Hoeksema, 399 F.2d 269 (CCPA 1968)* や、*In re Antor Media Corp., 689 F.3d 1282 (Fed. Cir. 2012)* も引用されている。

[963] 実施可能要件の判断基準として「過度の実験」は知られている。特許発明が実施可能であるとは、当業者が「過度の実験」をすることなく、その発明を実施することができることをいう（例えば MPEP 2164.01 Test of Enablement [R-08.2012] 参照）。MPEP 2164.01では、Minerals Separation 最高裁判決や Wands 判決を引用して、"The standard for determining whether the specification meets the enablement requirement was cast in the Supreme Court decision of Minerals Separation Ltd. v. Hyde, 242 U.S. 261 (1916) which postured the question: is the experimentation needed to practice the invention undue or unreasonable? That standard is still the one to be applied. In re Wands, 858 F.2d 731 (Fed. Cir. 1988). Accordingly, even though the statute does not use the term "undue experimentation," it has been interpreted to require that the claimed invention be enabled so that any person skilled in the art can make and use the invention without undue experimentation." と解説されている。

[964] Raytheon Technologies 判決において、CAFC は、Raytheon Technologies の主張を受け入れた理由として、"Here, the only prior art or other evidence GE relied on to establish that one of skill in the art would have been able to make a turbofan engine with the claimed power density was the Knip reference. But rather than determining whether Knip enabled a skilled artisan to make and use the claimed invention, see Kumar , 418 F.3d at 1368, the Board focused only on "whether [a skilled artisan] is provided with sufficient parameters in Knip to determine, without undue experimentation, a power density ....."" と説示している。

エンジンではなく、General Electric の専門家は、実際にそのようなエンジンを当業者が構築できたことを示唆しなかった。[965]」こと等を説示している。

以上のような様々な検討を経て CAFC は、General Electric が、'751特許においてクレームされた特定の出力密度を有するターボファン・エンジンが Knip 文献の開示によってどのように実現されるかについて証拠を提示することができなかったので、Knip 文献に係るエンジンが実施可能であるという審判部の判断は法的に誤っていると判断した。そして CAFC は、「当業者が Knip 文献のエンジンを製造することができない場合、必然的にその出力密度を最適化することができない（If a skilled artisan cannot make Knip's engine, a skilled artisan necessarily cannot optimize its power density.）。」ことに言及した上で、'751特許のクレーム3及び16が特許性を有しないため自明であるという審判部の審決を取り消した。

## 2．Qualcomm 判決[966]

Qualcomm は、U.S.P. 8,063,674（以下「'674特許」という。）の権利者である。'674特許は、複数の電圧を供給可能なシステム用の電力検出回路を備えた集積回路装置を対象とする。

Apple は、'674特許の異なるクレーム発明に対し、USPTO の審判部（PTAB）に2つの当事者系レビュー（IPR）を請求した。2つの IPR において、Apple は、（ⅰ）'674特許の特定のクレーム発明が、U.S.P. 7,279,943（以下「Steinacker 先行特許」という。）、U.S.P. 4,717,836（以下「Doyle 先行特許」という。）、Park 文献[967]から自明であること、（ⅱ）'674特許の特

---

965 Raytheon Technologies 判決において、CAFC は、Raytheon Technologies の主張を受け入れた他の理由として、"Moreover, GE neglected to mention that what its expert "constructed" was a computer model simulation of Knip's imagined engine, see J.A. 781, not a physical working engine. GE's expert never suggested that a skilled artisan could have actually built such an engine." ということも説示している。
966 *Qualcomm Inc. v. Apple, Case Nos. 2020-1558, -1559 (Fed. Cir. 2022)*
967 J. C. Park and V. J. Mooney III, Sleepy Stack Leakage Reduction, 14 IEEE Transactions on Very Large Scale Integration (VLSI) Systems 11, 1250–63 (2006)

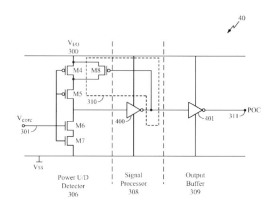

定のクレーム発明が、出願人の「自認した先行技術」と、米国出願公開公報（公開番号：US 2002/0163364、以下「Majcherczak 先行公開公報」という。）から自明であることを主張した。

　Steinacker 先行特許、Doyle 先行特許、及び Park 文献に基づく主張（ⅰ）について、審判部は、'674特許のクレーム発明が、これらの文献から自明ではないと判断した。しかし、出願人が「自認した先行技術」と Majcherczak 先行公開公報に基づく主張（ⅱ）については、審判部は、'674特許のクレーム発明が、これらの先行技術から自明であると判断した。この主張（ⅱ）ついて、Qualcomm は、出願人が「自認した先行技術」と Majcherczak 先行公開公報の組合せが、IPR の対象となっているクレーム発明の各要素を教示していることを認めたが、IPR において「自認した先行技術」を用いて自明性を判断したことに関して異議を唱えていた。この点について審判部は、「出願人が「自認した先行技術」は先行技術であると認められたものであり、'674特許に記載されているので、IPR においてクレーム発明に対し異議を唱えるために使用することができる（"Because AAPA[968] is admitted to be prior art and is found in the '674 patent, it can be used to challenge the claims in an inter partes review."）。」と述べ、Qualcomm の主張を受け入れなかった。そこで、Qualcomm は、CAFC

---

968　"AAPA" とは、"Applicant Admitted Prior Art" の略である。

に提訴した。

　CAFCは、争点がIPRにおける出願人の「自認した先行技術」の使用可否に関するものであり、Qualcomm、Apple及びUSPTOが、311条（b）の「特許又は印刷刊行物からなる先行技術（"prior art consisting of patents or printed publications"）」について異なる解釈をしていると認定している。ここでQualcommは、311条（b）では、IPRにおけるいかなる理由も、先行技術である特許又は印刷刊行物（prior art patents or prior art printed publications）のみに基づくことが要求されていると主張した。それに対し、Appleは、311条（b）が、特許又は印刷刊行物からなる「あらゆる先行技術（any "prior art"）」の使用を許容すると主張した。Appleは、文書自体が先行技術であるか否かにかかわらず、特許又は印刷刊行物に含まれる、（出願人が「自認した先行技術」を含む）いかなる先行技術も、IPRにおける根拠として使用することができると主張した。この点に関してUSPTOは、"Treatment of Statements of the Applicant in the Challenged Patent in Inter Partes Reviews Under § 311 (b)" というガイダンスを公表しており、このガイダンスでは、Qualcommの主張に近い解釈がなされていたが、当業者の一般的知識を示す証拠として、IPRにおいて出願人が「自認した先行技術」の使用を認めるという判例も紹介されていた[969]。

---

[969] USPTOのガイダンスでは、「311条(b)の「特許又は印刷出版物からなる」という文言の解釈として、IPRの根拠として使用される特許は、「IPRが請求された特許」ではなく、「先行技術としての特許」でなければならない。「（IPRが請求された）特許」は（当該特許の）先行技術になることができず、したがって「IPRが請求された特許」は、（311条(b)で規定されている）先行技術で構成される特許に含まれるとはいえない。つまり、「IPRが請求された特許」自体又はその特許における記述は、IPRの根拠となり得ない。このため、「IPRが請求された特許」の明細書における出願人による自認は、102条又は103条に基づいてIPRを開始する根拠として使用することができない。(The better reading of the statutory language - "prior art consisting of patents or printed publications" in § 311(b) - is that any patent that is used as the "basis of a request for inter partes review must be a prior art patent, not the challenged patent. A patent cannot be prior art to itself, and thus the patent challenged in the IPR cannot be said to be among the "patents" of which the "prior art" "consist[s]. In other words, the challenged patent itself, or any statements therein, cannot be the "basis" of an IPR. For this reason, admissions by the applicant in the specification of the challenged patent standing alone cannot

第6章　近年の自明性に関する判例

　上記の争点について、CAFCは、まず311条（b）の文言を分析し、「311条（b）の文言が、IPRにおける「（取消し）理由の根拠（"the basis" of any "ground"）」を特許又は印刷刊行物からなる先行技術に限定している。」ことを指摘した上で、Qualcommの主張及びUSPTOの見解に同意している。CAFCは、この解釈によれば、「IPRが請求された特許」に含まれる先行技術のいかなる記述も除外されることとなり、このような解釈は、311条（b）に関する過去の法解釈（Judicial interpretations）と一致しており、311条（b）についての自然な解釈であると述べている。また、CAFCは、Return Mail判決[970]を引用しながら、「最高裁も当裁判所も、311条（b）において規定されている「特許及び印刷刊行物」が先行技術であることを従前から理解していた。[971]」こと、さらにLonardo判決[972]を引用しながら、「この理解は、類似の規定である301条（a）[973]において、先

---

be used as the basis for instituting an IPR, under either § 102 or § 103.）。」と述べられている。その一方で、例えば、KSR判決、*Randall Mfg. v. Rea, 733 F.3d 1355 (Fed. Cir. 2013)*、*DyStar Textilfarben GmbH & Co. Deutschland KG v. C.H. Patrick Co. 464 F.3d 1356 (Fed. Cir. 2006)* を引用して、「IPRが請求された特許における明細書中の記載は、当業者が有する一般的知識を証明する場合には使用することができる。その証拠は、311条に基づく手続の根拠を形成する1つ以上の先行技術の特許又は印刷出版物と組み合わせて使用される場合には、自明性の議論を裏付けることができる。当業者の一般的知識の証拠の使用は、適切な自明性分析の基礎となる。」（Statements in a challenged patent's specification may be used, however, when they evidence the general knowledge possessed by someone of ordinary skill in the art. That evidence, if used in conjunction with one or more prior art patents or printed publications forming "the basis" of the proceeding under § 311, can support an obviousness argument. The use of evidence of the skilled artisan's general knowledge is foundational to a proper obviousness analysis.）とも述べられている。

970　*Return Mail, Inc. v. U.S.Postal Serv., 139 S. Ct. 1853, 1860 (2019)*。ここでは *Regents of the Univ. of Minn. v. LSI Corp., 926 F.3d 1327 (Fed. Cir. 2019)* も引用されている。

971　Qualcomm判決において、CAFCは、Return Mail判決を引用しながら、"Both the Supreme Court and this court have previously understood the "patents and printed publications" referenced in § 311(b) to themselves be prior art." と述べている。

972　*In re Lonardo, 119 F.3d 960 (Fed. Cir. 1997)*

973　301条(a)の内容は下記のとおりである。
　35 U.S.C. 301 Citation of prior art and written statements.
　(a) IN GENERAL.—Any person at any time may cite to the Office in writing—
　　(1) prior art consisting of patents or printed publications which that

行技術ではない特許を排除するものとしての"prior art consisting of patents or printed publications"という同一の文言の従前の法解釈と一致する。[974]」ことも述べている。以上を踏まえて、CAFCは、「議会が301条(a)と同一の文言を使用したこと、及びAIA制定時の法解釈を考慮すると、311条(b)において規定されている「特許及び印刷刊行物」は、それ自体が先行技術でなければならない。」と述べ、出願人の「自認した先行技術」に関する審判部の判断が誤っていると結論付けた。[975]

## 3．Parus Holdings 判決[976]

Parus Holdingsは、U.S.P. 7,076,431（以下「'431特許」という。）と、U.S.P. 9,451,084（以下「'084特許」という。）の権利者である。'431特許及び'084特許は、ユーザーが音声ウェブブラウザ（Voice web browser）から情報を要求できるようにする双方向型の音声システム（Interactive voice system）に関するものであった。これらの特許は、先の出願（米国出願公開公報（公開番号：US 2001/0047262、以下「Kurganov先行公開公報」という。））の継続出願（優先日：2000年2月4日）に基づくものである。

---

　　　　person believes to have a bearing on the patentability of any claim of a particular patent; or
　（2）statements of the patent owner filed in a proceeding before a Federal court or the Office in which the patent owner took a position on the scope of any claim of a particular patent.
974　Qualcomm判決では、CAFCは、Lonardo判決を引用しながら、"This understanding aligns with prior judicial interpretations of identical language—"prior art consisting of patents or printed publications"—in a similar statute, 35 U.S.C. § 301(a), as excluding patents which themselves are not prior art." とも述べている。
975　なお、Qualcomm判決において、CAFCは、「311条(b)の下では、取消対象とされた特許における出願人の「自認した先行技術」は、「特許又は印刷刊行物からなる先行技術」に該当しないものの、出願人の「自認した先行技術」が、無条件にIPRから除外されるということにはならない（While, under § 311(b), AAPA contained in the challenged patent is not "prior art consisting of patents or printed publications," it does not follow that AAPA is categorically excluded from an inter partes review.）。」ことにも言及している。このことから、IPRが請求された特許における出願人の「自認した先行技術」の記載内容が、IPRにおいて参酌される場合もあり得るといえよう。
976　*Parus Holdings, Inc. v. Google LLC, 70 F.4th 1365 (Fed. Cir. 2023)*

第6章　近年の自明性に関する判例

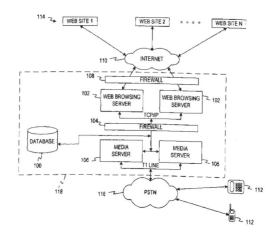

　Google 等は、'431特許及び '084特許に対し、USPTO の審判部（PTAB）に当事者系レビュー（IPR）を請求した。IPR において、複数の先行技術が提出されたが、その中に WO 01/050453（以下「Kovatch 先行公開公報」という。）と、Kurganov 先行公開公報が含まれていた。Parus Holdings は、Kovatch 先行公開公報の優先日が2000年1月4日であったことから、'431特許及び '084特許のクレーム発明が少なくとも Kovatch 先行公開公報の優先日より前の1999年7月12日までに発明され、少なくとも1999年12月31日までに「実施化（本件では "Reduced to practice" という表現が使用されているが、"Reduction to practice"[977] という表現も使用される。）」され

---

[977] 一般に発明をするには、「着想（Conception）」と「実施化（Reduction to practice）」の2つのステップがあるといわれている。ここで「実施化」については、例えば MPEP 2138.05 "Reduction to Practice" [R-07.2022] において次のように解説されている。「（発明の）実施化には、クレーム発明について特許出願がなされたときに発生する「法的な意味での実施化」と「事実上の実施化」がある。特許出願は、その出願に記載された主題の「着想」及び「法的な意味での実施化」（の証拠）としての役割を果たす。したがって、発明者は、特許出願の内容に依拠する場合、「着想」又は「法的な意味での実施化」の証拠を提供する必要はない。「実施化」は、発明者の代わりに他人によって行うことができる。特許出願は理論的にはその時点における「法的な意味での実施化」を構成するが、その後にその特許出願を放棄すると、「法的な意味での実施化」としての特許出願の利益を放棄することとなる。しかし、特許出願は、その発明の「着想」の証拠であるといえる。(Reduction to practice may be an actual reduction or a constructive reduction to practice which occurs when a patent application on the claimed invention is filed. The filing of a

第6節　先行技術の適格性等

ていたため、Kovatch 先行公開公報は先行技術ではないと主張した。しかし、Parus Holdings は、この点に関し応答書において十分な説明をしておらず、実質的に膨大な量の証拠（合計1,300頁に及ぶ約40件の証拠）を提出しただけであった。そこで、審判部は、Parus Holdings の主張が規則42.6（a）(3)[978]に準拠したものではないと判断した。具体的には、審判部は、Parus Holdings が応答書の中で「先行した着想（Prior conception）」や「実施化」に関する実質的な議論を提示しておらず、これらの主張を引用により不当に応答書に組み込んだと判断し、Parus Holdings の主張を斥けた。その結果、審判部は、Kovatch 先行公開公報が、'431特許及び '084特許の先行技術となると判断した。

Kurganov 先行公開公報について、Google 等は、この Kurganov 先行公開公報が '431特許及び '084特許の先行技術となると主張した。Kurganov 先行公開公報は、'431特許及び '084特許が先の出願の利益を主張する出願の公報であったことから、Kurganov 先行公開公報は、'431特許及び '084特許との間で「共通の明細書（Common specification）」を有していた。

---

patent application serves as conception and constructive reduction to practice of the subject matter described in the application. Thus the inventor need not provide evidence of either conception or actual reduction to practice when relying on the content of the patent application. *Hyatt v. Boone, 146 F.3d 1348 (Fed. Cir. 1998).* A reduction to practice can be done by another on behalf of the inventor. *De Solms v.Schoenwald, 15 USPQ2d 1507 (Bd. Pat. App. & Inter. 1990).* "While the filing of the original application theoretically constituted a constructive reduction to practice at the time, the subsequent abandonment of that application also resulted in an abandonment of the benefit of that filing as a constructive reduction to practice. The filing of the original application is, however, evidence of conception of the invention." *In re Costello, 717 F.2d 1346 (Fed. Cir. 1983)* (The second application was not co-pending with the original application and it did not reference the original application. Because of the requirements of 35 U.S.C. 120 had not been satisfied, the filing of the original application was not recognized as constructive reduction to practice of the invention.).)」

978　規則42.6(a)(3)の内容は下記のとおりである。
§ 42.6 Filing of documents, including exhibits; service.
(a) General format requirements.
　(3) Incorporation by reference; combined documents. Arguments must not be incorporated by reference from one document into another document. Combined motions, oppositions, replies, or other combined documents are not permitted.

しかし、Google 等は、'431特許及び '084特許において IPR が請求された全てのクレーム発明が Kurganov 先行公開公報の明細書に記載されていないと判断したことから、上記の「共通の明細書」が、IPR が請求された全てのクレーム発明に対し、記述的サポートを提供していない[979] (the common specification failed to provide written description support for all the challenged claims of the '084 patent and claim 9 of the '431 patent.)」と主張した。つまり、Google 等は、IPR が請求された全てのクレーム発明について、先の有効出願日の利益が得られないと主張した。それに対し、Parus Holdings は、これらのクレーム発明が Kurganov 先行公開公報に記載されていると主張したが、審判部は、IPR が請求されたクレーム発明における特定の構成[980]が Kurganov 先行公開公報に記載されていないと認定した。その結果、IPR が請求されたクレーム発明について、2000年2月4日の優先日の利益が得られないことから、Kurganov 先行公開公報も、'431特許及び '084特許の先行技術となると判断された。

以上を踏まえて、審判部は、Kovatch 先行公開公報と Kurganov 先行公開公報を含む先行技術に鑑み、'431特許及び '084特許において IPR が請求されたクレーム発明が自明であると結論付けた。そこで、Parus Holdings は、CAFC に提訴した。

CAFC による審理において、Parus Holdings は、（ⅰ）先行技術に関する Parus Holdings の議論及び証拠の考慮を不適切に拒否して Kovatch 先行公開公報が先行技術としての適格性を有するとした審判部の判断が誤っていること、（ⅱ）'431特許及び '084特許において IPR が請求されたクレーム発明が（先の出願の）明細書によりサポートされていないため（先の出願の）優先日の利益が得られないとした審判部の判断が誤っていることを主張した。

---

[979] 本件でいう "Written description support" は、いわゆる「記述要件（Written description requirement）」を意味するものと解することができる。

[980] 審判部は、クレーム発明における "a computing device "configured to periodically search via one or more networks to identify new web sites and to add the new web sites to the plurality of web sites""という構成が Kurganov 先行公開公報に記載されていないと認定した。

第6節　先行技術の適格性等

　まず、上記（ⅰ）の主張について、Parus Holdings は、審判部が規則42.6（a）(3) の規定に反すると認定したことについては争わなかったが、審判部が、（Parus Holdings が提出した）証拠を検討するのを拒否したことが違法であると主張した。これに対し、CAFC は、「証拠に関して関連部分の特定や説明をすることなく、多くの証拠を審判部に提出しただけでは証拠提出責任を果たしたことにはならない。また（必要な説明をすることなく）膨大な量の証拠書類の中から選別して関連事実を認定することを審判部に対して合理的に期待することもできない。[981]」と説示している。この点について、Dunkel 判決を含む複数の判決[982]が引用されている。その上で、CAFC は、行政手続法（Administrative Procedure Act）その他の法律の規定についても検討し、審判部がこれらの規定にも違反していないと判断した。このような様々な検討を経て CAFC は、Kovatch 先行公開公報が '431特許及び '084特許の先行技術としての適格性を有するとの審判部の判断を支持した。

　上記（ⅱ）の主張について、CAFC は、Lockwood 判決[983]を引用しながら、「クレームが120条に基づく先の出願の出願日の利益を受けるためには、先の出願の利益を受ける一連の出願は、それぞれ112条の記述要件を満たさなければならない。[984]」こと、また Ariad Pharms 判決[985]を引用しながら、

---

981　Parus Holdings 判決において、CAFC は、証拠提出責任について、"The burden of production cannot be met simply by throwing mountains of evidence at the Board without explanation or identification of the relevant portions of that evidence. One cannot reasonably expect the Board to sift through hundreds of documents, thousands of pages, to find the relevant facts." と説示している。

982　*United States v. Dunkel, 927 F.2d 955 (7th Cir. 1991)*。この Dunkel 判決については、"Judges are not like pigs, hunting for truffles buried in briefs." という内容が引用されている。また、*General Access Solutions, Ltd. v. Sprint Spectrum L.P., 811 F. App'x 654, 657 (Fed. Cir. 2020)* も引用され、この General Access Solutions 判決については "the Board should not be forced to play arch[a]eologist with the record." という内容が引用されている。さらに、*DeSilva v. DiLeonardi, 181 F.3d 865, 866- 67 (7th Cir. 1999)* も引用され、この DeSilva 判決については、"A brief must make all arguments accessible to the judges, rather than ask them to play archaeologist with the record." という内容が引用されている。

983　*Lockwood v. Am. Airlines, Inc., 107 F.3d 1565 (Fed. Cir. 1997)*

984　Parus Holdings 判決において、CAFC は、Lockwood 判決を引用しながら、

「一連の出願は、それぞれ出願日の時点で発明者が後の出願においてクレームされた主題を有していたことを当業者に合理的に伝達しなければならない。[986]」ことを述べている。

　上記（ⅱ）の主張において、Parus Holdings は、審判部による記述要件に関する判断が、311条（b）に基づく法定権限（Statutory authority）を越えるものであると主張した。それに対し、Google 等の被上訴人は、Arthrex 判決[987]を引用しながら、「Parus Holdings が、「応答書（Response）[988]」ではなく、「予備的応答書（Preliminary Response[989]）」においてのみ、上記（ⅱ）の主張に関する議論（先の出願の利益に関する議論）をしたことから、当該議論を放棄した（waived）ことになり、たとえ放棄したことにならなくても、Arthrex 判決における決定に鑑み、上記議論は無効とされる（foreclosed）。」と主張した。この点について CAFC は、被上訴人に同意し、NuVasive 判決[990]を引用しながら、「「応答書」ではなく「予備的応答書」

---

"For a claim to be entitled to the "the filing date of an earlier application under 35 U.S.C. § 120, each application in the chain leading back to the earlier application must comply with the written description requirement of 35 U.S.C. § 112.""と述べている。

985　*Ariad Pharms., Inc. v. Eli Lilly & Co., 598 F.3d 1336 (Fed. Cir. 2010) (en banc)*

986　Parus Holdings 判決において、CAFC は、Ariad Pharms 判決を引用しながら、"Each application in the chain must therefore "reasonably convey[] to those skilled in the art that the inventor had possession of the [later-claimed] subject matter as of the filing date.""と述べている。

987　*Arthrex Inc. v. Smith & Nephew, Inc., 35 F.4th 1328 (Fed. Cir. 2022)*

988　ここでいう「応答書」は、316条（8）の規定に基づくものであり、IPR の開始後に特許所有者が IPR 請求の実体的な理由に対して応答するために提出可能なものをいうと解される。なお、316条（8）では、"providing for the filing by the patent owner of a response to the petition under section 313 after an inter partes review has been instituted, and requiring that the patent owner file with such response, through affidavits or declarations, any additional factual evidence and expert opinions on which the patent owner relies in support of the response;" と規定されている。

989　「予備的応答書」については、313条において、"If an inter partes review petition is filed under section 311, the patent owner shall have the right to file a preliminary response to the petition, within a time period set by the Director, that sets forth reasons why no inter partes review should be instituted based upon the failure of the petition to meet any requirement of this chapter." と規定されている。「予備的応答書」は、IPR が開始されるべきではない理由を記載することが予定されている。

990　*In re NuVasive, Inc., 842 F.3d 1376 (Fed. Cir. 2016)*

において議論することにより、特許所有者は（「応答書」においてなされるべき）当該議論を放棄したことになる。[991]」と述べている。またCAFCは、「たとえParus Holdingsがそのような議論を放棄していなかったとしても、その議論は実質的に意味がない。我々が上記のArthrex判決において示したように、311条（b）は、IPR請求の理由について規定するだけのものであり、審判部がそれらの理由について（実体的に）検討するという問題に関して規定するものではない。[992]」ことも述べている。これらを踏まえてCAFCは、「「（'431特許及び'084特許において）Kurganov先行公開公報に対して先の出願の利益を主張しているからKurganov先行公開公報が先行技術には該当しない。」とParus Holdingsが主張したことから、審判部は、IPRが請求されたクレーム発明が記述要件を充足するか否かを決定する必要があったのであり、この審判部の審決は、311条（b）に基づく法定権限を越えるとはいえない。」と判示した。

またParus Holdingsは、「IPRの対象となるクレーム発明が（Kurganov先行公開公報の）明細書により十分にサポートされており、先の出願の利益を受けることができる。」ことも主張していた。ここで、'431特許及び'084特許の各明細書には2つの実施形態が開示されており、第1の実施形態は、ネットワーク化されたウェブサイトに関連するものであり、第2の実施形態は、ネットワーク化されたデバイスに関連するものであった。Parus Holdingsは、専門家証言により、当業者であれば、第2の実施形態の教示を第1の実施形態に適用可能であると理解したであろうと主張した。それに対し、被上訴人は、「第1の実施形態が、「実際のウェブサイト（Actual web sites）」に関するものであって、「新たなウェブサイト」を追

---

[991] Parus Holdings判決において、CAFCは、NuVasive判決を引用しながら、「予備的応答書」における議論に関して、"We agree with Appellees on both points. By raising an argument in its Preliminary Response, but not its Response, a patent owner waives said argument." と述べている。

[992] Parus Holdings判決において、CAFCは、「予備的応答書」における議論に関して、"Even if Parus had not waived such argument, it is without merit. As we decided in Arthrex, §311(b) "merely dictates the grounds on which an IPR petition may be based, not the issues that the Board may consider to resolve those grounds." とも述べている。

加するものではないのに対し、第2の実施形態が、「新たなデバイス」の追加に関するものであり、これはウェブサイトのように見えるかもしれないが、ウェブサイトではなく、これらの教示を組み合わせることはできない。」と主張した。この点についてもCAFCは、被上訴人に同意し、「「新たなウェブサイト」を特定し、その「新たなウェブサイト」を「複数のウェブサイト」に追加するように、1つ以上のネットワークを介して定期的に検索するように構成されることが記述要件を満たしていないという審判部の審決は、実質的証拠によって裏付けられている。」と認定した。このような検討結果をも踏まえてCAFCは、「'431特許及び'084特許においてIPRが請求されたクレーム発明が、（Kurganov先行公開公報の）明細書によりサポートされていないため、（'431特許及び'084特許について）先の出願の利益は得られない。」という審判部の判断を支持した。以上の検討を経てCAFCは、Kovatch先行公開公報とKurganov先行公開公報を含む先行技術に鑑み、'431特許及び'084特許においてIPRが請求されたクレーム発明が自明であると判断した。

# 判例索引

Agrizap, Inc. v. Woodstream Corp., 520 F. 3d 1337（Fed. Cir. 2008）……133
Altana Pharma AG v. Teva Pharm. USA, Inc., 566 F. 3d 999（Fed. Cir. 2009）……168
Alza Corp. v. Mylan Labs., Inc., 464 F. 3d 1286（Fed. Cir. 2006）……191
Anderson's-Black Rock, Inc. v. Pavement Salvage Co., 396 U. S. 57（1969）……49, 60, 82
Arendi S. A. R. L. v. Apple Inc. 832 F. 3d 1355（Fed. Cir. 2016）……298
Atlantic Works v. Brady, 107 U.S. 192（1883）……9
Aventis Pharma Deutschland v. Lupin Ltd., 499 F. 3d 1293（Fed. Cir. 2007）……141
Bayer Schering Pharma A. G. v. Barr Labs., Inc., 575 F. 3d 1341（Fed. Cir. 2009）……208
BE Aerospace, Inc. v. C & D Zodiac, Inc. 962 F. 3d 1373（Fed. Cir. 2020）……307
Calmar, Inc. v. Cook Chemical Co., 383 U. S. 1（1966）……48
Concrete Appliances Co. v. Gomery, 269 U. S. 177（1925）……12
Crocs, Inc. v. U. S. Int'l Trade Comm'n, 598 F. 3d 1294（Fed. Cir. 2010）……91
Cuno Engineering Corp. v. Automatic Devices Corp., 314 U. S. 84（1941）……15, 28
Dann v. Johnston, 425 U. S. 219（1976）……54, 179, 229
DePuy Spine, Inc. v. Medtronic Sofamor Danek, Inc., 567 F. 3d 1314（Fed. Cir. 2009）……110
Donner Tech., LLC v. Pro Stage Gear, LLC, 979 F. 3d 1353（Fed. Cir. 2020）……280
Ecolab, Inc. v. FMC Corp., 569 F. 3d 1335（Fed Cir. 2009）……98
Eisai Co. Ltd. v. Dr. Reddy's Labs., Ltd., 533 F. 3d 1353（Fed. Cir. 2008）……149
Electric Cable Joint Co. v. Brooklyn Edison Co., Inc., 292 U. S. 69（1934）……14
Elekta Ltd. v. Zap Surgical Systems, Inc., 81 F. 4th 1368（Fed. Cir. 2023）……293
Ex parte Catan, 83 USPQ 2d 1568（Bd. Pat. App. & Int. 2007）……236
Ex parte Smith, 83 USPQ 2d 1509（Bd. Pat. App. & Int. 2007）……122
Graham v. John Deere Co., 383 U. S. 1（1966）……37, 134
Great Atlantic & Pacific Tea Co. v. Supermarket Equipment Corp., 340 U. S. 147（1950）……18
Hotchkiss v. Greenwood, 52 U. S.（11 How.）248（1851）……3, 28
In re Brandt, 886 F. 3d 1171（Fed. Cir. 2018）……317
In re Fout, 675 F. 2d 297（CCPA 1982）……115

In re ICON Health & Fitness, Inc., 496 F. 3d 1374（Fed. Cir. 2007）……125

In re Klein, 647 F. 3d 1343（Fed. Cir. 2011）……277

In re Kubin, 561 F. 3d 1351（Fed. Cir. 2009）……196

In re Nilssen, 851 F. 2d 1401（Fed. Cir. 1988）……174, 180

In re O'Farrell, 853 F. 2d 894（Fed. Cir. 1988）……117

In re Omeprazole Patent Litigation, 536 F. 3d 1361（Fed. Cir. 2008）……87

In re Urbanski, 809 F.3d 1237（Fed. Cir. 2016）……181

In re Van Os, 844 F. 3d 1359（Fed. Cir. 2017）……302

Incept LLC v. Palette Life Sciences, Inc., 77 F. 4th 1366（Fed. Cir. 2023）……258

Ivera Medical Corporation v. Hospira, Inc., No. 2014-1613, -1614（Fed. Cir. 2015）……283

KSR Int'l Co. v. Teleflex Inc., 550 U. S. 398（2007）……41, 56, 67, 69, 81, 234

Leapfrog Enterprises, Inc. v. Fisher-Price, Inc., 485 F. 3d 1157（Fed. Cir. 2007）……230

Merck & Cie v. Gnosis S. P. A., 808 F. 3d 829（Fed. Cir. 2015）……271

Muniauction, Inc. v. Thomson Corp., 532 F. 3d 1318（Fed. Cir. 2008）……137

Ortho-McNeil Pharm., Inc. v. Mylan Labs, Inc., 520 F. 3d 1358（Fed. Cir. 2008）……204

OutDry Techs. Corp. v. Geox S. P. A. 859 F. 3d 1364（Fed. Cir. 2017）……286

Parus Holdings, Inc. v. Google LLC, 70 F. 4th 1365（Fed. Cir. 2023）……337

Perfect Web Tech., Inc. v. InfoUSA, Inc., 587 F. 3d 1324（Fed. Cir. 2009）……222

PersonalWeb Technologies, LLC, v. Apple, Inc., 917 F. 3d 1376（Fed. Cir. 2019）……290

Pfizer, Inc. v. Apotex, Inc., 480 F. 3d 1348（Fed. Cir. 2007）……187

Phillips v. Detroit, 111 U. S. 604（1884）……10

Procter & Gamble Co. v. Teva Pharm. USA, Inc., 566 F. 3d 989（Fed. Cir. 2009）……160

Qualcomm Inc. v. Apple, Case Nos. 2020-1558, -1559（Fed. Cir., 2022）……333

Raytheon Technologies Corp. v. General Electric Co., 993 F. 3d 1374（Fed. Cir. 2021）……327

Reckendorfer v. Faber, 92 U. S. 347（1875）……4

Rolls-Royce, PLC v. United Tech. Corp., 603 F. 3d 1325（Fed. Cir. 2010）……217

Ruiz v. A.B. Chance Co., 357 F. 3d 1270（Fed. Cir. 2004）……85, 121, 177

Sakraida v. Ag Pro Inc., 425 U. S. 273（1976）……52, 60

Sanofi-Synthelabo v. Apotex, Inc., 550 F. 3d 1075（Fed. Cir. 2008）……212

Smith v. Goodyear Dental Vulcanite Co., 93 U. S. 486（1876）……6

Sundance, Inc. v. DeMonte Fabricating Ltd., 550 F. 3d 1356（Fed. Cir. 2008）……95

Takeda Chem. Indus., Ltd. v. Alphapharm Pty., Ltd., 492 F. 3d 1350（Fed. Cir. 2007）……199

Teva Pharmaceuticals, LLC v. Corcept Therapeutics, Inc., No. 21-1360（Fed. Cir. 2021）……274

UCB, Inc. v. Actavis Laboratories UT, Inc., 65 F. 4th 679（Fed. Cir. 2023）……250, 325

United States v. Adams, 383 U. S. 39, 40（1966）……45, 59, 83

Wyers v. Master Lock Co., 616 F. 3d 1231（Fed. Cir. 2010）……103

ZUP, LLC v. Nash Manufacturing, Inc. No. 2017-1601（Fed. Cir. 2018）……263

# 事項索引

Administrative Patent Judge……175

Admitted Prior Art……307

Affidavits……188

Analogous art……108, 277

ANDA……143

Appeal Brief……236

Appeal to the Patent Trial and Appeal Board……320

Bench trial……200

Best mode requirement……205

BPAI……118

BRI 基準……287

Broadest Reasonable Interpretation……76

Burden of persuasion……265

CAFC……43

CCPA……54

Certiorari……64

Clear and convincing evidence……161

Codification of the patent statutes……24

Commercial success…… 42, 253

Commissioner of Patents……54

Common sense……298

Continuation application……187

Continuation-in-part application……187

Contributory infringement……263

Copying……45, 267

Counterclaim……85

Declarations……188

Declaratory Judgment……84

Declaratory relief……264

Derivation proceedings……143

Divisional application……187

Doctrine of clean hands……150

Doctrine of inequitable conduct……150
Duty to disclose information……152
en banc……145
Enablement requirement……205
Ensnarement defense……111
Equity……150
Ex parte……122
Ex Parte Reexamination……122
Examination Guidelines……69
Examiner's Answer……236
Exclusive licensee……259
Expansive and flexible approach……58
Expert testimony……105
Expert witness……164
Extension of patent term……168
Failure of others……42
FDA……143
Field of endeavor……75
Final office action……320
Final written decision……259
Finite number of identified predictable solutions……186
First office action……320
First to invent system……34
First-inventor-to-file system……34
Flash of creative genius……18
Flexible approach……71
Fraud……150
Genius of the inventor……11
Genuine dispute……286
Genus……219
Graham Factors……39
Hatch-Waxman Act……149
Hindsight……62
IDS……152

Indicia……8
Induced infringement……263
Information being material to patentability……152
Information Disclosure Statement → IDS
Injunction……169
Inter Partes Reexamination……125
Inter partes review……258
Interference……142
Inventive genius……13
Inventorship……135
IPR → Inter partes review……258
ITC……91
Jepson claim……115
JMOL……99
Jury……98
Jury's verdict……99
Laches……151
Lead compound analysis……153
Lead compounds……153
Level of ordinary skill in the art……41
Likelihood of success on the merits……172
Long felt but unsolved needs……42, 261
Markman hearing……205
Mechanical skill……5
Motion for directed verdict……79
MPEP……40
Non-exclusive licensee……259
Non-final office action……320
Notice of Allowance……320
Obvious to try……120
Obviousness-type double patenting……134
Ordinary skill……146
Per se rule……322
PGR → Post grant review

PHOSITA……72

Post grant review……274

Preamble……115

Predictable results……74

Preliminary amendment……187

Preliminary injunction……169

Preliminary Response……342

Preponderance of evidence……81

Presumption of validity……189

Prima Facie Case……79

Prima Facie Case of Obviousness……79

Primary reference……184

Probative value……250

RCE → Request for continued examination

Reasonable expectation of success……72, 271

Reduction to practice……338

Reissue……217

Relevant prior art……126

Reply Brief……236

Request for continued examination……320

Requirement for the presence of invention……26

Result-effective variables……184

Rigid approach……57

Scintilla of evidence……300

Secondary considerations……42

Secondary reference……184

Skepticism of experts……266

Species……220

Structural similarity……144

Substantial evidence standard……64

Synergy test……54

teach away……129

Teaching-Suggestion-Motivation test……61

Terminal disclaimer……135

事項索引

Testimony……94

Trade secret……263

Transitional phrases……115

Trial……113

Trial court……231

TSM テスト……61

Undue experimentation……332

Unenforceability……205

Unexpected results……243

United States Code……23

USSR Certificate……174

Utility……2

Weight of the evidence……300

Willful infringement……138

Written description requirement……205

後知恵……62

移行句……115

一応の自明性……79

一応有利な事件……79

一部継続出願……187, 217

インターフェアレンス……142

エクイティ……150

仮差止命令……169

過度の実験……332

拡張的かつ柔軟なアプローチ……57

確認判決……84

慣習法……1

簡易新薬申請……142

関税特許控訴裁判所……54

関連する先行技術……126

寄与侵害……263

機械工の技能……5

記述要件……205

許可通知……320

グラハムファクター……39
クリーンハンズの原則……150
継続出願……187
継続審査請求……320
結果を得るために有効な変数……184
厳格なTSMテスト……64
厳格なアプローチ……57
故意侵害……138
構造的類似性……144
再発行……217
最終局指令……320
最終審決書……258
最初の局指令……320
裁量上訴……64
差止命令……169
査定系再審査……122
指示評決の申立て……79
ジェプソン型クレーム……115
自認した先行技術……307
自明な試行……120
自明型二重特許……134
自由技術の抗弁……111
実施化……338
実施可能要件……205
実質的証拠……64
シナジー・テスト……54
主引例……184
種……220
柔軟なアプローチ……71
商業的成功……42, 253
証言……94
証拠の細片……300
証拠の重さ……300
証拠の優越……81

事項索引

証明力……250

常識……298

常識の適用……298

情況証拠……8

情報開示義務……152

情報開示陳述書……152

審査ガイドライン……69

審判請求……320

審判請求理由書……236

審判部……118

真正な争点……286

成功の合理的期待……72, 271

説得責任……265

先行技術の適用の阻害要因……129, 312

先発明者先願主義……34

先発明主義……34

宣言書……187

宣言的救済……264

宣誓供述書……188

専門家による懐疑論……266

専門家証言……104

専門家証人……164

前文……115

属……219

ターミナルディスクレーマ……135

他人による模倣……45, 267

他人の失敗……42

通常の技術……146

天才のひらめきテスト……18

当業者……40

当業者の技術レベル……41

当事者系レビュー……258

当事者系再審査……125

当然違法の原則……322

答弁書……236
特許審判官……175
特許性に関して重要な情報……151
特許存続期間の延長……168
特許の有効性の推定……189
特許法の法典化……24
独占的実施権者……259
トライアル……113
トレードシークレット……263
長年未解決の課題……42, 261
二次的考慮事項……42
陪審……98
陪審評決……99
ハッチ・ワックスマン法……49
発明の存在要件……26
発明者の地位……135
発明者の非凡な才能……11
発明者証制度……174
パブリックドメイン……18
判例……1
判例法……1
反訴……85
非独占的実施権者……259
不衡平行為の原則……150
付与後レビュー……274
副引例……184
フロード……150
分割出願……187
米国国際貿易委員会……91
ベストモード要件……205
ベンチトライアル……200
弁駁書……236
法源……1
法律問題としての判決……99

事項索引

冒認手続……143
本案勝訴の可能性……172
マークマン・ヒアリング……205
明白かつ説得力のある証拠……161
最も広い合理的解釈……76
模倣の立証……106
有限数の特定されかつ予測可能な解決策……186
有効出願日……34
有用性……2
誘引侵害……263
予期せぬ効果……243
予測可能な結果……74
予備的応答書……342
予備的補正……187
ラッチェス……151
リード化合物……153
リード化合物分析……153
理論的根拠（A）……81
理論的根拠（B）……114
理論的根拠（C）……173
理論的根拠（D）……178
理論的根拠（E）……185
理論的根拠（F）……229
理論的根拠（G）……239
略式判決……57
類似の技術……108, 277
連邦巡回区控訴裁判所……43

# 著者紹介

## 佐々木　眞人

1990年　神戸大学　工学部　生産機械工学科卒業
1992年～現在　特許業務法人　深見特許事務所
2002年　弁理士試験合格
2005年　特定侵害訴訟代理業務試験合格
2010年～2022年　大阪大学大学院　法学研究科　客員教授
2011年～2014年　日本弁理士会　国際活動センター　米国部会委員
2014年～2015年　東京高裁，東京地裁及び大阪地裁専門委員
2020年～現在　東京高裁，東京地裁及び大阪地裁専門委員
2022年～2024年　工業所有権審議会試験委員（条約）
2023年～現在　大阪地方裁判所　民事調停委員

＜主な講師歴＞

2010年～2020年　大阪大学 法学研究科　知的財産プログラム「産業財産権関係条約2」講師
2013年　一般社団法人 発明推進協会　AIA 全面施行後の特許出願戦略と訴訟戦略
2013年　大阪大学 知的財産センター　Iprism 知的財産人材育成シンポジウム
2014年～現在　一般社団法人 日本知的財産協会 WU1（米国特許制度）コース　講師
2015年　日本弁理士会　「米国特許実務セミナー」eラーニング講師

＜書籍＞

2013年 「アメリカ改正特許法　日米の弁護士・弁理士におる実務的解説」（Q10，Q11，Q16，Q17，Q18，Q19，Q20担当）一般社団法人 発明推進協会

2013年 「特許法」茶園 成樹 編（第２章、第４章、第14章　担当）有斐閣

2015年 「知的財産関係条約」茶園 成樹 編（第４章　特許協力条約　担当）有斐閣

2017年 「特許法 第２版」茶園 成樹 編（第２章、第４章、第14章　担当）有斐閣

2022年 「特許協力条約概説」一般財団法人　経済産業調査会

2023年 「知的財産関係条約 第２版」茶園 成樹 編（第４章　特許協力条約　担当）有斐閣

＜論文＞

・2017年　一般社団法人　日本知財財産協会「知財管理」2017年７月号 VOL.67，NO.7　"判例と実務シリーズ（No. 471）" p1087～1097「誤訳の訂正が特許請求の範囲を変更するものとして認められなかった事例」。
・日本弁理士会パテント誌2021年９月号 P72～78「国際段階で欠落補充をしたために優先権主張の効果が認められなかった事例」等。

カバーデザイン　株式会社丸井工文社

## 自明性に関する米国特許重要判例

2025年（令和7年）4月21日　初版　発行

著　者　佐々木　眞人
©2025　SASAKI Masato
発　行　一般社団法人　発明推進協会

発 行 所　一般社団法人　発明推進協会
　　　　　所在地　〒105-0001 東京都港区虎ノ門2-9-1
　　　　　電　話　03-3502-5433（編集）03-3502-5491（販売）
　　　　　ﾌｧｸｼﾐﾘ　03-5512-7567（販売）

印　刷　株式会社　丸井工文社　　Printed in Japan
乱丁・落丁本はお取り替えいたします。
ISBN 978-4-8271-1418-8
本書の全部または一部の無断複写複製を禁じます（著作権法上の例外を除く）。

発明推進協会HP：https：//www.jiii.or.jp/

## 弁理士法人 深見特許事務所
### Fukami Patent Office, P.C.

　深見特許事務所は、現相談役の深見久郎弁理士が1969（昭和44）年7月に設立した特許事務所です。事務所開設から50年を経過し、弁理士数は88名（うち特定侵害訴訟代理付記48名）、弁理士を含む総勢264名（2025年3月時点）に成長しました。大阪のメインオフィスに加え、東京オフィスも有しています。業務内容は、日本および海外における、特許・実用新案・意匠・商標の出願、異議申立、審判、鑑定、訴訟、ライセンスおよび税関取締、不正競争防止法・回路配置法・著作権法ほか知的財産権に関する業務全般です。

　創業当初から、有能な若手技術者を積極的に採用して弁理士として育て上げることを経営の基本方針とし、発展の礎を築いてきました。その結果、現在では、電気、電子、情報、ソフトウェア、通信、機械、物理、金属、材料、化学、ライフサイエンスなどすべての技術分野において、深い技術的知見と豊富な知財経験を有する79名の特許担当弁理士を擁するに至り、発明発掘、権利化手続きから権利活用に至るそれぞれの段階において、クライアント様にご満足いただける高度なサービスを提供できる確固たる体制を構築しています。また創業当初から将来の知財のグローバル化を見越して外国関連（内外・外内）案件にも積極的に取り組んできました。外国関連案件の豊富な実務経験の蓄積、弁理士の積極的な海外研修への派遣、提携関係にある在外代理人の広大なネットワークにより、クライアント様からはどのような外国関連案件にも対応することができる事務所との評価をいただくとともに、海外の多くの先進的企業からもパートナーとして高い信頼を得ております。第四次産業革命とも言われる技術の大転換点にあって、特許事務所にも飛

躍的なスキルアップが求められています。このような要求に対応すべく、AI・IoT知財支援チームといった特別チームを適時に編成し、技術の飛躍的な進歩と法制度の変革、ビジネス環境の変化を常にキャッチアップし続けるとともに、グローバルな対応力を高めることにより、クライアント様の経営に真に貢献できるパートナーでありたいと願っております。

　当所は独立した意匠部を擁し、開業以来の長年の実績から、国内意匠業務、外国意匠業務、外内意匠業務に精通しています。2015年5月から開始されたハーグ協定のジュネーブ改正協定に基づく国際意匠出願につきましても既に多くの出願実績を有しています。特許に精通した弁理士8名や商標に精通した弁理士2名が連携しながら、あらゆる業界のクライアント様の多様なニーズに対応して戦略的な意匠関連業務を提供しています。例えば日本の意匠出願については、関連意匠制度、部分意匠制度、秘密意匠制度といった各種制度を有機的に組み合わせた戦略的な出願を提案するようにしています。また発明から派生する意匠、商標から派生する意匠、さらには意匠への変更出願を見据えた出願も提案するようにしています。海外に展開する際には、在外代理人の選任や現地の法制度の理解が必要になりますが、当所では、長年の外国出願の経験に基づく知見や最新情報の蓄積により、出願国に最適な出願を提案することができます。また180を超える国や地域の在外代理人と密なコネクションを構築しており、クライアント様の意匠のグローバル展開に対しても十分満足頂けるサービスを提供することができます。

　当所の商標法律部門は、国内のみならず世界中の国々での出願・係争事件処理、複雑な商標権管理、ライセンス契約など幅広いサービスを提供する、全国でも有数の商標部門に成長しました。多種多様な事件を扱った経験豊富な９名の商標専門弁理士の情報共有によるチームとしての経験値の高さに加え、商標専門の事務部門と商標専門弁理士の連携により、世界に広がる膨大な数の商標権をきめ細かくメンテナンスする管理のノウハウを長年にわたって蓄積してきました。現代のビジネスにおける商標戦略は、単なるブランディングを超え、商品・サービスの展開と密接に関連する重要な事業戦略の一部となっています。当所の商標法律部門は丁寧なカウンセリングに定評があり、国内・海外ともに一流企業様の信頼を得て、出願・紛争・契約等の戦略的アドバイスを行っており、このことがクライアント様の事業戦略の遂行の一助となっていると信じています。またクライアント様のご依頼には即日対応するスピードを目指す一方で、商標法律部門全員がクライアント様の知財部門の一員や顧問弁理士であるかのような意識をもって業務にあたっており、クライアント様から重宝される存在でありたいと願っております。

　当所に所属する弁理士88名中、48名が特定侵害訴訟代理資格を有しており、その数および比率において国内特許事務所有数のものと自負しております。その背景として、当所が従来から、単に出願業務に従事するだけの弁理士ではなく知財専門家としての弁理士を育成することを目指してきたことが挙げられます。この一環として所内で定期的に裁判例研究会等を開催しており、これが訴訟等についての専門知識や意識を高める動機づけとなっています。このような専門知識等を有する弁理士が、豊富な

経験に基づき、訴訟や審判事件さらにはライセンス業務、技術標準化特許業務に対応しています。これらの業務で得た経験は出願等の権利化業務にも活かされ、当所の強みとなっています。

## 情報セキュリティ方針
Security Policy

昨今世界中の企業や組織は、自らが取り扱う情報のセキュリティの改善を求められています。そこで当所は、2024年に、適切な情報セキュリティ対策についての基準として世界中で認知されている情報セキュリティ・マネジメントシステム（ISMS）に関わる規格であるISO/IEC 27001認証（MSA-IS-733）を取得しました。これにより、所員全員が情報セキュリティに関する高い意識を常に持って日々の業務に取り組み、クライアント様から安心して仕事を任せていただける事務所で在り続けたいと願っております。

## 【大阪メインオフィス】

### 所在地

〒530-0005　大阪市北区中之島3-2-4
中之島フェスティバルタワー・ウエスト26階
TEL：06-4707-2021（代表）　/ FAX：06-4707-1731（代表）

弊所は、【ウエスト】タワーの２６階にございます。
（中之島香雪美術館、コンラッド大阪と同じ建物となります。）
3階エレベーターロビーへお上がりいただき、
高層階行きエレベーターで２６階までお越しください。

### 交通

◇地下鉄／京阪ご利用の場合
京阪中之島線「渡辺橋(KH53)」駅下車13番出口直結
地下鉄四つ橋線「肥後橋(Y12)」駅下車4番出口直結
地下鉄御堂筋線・京阪本線「淀屋橋(M17・KH01)」駅下車7番出口より徒歩6分
◇JRご利用の場合
JR「大阪」駅桜橋口より徒歩11分
JR東西線「北新地」駅下車11-5番出口より徒歩8分


## 【東京オフィス】

### 所在地

〒100-6017　東京都千代田区霞が関3-2-5
霞が関ビルディング17階
TEL：03-3595-2031（代表）　/ FAX：03-3502-2030（代表）

### 交通

銀座線「虎ノ門」駅／11番出口 徒歩2分
千代田線「霞ケ関」駅／A13番出口 徒歩6分
日比谷線「霞ケ関」駅／A13番出口 徒歩9分
南北線「溜池山王」駅／8番出口 徒歩9分